民法典侵权责任编
条文理解与司法适用

MINFADIAN QINQUAN ZERENBIAN
TIAOWEN LIJIE YU SIFA SHIYONG

中国审判理论研究会民事审判理论专业委员会 编著

法律出版社
LAW PRESS · CHINA

“民法典条文理解与司法适用”系列
编 委 会

体现中国时代特色的民事百科全书

编纂民法典是我国社会主义法治建设的一座里程碑，是我国国家治理体系和治理能力现代化进程中的一件大事。这部具有中国特色、中国风格、中国气派的民法典，将为人类法治文明进步贡献中国智慧、提供中国方案。

科学立法、民主立法、依法立法的生动实践

以习近平同志为核心的党中央高度重视民法典编纂工作，作出了一系列重要指示、提出了一系列重要要求，为民法典编纂指明了方向。2014 年 10 月，党的十八届四中全会决定提出了编纂民法典的任务。在民法典编纂过程中，习近平总书记多次主持召开会议、听取汇报，就做好民法典编纂、审议和修改工作作出重要指示。民法典编纂工作在以习近平同志为核心的党中央坚强领导下和习近平新时代中国特色社会主义思想的科学指引下扎实推进。比如，习近平总书记在党的十九大报告中强调"保护人民人身权、财产权、人格权"，把人格权与人身权、财产权并列，强调了人格权的重要地位，这为民法典草案确立人格权单独成编的体例结构等提供了基本遵循。

遵循立法规律，充分体现科学立法。民法典编纂采取"提取公因式"的立法技术，从同类规范和制度中提出一般规则，形成民法典总则编；将相关民事法律按其内容的同一性编纂成六个分编，然后整合为民法典草案。编纂工作注重规则的逻辑性、体系性和法律本身的规律，既协调好总则与分则的关系，又协调好民法典与其他法律的关系，从而形成逻辑缜密的有机整体。尊重立法的历史延续性，以民法通则和现行民事单行法为基础，设计民法典草案的结构和具体法律制度。既立足本国国情，又吸收世界各国民法

典编纂的成功经验，同时将社会主义核心价值观融入其中。

人民广泛参与，充分体现民主立法。在民法典编纂过程中，广大专家学者、人民群众广泛参与、建言献策。参与面之广，举办的各类座谈会、研讨会、论坛之多，收到的修改建议内容之丰富，为我国立法史上所罕见。在审议过程中，立法机关通过召开不同形式的座谈会、论证会，在互联网上公开征询意见等多种方式，多次听取收集方方面面的意见和建议，反复斟酌和修改草案，充分反映广大人民群众的要求，努力使民法典成为中国智慧的集中体现。

依法推进编纂，充分体现依法立法。宪法和立法法都规定，全国人民代表大会制定和修改刑事、民事、国家机构的和其他的基本法律。在编纂过程中，先行制定的民法总则提交十二届全国人大五次会议审议表决通过。2018 年 8 月，十三届全国人大常委会第五次会议对民法典各分编草案进行初次审议。之后，全国人大常委会对各分编草案进行拆分审议，各编历次草案都依法进行论证、向社会公开征求意见。民法典编纂体现了党的领导、人民当家作主、依法治国的有机统一，是科学立法、民主立法、依法立法的生动实践。

立足中国实际、回应时代需求

民法典对经济社会生活影响广泛，彰显一个民族的精神特质。民法典是时代精神的体现，具有鲜明时代特征。我国民法典的编纂，体现了我国对实际问题和时代需求的有效回应。

体现以人民为中心的发展思想。注重保障民生是民法典编纂的一个鲜明特点。比如，民法典编纂注重有效调整平等民事主体之间的法律关系，促进社会公平正义。又如，民法典草案中人格权独立成编，落实“公民的人格尊严不受侵犯”的宪法要求，体现了我国对公民人格权的庄严确认与严格保护。人格权编不仅规定并保护公民的生命权、健康权、名誉权、肖像权、姓名权、名称权等人格权，还重点规定了隐私权和个人信息保护等，要求机关、企业、学校等单位采取合理措施，防止和制止利用职权、从属关系等侵犯人格权。

反映网络时代特点。人类社会已经进入互联网时代，互联网的普及应用催生出多项前所未有的权利类型，如网络虚拟财产权、信息财产权等。在网络环境下，信息传播、权利保护具有特殊性。对此，民法典总则编作出积极回应，明确自然人的个人信息受法律保护，规定任何组织和个人应当依法取得他人信息并确保信息安全，不得非法收集、使用、加工、传输个人信息，不得非法买卖、提供或者公开个人信息。

回应技术发展需求。生物技术、人工器官制造技术、干细胞研究、克隆技术和组织工程学等的发展，在给人类造福的同时，也对生命权、健康权等人格权提出新的挑战。基于此，民法典人格权编规定，为研制新药、医疗器械或者发展新的预防和治疗方法，需要进行临床试验的，应当依法经相关主管部门批准并经伦理委员会审查同意，向受试者或者受试者的监护人告知试验目的、用途和可能产生的风险等详细情况，并经其书面同意；从事与人体基因、人体胚胎等有关的医学和科研活动，应当遵守法律、行政法规和国家有关规定，不得危害人体健康，不得违背伦理道德，不得损害公共利益。

融入生态文明理念。民法典围绕统筹推进“五位一体”总体布局，顺应人民在生态方面日益增长的需要，确立了绿色原则。比如，物权编对物权的客体、权能、属性、用益物权、相邻关系以及征收征用等制度进行完善，在保护民事主体财产权利的同时，对不动产的权利人设置必要的维护环境、保护生态的义务。合同编规定，当事人在合同履行中根据交易习惯负有节约资源、减少污染的义务，在合同终止后负有旧物回收义务。在侵权责任编规定违法损害生态环境的惩罚性赔偿。

健全风险治理机制。现代社会是风险社会。民法典针对如何应对各种可能的自然风险和人为风险，在原有制度基础上作出新安排。比如，为防控风险，规定“物业服务企业或者其他管理人应当执行政府依法实施的应急处置措施和其他管理措施，积极配合开展相关工作”，并要求业主依法予以配合。对于自然风险，民法典延续不可抗力规则，规定因不可抗力不能履行民事义务的，不承担民事责任，法律另有规定的，依照其规定。对于人为风险，民法典强调安全保障义务，强化合同附随义务，通过停止侵害、排除妨害等制度发挥事前预防功能，通过侵权责任与社会保险、社会救济相衔接形成对受害人的综合补偿机制。

编纂民法典意义重大而深远

编纂一部我们自己的民法典，是几代中国人的夙愿。如今，体现中国特色、时代特色的民法典终于迎来问世时刻。我国民法典的编纂，具有重大而深远的历史意义。

充分体现我们党全心全意为人民服务的根本宗旨。保障人民根本权益，是社会主义法治建设的出发点和落脚点，也是我们党坚守初心使命、坚持执政为民的内在要求。民法典保证人民依法享有广泛的权利和自由、承担应尽的义务。比如，总则编以专章形式，尽可能对民事主体享有的各种权利进行详细列举，并留有发展空间；物权编加强对建筑物业主权利的保护，增加规定居住权；合同编强化对债权实现的保护力度；人格权独立成编；等等，这些制度安排充分体现了以人民为中心的发展思想，有助于满足人民日益增长的美好生活需要。

为坚持和完善中国特色社会主义制度提供法治保障。民法典被称为“社会生活的百科全书”，是市场经济的基本法、人民生活的基本行为准则，是民事司法的基本依据，因此被视为法治现代化的重要标志，是国家治理现代化的重要保障。一方面，民法典全面规范民事关系，涉及经济和社会生活的方方面面，是民事领域的基础性、综合性法律，在国家治理体系中居于重要位置。另一方面，民法典实现了民事法律关系领域国家治理的制度化、规范化、程序化。民法典的颁行是国家治理现代化的重要步骤，为坚持和完善中国特色社会主义制度奠定更加坚实的法治基础。

促进社会主义市场经济健康发展。完善市场经济法律制度，是保障社会主义市场经济持续健康发展的现实需要。民法典的颁布，将进一步完善我国民商事活动的基本规则，为民商事活动提供基本遵循，有效健全经济秩序、维护交易安全。民法典的编纂坚持立足我国国情，适应中国特色社会主义进入新时代和我国社会主要矛盾发生转化的实际，必将发挥促进社会主义市场经济健康发展的积极作用。

推进法治国家、法治政府、法治社会一体建设。民法典调整作为民事主体的自然人、法人和非法人组织之间的人身关系和财产关系，有利于增强全民法治观念，加快建设法治社会。民法典规定："民事主体按照自己的意愿依法行使民事权利，不受干涉。"民法典各分编通过具体规范来确认和保障民事主体的各项具体民事权利，要求公权力依法行使，尊重和保护民事主体的合法权益。这就能够间接发挥规范权力行使的重要功能，有效推进法治国家、法治政府、法治社会一体建设。

促进德治与法治相得益彰。民法典把社会主义核心价值观融入法律条文中，弘扬中华民族传统美德，强化法律规则的道德约束和道德规范的法律支撑。比如，总则编确立的平等、自愿、公平、诚实信用、公序良俗和绿色原则，就是社会主义核心价值观在民法基本原则层面的转化和表达。又如，婚姻家庭编和继承编适当扩大扶养人范围，将"树立优良家风"作为处理夫妻关系和家庭关系的基本原则等，都为我国民事法律制度注入强大的道德力量。

中国法学会党组成员、专职副会长兼秘书长
中国法学会民法典编纂项目领导小组组长　张鸣起

2020 年 5 月 20 日

学好民法典　用好民法典

2020年5月28日，在庄严的人民大会堂，十三届全国人大三次会议审议通过了《中华人民共和国民法典》，习近平主席当日签发第四十五号令，公布自2021年1月1日起施行。这是继19世纪《法国民法典》和20世纪《德国民法典》之后能够引领21世纪新潮流的中国人民自己的民法典！

编纂民法典，是以习近平同志为核心的党中央顺应实践发展要求和人民群众期待，在十八届四中全会作出的重大决策部署，是坚持和完善中国特色社会主义法治体系、实现国家治理体系和治理能力现代化的重大举措，是为统筹推进“五位一体”总体布局和协调推进“四个全面”战略布局，实现中华民族伟大复兴提供坚强法治保障的重要法治基础工程。民法的发达程度是一个国家文明进步的重要标志。民法典在广泛借鉴境外民法典立法例的基础上，凝聚全党全国各族人民的智慧和心血，体现人民意志，尊重人民意愿，坚持人民立场，融会人民感情；把握时代脉搏，顺应时代大势，紧扣时代主题，引领时代潮流。民法典凝聚了几代法学家和法律实务界的集体智慧，进一步完善了中国特色社会主义法律体系，在中国法治建设进程中具有里程碑的意义。

中国审判理论研究会民事审判理论专业委员会以全国法院10多万民事审判法官为依托，深入挖掘占全国法院一审审结案件总数90%的一审民事案件所蕴含的立法需求，充分发挥最先感知民事审判反映出来的民生民情民意的独特优势，全面总结2015年以来全国民事法律实施情况并提出民法典编纂的书面报告。中国审判理论研究会民事审判理论专业委员会自2015年以来每年年会主题确定为民法典编纂与民事审判，深入研究民事法律制度理论，积极参与民法典编纂工作，牵头论证人格权独立成编的可行性、必要性并拟出人格权编条文建议，为科学编纂民法典作出了一定贡献。

民法典在中国特色社会主义法律体系中具有重要地位，是一部固根本、稳预期、利长远的基础性法律。习近平总书记在主持中共中央政治局5月29日就“切实实施民法典”举行第二十次集体学习时强调，民法典系统整合了中华人民共和国成立70多年来长期实践形成的民事法律规范，汲取了中华民族5000多年来的优秀法律文化，借鉴了人类法治文明建设有益成果，是一部体现我国社会主义性质、符合人民利益和愿望、顺应时代发展要求的民法典，是一部体现对生命健康、财产安全、交易便利、生活幸福、人格尊严等各方面权利平等保护的民法典，是一部具有鲜明中国特色、实践特色、时代特色的民法典。各级党和国家机关要带头宣传、推进、保障民法典实施，加强检查和监督，确保民法典得到全面有效执行。各级领导干部要做学习、遵守、维护民法典的表率，提高运用民法典维护人民权益、化解矛盾纠纷、促进社会和谐稳定能力和水平。

编纂出民法典是中华人民共和国成立70余年来几代人的梦想。然而，立法本身并不是我们的目的，立法的目的在于应用，在于实施。切实实施好民法典是坚持以人民为中心、保障人民权益实现和发展的必然要求，是发展社会主义市场经济、巩固社会主义基本经济制度的必然要求，是提高我们党治国理政水平的必然要求。民法典要实施好，就必须让民法典走到群众身边、走进群众心里，走到法官、检察官、公务员、律师、仲裁员、公证员手里。民法典要实施好，就要广泛开展民法典普法工作，把民法典纳入国民教育体系，加强对青少年的民法典教育。民法典要实施好，必须认真学习民法典，准确理解民法典，准确理解民法典的精神实质和微言大义，准确理解民法典的每一个条文，融会贯通，学以致用，正确适用具体制度和每一个条款。民法典要实施好，各级司法机关要秉持公正司法，提高民事审判水平和效率。

最高人民法院院长周强指出：“贯彻实施好民法典，必须吃透民法典精神，正确理解民法典的核心要义和重要制度，正确适用民法典的规定，保障人民权益。民法典立足中国国情，在实现好、维护好、发展好人民权益方面有许多创新。其中，人格权独立成编，全面加强对包括自然人隐私权和个人信息在内的人格权保护，彰显了民法典的人民立场和人文关怀；物权编创设了居住权制度；合同编新增了保理合同、物业服务合同、合伙合同等典型合同；婚姻家庭编确立了夫妻共债共签原则，限缩了无效婚姻范围，对协议离婚规定了一个月的冷静期；继承编增加了打印遗嘱、录像遗嘱等新形式遗嘱类型，并取消了公证遗嘱的优先效力，等等。这些新的内容反映着新时代人民权益的特点，体现着新时代社会生活的实践和发展。要引导广大法官深入学习领会民法典的创新之处，将民法典新理念、新原则、新概念、新条款贯彻到审判执行工作的各个环节，提高运用民法典维护人民权益、化解矛盾纠纷、促进社会和谐稳定的能力和水平。”

天下之事不难于立法，而难于法之必行。民法典颁布施行，开启了法治中国建设的新里程。民法典共7编1260条、10万多字，是我国法律体系中条文最多、体量最大、编章结构最复杂、法律适用难度最大的一部法律。中国法学会及其所属各个研究会肩负着民法典宣传普及职责，全国各级人民法院肩负着民法典贯彻实施的历史使命和法定职责，应当成为民法实施体系的中流砥柱。为此，必须吃透立法精神、领会规则实质、把握条文主旨，正确理解民法典立法宗旨、条文含义，释疑解惑，明确司法适用，认真做好贯彻实施民法典、解释民法典、适用民法典的知识储备和理论准备。

工欲善其事，必先利其器。遵照习近平总书记“要加强解读”“要发挥法律解释的作用，及时明确法律规定含义和适用法律依据，保持民法典稳定性和适应性相统一”的要求，中国法学会审判理论研究会民事审判理论专业委员会精心编写的“民法典条文理解与司法适用”丛书（总则编、物权编、合同编、人格权编、婚姻家庭编、继承编、侵权责任编七个分册），就是贯彻落实最高人民法院和中国法学会关于认真学习宣传贯彻实施民法典要求的理论利器和应用工具。这个利器和工具，是由我牵头，有申惠文、何建、孙莹、丁慧、杨帆、周杲等一批民法理论基础扎实、民事实践经验丰富的专家参加，认真把脉民法典的关节点、创新点，精心打造的。毋庸置疑，其中凝聚着民法研究的理论成果和全国法院法官的经验智慧。

“民法典条文理解与司法适用”丛书认真贯彻习近平总书记关于切实实施民法典的重要讲话精神，始终坚持以习近平新时代中国特色社会主义思想为指导，全面贯彻党的十九大和十九届二中、三中、四中全会精神，增强“四个意识”、坚定“四个自信”、做到“两个维护”，坚持以人民为中心的政治立场，大力弘扬社会主义核心价值观，坚持新发展理念。该书聚焦民法典的核心要义和重点问题，重点阐释民法典关于民事活动平等、自愿、公平、诚信等基本原则，重点阐释民法典关于坚持主体平等、保护财产权利、便利交易流转、维护人格尊严、促进家庭和谐、追究侵权责任等基本要求，从条文主旨、条文理解、司法适用、司法案例等方面进行逐条解读，全方位阐释民法典新规定、新概念、新精神，重点关注民事审判实践中的问题，具有较强的现实指导意义。

民法典的基本精神在于平等自愿、自由自治、公平诚信、绿色文明，核心要义在于维护基本制度、保护民事权益、限制国家公权、弘扬核心价值。当前，各级立法机关、行政机关和司法机关，都在按照中央安排部署认真学习民法典、宣传民法典，提高适用民法典的能力和水平。唯有学好民法典、用好民法典，才能够充分发挥民法典在完善中国特色社会主义法律体系、推进国家治理体系和治理能力现代化中的重要作用。让我们同心协力，将民法典学习好、理解好、适用好、落实好，确保民法典落地有声，全面施行，让民法的阳光普照神州大地。

期望本丛书的出版发行，为民法典的正确理解和准确适用提供指引。

中国法学会审判理论研究会常务理事
民事审判理论专业委员会常务副主任 曹守晔

2020年6月19日

法律、司法解释缩略语表

全　　称	简　　称
《中华人民共和国民法通则》	《民法通则》
《中华人民共和国民法总则》	《民法总则》
《中华人民共和国物权法》	《物权法》
《中华人民共和国合同法》	《合同法》
《中华人民共和国侵权责任法》	《侵权责任法》
《中华人民共和国婚姻法》	《婚姻法》
《中华人民共和国继承法》	《继承法》
《中华人民共和国担保法》	《担保法》
《中华人民共和国民法典》	《民法典》
《中华人民共和国民法典》第一编"总则"	《民法典》"总则编"
《中华人民共和国民法典》第二编"物权"	《民法典》"物权编"
《中华人民共和国民法典》第三编"合同"	《民法典》"合同编"
《中华人民共和国民法典》第四编"人格权"	《民法典》"人格权编"
《中华人民共和国民法典》第五编"婚姻家庭"	《民法典》"婚姻家庭编"
《中华人民共和国民法典》第六编"继承"	《民法典》"继承编"
《中华人民共和国民法典》第七编"侵权责任"	《民法典》"侵权责任编"
《中华人民共和国土地管理法》	《土地管理法》
《中华人民共和国农村土地承包法》	《农村土地承包法》
《中华人民共和国城市房地产管理法》	《房地产管理法》
《中华人民共和国民用航空法》	《民用航空法》
《中华人民共和国道路交通安全法》	《道路交通安全法》
《中华人民共和国文物保护法》	《文物保护法》

续表

全　　称	简　　称
《中华人民共和国公司法》	《公司法》
《中华人民共和国合伙企业法》	《合伙企业法》
《中华人民共和国企业破产法》	《企业破产法》
《中华人民共和国票据法》	《票据法》
《中华人民共和国民事诉讼法》	《民事诉讼法》
《中华人民共和国产品质量法》	《产品质量法》
《中华人民共和国环境保护法》	《环境保护法》
《中华人民共和国海洋环境保护法》	《海洋环境保护法》
《中华人民共和国水污染防治法》	《水污染防治法》
《中华人民共和国商标法》	《商标法》
《中华人民共和国消费者权益保护法》	《消费者权益保护法》
《中华人民共和国药品管理法》	《药品管理法》
《中华人民共和国执业医师法》	《执业医师法》
《中华人民共和国产品责任法》	《产品责任法》
《中华人民共和国传染病防治法》	《传染病防治法》
《中华人民共和国食品安全法》	《食品安全法》
《中华人民共和国放射性污染防治法》	《放射性污染防治法》
《中华人民共和国公路法》	《公路法》
《中华人民共和国律师法》	《律师法》
《中华人民共和国公证法》	《公证法》
《中华人民共和国劳动合同法》	《劳动合同法》
《中华人民共和国电子签名法》	《电子签名法》
《中华人民共和国电子商务法》	《电子商务法》
《中华人民共和国网络安全法》	《网络安全法》
《中华人民共和国电力法》	《电力法》
《最高人民法院关于贯彻执行〈中华人民共和国民法通则〉若干问题的意见(试行)》	《民通意见》
《最高人民法院关于适用〈中华人民共和国物权法〉若干问题的解释(一)》	《物权法解释(一)》

续表

全　　称	简　　称
《最高人民法院关于审理房屋登记案件若干问题的规定》	《房屋登记案件规定》
《最高人民法院关于审理涉及农村土地承包纠纷案件适用法律问题的解释》	《农村土地承包解释》
《最高人民法院关于审理涉及国有土地使用权合同纠纷案件适用法律问题的解释》	《国有土地使用权合同解释》
《最高人民法院关于审理建筑物区分所有权纠纷案件具体应用法律若干问题的解释》	《建筑物区分所有权解释》
《最高人民法院关于审理物业服务纠纷案件具体应用法律若干问题的解释》	《物业服务解释》
《最高人民法院关于适用〈中华人民共和国担保法〉若干问题的解释》	《担保法解释》
《最高人民法院关于适用〈中华人民共和国合同法〉若干问题的解释(一)》	《合同法解释(一)》
《最高人民法院关于适用〈中华人民共和国合同法〉若干问题的解释(二)》	《合同法解释(二)》
《最高人民法院关于审理买卖合同纠纷案件适用法律问题的解释》	《买卖合同解释》
《最高人民法院关于审理城镇房屋租赁合同纠纷案件具体应用法律若干问题的解释》	《城镇房屋租赁解释》
《最高人民法院关于审理民间借贷案件适用法律若干问题的规定》	《民间借贷规定》
《最高人民法院关于审理融资租赁合同纠纷案件适用法律问题的解释》	《融资租赁解释》
《全国法院民商事审判工作会议纪要》(2019 年)	《九民会议纪要》
《最高人民法院关于适用〈中华人民共和国民事诉讼法〉的解释》	《民事诉讼法解释》
《最高人民法院关于人民法院民事执行中查封、扣押、冻结财产的规定》	《民事执行查封扣押冻结财产规定》
《最高人民法院关于人民法院办理执行异议和复议案件若干问题的规定》	《执行异议和复议案件规定》
《最高人民法院关于审理名誉权案件若干问题的解释》	《名誉权解释》
《最高人民法院关于审理名誉权案件若干问题的解答》	《名誉权解答》

续表

全　称	简　称
《最高人民法院关于审理人身损害赔偿案件适用法律若干问题的解释》	《人身损害赔偿解释》
《最高人民法院关于确定民事侵权精神损害赔偿责任若干问题的解释》	《精神损害赔偿解释》
《最高人民法院、最高人民检察院关于办理侵犯公民个人信息刑事案件适用法律若干问题的解释》	《公民个人信息解释》
《最高人民法院、最高人民检察院关于办理利用信息网络实施诽谤等刑事案件适用法律若干问题的解释》	《信息网络诽谤解释》
《最高人民法院关于人身安全保护令案件相关程序问题的批复》	《人身安全保护令批复》
《最高人民法院关于审理利用信息网络侵害人身权益民事纠纷案件适用法律若干问题的规定》	《信息网络侵权规定》
《最高人民法院关于审理触电人身损害赔偿案件若干问题的解释》	《触电人身损害赔偿解释》
《最高人民法院关于审理医疗损害责任纠纷案中适用法律若干问题的解释》	《医疗损害责任解释》
《最高人民法院关于审理铁路运输人身损害赔偿纠纷案件适用法律若干问题的解释》	《铁路运输人身损害赔偿解释》
《最高人民法院关于审理道路交通事故损害赔偿案件适用法律若干问题的解释》	《交通事故赔偿解释》
《最高人民法院关于适用〈中华人民共和国婚姻法〉若干问题的解释(一)》	《婚姻法司法解释(一)》

目录

第七编 侵权责任

第七编　侵权责任

绪　　论

“侵权责任编”需要把握好的核心要义，在于明确归责原则和侵权后果，预防并制裁侵权行为，抑恶扬善，扶正祛邪，维护人民权益，促进社会和谐安定。本编在整个民法典体系中具有压舱石与安全阀的作用，事关民事权利救济，事关民生民权维护。民生无小事，条款皆关情。民权无救济，何谈幸福感。本编作为保底的法律规定保护各种民事权利和合法权益，安排在法典最后具有明显用意，既是私法规范合理性的传统考量，也有体例创新编排的考虑。“抽象性权利规范—分类权利规范—权利救济规范”是民法典所拥有的显著法律逻辑特征，形成了法律规范群的内在的逻辑闭环，如此体例编排结构体现了立法机关正统的基本法律观念和人本主义的立法价值遵循，同时也呈现独具魅力的创新结构。故，从逻辑上将民事权利付诸实质性保障，聚合权利救济的各种途径以及权利恢复的多样通道，使私法所保障的私权具有可预测性、还原性和弥补性，使法律信仰与法律现实可完美融合。“无救济则无法律”，“侵权责任编”作为民事权利保障之终结编有着“天然”的权益安全保障阀门的意义，也就是说，所有私权利终究要“可视化”“可行化”“可恢复化”，终结于权利救济和权利修复的“不二法门”——侵权责任规范。

侵权责任是民事主体侵害他人权益应当承担的法律后果。作为本编前身的《侵权责任法》自2010年7月1日施行，至今已逾10年，相关内容承接于《民法通则》，同时吸纳了司法实践的重要经验。然而时过境迁，《侵权责任法》还没有完全跟上社会经济文化科技发展的脚步，实践中出现一些新情况、暴露出一些新问题，故而在承接《侵权责任法》主体结构、内容和立法思路的基础上，吸收借鉴司法解释的有关内容，修补和完善侵权责任规范是编纂《民法典》“侵权责任编”的主要任务。与《侵权责任法》相比，本编结构、内容上的主要变化：由《侵权责任法》过去的十二章变为十章，其中第一章大多前移入“总则编”，删除了第十二章附则的唯一条文，之后对《侵权责任法》的第一章、第二章和第三章整合为《民法典》“侵权责任编”第一章和第二章，删除了部分与“总则编”重复、交叉的条文，如立法依据、适用范围;还有一些是民事责任、侵权责任与刑事责任的相互关系,前移进入《民法典》“总则编”第八章“民事责任“中。民事责任一章包含一些债法的内容。

本编共十章95条,前三章为通用的一般规定、损害赔偿和责任主体的特殊规定,后七章为类型化的产品责任、机动车交通事故责任、医疗损害责任、环境污染和生态破坏责任、高度危险责任、饲养动物损害责任、建筑物和物件损害责任等,主要特点如下:

一是社会主义核心价值观进一步得到贯彻。《民法通则》规定了公平、诚实信用、平等、自愿等原则,实质上也是社会主义核心价值观的内容。《民法总则》继承了这些内容,并且开宗明义弘扬社会主义核心价值观。本编为弘扬社会主义核心价值观提供明确的行为规范,揭示侵权责任的公平正义基础。动员社会各种力量包括受害人,扶正祛邪,抑恶扬善,在“总则编”规定见义勇为帮助他人之后,本编第1177条增加了紧迫情况下限定范围、条件和后续措施的自助行为自力救济自我救赎制度,虽然力度有限,毕竟体现了“侵权责任编”在恶与善之间、侵权人与被侵权人之间、在行为人与受害人之间,乃至个人利益与社会公共利益之间进行了再平衡,更加精准维护正义,以防止和避免坏人跋扈好人憋屈、恶人横行良人憋屈的现象,以达到社会的和谐稳定。针对以往法律规定本身在利益衡量方面存在的不足,譬如以往主张受害人容忍、“打不还手”,实质上也在鼓励侵权人“大打出手”,从个人、局部来说有可能暂时达到了社会和谐,但是,在社会风气需要扭转的情况下它却破坏了整个社会的公平正义,而且给人造成了不好的法意识方面的影响。因此,“侵权责任编”更充分弘扬社会主义核心价值观,提供明确的行为规范,奠定侵权责任的公平正义基础。侵权责任法除了规定大量的裁判规则,还规定了相当多的行为引导规范,给人们的行为提供一个正确的指引,规定鼓励做什么、可以做什么,指导人们正确实施民事行为。

司法机关近年来转换观念,在司法解释、司法政策、司法改革和司法审判中全面贯彻社会主义核心价值观,譬如英雄烈士名誉侵权案、河南郑州电梯劝烟案、浙江萧山反杀正当防卫案、河北入室杀人反被杀正当防卫案、辽宁沈阳出租车司机自力救济案①等,调整正当防卫认定标准,降低其适用门槛正义得到伸张,正能量得以释放,法治公信力得以提升,获得社会大众的广泛认同和称赞。

二是本编系统总结了司法实践经验,吸收司法解释和法学研究的一些重要成果,完善侵权行为具体制度和规范。作为《民法典》的重要组成部分,“侵权责任编”在编纂过程中注重吸收司法实践的有益经验,体现民法理论研究的积极成果,采纳

① 刘某某诉徐某某健康权纠纷案,沈阳市中级人民法院(2017)辽01民终7052号民事判决书。

社会各界的建设性意见,彰显出新时代我国民事立法工作的科学性、民主性和先进性。

最高人民法院从1987年开始,30多年来制定了许多涉及侵权的司法解释。除《民通意见》外,主要有《名誉权解释》《人身损害赔偿解释》《精神损害赔偿解释》《触电人身损害赔偿解释》《医疗损害赔偿解释》《铁路运输人身损害赔偿解释》《交通事故赔偿解释》《信息网络侵权规定》等。《侵权责任法》之前颁布的,譬如《精神损害赔偿解释》(法释〔2001〕7号)和《人身损害赔偿解释》(法释〔2003〕20号),《侵权责任法》已经吸收了其中的许多内容。《侵权责任法》之后的,譬如《交通事故赔偿解释》《信息网络侵权规定》,这些都是较晚制定的。因此,“侵权责任编”较多地吸收了关于人身损害赔偿、精神损害赔偿、网络侵权的司法解释,特别是交通事故责任的司法解释中的一些内容。有一些是随着形势发展变化,在司法实践基础上与时俱进,对原司法解释进一步完善提高。譬如“同命同价”,不分城乡。同一侵权行为致死的,同额赔偿。一些法学研究的成果也得以采用。

三是本编适应信息社会网络侵权严重普遍的新特点,强化网络侵权责任。将《侵权责任法》第36条扩展为三个条文,“侵权责任编”在吸收了最高人民法院《信息网络侵权规定》的基础上,进一步强化了网络侵权的责任。已经颁布施行有关的法律,诸如《电子签名法》、《合同法》、《电子商务法》和《网络安全法》法律以及法规规章,也有关于电子签名、电子文档和网络安全的规定。

四是本编重点突破,难点攻克,注重创新。侵权责任编草案经十三届全国人大常委会第五次、第七次、第十二次会议三次审议。侵权责任编草案三审稿回应社会关切,聚焦公众安全,明确“禁止从建筑物中抛掷物品。从建筑物中抛掷物品或者从建筑物上坠落的物品造成他人损害的,由侵权人依法承担侵权责任”,并强调建筑物管理人应当采取必要的安全保障措施防止前款规定情形的发生,未采取必要的安全保障措施的,应当依法承担未履行安全保障义务的侵权责任。沈跃跃副委员长在分组审议中表示,对高空抛物坠物增加相关规定,非常有必要。“这说明高空抛物坠物不管是有意还是无意失手,不仅要受到道德的谴责,而且法律也要有明确的规定,要追究法律责任,通过法律规定防止高空抛物坠物伤害人身权利。”为了明确责任主体,本编增加规定的“建筑物管理人”主要是指物业服务企业。民法典侵权责任编草案采纳了这一意见,规定物业服务企业等建筑物管理人应当采取必要的安全保障措施防止高空抛物坠物情形的发生。确立“自甘风险”规则,新增自助行为制度。这是本编的重大创新点。侵权责任编草案二审稿新增“自甘风险”规则,并根据有的委员提出的“进一步明确‘危险性活动’的范围”相关建议,在草案三审稿中对该规则作出进一步完善。规定明确:“自愿参加具有一定风险的文体活动，因其他参加者的行为受到损害的，受害人不得请求其他参加者承担侵权责任，但是其他参加者对损害的发生有故意或者重大过失的除外。”同时，也对“自甘风险”规则的适用范围进行了限定，即如果活动组织者为学校等教育机构，或者宾馆、商场、银行、车站、体育场馆、娱乐场所等经营场所、公共场所，应当适用其他相关责任规定。全国人大常委会副委员长陈竺表示，确立“自甘风险”原则，有利于明确正常开展此类活动的责任界限，让活动的开展更加有章可循，也能有效引导人们谨慎参与危险活动，从而分散和预防社会风险。“自助行为”制度是“侵权责任编”的最大亮点和创新点。对于合法权益受到侵害，情况紧迫且不能及时获得国家机关保护，不立即采取措施将使其合法权益受到难以弥补的损害的情况，本编规定，受害人可以在必要范围内采取扣留侵权人的财物等合理措施。但是，应当立即请求有关国家机关处理。本编还明确，受害人采取的措施不当造成他人损害的，应当承担侵权责任。曹建明副委员长对“自助行为”制度的设立高度认同：“草案规定了自助行为制度即私力救济，是对国家机关保护即公力救济的有益补充，有利于更好地保护受害人的合法权益，具有合理性，是我国民事立法的新发展。”

五是以习近平生态文明思想为指导，坚持绿色发展理念和民法绿色原则，加大生态系统保护力度，建立与完善环境污染和生态环境损害侵权责任制度。这是本编的一大亮点。习近平总书记指出，环境就是民生，青山就是美丽，蓝天也是幸福。生态本身就是经济，良好生态环境是最公平的公共产品，是最普惠的民生福祉。可以说，生态环境的质量与人民生活的幸福感息息相关，解决环境污染问题，推动形成绿色发展方式和生活方式，需要立法引领和立法保障。为贯彻党的十九大报告提出的“加大生态系统保护力度”的决策，落实“绿水青山就是金山银山”的绿色发展理念，加强生态文明建设，与修改后的《环境保护法》规定的破坏生态的要适用侵权责任法的规定，将污染环境和破坏生态作为两种分别的侵权行为，作出了规定。侵权责任编增加了“惩罚性赔偿”规定，明确侵权人违反法律规定故意污染环境、破坏生态造成严重后果的，被侵权人有权请求相应的惩罚性赔偿。同时也规定了侵权人对生态环境承担修复责任，明确违反国家规定造成生态环境损害，生态环境能够修复的，国家规定的机关或者法律规定的组织有权请求侵权人在合理期限内承担修复责任。侵权人在期限内未修复的，国家规定的机关或者法律规定的组织可以自行或者委托他人进行修复，所需费用由侵权人承担。惩罚性赔偿制度和生态环境修复制度等规定，对生态环境损害和污染案件的审判、赔偿以及修复工作提供了非常有力的法律支撑。

毫无疑问，侵权责任体系是中国特色社会主义法律体系中的重要组成部分，是保障自然人、法人和其他主体的生命健康、人身自由、名誉权、隐私权、物权、知识产权等民事权益的综合性私法规范体系。本编完善民事权益保护和救济规则，形成规范有效的权利保护机制，是维护经济社会秩序，促进“五个建设”，构建和谐社会的基本法律规范群。侵权责任制度的不断完善，有利于妥善处理民事侵权纠纷、维护广大人民群众的合法权益，增加人民群众的安全感，促进社会公平正义，促进社会和谐稳定，对于《民法典》的整体有效施行具有重大意义。毫无疑问，中国《民法典》创新的体例、与时俱进的先进立法表达，已然成为二十一世纪世界先进民法之典范。

第一章　一般规定

《民法典》"侵权责任编"是对《侵权责任法》的调整与修订，是对原民事单行法的承接与继承，同时亦有发展与创新。本章共 15 条，主要规定了本编调整范围、归责原则、责任构成、责任方式，共同侵权、共同危险行为、责任免除、自甘风险、自助行为、优先适用特别规定等。

第一千一百六十四条　本编调整因侵害民事权益产生的民事关系。

【条文主旨】

本条是关于侵权责任编调整范围的规定。

【条文理解】

"侵权责任编"作为《民法典》的重要组成部分，其主要目的是对民事主体的合法权益进行充分保护。保护被侵权人的合法权益是《民法典》"侵权责任编"的主要任务，同时侵权责任类规范内容不仅限于本编，它会扩展至《民法典》所有编章节以及其他相关民事权利的相关内容，譬如"物权编"的物权保护、"人格权编"的人格权保护等，用权利具体的救济措施及其保护方式、内容、体系来回应本法典"总则编"第五章"民事权利"的规定。

民事权益，是指民事主体依法所享有的人身权益和财产权益。民事权益包括民事权利和利益，本质上就是受法律保护的民事权利和利益。民事主体包括自然人、法人和非法人组织。根据"总则编"第五章的规定，民事权利包括自然人的生命权、身体权、健康权、姓名权、肖像权、名誉权、荣誉权、隐私权、婚姻自主权等人身权和继承权，人身自由和人格尊严权益等，法人和非法人组织所享有的名称权、名誉权、荣誉权，民事主体享有的所有权、使用权、居住权等用益物权，合同等债权，著作权、商标权、专利权等知识产权，还包括非自然人主体的股权、成员权、资格权等。利益是否受《民法典》的保护，取决于法律规定。

法律规定的自然人、法人或其他主体的民事权益受到侵害该如何处理，立法的基本立场就是以人民为中心，体现人文主义关怀，从被害人利益出发，以人为本的价值取向出发,加强对各种民事权利的保护和权利的基本救济,突出有权利必有救济、有侵权必有追责的逻辑特点。随着二十一世纪第二个十年的来临,中国经济社会发展进入新发展阶段,中国特色社会主义进入新时代,对人本意义有着更深刻的理解,对人的全面发展有了新的要求,对被侵权人的保护范围不断扩大,保护水平不断提高,保护方式日趋多样。

从立法目的来看,首先,"侵权责任编"通过调整民事侵权关系保护民事主体的合法权益。"以人为本"的立法精神,主要的制度和规则都是适应"以被侵权人保护为中心"建立起来的,但也充分考虑到其他方面的合法权益,基本做到保护有重点,权益要平衡,规则要公平。"侵权责任编"不仅考虑到行为人因过错侵害他人民事权益就应当承担侵权责任;还包括无论行为人是否有过错,法律规定应当承担侵权责任的情形;以及本章规定了侵权责任的构成、承担侵权责任的方式、侵权免责例外等情况,这些规定都完整地体现了"侵权责任编"保护民事主体合法权益的立法精神。

其次,明确侵权责任的基本概念。侵权责任就是侵害民事权益后应当承担的民事责任。明确侵权责任,就是明确侵权责任如何构成和侵权责任如何承担的问题。侵权责任是否构成主要由规则原则解决,责任如何承担主要由责任方式解决。"侵权责任编"的基本内容、基本规范就是归责原则和责任方式,整编从不同角度回答侵权责任是否构成和侵权责任如何承担这两个主要问题。明确侵权责任就是"侵权责任编"的立法目的之一,也是实现"侵权责任编"立法目的基础。只有明确侵权责任,才能教育不法侵害行为人,引导正确行为,在民事活动中约束自己行为;才能鼓励行为人采取积极的预防措施,减少侵权行为,努力避免和减少损害的发生。明确侵权责任,在侵权行为发生后,侵权人才能清楚知道自己应当承担责任范围并积极主动地去履行应尽的义务,被侵权人也能依法请求侵权人承担侵权责任,捍卫自己合法权益。在此基础上,才能维持社会的正常秩序,进一步保护人民群众安居乐业,促进社会和谐稳定。

再次,"侵权责任编"具有预防并制裁侵权行为的立法功能。"侵权责任编"通过对可归责的当事人追究责任,恢复到不法侵害之前状况、惩罚其过错和不法行为,对社会公众产生教育和威慑作用,从而可以预防侵权行为发生,抑制侵权行为的蔓延。民法作为保护私权的基本法,要求一切人遵纪守法、尊重自然人、法人和其他主体的人身权和财产权,谨慎行事,避免差错,不得侵害国家、集体和他人的合法权益。另外,本编作为《民法典》的最后一编,其有着扩展性功能,侵权责任编要求企业加强管理,提高科学技术水平。人类进入工业社会,侵权行为大量发生在企业生产经营过程中,如产品责任、环境污染、损害生态、损害消费者利益、安全生产事故等，通过损害赔偿等方式，促进企业提高产品安全性能质量，保护人民群众生命财产安全；促进清洁生产，提高资源利用效率，减少环境污染；加强安全生产管理，减少安全生产事故。“侵权责任编”还能促进企业和个人权衡得失，不冒险进入可能给自然人和其他主体带来高度危险的行业。任何时候，行为人都要对其自身行为负责任，侵权人不得不吸取其教训，其他人也会保持警惕，达到预防并减少侵权行为的目的。“侵权责任编”防范与震慑效果是一定存在的，制裁侵权行为是法律对漠视社会利益，利用、违背义务和公共行为准则的行为的谴责和惩戒，它意味着“侵权责任编”依据社会公认的价值准则和行为准则对某种侵权行为所作的否定性评价。在有些情况下，侵权人实施侵权行为造成被侵权人的损害的时候，自己并没有因此获得利益，那么“侵权责任编”通过要求侵权人承担损害赔偿责任而使其财产利益减少，就体现了对侵权行为的制裁。《民法典》第 1207 条规定的惩罚性赔偿制度更是明确了“侵权责任编”的制裁措施。

最后，“侵权责任编”促进社会和谐稳定。维护社会和谐稳定，是顺利推进改革发展的重要前提，是实现全面建设习近平新时代中国特色社会主义法治的重要保障。“侵权责任编”作为民法典体系中压舱石之编具有特别重大的意义，是法律规范体系中法律效果、法律后果的支撑性部分，是科学、完善《民法典》的彰显。“侵权责任编”坚持现实性与前瞻性、稳定性与变动性、原则性与可操作性相结合，以人为本，着重解决人民群众利益密切联系的、群众关注的、矛盾较为集中的问题，比如高空抛物、环境污染等；同时要考虑我国现阶段社会发展水平、公平合理地确定赔偿范围和赔偿标准。

【司法适用】

本编调整因侵害民事权益产生的民事法律关系，与原《侵权责任法》第 1 条把保护对象确定为“民事权益”，殊途同归，在司法适用时应把民事权益之外的其他权益排除在侵权责任规范体系的保护范围之外。比如，行政法上的知情权受到侵害，应当通过行政复议、行政诉讼等途径解决，而不能诉诸《民法典》“侵权责任编”。继《民法通则》和《侵权责任法》第 2 条明确了民事权益的内涵，列举了一些具体的民事权益，“总则编”“物权编”“人格权编”等更全面列举了民事主体所享有的物权、债权、人格权等民事权利，譬如，生命权，指以自然人的生命安全利益为内容的人格权，它以生命安全和生命维持为客体，以维护人的生命活动延续为基本内容。健康权，是指自然人以其机体生理机能正常运作和功能完善发挥，以其维持人体生命活动的利益为内容的人格权。姓名权，是指公民决定、使用和依照规定改变自己姓名的权利。名誉权，是指公民和法人就其自身属性和价值所获得的社会评价,享有的保有和维护的人格权。荣誉权,是指民事主体对其获得的荣誉及其利益所享有的保持、支配的身份权。肖像权,是指公民对在自己的肖像上体现的精神利益和物质利益所享有的人格权。隐私权,是指自然人享有的对其个人的,与公共利益、群体利益无关的个人信息、私人活动和私有领域进行支配的人格权。婚姻自主权,是指自然人享有的结婚、离婚自由,不受他人干涉的权利。监护权,是指监护人对被监护人在人身和财产方面的管教和保护的权利。所有权,是指所有权人对自己的不动产或者动产,依法享有的占有、使用、收益和处分的权利。用益物权,是指用益物权人对他人所有的不动产或者动产,依法享有的占有、使用或者收益的权利。担保物权,是指担保物权人在债务人不履行到期债务或者发生当事人约定的实现担保物权的情形时,依法享有的就担保财产优先受偿的权利。著作权,是指著作权人对其作品享有的人身权和财产权的总和,包括发表权、署名权、修改权、保护作品完整权、复制权、发行权、出租权、展览权、表演权、放映权、广播权、信息网络传播权、摄制权、改编权、翻译权、汇编权和应当由著作权人享有的其他权利。专利权,是指发明创造人或者权利受让人对其发明创造在一定期限内依法享有的专有权和独占权。商标专用权,是指注册商标的所有人在核准的商品或者服务项目上使用其注册商标的权利,以及禁止其他人未经许可擅自在与核准商品或者服务项目相同或者类似的商品或者服务项目上使用与其注册商标相同或者类似商标的权利。发现权,是指集体或者个人在探索阐明自然现象、特性或者规律的科学研究中,取得前人未知的、对科技发展有重大意义的成果而依法享有的权利。股权,是指投资者因投资于公司成为公司股东而享有的权利。股权根据行使目的和方式的不同可分为自益权和共益权两部分。自益权,是指股东基于自身利益诉求而享有的权利,可以单独行使,包括资产收益权、剩余财产分配请求权、股份转让权、新股优先认购权等;共益权,是指股东基于全体股东或者公司团体的利益诉求而享有的权利,包括股东会表决权、股东会召集权、提案权、质询权、公司章程及账册的查阅权、股东会决议撤销请求权等。继承权,是指公民依照法律的规定或者被继承人生前立下的合法有效的遗嘱而承受被继承人遗产的权利。除了上述权利之外,还有其他民事权益也属于侵权责任法的保护对象,如死者名誉、胎儿人格利益等。考虑到民事权益多种多样,立法中难以穷尽,而且随着社会、经济的发展,还会不断地有新的民事权益纳入侵权责任法的保护范围,故《民法典》“侵权责任编”未对权益进行封闭式下定义,而是列举表达,但不代表没有列举的民事权益就不属于民法的保护对象。

【司法案例】

尚某安与董某菊等相邻关系纠纷案[1]

诉讼结论：侵权责任法作为民法的重要组成部分，其主要目的就是对民事主体的合法权益进行充分保护，受法律保护的权益须具有合法性要求。

本案属于相邻关系纠纷。本案双方当事人系邻居关系，双方的房屋均坐落在焦作市解放区××路×号院，尚某安涉案房屋未办理产权证书及土地使用权证，其房屋改建也未履行相关的建设规划审批手续，董某菊在紧邻尚某安东半间房屋的南墙及其后来所建造房屋的东墙处建起院墙，影响了尚某安房屋的采光。鉴于尚某安未能提供有效证据证明其对案涉土地享有合法的使用权，也未能证明其建造房屋的合法性，法院对其要求董某菊拆除院墙、恢复原状并赔偿损失的请求不予支持。

第一千一百六十五条　行为人因过错侵害他人民事权益造成损害的，应当承担侵权责任。

依照法律规定推定行为人有过错，其不能证明自己没有过错的，应当承担侵权责任。

【条文主旨】

本条是关于过错责任原则的规定。

【条文理解】

民法侵权责任归责原则是整个侵权责任法律体系的精髓，只有确定了侵权责任的归责原则，那么确定侵权行为责任就简便易行，司法机关裁判的思路才会清晰，遵循的路径就会很明确。本条分成两款，前款“行为人因过错侵害他人民事权益造成损害的，应当承担侵权责任”表明，能证明行为人过错而导致侵权行为发生并产生损害后果的就要承担侵权责任，即直接过错责任原则。后款“依照法律规定推定行为人有过错，其不能证明自己没有过错的，应当承担侵权责任”表明，法律规定推定行为人有过错就是无须原告（被侵权人）证明行为人有过错，而是法律初步推定行为人有过错导致他人损害，与此同时，如果行为人不想承担侵权责任，那么行为人（侵权人）需要自证其无过错。

---

① 河南省焦作市中级人民法院（2017）豫08民终3485号民事判决书。

根据本条规定，在过错责任原则制度下，同时满足侵权责任以下四个构成要件的，行为人就应当承担侵权责任。

第一，客观要件是行为人实施了某一侵害行为。内心思想一般不产生侵权行为，但是思想转变成语言、文字或有型电子载体时就可能造成他人损害。在现代社会，“不侵害他人”是任何一个民事主体都应遵守的普遍性义务，没有合法依据或者法律授权，不得损害他人的民事权益，否则就可能承担一定的法律后果。这里的行为包括作为和不作为。在多数情况下，行为人都是因为对他人的民事权益实施了积极的加害行为而承担侵权责任，如殴打他人、损毁财物、散布谣言等。本编规定的大多数侵权责任就是因为行为人积极作为而产生的。但现代社会不作为同样可以产生侵权责任，如宾馆、商场、银行、车站、娱乐场所等公共场所的管理人或者群众性活动的组织者，未尽到安全保障义务，造成他人损害的，应当承担侵权责任。不作为侵权是行为人应当履行某种法定义务而未履行该义务而产生的，若没有法定作为义务，行为人不作为并不构成侵权。该法定义务既可能是某一法律明确规定的，也可能是某人先前危险行为产生的，还可能是基于当时约定而产生的。

第二，主观要件是行为人行为时有过错。在过错责任原则中，过错是确定行为人是否承担侵权责任的核心要件，也是人民法院审理侵权案件的主要考虑因素。行为人的行为造成损害并不必然承担侵权责任，必须要看是否有过错，无过错则无责任。过错就是行为人行为时的心理状态是应受谴责的。正是由于这种应受谴责的心理状态，法律要对行为人实施的行为进行否定性评价，让其承担侵权责任。需要指出的是，过错仅适用于过错责任原则制度下的侵权责任，对于法律明确规定的特殊侵权责任，过错并非必要条件。

行为人主观上的过错分为故意和过失。故意，是指行为人预见到自己的行为会导致某一损害后果而希望或者放任该后果发生的一种主观心理状态。过失是指行为人因疏忽或者轻信而使自己未履行应有注意义务的一种主观心理状态，其是侵权责任法律中最常见的过错形态。故意与过失的主要区别是：故意表现为行为人对损害后果的追求、放任心态，而过失表现为行为人不希望、不追求、不放任损害后果的心态。故意心态很典型，如殴打他人，主观上一定是故意的，司法实践中也不会着重考察行为人的心理状态，即是一种不言自明的状态。无须让受害者证明打人者的心理状态到底是故意还是过失。如何确定个人的过失，早期判断是否存在过失，主要考察行为人的主观心理状态，也称主观判断标准，需要分析特定行为人对自己行为或后果的理解、判断、控制、认识等方面的状况及能力，从其意志活动来确定。但是这将导致受害人证明行为人的过错困难，不利于保护其权益。发展到现在,对于过失的认定逐步客观化,不是从单个行为人的主观状态认定其过失,而是主要依据以下客观标准判断其有无过失。其一,行为人是否违反法律、行政法规明确规定的义务。例如,法律对某一特定领域规定了行为标准,行为人若违反了这些标准,就是过失。机动车驾驶人违反交通规则导致人员财产损失,可以明确是行为人违反交通规则,就不必再由被害人证明行为人的过失心理状况。其二,行为人是否违反了一个合理人的注意义务。"合理人的注意义务"即大多数人在特定情况下应当达到的注意程度,是排除专业人员、特定群体的理解,是从普通老百姓的角度会怎么看这样一种情况(注意义务)。"合理人的注意义务"原则上不照顾行为人的特殊弱点,无论是性急、健忘,还是反应慢、粗心大意、醉酒,原则上一律平等,一视同仁。同时,司法机关对于特殊行业、特殊人群、专业人士的注意义务标准适用应该有差异。专业人员的注意义务要高于普通人,如医生、律师、建筑师、会计师等,在他们自己行业内的注意义务要肯定高于普通人。另外,对于限制行为能力人或无行为能力人的注意标准,又要低于普通人的判断标准,如果这部分人侵权造成损害后果,一般应由其监护人承担相应责任,监护人尽到监护责任的,可以减轻其侵权责任。

第三,有损害事实,即受害人的民事权益受到损害。本条当中"造成损害的",是新增加的。这就使侵权责任的构成要件在此得以集中表达,符合民法原理,便利司法适用。损害是指行为人的行为对受害人的民事权益造成的不利后果,根据《民法典》"总则编"第五章"民事权利"所规定范围,自然人的人身权、财产权和人格权,企业或其他主体的知识产权、财产权和有限人身权等都可以成为侵权损害对象,难以穷尽列举。从理论上讲,只要是私权,不是公权,都有被侵害的可能性,侵权责任规范都可以适用。需要强调一点,这里的"损害"是一个比较广的概念,不但包括现实的已经存在的"不利后果",即现实损害,如身体残疾、财产减少等,还包括构成现实威胁的"不利后果",如某人房屋倾斜,不采取防范措施,导致房屋随时有可能倒塌,有侵害他人的人身、财产安全的危险。实践中受害人大多数情况下受到的是现实损害,这种损害相对容易被认定和证明。在一些情况下,行为人的行为也可能对受害人的民事权益造成现实威胁,为防止其转化成现实损害,行为人也应当承担侵权责任。这样的立法就是为了更充分的保护受害人,体现了预防侵权行为的立法目的。本编其他条文内容就包含了这层意思,侵权行为危及他人人身、财产安全的,被侵权人可以请求侵权人承担停止侵害、排除妨碍、消除危险等侵权责任。

第四,有因果关系,即行为人的侵害行为与受害人遭受的损害之间有因果关系。因果关系是指行为人的行为作为原因,损害事实作为结果,在两者之间存在的前者导致后者发生的客观联系。因果关系是侵权责任的重要构成要件，在行为与损害事实之间确定存在因果关系的，就有可能构成侵权责任，没有因果关系就必然不构成侵权责任。对一些简单的侵权行为，判断因果关系比较容易，例如，某人开车闯红灯撞伤一人，行人受伤与被告开车闯红灯之间是否存在因果关系一目了然，举证容易，不需要复杂的理论分析。但是现实生活是复杂多变的，侵权行为也越来越多样化和复杂化，有的一因多果，有的多因一果，有的是多因多果，判断或确定行为与损害之间是否存在因果关系就比较困难，审判实践面临相当大的挑战。那么遇到复杂多变的情况怎么办，立法不可能预测全部社会生活，也不可能包含所有情况，在因果关系判断上，对多因一果、一因多果或多因多果等复杂情形，则需要法官综合考虑案发当时情况，考虑原因力大小、法律关系、公平正义、社会政策、法律效果等多种因素，需要发挥法官司法能动性、职业专长、职业素养、职业嗅觉、正义良知，鲜活具体的案例发生于多彩复杂的社会，需要智慧、机变、衡平、公正的法官。

【司法适用】

司法实践中，民事侵权责任构成要件大家还是熟悉的，一般也能够正确运用。与《侵权责任法》第6条比较，本条增加了“造成损害的”五个字，包括两个构成要件，这就是损害和因果关系，更便于当事人识别和司法适用。

侵权责任中，一般由原告承担证明损害情况、损害行为、对方过错以及损害与行为之间存在因果关系，仍然没有脱离基本诉讼举证规则，“谁主张，谁举证”这一基本原则。但在特定情形，譬如生态环境污染领域，许多环境污染损害需要一定的积累过程，时间长、跨度大、受害群体分布广，且环境侵权诉讼专业性较强，让普通受害者个人耗时耗力地证明因果关系存在困难，甚至是举证不能。为了保护这些环境污染受害者，需要减轻受害者的举证责任，在原告初步举证损害事实、存在或可能存在因果关系的情况下，被告负责证明自己的行为与损害结果之间没有因果关系。适用这种特殊举证责任由法律、司法解释明确规定，法律、司法解释没有明确规定的，原则上不能适用举证责任倒置这样的证明规则。

在过错责任原则中，通常由受害人证明行为人是否有过错，但在一些情况下也适用过错推定。所谓过错推定是指根据法律规定推定行为人有过错，行为人不能证明自己没有过错的，应当承担侵权责任。现代社会，各种机器设备大量出现，专业分工极其细密，碍于专业知识限制，受害人证明加害人的过错更为困难，那么从《民法通则》开始，中国开始规定过错推定责任，但它仅是特别规范。过错推定虽说包含在过错责任原则中，但与一般过错责任有很大不同，似乎与无过错责任十分接近。因此，对行为人来说，这是一种较重的责任，不宜被滥用,需要法律对其适用范围作严格限定,否则就有可能限制人们的行动自由。目前,本编规定的机动车交通事故责任、物件损害责任主要采过错推定原则,对无民事行为能力人在幼儿园、学校或者其他教育机构内受到损害的责任也适用过错推定原则。

【司法案例】

北大诉邹恒甫名誉侵权纠纷案①

诉讼结论:邹恒甫存在主观过错,实施了对北京大学及梦桃源公司的加害行为,导致北京大学、梦桃源公司的社会评价明显降低,且其行为已超出了行使言论自由的权利边界,构成了对北京大学及梦桃源公司名誉权的侵害,应承担相应民事侵权责任。

法院认为,根据《侵权责任法》第2条规定,民事主体的合法权益包括名誉权受到保护,其中当然也包括法人的民事权益。北京大学和梦桃源公司都是民事主体,都依法享有名誉权,都受到法律的保护,对于它们的名誉权,任何人都不得进行侮辱或者诽谤。邹恒甫对北京大学的院长、主任、教授和梦桃源公司的服务人员编造虚假事实,在网络上予以公开,不仅对两个法人的成员的名誉造成损害,而且对两个法人的名誉权构成损害。侵害名誉权的主要行为方式是诽谤,其特点是编造虚假事实,将其予以公开,主观上具有恶意或者过失,且没有正当理由。本案的侵权行为符合这样的法律要求,因而判令邹恒甫承担侵权责任是正确的。

第一千一百六十六条　行为人造成他人民事权益损害,不论行为人有无过错,法律规定应当承担侵权责任的,依照其规定。

【条文主旨】

本条是关于无过错责任原则的规定。

【条文理解】

本条来源于《侵权责任法》第7条。《侵权责任法》草案一审稿、二审稿基本按照《民法通则》第106条第3款的行文对该原则作了表述,规定:"行为人没有过

① 2014年度人民法院十大民事案例之九,北京市海淀区人民法院(2012)海民初字第20880号民事判决书。

错，法律规定应当承担侵权责任的，依照其规定。”在征求意见过程中，有专家提出，无过错责任原则的精髓并不是行为人没有过错也要承担责任，而是在确定行为人是否承担侵权责任时，无论其有无过错，受害方一方也不用证明行为人是否有过错。草案稿的表述没有准确体现无过错责任原则的内涵，有可能让人误解为，只有在行为人无过错时才承担无过错责任，有过错时不承担无过错责任，仍需要受害一方承担过错的举证责任。故而，立法机关将其修正为“行为人造成他人民事权益损害，不论行为人有无过错，法律规定应当承担侵权责任的，依照其规定”。该表述不仅准确体现了无过错责任原则的内涵，解决了对“无过错”的理解问题，也解决了无过错责任原则的责任构成要件问题。

无过错责任的构成要件有四个：一是行为；二是受害人的损害；三是行为与损害之间具有因果关系；四是不存在法定的不承担责任的情形。只要同时具备以上四个要件，且属于法律明确规定适用无过错责任原则的领域，行为人就应当承担侵权责任，而不问其有无过错，受害方也不用证明行为人有过错。在许多适用无过错责任原则的领域，法律确定行为人承担无过错责任，并非因为其从事了法律禁止的活动，恰恰相反，这些活动是社会经济发展所必需的，社会允许其存在。但是，相关活动充满了危险，多数风险不可控，即使采取预防措施仍然无法避免的，如飞机遇到空中飞行的飞鸟、突如其来的恶劣天气等。在这些风险活动中，行为人承担侵权责任，不是因为其知道意外的发生而没有加以防范，而是其为了自己的利益，使别人面临特殊风险，法律规定，这些活动产生的风险由其承担后果，承担无过错责任。

【司法适用】

人民法院在审理侵权纠纷案件中适用无过错责任原则，应当把握以下几个方面：其一，无过错责任原则的主要立法目的不是使“没有过错”的人承担责任，而主要是免除受害人证明行为人过错的举证责任，使受害人易于获得损害赔偿，使侵权行为人不能轻易逃脱侵权责任。事实上，从我国审判实践来看，适用无过错责任原则的大多数案件中，行为人基本上都有过错。其二，无过错责任不是绝对责任，在适用无过错责任原则的案件中，行为人可以向法官提出法定的不承担责任或者减轻责任的事由。例如，在产品责任案件中，产品制造者可以证明产品投入流通时，引起损害的缺陷尚不存在而免除自己的侵权责任；在高度危险物致损案件中，高度危险作业人可以证明受害人故意造成损害而免除自己责任；等等。一般来说，法律根据行为的危险程度，对适用无过错责任原则的不同侵权类型规定了不同的不承担责任或者减轻承担责任的事由，例如，民用核设施发生核事故造成他人损害的，民用核设施经营人的不承担责任的事由是战争等情形或者受害人故意；占有或者使用易燃、易爆、剧毒、反射性等高度危险物造成他人损害的，免责事由是受害人故意或不可抗力。被侵权人对损害的发生有重大过失的，可以减轻占有人或使用人的责任；从事高空、高压、地下挖掘活动，使用高速轨道运输工具造成他人损害的，免责事由是受害人故意或者不可抗力。被侵权人对损害的发生有过失的，可以减轻经营人的责任。其三，在适用无过错责任原则的侵权案件中，只是不考虑行为人过错，并非不考虑受害人过错。如果受害人对损害的发生也有过错的，在有的情况下可以减轻甚至免除行为人的侵权责任。其四，本条关于过错责任原则的规定，是为了在一定特定领域排除过错责任原则的适用。其五，适用过错责任原则的，在赔偿数额上可能存在限制。许多适用无过错责任原则的活动是社会所需要的，法律允许这些活动的存在，但如果法律对这些领域发生的事故赔偿数额没有限制，就有可能过分加重行为人的负担，阻碍救济发展和企业壮大，且无过错责任原则往往与责任保险相连，责任保险可以确保无过错责任原则制度得以顺利实施，若赔偿数额过高，保险人负担过重，就有可能放弃责任保险，不利于无过错责任制度的顺利实施。

人民法院适用本条而指引相关法律主要有：《产品质量法》第 41 条规定，“因产品存在缺陷造成人身、缺陷产品以外的其他财产损害的，生产者应当承担赔偿责任……”《海洋环境保护法》第 89 条规定：“造成海洋环境污染损害的责任者，应当排除危害，并赔偿损失……对破坏海洋生态、海洋水产资源、海洋保护区，给国家造成重大损失的，由依照本法规定行使海洋环境监督管理权的部门代表国家对责任者提出损害赔偿要求。”

【司法案例】

唐山曹妃甸区益发农业生态园有限公司诉康菲石油中国公司、中海油集团公司海上、通海水域污染损害责任纠纷案①

诉讼结论：曹妃甸益发公司未能举证证明其遭受污染损害是由康菲公司和中海油公司造成，污染损害与康菲公司和中海油公司漏油关联性不足，故驳回其损害赔偿诉讼请求。

法院认为，虽然海洋环境污染损害责任属于侵权责任法中的无过错责任原则，但是受害人必须证明海洋污染损害与行为人，即与本案的康菲公司与中海油公司漏油事件存在客观联系。而最高人民法院认为基于有关环境监测结果，原农业部与康菲公司、中海油公司于 2012 年签订《关于解决蓬莱 19－3 油田溢油事故

① 最高人民法院（2019）最高法民申 1995 号民事裁定书。

渔业损失赔偿和补偿问题的协议书》,对包括辽宁省葫芦岛市绥中县,河北省唐山市乐亭县,河北省秦皇岛市昌黎县、抚宁县、海港区、山海关区、北戴河区在内的"四县三区"的受损养殖户通过行政协调给予了赔偿或补偿。曹妃甸益发公司提交的上述证据材料不能直接证明其养殖区域位于受污染区域即"四县三区"范围之内,不足以推翻二审判决认定的事实。故而驳回其曹妃甸益发公司的再审申请。

在法律适用上,本案侵权损害的因果关系方面,受害人未能完成举证证明漏油事件与其受损具有直接联系。尽管受害人无须举证康菲公司和中海油公司在漏油事件上的主观过错,故其诉讼主张不能得到支持。相反可以推论的是,辽宁省葫芦岛市绥中县,河北省唐山市乐亭县,河北省秦皇岛市昌黎县、抚宁县、海港区、山海关区、北戴河区在内的"四县三区"的受损养殖户如未获得行政协调后的赔偿,那么完全适用本条的立法原则,康菲公司与中海油公司要承担海洋污染损害的无过错侵权责任。

第一千一百六十七条　侵权行为危及他人人身、财产安全的,被侵权人有权请求侵权人承担停止侵害、排除妨碍、消除危险等侵权责任。

【条文主旨】

本条是关于侵权责任承担方式的概括性规定。

【条文理解】

本条承接于《侵权责任法》第15条规定:"承担侵权责任的方式主要有:停止侵害、排除妨害、消除危险、返还财产、恢复原状、赔礼道歉、消除影响、恢复名誉;以上承担侵权责任的方式可以单独适用,也可以合并适用。"《民法典》"侵权责任编"将列举式变为概括式,同时明确了侵权是对两类权利的损害,一是人身权,二是财产权。侵权责任承担方式,既是针对行为人的现实侵害的弥补性承担责任方式的规定,也是针对行为人危险行为、潜在损害行为的否定性评价以及消除隐患作为责任承担方式。侵权行为危及他人人身、财产安全的,这里的安全不是现实损害,而是安全状态的危害,再不排除侵害,就会较大概率发生损害,是为了不发生现实损害的预防性措施,故而被侵权人有权请求侵权行为人立即停止侵害和请求排除妨害、消除危险。

为避免与"总则编"重复,本条没有再对侵权责任的方式作出全面规定。因为《侵权责任法》第15条已经为"总则编"第179条所完全覆盖。

【司法适用】

本条所指侵权行为危及他人人身、财产安全的，被侵权人有权请求侵权人承担停止侵害、排除妨碍、消除危险等侵权责任，在司法适用方面可以分成停止侵害、排除妨害、消除危险三个部分来分析。

其一，关于停止侵害。行为人实施的侵权仍在继续的，受害人可依法请求法院责令行为人承担停止侵害的责任方式。停止侵害，主要是要求行为人不实施某种侵害。这种责任方式能够及时制止侵害，防止侵害后果的扩大。例如，某人正在散播诽谤他人的谣言，受害人有权请求加以制止。采取这种责任方式以侵权行为正在进行或者仍在延续为条件，对于未发生或者终止的侵权行为不适用。人民法院根据受害者请求，依据案件的具体情况，可以在审理案件之前发布停止侵害令，或者在审理过程中发布停止侵害令，也可以在判决中责令行为人停止侵害。

其二，关于排除妨碍。排除妨碍，是指行为人实施的行为使他人无法行使或者不能正常行使人身、财产权益的，受害人可以要求行为人排除妨害权益实施的障碍。行为人不排除妨碍的，受害人可以请求人民法院责令其排除妨碍。例如，在他人门前堆放垃圾，妨碍他人通行，同时污染了他人的居住环境，受害人有权请求行为人将垃圾清除。受害人请求排除的妨碍必须是非法的，如果行为人的妨碍行为是正常行使权利的行为，则行为人可以拒绝受害人的请求。受害人也可以自己排除妨碍，但排除妨碍的费用应由行为人承担。

其三，关于消除危险。消除危险，是指行为人的行为对他人人身权、财产权益造成威胁的，他人有权要求行为人采取有效措施消除这种威胁。例如，某人的房屋由于受到大雨冲刷随时有倒塌可能性，危及邻居的人身、财产安全，但房屋的所有人不采取措施，邻居可以请求该房屋所有人采取措施消除这种危险。适用这种责任方式可以有效防止现实损害的发生，充分保护他人的人身、财产安全。适用这种责任方式的条件必须是危险确实存在，对他人人身、财产安全造成现实威胁，但还未发生实际损害。

【司法案例】

江苏省常州市人民检察院诉许建惠、许玉仙民事公益诉讼案[①]

诉讼结论：被告消除继续污染环境危险、制定土壤修复方案、赔偿对环境造成的其他损失。

庭审过程中，公益诉讼人向法院申请由市环保局从常州市环境应急专家库中

① 最高人民检察院第八批指导性案例，许建惠、许玉仙民事公益诉讼案（检例第28号）。

甄选的环境专家苏衡博士作为专家辅助人，就本案涉及的环境专业性问题发表意见。2016年4月14日，常州市中级人民法院作出一审判决：(1)被告许建惠、许玉仙于本判决发生法律效力之日起15日内，将常州市武进区遥观镇东方村洗桶场地内留存的130只废桶、两个污水池中蓄积的污水及池底污泥以及厂区内堆放的残渣委托有处理资质的单位全部清理处置，消除继续污染环境危险。(2)被告许建惠、许玉仙于本判决发生法律效力之日起30日内，委托有土壤处理资质的单位制定土壤修复方案，提交常州市环保局审核通过后，60日内实施。(3)被告许建惠、许玉仙赔偿对环境造成的其他损失150万元，该款于判决发生法律效力之日起30日内支付至常州市环境公益基金专用账户。本案是全国人大常委会授权检察机关开展公益诉讼试点工作后全国首例由检察机关提起的民事公益诉讼案件。该案有三方面的意义：(1)侵权人因同一行为已经承担行政责任或者刑事责任的，不影响承担民事侵权责任。(2)环境污染导致生态环境损害无法通过恢复工程完全恢复的，恢复成本远远大于其收益的或者缺乏生态环境损害恢复评价指标的，可以参考虚拟治理成本法计算修复费用。(3)专业技术问题，可以引入专家辅助人。

第一千一百六十八条　二人以上共同实施侵权行为，造成他人损害的，应当承担连带责任。

【条文主旨】

本条是关于共同侵权的规定。

【条文理解】

所谓共同侵权，是指数人共同不法侵害他人权益造成损害的行为。对共同侵权，有的学者称为“共同致人损害”，有学者称为“共同过错”，还有学者称为“共同不法行为”。本条“二人以上共同实施侵权行为，造成他人损害的，应当承担连带责任”，从文义上理解有三个层级，分别是主体的两人以上、造成损害、连带责任。本条的理解有两个难点，第一，“共同实施”的理解问题。什么是共同实施，到底是共同故意还是共同过失，还是有人故意有人过失，形成共同的结果等，这是理解“共同实施”的难点。第二，侵权人之间的连带责任问题。

关于“共同实施”的理解，按照通说与司法实践，“共同实施”包括三层含义：其一，共同故意，从学说上看这是争议最少的，无论采取哪种学说均认为，数个行为人共同故意侵害他人合法权益的，应当认定为共同侵权行为。这里的“共同故意”,不以侵权行为人的意思联络为必要。其二,共同过失,它主要是指数个行为人共同从事某种行为,基于共同的疏忽大意,造成他人损害。比如,两人一起搜寻煤气在哪儿泄漏,其中一人点燃了火柴导致爆炸,由于两人属于从事共同事务,一方的侵权行为发生在从事共同事务过程中,两人应为共同侵权人。其三,故意行为与过失行为相结合。故意侵权人捡到被侵权人身份证向银行信用卡中心冒名申请信用卡,银行审查不严而发放了信用卡而导致侵权人盗刷信用卡,那么冒名人的故意行为是可以确定的,银行属于过失行为也应该无异议,两者共同导致了被侵权人的财产损失,隐私泄露等财产权或人身权受损。此种情况下,一个故意行为、一个过失行为,同样也可以构成共同侵权。

关于第二个难点,连带责任问题。从世界大多数国家或地区民法立法例观察,对于共同侵权行为采连带责任之说,属于世界主流观点,我国立法当然采之。我国《民法通则》第 130 条规定:“二人以上共同侵权造成他人损害的,应当承担连带责任。”该条规定首次在立法上使用了“共同侵权”这一制度性概念。2003 年最高人民法院颁布的《人身损害赔偿解释》对这一规则进行了细化,其中第 3 条第 1 款规定“二人以上共同故意或者共同过失致人损害,或者虽无共同故意、共同过失,但其侵害行为直接结合发生同一损害后果的,构成共同侵权,应当按照民法通则第一百三十条规定承担连带责任”。故《民法典》无论是融入世界法律潮流还是承接中国立法传统,规定共同侵权承担连带责任是准确的,也有稳固的司法实践基础。

【司法适用】

共同侵权是《民法典》“侵权责任编”中非常重要的制度,在司法实践中积累了近四十年的经验。根据共同侵权制度,数人共同实施侵权行为造成他人损害的,应当承担连带责任,受害人可以要求任一行为人承担全部侵权责任。从司法实践角度来看,连带责任的意义在于增加责任主体的数量,加强对受害人请求权的保护,确保受害人最大限度获得赔偿。当部分行为人不具有清偿能力时,就凸显出连带责任在保护受害人方面的重要作用,但这也可能使对外承担全部责任的部分行为人无法从其他行为人处获得相应的清偿。行为人共同承担连带责任,主要是对受害者而言,但行为人之间责任在可以区分的条件下应当予以区分,赋予了法官对侵权人之间责任划分的权力。为什么需要划分侵权人之间的承担责任份额,因为各个侵权人对受害人的清偿能力不同,可由有能力清偿的侵权人先行赔偿,而后再向其他侵权人追偿。侵权人之间的责任大小,可以根据各个侵权人在造成损害后果中的作用大小来确定,不能区分大小的,侵权人之间平均分担责任。

【司法案例】

上海帕弗洛文化用品有限公司、上海艺想文化用品有限公司与毕加索国际企业股份有限公司商标使用许可纠纷案①

诉讼结论：毕加索公司、艺想公司共同侵权造成原告损害，两者应当承担连带赔偿责任。

法院认为，帕弗洛公司主张要求赔偿的经济损失包括毕加索公司与艺想公司之间的恶意串通行为给帕弗洛公司造成的经济损失和商誉损失。其中经济损失是指帕弗洛公司为应对艺想公司在全国范围内的侵权诉讼已支出的律师费和差旅费共计431,556元。帕弗洛公司所主张的100万元经济赔偿数额在扣除上述金额后的其余部分为帕弗洛公司主张的商誉损失，应参照《商标法》第56条第2款商标侵权行为的法定赔偿数额由法院酌定。按照《民法通则》第130条的规定，二人以上共同侵权造成他人损害的，应当承担连带责任。法院认为，本案的核心点是帕弗洛公司拥有商标的独占许可使用权，毕加索公司与艺想公司串谋另定商标许可合同损害了帕弗洛公司的商标权利益，属于共同侵权。

第一千一百六十九条　教唆、帮助他人实施侵权行为的，应该与行为人承担连带责任。

教唆、帮助无民事行为能力人、限制民事行为能力人实施侵权行为的，应当承担侵权责任；该无民事行为能力人、限制民事行为能力人的监护人未尽到监护职责的，应当承担相应的责任。

【条文主旨】

本条是关于教唆侵权和帮助侵权的规定。

【条文理解】

但凡规定共同侵权行为的民法典，大多数都对教唆和帮助侵权作了明确规定。如《德国民法典》第830条第2款规定："教唆人和帮助人视为共同行为人。"《日本民法典》第719条第2款规定："教唆行为人及帮助行为人看作共同行为人，适用共同侵权规定。"《瑞士债务法》第50条规定："如果数人共同造成损害，则不管是教唆者、主要侵权人或者辅助侵权人，均应对受害人承担连带责任和单独责

① 最高人民法院公报案例，上海市高级人民法院（2014）沪高民三（知）终字第117号民事判决书。

任。法院有权自由裁决责任人是否以及在多大程度上分担责任。教唆者的责任限于其获得的利益或由于其帮助造成的损失的范围。”《韩国民法典》第 760 条第 3 款规定:“教唆人或帮助人视为共同行为人。”我国台湾地区“民法”第 185 条第 2 款规定:“造意人及帮助人,视为共同行为人。”我国《民法通则》仅仅规定了共同侵权制度,没有对教唆、帮助侵权作出具体规定。最高人民法院《民通意见》第 148 条规定:“教唆、帮助他人实施侵权行为的人,为共同侵权人,应当承担连带民事责任。教唆、帮助无民事行为能力人实施侵权行为的人,为侵权人,应当承担民事责任。教唆、帮助限制民事行为能力人实施侵权行为的人,为共同侵权人,应当承担主要民事责任。”

一般认为,教唆行为、帮助行为和实行行为在共同侵权法律结构中是一体的几个方面,不能割裂、不宜拆开来处理此类法律问题。教唆行为、帮助行为、实行行为都是共同侵权行为的行为组成部分,它们本身就是损害后果的一体化原因。本条第 1 款中的“他人”指的是完全民事行为能力人。根据本款规定,教唆、帮助完全民事行为能力人实施侵权行为需要满足以下构成要件:其一,教唆人、帮助人实施了教唆、帮助行为。教唆行为,是指对他人进行开导、说服,或者通过刺激、引诱、怂恿等方法使该他人从事侵权行为。教唆行为只能以积极的方式作出,消极的不作为不能成立教唆行为。帮助行为,是指给予他人以帮助,如提供工具或者指导方法,以便他人实施侵权行为。帮助行为通常是以积极的作为方式作出,但具有作为义务的人故意不作为时也可能构成帮助行为。帮助的内容既可以是物质上的,也可以是精神上的;既可以在行为人实施侵权行为前,也可以在实施过程中。一般认为,教唆行为与帮助行为的区别在于:教唆行为的特点是教唆本人不亲自实施侵权行为,而是唆使他人产生侵权意图并实施侵权行为或危险行为;而帮助行为可能并不对加害行为起决定性作用,只是对加害行为起促进作用。其二,教唆人、帮助人具有教唆、帮助的主观意图,一般来说,实施教唆、帮助行为的主观都是故意的,而不论被教唆人、被帮助人是否知晓。其三,被教唆人、被帮助人实施了相应的侵权行为。该要件要求教唆行为、帮助行为与被教唆人、被帮助人实施的侵权行为之间具有内在的联系。教唆、帮助行为与侵权行为没有联系,那么教唆、帮助的行为人就不承担责任。

本条第 2 款规定,教唆、帮助无民事行为能力人、限制民事行为行为能力人实施侵权行为的,应当承担侵权责任;该无民事行为能力人、限制民事行为能力人的监护人未尽到监护职责的,应当承担相应的责任。该条款是针对被教唆人被帮助人是无民事行为能力人或限制民事行为能力人的特别规定,其核心意义是法律后果与第 1 款规定的不同。一是教唆人、帮助人明知被教唆人人、被帮助人为无民事行为能力人或限制行为能力人时，仍然实施教唆、帮助行为的，应当承担侵权责任。二是如果被教唆、被帮助的无民事行为能力人或者限制民事行为能力人的监护人未尽到监护责任的，应当承担相应的责任。如果监护人未尽到监护责任，应当对被监护人给他人造成的损害承担侵权责任。从司法实践上看，监护人承担责任的比例一般来说要轻于教唆人、帮助人。立法者在起草本条过程中，有人提出无论监护人是否尽到监护责任，都应该由监护人与教唆人或者帮助人承担连带责任。立法者认为存在教唆人或帮助人的情形下，若规定监护人也要承担连带责任，过于严厉，存在不妥未采纳。

【司法适用】

教唆、帮助他人实施侵权行为的主观恶意的司法判断是具有一定难度的，同时也是司法认定的难点，故而在司法实践中必须要有足够多的证据证明教唆行为、帮助行为。一般来说，教唆行为、帮助行为的证据可以由被教唆人、被帮助人提供，也可以由被害人提供，主要还是被害人承担举证责任，但同时不能过分苛求被害人承担全部和绝对的举证责任。法官在审理教唆、帮助他人侵权行为案件中要灵活运用举证责任分配的技巧，对各方当事人要正确行使释明权，在尊重法律的前提下做到程序合法、结论公正。

【司法案例】

中文在线数字出版集团股份有限公司与北京大家网教育科技有限公司侵害作品信息网络传播权纠纷案①

诉讼结论：被告北京大家网教育科技有限公司赔偿原告中文在线数字出版集团股份有限公司经济损失32,000元及合理支出2500元。直接侵权成立，教唆侵权不成立。

法院认为，涉案"大家论坛"网站设置文学作品分享板块并进行相关分类的主要目的是方便网络用户上传以及社会公众查找、获取相关作品。而网络用户上传的作品既可能为仍处在保护期内未经授权传播的作品，亦可能为超出保护期进入公有领域的作品，同样可能为网络用户自行创作并同意传播的作品。因此，单纯设置专门的文学作品分享版块并进行相应分类，并不能证明被告大家网公司有教唆侵权的主观故意，且原告未举证证明上传到"人文国学论坛（国学·历史·文化·读书）"板块的作品均为侵权作品或绝大部分为侵权作品。因此，尚不能因被告经营的"大家论坛"设置勋章系统、点券积分奖励、家元课时兑换机制，即认定其

① 北京市东城区人民法院（2016）京0101民初15391号民事判决书。

具有教唆侵权的主观过错。综上,法院对中文在线公司关于被告大家网公司构成教唆侵权的主张不予采信。

一方面,司法上,判断教唆侵权行为采较为严格的态度,特别是教唆行为的证明标准要求高。另一方面,法院对于网络服务经营者的注意义务的证据要求较低,认定较为容易。本案中,法院认为相关证据尚不能证明被告对涉案侵权行为存在主观上明知的过错,而被告大家网公司应知网络用户侵权行为存在,未尽到适当的注意义务,未及时采取合理措施对涉案网帖加以删除或屏蔽,存在主观上应知的过错,构成帮助侵权,应承担赔偿损失的民事责任。

第一千一百七十条　二人以上实施危及他人人身、财产安全的行为,其中一人或者数人的行为造成他人损害,能够确定具体侵权人的,由侵权人承担责任;不能确定具体侵权人的,行为人承担连带责任。

【条文主旨】

本条是关于共同危险行为的规定。

【条文理解】

本条源于《侵权责任法》第10条。学理上的共同危险行为,是指数人的危险行为对他人的合法权益造成了某种危险,但实际造成的损害又无法查明是危险行为中的何人所为,法律为保护被侵权人的利益,将数个行为人均视为侵权行为人。有学者认为,共同危险行为起源于罗马法的"流出投下物诉权"制度,根据罗马法规定,在有物体从共同住宅窗户投下、坠落或流出,造成行人或他人受损害,而又无法查明投下物或流出物为何人所为时,应由共同住宅中全体人员(无论自有、租赁、借住)负连带责任。有学者认为,大陆法系的共同危险行为理论实际上是在法国和德国审理的一系列"猎人案件"中逐步确立和成熟的,通说认为共同危险行为制度起源于德国民法,后为各国立法确认。"猎人案件",是指多个猎人同时向一个方向开枪,路过的行人被射中,但无法查明究竟是哪个猎人射出的子弹击中了该行人。故而,《德国民法典》第830条第1款规定:"数人因共同实施侵权行为造成损害的,各人对损害均负责任。不能查明数关系人谁的行为造成损害的,亦同。"《日本民法典》《韩国民法典》有类似的规定,数人承担共同危险行为的连带责任。《荷兰民法典》第6章第99条规定:"在损害可能产生于两个或者两个以上的人各自应当承担责任时,如果能够认定损害至少产生此等事件之一,每个人都应对赔偿承担责任,除非能证明不是由其造成的。"我国台湾地区"民法"第185条第 1 款规定:“数人共同不法侵害他人之权利者,连带负损害赔偿责任;不能知其中孰为加害人,亦同。”英美侵权行为法,不存在独立的共同危险行为,而是将其纳入共同侵权行为,作为共同侵权行为的一种表现形式。

我国《民法通则》没有对共同危险行为制度作出明确规定,但《人身损害赔偿解释》第 4 条规定:“二人以上共同实施危及他人人身安全的行为并造成损害后果,不能确定实际侵权行为人的,应当按照民法通则第一百三十条规定承担连带责任。共同危险行为人能够证明损害后果不是由其行为造成的,不承担赔偿责任。”该条司法解释和《民法典》本编第 1254 条关于高空抛物的侵权责任具有关联性,但有明显区别,本条属于概括性共同危险行为的侵权责任规范,而高空抛物则是有部分补偿人未有共同危险行为。高空抛物侵权行为是人民群众特别关注的法律热点问题,相关法律规范需要注重违法行为的苛责性,同时重点兼顾被害人补偿的平衡性。

共同危险行为的构成要件,一般来说,应当满足以下几个方面:一是二人以上实施危及他人人身、财产安全的行为。行为主体应该为复数,同时数个行为人必须在时间和空间上具有同一性。二是其中一人或熟人的行为造成他人损害。三是不能确定具体加害人。一般来说,受害人只能请求加害人就其侵权行为所造成的损失予以赔偿,加害人也仅对其侵权行为所造成的损失进行赔偿。但在共同危险行为制度中,数个行为实施的危及行为在时间上、空间上存在偶合性,虽然事实上只有部分行为人的行为造成了损害后果,但无法掌握各个行为人的行为动机、行为方式等证据,那么就无法判断哪个行为才是真正的加害行为,为了保护受害者权益,只能降低受害人举证责任,同时由于每个行为人都实施了危害行为,在道德上具有可责难性,故而让其承担连带责任是合理的。

【司法适用】

司法实践中,大多数共同侵权人是能够确定的,实施侵权行为的共同侵权人承担连带责任,问题不大;那些不能确定具体侵权人的情况是不多见的,同时被害人不能确定具体侵权人的其他人实行了共同危险行为的举证义务仍然不轻,其结果是要明确共同危险人的证据必须具体和准确。比如,几个未成年人在楼顶玩耍,都向楼外很远的地方扔石子,导致一路人被砸,其后不能确定到底是哪一个未成年人扔出去的石子,那么所有未成年人的监护人均应承担连带责任。此假设案例中,如果其中某一位未成年人监护人调取了周边监控录像,发现不是自己小孩扔出的石子砸中路人,那么就属于找到了具体加害人,则由具体加害人承担责任。

【司法案例】

黄某举、黄某宁财产损害赔偿纠纷案①

诉讼结论：黄某举、黄某宁、罗某承担连带赔偿责任。

法院认为，一、关于梁某琼的经济损失是否与黄某宁、黄某科、黄某举、罗某有因果关系，是否有侵权行为的问题。共同危险行为，是指二人以上共同实施侵害他人民事权益危险的行为，造成他人人身、财产损害，但不知具体加害人而应当由共同行为人承担连带责任的情形。根据本案证据和案情虽然无法确认黄某举、黄某宁、罗某三家中是哪家燃放鞭炮引起火灾，但可以认定是黄某举、黄某宁、罗某这三家共同实施燃放鞭炮这一危及他人财产安全的行为，故造成梁某琼的经济损失与黄某举、黄某宁、罗某的行为是存在一定的因果关系。二、关于赔偿责任问题。黄某举、黄某宁、罗某的行为构成了共同危险的侵权行为，因无法确定具体侵权人，黄某举、黄某宁、罗某又未能提供证据加以证明自己不是实施共同危险行为人。

根据《侵权责任法》第 10 条、第 14 条的规定，黄某举、黄某宁、罗某应当承担连带责任。连带责任人根据各自责任大小确定相应的赔偿数额，难以确定的平均承担赔偿责任。黄某举、黄某宁、罗某燃放鞭炮的行为对引起火灾的概率是一样的，难以确定各自的责任大小，因此黄某举、黄某宁、罗某对本案损失应平均承担赔偿责任，每人承担 1/3 的赔偿责任，即黄某举、黄某宁、罗某各自应赔偿梁某琼 8831 ÷ 3 = 2943.7 元。黄某科既未购买鞭炮又未燃放鞭炮，无须承担责任。

第一千一百七十一条　二人以上分别实施侵权行为造成同一损害，每个人的侵权行为都足以造成全部损害的，行为人承担连带责任。

【条文主旨】

本条关于分别侵权而承担连带责任的规定。

【条文理解】

本条源于《侵权责任法》第 11 条。二人以上分别实施侵权行为，行为人对其所造成的损害承担按份责任。但如果每个行为人的侵权行为都足以造成全部损害，行为人则应当根据本条规定承担连带责任。适用本条规定需要符合以下构成

① 广西壮族自治区百色市中级人民法院（2017）桂 10 民终 212 号民事判决书。

要件:一是二人以上分别实施侵权行为。行为主体的复数性仍然是最基本的条件,每个人的行为都必须是侵权行为,符合本编第 1165 条或者第 1166 条的规定。相比本编第 1168 条有关共同侵权的规定,本条要求数个侵权行为之间相互独立。本条中的"分别"是指实施侵权行为的数个行为人之间不具有主观上的关联性,各个侵权行为都是相互独立的。每个行为人在实施侵权行为之前以及实施侵权行为过程中,没有与其他行为人有意思联络,也没有认识到还有其他人也在实施类似的侵权行为。如果行为人主观具有关联性,存在共同故意或者共同过失,应当普通共同侵权规定处理,而不适用本条。二是造成同一损害后果。"同一损害"指数个侵权行为所造成的损害的性质是相同的,都是身体伤害或者财产损失,并且损害内容具有关联性。如甲的侵权行为造成了丙左腿受伤,乙的侵权行为也造成了丙左腿受伤。如果乙的侵权行为造成了丙右腿受伤,那么,甲、乙两人的侵权行为造成的就不是同一损害,而是不同损害。相较普通共同侵权,本条强调损害的同一性,而在共同侵权制度中,即便每个侵权行为所造成的损害后果不同,如甲的侵权行为造成了丙身体上的伤害,乙的侵权行为造成了丙的财产损失,只要数个行为人主观上具有关联性,同样构成共同侵权,由数个行为人对受害人的全部损失承担连带责任。此外,如果各个行为人对受害人所造成的损害是不同的,即便因偶然原因而同时发生在一个人身上,行为人也应当就各自所致的损害承担赔偿责任。三是每个人的侵权行为都足以造成全部损害。判断每个侵权行为是否足以造成全部损害是适用本条的关键。本条中的"足以"并不是指每个侵权行为都实际上造成了全部损害,而是指即便没有其他侵权行为的共同作用,独立的单个侵权行为也有可能造成全部损害。如甲、乙两个人分别从不同方向向同一房屋放火,将该房屋烧毁,根据两个方向的火势判断,如果不存在另一把火,每把火都有可能将整栋房屋烧毁,但事实上两把火共同作用烧毁了该房屋,所以只能说每把火都"足以"烧毁整栋房屋。

【司法适用】

二人以上分别实施侵权行为造成同一损害但每个人单独的侵权行为都足以造成全部损害的共同侵权损害案件,在司法实践中不常见,多数情况发生在交通事故当中。例如,在能见度极差的雨天,多个肇事司机对行人撞击造成死亡,每一辆车的碾压都可以造成行人死亡,那么各个肇事司机应承担连带责任。

【司法案例】

黄某举、黄某宁财产损害赔偿纠纷案①

诉讼结论：黄某举、黄某宁、罗某对本案损失应平均承担赔偿责任，每人承担三分之一的赔偿责任。

法院认为，一、关于梁某琼的经济损失是否与黄某宁、黄某科、黄某举、罗某有因果关系，是否有侵权行为的问题。共同危险行为，是指二人以上共同实施侵害他人民事权益危险的行为，造成他人人身、财产损害，但不知具体加害人而应当由共同行为人承担连带责任的情形。根据本案证据和案情虽然无法确认黄某举、黄某宁、罗某三家是哪家燃放鞭炮引起火灾，但可以认定是黄某举、黄某宁、罗某这三家共同实施燃放鞭炮这一危及他人财产安全的行为，故造成梁某琼的经济损失与黄某举、黄某宁、罗某的行为是存在一定的因果关系。二、关于赔偿责任问题。黄某举、黄某宁、罗某的行为构成了共同危险的侵权行为，因无法确定具体侵权人，黄某举、黄某宁、罗某又未能提供证据加以证明自己不是实施共同危险行为人。

根据《侵权责任法》第 10 条、第 14 条的规定，黄某举、黄某宁、罗某应当承担连带责任。连带责任人根据各自责任大小确定相应的赔偿数额，难以确定的平均承担赔偿责任。黄某举、黄某宁、罗某燃放鞭炮的行为对引起火灾的概率是一样的，难以确定各自的责任大小，因此黄某举、黄某宁、罗某对本案损失应平均承担赔偿责任，每人承担 1/3 的赔偿责任，即黄某举、黄某宁、罗某各自应赔偿梁某琼 8831 ÷ 3 = 2943.7 元。黄某科既未购买鞭炮又未燃放鞭炮，无须承担责任。

第一千一百七十二条　二人以上分别实施侵权行为造成同一损害，能够确定责任大小的，各自承担相应的责任；难以确定责任大小的，平均承担责任。

【条文主旨】

本条是关于分别侵权而按份承担责任的规定。

【条文理解】

本条源于《侵权责任法》第 12 条。我国《民法通则》没有对分别侵权作出规定，《人身损害赔偿解释》第 3 条第 2 款规定："二人以上没有共同故意或者共同过

① 广西壮族自治区百色市中级人民法院（2017）桂 10 民终 212 号民事判决书。

失，但其分别实施的数个行为间接结合发生同一损害后果的，应当根据过失大小或者原因力比例各自承担相应的赔偿责任。”其他国家和地区的大多数民法中没有类似本条的规定，只有《魁北克民法典》第 1478 条规定：“数人引起的损害，依他们各自过错的严重程度的比例分担责任。受害人自己的过错部分地导致了损害的，也要分担责任。”充分代表美国学术界观点的《美国侵权法重述》“第三次·责任分担”第 17 条规定：“如有两人或多人的独立侵权行为构成某一不可分损害的法律原因，将由该案司法管辖区的法律确定这些侵权人应否承担连带责任、单独责任或连带责任与单独责任的某种混合责任形态。”该示范法在第 17 条以下规定了五种解决路径，分别是连带和分别责任、分别责任、结合再分配的连带和分别责任、基于比较责任份额界限的混合责任、基于赔偿种类的混合责任。由此可见，美国学术界对数个独立侵权行为造成同一损害的情形，行为人承担何种责任未有定论。

《民法典》“侵权责任编”对于多个侵权人承担分别责任的构成要件如下：一是二人以上分别实施侵权行为。这一要件与《民法典》第 1171 条中“二人以上分别实施侵权行为”的含义相同，要求数个侵权行为相互之间是独立的，不存在应当适用第 1168 条共同侵权制度的情形。二是造成同一损害后果。这一要件与《民法典》第 1171 条中“造成同一损害”的含义也是一样的，如果数个侵权行为造成的损害后果不同，可以明显区分，应当适用本编过错责任或无过错责任的规定。本条与《民法典》第 1171 条同属分别侵权制度，但在构成要件上有所不同，第 1171 条的构成要件更加严格，要求“每个人的侵权行为都足以造成全部损害”。关于本条《民法典》第 1172 条的法律后果与《民法典》第 1171 条不同，根据本条规定，数个行为人应当承担按份责任。这与《民法典》第 1171 条在法律后果上有本质区别，上一条在要件上更加严格，要求各个行为人承担连带责任也是符合法理的。

本条的适用范围与《民法典》第 1168 条规定的一般共同侵权的关系是，两者存在互补关系。《民法典》第 1168 条规定要求数个行为人共同实施侵权行为，而本条要求数个行为人分别实施侵权行为。《德国民法典》当初规定共同侵权制度时，要求只有主观上具有共同故意才能构成共同侵权，除此之外，其他类型的数人侵权都属于分别侵权。但随着共同侵权制度的适用范围不断变宽，一些国家和地区对共同侵权逐渐采用客观说，将部分原属于分别侵权范畴的无意思联络数人侵权纳入共同侵权范畴，“共同”与“分别”的区别越来越模糊。

在处理数人实施侵权行为的具体案件时，首先需要看其是否满足《民法典》第 1168 条共同侵权制度规定的构成要件；不符合的，看其是否满足《民法典》第 1171 条的构成要件；也不符合的，再看其能否适用本条规定。在立法过程中，有专家认为《民法典》第1168条属于共同侵权制度中的特殊侵权，本条属于分别侵权或者一般侵权。一般侵权可以根据《民法典》第1165条或者第1166条的过错责任或无过错责任予以解决，本条可以不作规定。但全国人大宪法和法律委员会认为，在侵权责任法律中同时规定共同侵权与分别侵权，有助于完善侵权制度。

【司法适用】

在分别侵权制度中，确定各个行为人应当承担的份额，可以分两种情形讨论：一是能够确定责任大小的。虽然数个侵权行为的结合造成了同一损害，但是在大部分案件中，可以根据各个侵权行为对造成损害后果的可能性（盖然性）来确定责任份额。判断这种可能性，可以综合各个行为人的过错程度、各个侵权行为与损害后果因果关系的紧密程度、公平原则以及政策考量等因素，这些因素都应该成为人民法院裁判的思维基础，其价值判断要更加突出。有的学者将这种可能性称为“原因力”，指在构成损害结果的共同原因中，每一个原因对于损害结果发生或扩大所发挥的作用力。法律不可能脱离具体案件，事先抽象出各种确定责任份额的标准，只能由法官在具体案件中综合考虑各种因素来确定。二是难以确定责任大小的。责任分配的尺度很难有一个可以数量化的标准，在某些情形下，由于案情复杂，很难分清每个侵权行为对损害后果的作用力究竟有多大。[①] 难以确定责任大小的，各个行为人平均承担赔偿责任。

第一千一百七十三条　被侵权人对同一损害的发生或者扩大有过错的，可以减轻侵权人的责任。

【条文主旨】

本条是关于过失相抵（与有过失）的规定。

【条文理解】

本条源于《侵权责任法》第26条“被侵权人对损害的发生也有过错的，可以减轻侵权人的责任”的规定，我们通过比较可以看到立法的细微差别。本条增加了“同一”和“或者扩大”两个表述，其中“同一损害”具有限定范围的作用，即被侵权人与损害结果具有直接相关性，同时损害与被侵权人自身过错有同一性。另一表述“或扩大”，那么主要是被侵权人对同一损害的发生或扩大有过错，也可以使侵

---

① 我们可以借鉴其他国家和地区在确定各个连带责任人内部份额时的做法，如《俄罗斯民法典》第1081条第2款中规定，当过错程度不能确定时，份额应均等；《意大利民法典》第2055条第3款规定，在有疑问的情况下，推定所有人的责任相同。本条也作出了类似规定。

权人减轻责任，该条规定是原法条的扩展，即把扩大损失要考虑进来，被侵权人在受到侵权损害后不能坐视损失不断扩大，有弥补损害扩大、限制损害扩展的法律义务，否则对侵权人存在不公平。

一、是否应当规定为不承担责任和减轻责任的情形

一般来说，被侵权人对于损害的发生也有过错的，让侵权人承担全部赔偿责任，有失公允。因此，侵权人可以被侵权人的过错为由进行抗辩，要求减轻自己的侵权责任，主要是减少损害赔偿的数额。在《侵权责任法》立法过程中，与有过失（过失相抵）是否应当规定为不承担责任和减轻责任的情形之一，曾经存在过不同意见，简要如下：从大陆法系有代表性的国家或地区的立法来看，多数将与有过失（过失相抵）制度规定在债法总则，因为与有过失（过失相抵）制度既适用于侵权责任，也适用于违约责任。例如，《德国民法典》第 254 条规定："损害的发生被害人与有过失者，损害赔偿的义务与赔偿的范围，视当时的情况特别是损害的原因主要在何方而决定之。即使被害人的过失仅限于对债务人既不知也不可知的，有造成异常严重损害的危险怠于防止或者减少损害时，也同样适用前款规定。于此准用第 278 条的规定。"该条即是规定在《德国民法典》第二编"债的关系法"中的第一章"债的关系的内容"之中。我国台湾地区也是如此。大陆法系也有少数国家将与有过失（过失相抵）制度分别规定在侵权责任和违约责任的赔偿规定中。例如，《日本民法典》第 722 条第 2 款规定："受害人有过失时，法院可以斟酌其情事，确定损害赔偿额。"该条即是规定在《日本民法典》第五章"不法行为"之中。

从大陆法系国家的立法来看，与有过失（过失相抵）制度基本用于解决损害赔偿数额的计算问题。同时，因我国《民法典》不设置债编，当然也没有债编总则，故而过失相抵规则不能像德国、日本那样编排进债编总则当中，但是过失相抵规则对于民法典来说则是必不可少的。故而，几位中国学者的建议稿都将该规则放入损害赔偿规范体系中。①

二、过失相抵的适用范围

在立法过程中，有专家建议将"过失相抵"规定在损害赔偿部分。理由是：与有过失（过失相抵）不应作为不承担责任和减轻责任的情形，即使侵权人没有对被侵权人的过错进行抗辩，法院在审理案件过程中发现被侵权人对于损害的发生也

---

① 中国社会科学院梁慧星研究员主持起草的中国民法典学者建议稿侵权行为法编稿、中国人民大学教授王利明主持起草的中国民法典学者建议稿中的侵权行为编，均将"与有过失（过失相抵）"规定在损害赔偿一章中。

有过错的，法院也可以减少侵权人的损害赔偿数额。例如，我国台湾地区“民法”第217条规定：“损害之发生或扩大，被害人与有过失者，法院得减轻损害赔偿金额，或免除之。”也有专家建议将“过失相抵”规定为不承担责任和减轻责任的情形之一。理由是：(1)被侵权人对于损害的发生也有过错，当然可以作为侵权人的抗辩事由。侵权人可以据此要求减少自己的损害赔偿数额。(2)侵权人即是债务人，其对债权人所享有的抗辩权需要法律予以明示。侵权人进行抗辩并提供证据后，法院应当考虑侵权人的主张，在有证据证明被侵权人也存在过错的情况下，应当减少侵权人的损害赔偿额；(3)从理论上讲，抗辩事由不仅包括免除责任的情形，也包括减轻责任的情形。而被侵权人对于损害发生的过错，属于减轻侵权人责任的情形；(4)将被侵权人的过错作为侵权人的抗辩事由，并不妨碍在侵权人没有据此抗辩的情况下，法院在确定损害赔偿额时可以主动考虑被侵权人过错的情形，即法院可以斟酌被侵权人的过错程度，确定减少损害赔偿的数额。

在该条立法过程中，过失相抵的适用范围问题一直存在争论。特别是过失相抵是否适用于无过错责任，我国理论界的争论由来已久。梁慧星等学者认为，“无过错责任只是不考虑加害人有无过错，并不是不考虑受害人的过错；按照受害人过错的大小，减轻直至免除加害人的赔偿责任，与无过错责任的法理并不矛盾。在无过错责任的侵权案件中适用过失相抵原则，实质是用受害人的过失抵消加害人的责任”。[①]《人身损害赔偿解释》基本采纳了上述观点。其第2条规定：“受害人对同一损害的发生或者扩大有故意、过失的，依照民法通则第一百三十一条的规定，可以减轻或者免除赔偿义务人的赔偿责任。但侵权人因故意或者重大过失致人损害，受害人只有一般过失的，不减轻赔偿义务人的赔偿责任。适用民法通则第一百零六条第三款规定确定赔偿义务人的赔偿责任时，受害人有重大过失的，可以减轻赔偿义务人的赔偿责任。”按照该条规定，《民法通则》第106条第3款规定的是无过错责任，即在无过错责任的案件中，如果受害人有重大过失，可以减轻侵权人的赔偿责任，但受害人属于轻微过失的，不减轻侵权人的赔偿责任。从国外的立法来看，《俄罗斯民法典》采纳类似的观点。该法典第1083条第3款规定：“受害人有重大过失而致害人无过错，且其责任不以过错为必要时，应减少致害人赔偿的数额或者免除其赔偿损害，但法律另有规定的除外。对公民生命或健康造成的损害，不得免除赔偿损害。”

另外，与有过失（过失相抵）仅适用于过错责任。在立法过程中，有专家认为与有过失（过失相抵）仅适用于过错责任。理由是：我国《民法通则》第131条规

---

① 参见梁慧星主编：《中国民法典草案建议稿附理由：侵权行为编》，法律出版社2013年版。

定:“受害人对于损害的发生也有过错的,可以减轻侵权人的民事责任。”从该条中的“也”字可以看出,侵权人因为过错侵害他人民事权益造成损害的,受害人对于损害的发生也有过错的,才减轻侵权人的民事责任。即侵权人有过错,才能谈得上受害人也有过错。该条实质上强调了侵权人的过错责任。从国外的立法来看,《蒙古国民法典》采纳了类似的观点。该法典第394条规定:“受害人对造成损害或扩大损害程度也有疏忽或者漫不经心的,则可考虑当事人的过错减少加害人的责任额。”

从本法和其他法律、行政法规规定的承担无过错责任的情形来看,与有过失(过失相抵)的适用情况主要有以下三种:第一种是法律规定的免责事由不包括对与有过失进行抗辩。按照本编第1237条规定,民用核设施的营运单位在发生核事故的情况下造成他人损害,只有能够证明损害是因战争等情形或者受害人故意造成的前提下,才能免除责任。如果损害是由受害人的过失,哪怕是重大过失造成的,也不能减轻民用核设施经营人的责任。第二种是法律规定只能以受害人的重大过失进行抗辩。承担无过错责任的主体只有在能够证明受害人对于损害的发生有重大过失的前提下,才能对受害人进行抗辩,即要求减轻自己的责任。例如:(1)按照本编第1239条规定,占有或者使用易燃、易爆、剧毒、高放射性、强腐蚀性、高致病性等高度危险物的占有人、使用人造成他人损害的,只有能够证明被侵权人对损害的发生有重大过失的,才可以减轻占有人或者使用人的责任。(2)按照本编第1245条规定,饲养的动物造成他人损害的,动物饲养人或者管理人只有能够证明损害是因被侵权人的重大过失造成的,才可以减轻责任。(3)按照《水污染防治法》第96条第3款的规定,水污染损害是由受害人重大过失造成的,可以减轻排污方的赔偿责任。第三种是法律规定可以受害人的与有过失进行抗辩。(1)按照《民用航空法》第157条和第161条的规定,飞行中的民用航空器或者从飞行中的民用航空器落下的人或者物,造成地面上的人身伤亡或者财产损害的,民用航空器的经营人能够证明损害是部分由于受害人的过错造成的,相应减轻其赔偿责任。(2)按照本编第1240条规定,从事高空、高压、地下挖掘活动或者使用高速轨道运输工具造成他人损害的,经营者应当承担侵权责任,但能够证明损害是受害人故意或者不可抗力造成的,不承担责任。被侵权人对损害的发生有过失的,可以减轻经营者的责任。

三、与有过失与受害人故意造成损害的关系

在立法过程中,有专家建议将本条中的“过错”改为“过失”。理由是:(1)从德国、日本和我国台湾地区的立法来看,都强调的是受害人对于损害的发生存在过失;(2)“过错”包括“故意”和“过失”,如果是受害人故意造成自己损害,则不是

减轻行为人责任的问题,而应当适用本编第 1174 条的规定,"损害是因受害人故意造成的,行为人不承担责任",即免除行为人的责任。立法者没有采纳上述意见。理由是:如果损害完全是由于受害人故意造成的,即损害发生的唯一原因是受害人的故意,应适用本编第 1174 条的规定,完全免除行为人的责任。但如果受害人对于损害的发生存在故意或者对于损害的扩大存在故意,而侵权人对于损害的发生也有故意或者重大过失的,则属于减轻侵权人责任的问题。例如,非机动车驾驶人、行人故意碰撞机动车,机动车驾驶人酒后且严重超速度行驶的,对机动车驾驶人也不能免除责任,而只能是减轻责任。

【司法适用】

如果损害是由受害人故意造成,但行为人有轻微过失的,是否构成与有过失的问题。例如,社会上已经发生的不少机动车"碰瓷"的案例,"碰瓷"行为基本是在机动车违规并线或走非机动车道等轻微违法行为的情况下实施的。在立法过程中,多数同志认为机动车驾驶人对"碰瓷"的人不应给予赔偿,即应当免除机动车驾驶人的责任。中国人民大学教授杨立新主持起草的侵权责任法(草案)建议稿第 30 条的"立法理由"中陈述:"在过错责任原则适用的范围,如果受害人具有故意,而加害人只有轻微过失,加害人也可以免责。在无过错责任原则适用范围,若受害人故意,加害人即可免责。"在司法实践中,被害人故意的"碰瓷"行为在司法机关都应当不被认可,因为"碰瓷"行为本身不是合法民事法律行为,碰瓷人的该行为导致碰瓷人自身损害的,应属于自负其责的危险行为。"碰瓷"事件中,侵权人轻微的违反道路规则仅应受行政处罚,而不应当承担民事责任。简要地说,非法的"碰瓷"行为不产生合法的损害救济。

【司法案例】

夏某双、王某成生命权、健康权、身体权纠纷案①

诉讼结论:王某成、夏某双对本次纠纷的发生以及造成的损害后果均存在过错,根据王某成、夏某双的过错程度、原因力与损害后果的关联度,法院确认双方承担同等责任。

2016 年 12 月 12 日 13 时许,王某成因自家田埂上的玻璃瓶与夏某双发生争吵,在争吵过程中双方有肢体接触发生抓扯,在抓扯过程中原告王某成摔倒在水田里。本案为普通侵权案件,适用《侵权责任法》的一般规定,侵害他人权益应当承担赔偿责任,被侵权人有过错的可以减轻侵权人的责任,一审确定夏某双与王

① 四川省泸州市中级人民法院(2017)川 05 民终 648 号民事判决书。

某成各承担50%的责任，已经充分考虑到了纠纷起因等原因，对此王某成没有提出上诉。一审判决确定夏某双应当承担王某成的各项损失13,575.07元的50%即6787.5元正确。二审判决，驳回上诉，维持原判。

第一千一百七十四条　损害是因受害人故意造成的，行为人不承担责任。

【条文主旨】

本条是关于受害人故意造成损害行为人免责的规定。

【条文理解】

本条源于《侵权责任法》第27条。受害人故意造成损害，是指受害人明知自己的行为会发生损害自己的后果，而希望或者放任此种结果的发生。如果受害人自己故意造成损害而让无辜的行为人承担了责任，则是法律的悲哀。因此，本条予以明示确定受害人故意造成损害，则行为人免责。世界各国的法律莫不如此，例如，《俄罗斯民法典》第1083条第1款规定："因受害人的故意产生的损害，不应赔偿。"

受害人故意分为直接故意和间接故意。直接故意，是指受害人从主观上追求损害自己的结果发生，如受害人摸高压线自杀；间接故意，是指受害人已经预见到自己的行为可能发生损害自己的结果，但也不停止该行为，而是放任损害结果的发生，如受害人盗割高压线，导致自己伤亡。高压线缆的管理者或所有者对于受害人的伤亡不负责任。

本条规定的对行为人免责，是指损害完全是因为受害人的故意造成的，即受害人故意的行为是其损害发生的唯一原因。例如，《民法通则》第123条规定，从事高空、高压、易燃、易爆、放射性、高速运输工具等对周围环境有高度危险的作业造成他人损害的，应当承担民事责任；如果能够证明损害是由受害人故意造成的，不承担民事责任。如果有证据证明损害是由于受害人的故意造成，但也有证据证明行为人对损害的发生也有故意或者重大过失的，应适用《民法典》第1173条关于有过失的规定。例如，甲在高速公路上自杀，乙驾驶的机动车已经超速，发现甲后乙也没有采取任何避让或者制动措施，反而加速冲向甲，造成甲的死亡。如果有其他证据证明乙的行为是故意的，则乙构成故意杀人罪，并且应当承担相应的赔偿责任；如果有证据证明乙的行为属于重大过失，如醉酒驾车，乙也应当承担相应的赔偿责任。

本条规定适用于过错责任自不待言，从现有法律规定看，本条也适用于无过错责任。具体包括：高度危险作业，受害人故意造成损害的。比如，(1)本编第1237条规定，民用核设施或者运入运出核设施的核材料发生核事故造成他人损害的，民用核设施的营运单位应当承担侵权责任；但是，能够证明损害是因战争、武装冲突、暴乱等情形或者受害人故意造成的，不承担责任。(2)本编第1238条规定，民用航空器造成他人损害的，民用航空器的经营者应当承担侵权责任；但是，能够证明损害是因受害人故意造成的，不承担责任。(3)本编第1239条规定，占有或者使用易燃、易爆、剧毒、高放射性、强腐蚀性、高致病性等高度危险物造成他人损害的，占有人或者使用人应当承担侵权责任；但是，能够证明损害是因受害人故意或者不可抗力造成的，不承担责任。被侵权人对损害的发生有重大过失的，可以减轻占有人或者使用人的责任。(4)本编第1240条规定，从事高空、高压、地下挖掘活动或者使用高速轨道运输工具造成他人损害的，经营者应当承担侵权责任；但是，能够证明损害是因受害人故意或者不可抗力造成的，不承担责任。被侵权人对损害的发生有重大过失的，可以减轻经营者的责任。(5)本编第1245条规定，饲养的动物造成他人损害的，动物饲养人或者管理人应当承担侵权责任；但是，能够证明损害是因被侵权人故意或者重大过失造成的，可以不承担或者减轻责任。(6)《道路交通安全法》第76条第2款规定，交通事故的损失是由非机动车驾驶人、行人故意碰撞机动车造成的，机动车一方不承担赔偿责任。(7)《水污染防治法》第96条第2款中规定，水污染损害是由受害人故意造成的，排污方不承担赔偿责任。此外，我国《产品质量法》第41条规定了生产者的三项免责情形：一是未将产品投入流通的；二是产品投入流通时，引起损害的缺陷尚不存在的；三是将产品投入流通时的科学技术水平尚不能发现缺陷的存在的。《产品质量法》虽然没有规定“受害人故意造成损害”的免责情形，但从一般逻辑推论，如果生产者能够证明自己的产品没有缺陷，并且能够证明损害是因受害人故意造成的，当然应当免除生产者的责任。例如，照相机生产商在其产品使用说明书中警示：照相机电池不能用火烧烤，如果使用者故意违反产品使用说明书中的警示，拿照相机电池在火上烤，电池爆炸造成其损害，生产者无须承担责任。

【司法适用】

人民法院审理受害人故意造成的人身损害纠纷要数“碰瓷”行为或事件居多。“碰瓷”人的行为故意与车辆发生轻微接触，从而假装受伤，他/她的表演要成功还得借助驾驶人轻微违章、驾驶人惊慌失措、驾驶经验不足、未报警按照程序处理等因素，迫使车辆驾驶人私下花钱解决纠纷，使其“碰瓷”成功。实际上，驾驶人并不知道“碰瓷”人的主观心理，有时候也难以分辨“碰瓷”行为和普通交通事故，故而驾驶人被诉侵权承担责任的时候，驾驶人作为被告要承担碰瓷人故意的举证责任，此时就需要借助其他国家机构是否处理过碰瓷人，如果国家机关曾经对此人处理过，借助公安交通数据库与司法裁判数据库的比对与信息查询就可以得到初步证明其“碰瓷”人有故意导致损害的主观嫌疑。驾驶人还可调取事发现场的录像作为直接证据，如图像显示碰瓷人一直在此徘徊等待选择“合适车辆”下手，那么可以直接认定他不是正常受害者，而是故意冒险“受伤”而去讹人，驾驶人以本条作为抗辩事由可以成立。

【司法案例】

龚某森诉慈利县人民医院生命权纠纷案①

诉讼结论：对龚某理自杀行为，慈利县人民医院不应承担赔偿责任。

法院认为，本案中，龚某理是具有完全民事行为能力的人。2016 年 5 月 3 日，龚某理由其子龚某森陪同，在慈利县人民医院门诊治疗。下午 14 时许，龚某理爬上住院部七楼配餐室高约 70 厘米高的灶台，再爬上 83 厘米高的菜台坠楼身亡。慈利县人民医院对龚某理就诊负有合理限度范围内的安全保障义务，但在龚某理主动追求放弃生命的情况下，也难以防止或制止龚某理自杀行为，并且其死亡后果的发生其就诊过程中也不是慈利县人民医院必然承担责任的理由，只有慈利县人民医院在龚某理就诊过程中存在过错，造成龚某理人身损害，慈利县人民医院才承担赔偿责任。因此，对龚某理自杀行为，慈利县人民医院具有不可预见性，不应承担赔偿责任。

第一千一百七十五条　损害是因第三人造成的，第三人应当承担侵权责任。

【条文主旨】

本条是关于第三人过错责任的规定。

【条文理解】

本条源于《侵权责任法》第 28 条。“第三人过错”是指原告（受害人）起诉被告以后，被告提出的该损害完全或者部分由于第三人的过错造成，从而提出免除或者减轻自己责任的抗辩事由。第三人的过错包括故意和过失。这里的第三人

① 湖南省高级人民法院（2017）湘民申 2509 号民事裁定书。

与被告不存在任何隶属关系，比如用人单位的工作人员在工作过程中造成他人损害的，用人单位不能以其工作人员作为第三人，提出“第三人过错”的抗辩。用人单位应当对工作人员造成的损害，承担替代责任。

一、第三人过错是造成损害的唯一原因

1. 在过错责任和过错推定责任范围内。在过错责任和过错推定责任适用范围内，被告能够证明损害完全是由第三人的过错行为造成的，第三人的行为是原告所遭受损害的全部原因，即第三人行为与损害之间存在直接的因果关系，则应免除被告的责任，由第三人对原告承担侵权责任。在过错责任适用范围内，例如，甲在骑车下班途中，碰巧乙和丙在路边斗殴，乙突然把丙推向非机动车道，甲躲闪不及，将丙撞伤。在本案中，甲对丙突然被推向他的车前是不可预见的，因此甲没有任何过错，丙的损害应由乙承担赔偿责任。再如，根据我国《海洋环境保护法》第 91 条的规定，由于负责灯塔或者其他助航设备的主管部门，在执行职责时的疏忽，或者其他过失行为，过往船舶经过及时采取合理措施，仍然不能避免对海洋环境造成污染损害的，造成污染损害的船舶免予承担责任。在过错推定责任适用范围内，例如，某墙上挂了一串红薯，某一天该红薯脱落砸伤了在该墙下乘凉的人。按照《民法典》本编第 1252 条的规定，主人能够证明自己没有过错，并且能够证明损害是由于与自己有积怨的邻居拔松了挂红薯的钉子，从而使红薯脱落砸伤了他人。在此情况下，应由邻居承担损害赔偿责任。

2. 在无过错责任范围内。无过错责任也称为“危险责任”，根据危险程度的不同，对于一些超常危险的活动，即使受害人的损害完全是由第三人的过错行为造成的，法律规定必须首先由危险活动的行为人或者高度危险物的持有人承担责任；对于一般危险活动的行为人，如果其能够证明受害人所遭受的损害完全是由第三人的过错行为造成的，则免除其责任，由第三人承担损害赔偿责任。分述如下：其一，第三人造成的损害首先由被告（所有人、营运人或管理人等）承担责任。在某些无过错责任情形之下，即使完全由第三人过错造成的损害，也应首先由被告（所有人、营运人或管理人等）承担责任，即被告（所有人、营运人或管理人等）不能以第三人造成损害为由，对原告（受害人）进行抗辩。例如，根据《国务院关于核事故损害赔偿责任问题的批复》第 2 条和第 9 条的规定，营运者应当对核事故造成的人身伤亡、财产损失或者环境受到的损害承担赔偿责任。营运者以外的其他人不承担赔偿责任。核事故损害是由于自然人的故意作为或者不作为造成的，营运者向受害人赔偿后，对该自然人行使追偿权。其二，由被侵权人选择责任承担人。在某些无过错责任情形之下，第三人的过错造成损害，根据法律规定，被侵权人可以选择行为人（包括危险物的所有人）或者第三人承担责任。例如,(1)根据本编第1233条规定,因第三人的过错污染环境、破坏生态的,被侵权人可以向侵权人请求赔偿,也可以向第三人请求赔偿。(2)根据本编第1250条规定,因第三人的过错致使动物造成他人损害的,被侵权人可以向动物饲养人或者管理人请求赔偿,也可以向第三人请求赔偿。其三,个别情形下,完全由第三人造成的损害由第三人承担责任。在某些无过错责任情形之下,完全由第三人造成的损害,由第三人承担责任,即被告可以"第三人过错"造成损害为由,对原告(受害人)进行抗辩。例如,我国《电力法》第60条第2款规定:"因用户或者第三人的过错给电力企业或者其他用户造成损害的,该用户或者第三人应当依法承担赔偿责任。"

二、第三人过错是造成损害的部分原因

本条规定的"第三人过错"与"侵权责任编"规定的共同侵权有着紧密的联系,同时也极易造成混淆。在何种条件下,被告可以援用"第三人过错"而要求减轻自己责任的问题上,在立法过程中也有不少争论。经过梳理,有必要对以下几个问题进行澄清:

1.与"有意思联络的共同侵权"的关系。原告将被告起诉到法院后,被告提出本案还有与其有意思联络的其他共同侵权人的,不适用本条规定。因为,按照本编第1168条规定,二人以上共同实施侵权行为,造成他人损害的,应当承担连带责任,即被侵权人有权要求侵权人中的一人承担全部责任。例如,甲和乙合谋将丙打伤,丙将乙起诉到法院,乙不能以甲也参与了侵权为由而拒不承担责任。

2.与"共同危险行为"的关系。根据本编第1170条的规定,二人以上实施危及他人人身、财产安全的行为,不能确定具体侵权人的,行为人承担连带责任。例如,甲在农田耕作时遭受枪伤,甲将其受伤时发现的非法狩猎人乙告上法庭。乙在庭上陈述,其在开枪的同时,还有另一名非法狩猎人丙也开了枪。但甲的枪伤只有一处,乙提出枪伤可能是自己所为,但也可能是丙的行为所致,提出与丙分担甲的损失。法院经过审理,对乙的主张不予采纳,判决乙对甲承担全部损害赔偿责任。理由是:乙的行为和丙的行为构成共同危险行为,在不能确定具体加害人的情况下,行为人承担连带责任。甲只起诉了乙,乙应对甲承担全部责任。乙在承担连带责任后,可以起诉丙,以进一步分清二者的责任。也就是说,在本案中,乙不能以丙(第三人)的行为为由,对受害人甲进行抗辩,要求免除或者减轻自己的责任。

3.与"行为直接结合的共同侵权"的关系。根据本编第1171条的规定,二人以上分别实施侵权行为造成同一损害,每个人的侵权行为都足以造成全部损害的,行为人承担连带责任。例如,甲乙二人分别在丙的房舍的东西两面放火烧荒,甲乙二人没有意思联络，但两股火同时向丙的房舍蔓延，致使丙的房舍焚毁。丙将甲起诉到法院，甲提出乙的放火行为也是房屋被焚的原因之一，要求减轻自己的责任。法院经过审理，认为甲的抗辩理由不能成立。理由是：甲乙的行为直接结合，是构成丙的损害的共同原因，甲乙应对丙承担连带责任。

4. 与“行为间接结合的共同侵权”的关系。根据本编第 1172 条的规定，二人以上分别实施侵权行为造成同一损害，能够确定责任大小的，各自承担相应的责任；难以确定责任大小的，平均承担责任。关于“第三人过错”与共同侵权的关系，只有在“被告的过错”与“第三人的过错”分别构成同一损害的原因的情况下，被告才可以造成的损害还有“第三人的过错”为由，向原告行使抗辩权，要求减轻自己的责任。

【司法适用】

本条在司法适用时一般需要和其他具体侵权行为结合起来考虑，同时会适用其他法律的规范，而可由被侵权人选择责任人。比如，《民法典》第 1233 条规定，因第三人的过错污染环境、破坏生态的，被侵权人可以向侵权人请求赔偿，也可以向第三人请求赔偿。再如，本编第 1250 条规定：“因第三人的过错致使动物造成他人损害的，被侵权人可以向动物饲养人或者管理人请求赔偿，也可以向第三人请求赔偿。动物饲养人或者管理人赔偿后，有权向第三人追偿。”类似的规定具体单行法中有很多，人民法院处理类似纠纷时应该将其他具体规范和本条结合起来一起适用，说理要根据侵权法原理进行透彻说理，特别是逻辑关系要全部展现，体现情理法在裁判文书中的呈现。

【司法案例】

韩某芝、孙某芹提供劳务者受害责任纠纷案[①]

诉讼结论：孙某的死亡是因本案第三人驾驶无牌照打桩机碰倒导致，虽然第三人作为直接侵权人与死者家属达成赔偿协议，且已经履行完毕，但是并未完全排除孙某雇主承担相应的侵权责任。

宋某学将其待建房屋发包给梁某瑞施工，后梁某瑞安排孙某等人施工。2016 年 7 月 9 日 11 时许，在宋某学的建房工地上，梁某和（系梁某瑞的工人，为宋某学房屋打桩）在收工后驾驶自己所有的无牌照打桩机行驶时将孙某碰倒，致其当场死亡。2016 年 11 月 28 日，梁某和与韩某芝、孙某芹、孙某芝、孙某云、孙某增达成协议，梁某和赔偿 145,000 元，该款已履行完毕，梁某和犯过失致人死亡罪，被本

① 安徽省阜阳市中级人民法院（2018）皖 12 民终 881 号民事判决书。

院判处有期徒刑2年,缓刑3年。因原被告双方因赔偿发生纠纷,经协商未果,故诉至法院。

法院认为,根据《人身损害赔偿解释》第11条的规定,雇员在从事雇佣活动中遭受人身损害,雇主应当承担赔偿责任。雇佣关系以外的第三人造成雇员人身损害的,赔偿权利人可以请求第三人承担赔偿责任,也可以请求雇主承担赔偿责任。第三人侵权责任与雇主责任系基于不同的法律关系而产生的不真正连带责任,雇员对第三人和雇主分别享有独立的请求权,但因雇员本身过错程度的大小不一,导致第三人侵权责任与雇主责任的给付内容并不完全相同,尤其是当第三人侵权责任的赔偿范围小于雇主责任时,雇员并不因对第三人侵权责任的满足从而便丧失对雇主的请求权。从诉讼程序的角度来看,雇员可以在承担不真正连带责任的雇主与第三人之间选择赔偿主体,在第三人不能满足其全部请求、不能承担赔偿责任或终极责任无法确认甚至第三人不能归案时,可再转向雇主提出请求。此时,因雇员难以完全实现债权,其依法可以就未补偿完全的债权部分向雇主提起诉讼,再根据双方的过错承担相应的责任。故而,判决雇主承担30%的侵权责任。

第一千一百七十六条　自愿参加具有一定风险的文体活动,因其他参加者的行为受到损害的,受害人不得请求其他参加者承担侵权责任;但是,其他参加者对损害的发生有故意或者重大过失的除外。

活动组织者的责任适用本法第一千一百九十八条至第一千二百零一条的规定。

【条文主旨】

本条是关于自甘风险行为的规定。

【条文理解】

本条是新创设的制度——自甘风险行为,自愿参加具有一定风险的文体活动,因其他参加者的行为受到损害的,受害人不得请求其他参加者承担侵权责任,但是其他参加者对损害的发生有故意或者重大过失的除外。该新制度在民法理论上、实践上并不新奇,大陆法系国家的“自甘风险”免责制度已经存续很多年,属于特定风险活动的侵权行为免责制度,该制度有的国家未明文规定,而是在司法实践中运用惯例和法理进行公正裁断。也有国家对“自甘风险”适用的领域进行明文规定,如《埃塞俄比亚民法典》中规定,“在进行体育比赛的过程中,对参加比赛的人或在场的观众造成伤害的人,如果不存在任何欺骗行为或者对运动规则的重大违反,不承担任何责任”。在英美法中,自甘风险,称为“Assumption of risk”,也是美国许多州所确立的侵权行为违法阻却的事由之一,尤其在体育比赛过程中,如比赛队员被对方不慎撞伤,球场观众被飞出的球击伤等,只要不是侵权人故意为之都是不需要负责人的。《民法通则》《侵权责任法》均未明文规定自甘风险的法律后果,但多数民法学者认为应当在正式法律条文中予以明确。不能因为只要有损害后果就要牵强的找到所谓的责任方,这是不公平的,也违背民法法理。梁慧星教授认为,考虑到参加体育竞赛都有风险,因此,体育竞赛中,运动员相互之间所发生的损害,原则上是免责。这在法律上的依据,就是美国法律有句话——自甘冒险。

具体来说,自甘风险应该有这样几个构成要件:其一,那些带有按照一般正常智力水平可以预见的对抗性、危险性及可致损伤性的活动,比如足球、登山、探险、攀岩、漂流等竞技性体育运动。这些相关运动致损大多数都是偶然事件,意外伤害的发生均不是侵权方和受害方愿意看到的。其二,行为人不是为了履行法定义务(如消防员救火),而是为了获得某种利益而面临危险,比如为了荣誉、快乐感、身体健康等从事危险活动。其三,损害必须是本可以避免的,比如不参加足球比赛就不会受到这样的伤害,而自己在明知的前提下还要参加。其四,侵权人必须为非故意或非重大过失的。那么具有危险性的文体活动是不是都没有故意或恶意的存在呢?这不一定,比如在篮球比赛中有人被犯规摔倒,他不是向裁判示意请求裁判对方犯规,而是在下一次身体对抗中故意强烈撞击对手,使对手严重受伤,违反体育道德的恶意泄愤行为,那么侵权人仍然需要承担侵权责任,不能免责。另一些较为常见的是在体育比赛中场面失控的斗殴行为,当然这就不属于竞技体育免责的范畴了,也不能免除侵权责任。

关于本条第2款规定,“活动组织者的责任适用本法第一千一百九十八条至第一千二百零一条的规定”是指公共场所、管理者或者群众性活动的组织者未尽到安全保障义务,造成他人损害的,应当承担侵权责任。也就是说,本条所称竞技体育的组织者或场地管理者在文体活动中未能尽到安全保障义务。这里的安全保障义务是广义上,包含安全提示义务、场地基本合格义务、极端环境告诫义务、现实危险或潜在危险排除义务等。例如,摔跤运动员在比赛过程中,一方运动员摔到场地之下,但是场外保护设施不到位,或保护设施质量不符合安全标准,而导致受害运动员严重损伤,那么比赛的主办方应该承担侵权责任。

【司法适用】

对于“自甘风险”原则,《民法通则》和《侵权责任法》均未作明确规定,但这并不妨碍司法机关根据社会共同认知和域外司法借鉴的法理进行裁判。对于竞技体育存在自甘风险原则的认识，已经成为一种社会公共习俗、一种社会共同道德。法律本就应当认可体育竞赛中的这种惯例，何况这种惯例也符合《民法总则》第10条有法律从法律，无法律在不违背公序良俗的情况下可才惯例的规定。事实上，在司法实践中这一原则也被广泛运用，各地法院都有相似的判例认为，对于致人伤害的运动员而言，只要不存在重大的违规行为和主观的伤害恶意，即使给对方造成了伤害，其行为也不构成侵权；对于组织者来说，比赛中球员间发生的碰撞并非主观所能控制的，故其对球员间在比赛中的受伤不应承担责任。一般认为，在2017年10月1日之前，人民法院遇到"自甘风险"的纠纷，适用惯例与法理进行裁判并无不当；在2017年10月1日至《民法典》实施之前，适用《民法总则》第10条及惯例与法理进行裁判；《民法典》实施后适用本条进行裁判。

【司法案例】

曾某华与李某春生命权、健康权、身体权纠纷案①

诉讼结论：李某春的行为不违反运动规则，不存在过失，不属侵权行为。

法院认为，篮球运动具有群体性、对抗性及人身危险性，出现人身伤害事件属于正常现象，应在意料之中，参与者无一例外地处于潜在的危险之中，既是危险的潜在制造者，又是危险的潜在承担者，而无论造成伤害的是己方队员还是对方队员，参与者有可能成为危险后果的实际承担者，而正当危险的制造者不应为此付出代价。法院认为，如将业余篮球运动中常规性身体接触带来的碰撞伤害行为认定为过失侵权行为，由直接致害人承担侵权赔偿责任，不仅显失法律的公平，会给司法带来不必要的负担，还会打击篮球运动参与者的积极性，消解篮球运动的对抗性，使篮球运动丧失竞技观赏性。因此，被告李某春不应承担侵权民事赔偿责任。另外，原告曾某华参加业余篮球运动的行为构成自甘风险。自甘风险是普通法上一个古老的加害人免责事由，指受害人明知某具体危险状态的存在仍自愿承担风险之情形。构成自甘风险须具备以下要件：(1)受害人知悉危险存在；(2)受害人有自愿承担危险的明确表示或者可以推知的默示；(3)接受该危险不违反公共利益或者善良风俗。本案中，原告曾某华参加业余篮球运动的行为符合上述自甘风险构成要件，构成自甘风险。李某春的行为不违反运动规则，不存在过失，不属侵权行为。故驳回原告的诉讼请求。

---

① 湖南省娄底市中级人民法院(2016)湘13民终612号民事判决书。

第一千一百七十七条　合法权益受到侵害，情况紧迫且不能及时获得国家机关保护，不立即采取措施将使其合法权益受到难以弥补的损害的，受害人可以在保护自己合法权益的必要范围内采取扣留侵权人的财物等合理措施；但是，应当立即请求有关国家机关处理。

受害人采取的措施不当造成他人损害的，应当承担侵权责任。

【条文主旨】

本条是关于民事自助行为的规定。

【条文理解】

本条是新创设的制度——自助行为，即权利人受到不法侵害后，为保全或者恢复自己的权利，在情势紧迫而不能及时请求国家机关予以救助的情况下，依靠自己的力量，对他人的财产或自由施加扣押、拘束或其他相应措施的行为。自助行为的性质属于私力救济，与紧急避险、正当防卫的性质相同。与见义勇为相比，只是助人与救己的差别。自助行为作为正当化事由的根据在于其是权利人正当的和合法的权利。一般来说，私力救济分为自卫行为和自助行为，紧急避险与正当防卫属于自卫行为，而本条属于自助行为。《民法典》“侵权责任编”的主要内容是哪些行为构成侵权，应当承担什么责任，而本条规范是确定此类行为不构成侵权，不需要承担责任，而是法律赋予权利人的一种自保措施，维权手段。一般来说，民事自助行为要符合几个要件：其一，必须是为了保护权利人自己的合法权益，也就是只能为了自主利益而行为。为了邻居、他人的利益或者公共利益而实施某种行为，可以构成见义勇为，因为此时权利人不是实施人，那么就不能构成自助行为。其二，必须因情势紧迫而不能及时请求国家机关予以救助或保护。比如，出租司机临时限制无理拒付乘坐出租车费用试图逃逸的乘车人的人身自由，修车店负责人对于未支付修车费的车主不让其开车离开，就属于自助行为，属于合法合理的权利自保措施。道理很简单，如果不阻止车主离开，那么权利人的应收的修车费就难以得到保障，因为有时候都不知道来修车的人姓名，或者车辆是套牌车，寻找应当支付修车费的债务人成为不可能，故而阻止车辆离开是合法的。其三，自助措施必须为法律和社会公德所认可的合理强制措施，不能超越必要的限度。自助行为是一种适当的合理的方式，比如阻止债务人离开，阻止侵权人逃离的正常手段，抓住他的手，设置路障不让车辆驶离即可。本条所谓扣留“财物等合理措施”，意味着自助行为的措施一般限于扣留财物，但这并不绝对意味着限制人身的自助行为措施都是不合理的，相反少数紧急情况下属于等合理措施。其四,不得采取非法措施或超越适当限度的措施,必须在“保护自己合法权益的必要范围内”采取措施。不得明显超越应当支付款扣押财物,一般不得限制他人人身自由,不得使用威胁语言和其他暴力措施,超过必要限度导致他人人身和财产损害的也要承担侵权责任。其五,采取自助行为后获得自保效果时,要么债务人清偿债务后予以解除自助行为;要么此刻向有权处理的国家机关予以求助。比如,吃“霸王餐”、修车不付钱、借东西不还可能导致灭失等情况可以向公安机关报警求助。本条第 2 款规定,“受害人采取的措施不当造成他人损害的,应当承担侵权责任”,是指权利人维权措施超过必要限度,导致侵权人损害的行为,那么权利人同样也要承担侵权责任。比如,修车店负责人为了阻止送修人离开,而打伤了送修人,就属于明显措施不当造成他人损害的,应当承担侵权责任。

《民法通则》、《侵权责任法》及《民法总则》均未规定自助行为,过去立法者认为现代文明社会自力救济要让渡于公力救济,否则社会将处于失序状态,不利于法治社会的建立。故而,原民事立法未规定自助行为,公安机关、司法机关作为最后权利保障的国家机关是没有问题的,但其是不是及时、便捷、有效的国家对民事主体权利保障的机关呢?答案并不那么确定。实际上,国家机关在处理一些小纠纷、小矛盾、情况紧急但标的不大的民事权利纷争的效果并不好,私力救济、自助行为恰恰成为便捷的、及时的化解矛盾、解决纠纷、保障权利的方式,值得充分肯定。原最高人民法院高级法官、现武汉大学教授曹守晔作为立法专家极力促使和力荐民事自助行为规范纳入《民法典》。他认为,从多元化纠纷处理机制和完善民事权利保障制度等方面来看,应该把民事自助行为规范纳入《民法典》当中,名正言顺地赋予民事主体享有自力救济的权利,这不仅是司法经验创新的重要内容,亦是私法权利回归私主体之“权利武器库”的历史性发展,作为权利法典的中国《民法典》吸纳此项制度是最佳选择。

【司法适用】

自助行为常常作为案件当事人的抗辩理由,人民法院对自助行为的认定结果大部分符合自助行为的认定要件,但各法院认定标准上存在部分差异,总体来看面对民事主体的自然需求,法院对此类纠纷仍然作出了积极回应。从案例大数据来分析,多数证据充分的自助行为被法院接纳与认可,故而本条生效前已经有大量司法实践的支持。需要注意的是,人民法院在认定自助行为时必须要把握自助行为的权利基础的合法性、紧急性、暂时性、适当性等要求,不能做扩大适用与任意适用,自助行为的认定标准要严格、适用法律要准确。同时,不能将自助行为与正当防卫、紧急避险等行为混淆,要做好区分对待,对于扩大的、超过必要限度的自助行为要严格按照本条第 2 款来处理。

人民法院支持自助行为进入民法典还有以下几个方面的考虑：其一，肯定自助行为符合正义和效率的法律精神。国家公权力解决纷争“天然地具有滞后性和被动性，难以及时保障和实现权利”，由私人自主进行权利救济，能够节约司法资源，及时保护当事人的正当权益。其二，肯定自助行为符合民法的自我实现功能。作为一种私法规范，民法与其他公法规范的不同在于权利自主，国家和社会要信任权利能自主发挥积极作用，本质上是信任人民的自主权。其三，肯定自助行为符合人性的需要。人性是法律正当性的基础，任何社会的立法和实践都应当以人为本，满足自然人性实现其自身权利的需求。正因如此，在权利受到侵害后，人们必然采取积极的自保措施，即使原来法律未明确规定，那么它的道德基础仍然存在，何况现在已经明确入典。其四，权利侵害特殊情形下公权力永远不能弥补，需要自己保护自己的珍惜权利。西方有法谚，“法律不能强人所难”，其意味着权利人保护自己权利有强大的道德伦理至高性。比如，有人正在破坏他人的情感纪念物，准备把他人的一块祖传的手表扔掉或弄坏，由于价值不高，那么公权力救济就显得很苍白，但精神寄托也很重要，这时自力救济就能发挥关键和及时的作用，司法机关应该充分肯定其积极作用和效率意义。

【司法案例】

案例一

祝某、王某与杨某名誉权纠纷案[①]

诉讼结论：祝某、王某两被告虽采取了半路拦截的行为，但这是在合法利益受损却来不及向公安机关报案寻求公权力救助的紧迫情况下实施的民事自助行为，该行为未超出合理限度，在事后采取了补救措施且未造成负面后果，不构成名誉侵权。

杨某夫家与祝某系同宗族关系。祝某举办庆典，应邀赴宴的杨某因怀有身孕在祝某房中休息。宴席散去后，祝某发现房中丢失两条香烟，便和母亲王某在半路追上杨某询问，当时路上行人稀少且无人围观。杨某为自证清白，主动打开随身提包，里面没有香烟。见此情形，祝某当场道歉，并出具一份书面声明，载明：“杨某在本人家喝喜酒期间与本人物品遗失无关，纯属误传，特此声明。”此后两年多，双方一直相安无事。一天，杨某以精神饱受打击，事过两年仍无法走出受屈辱的阴影为由提起诉讼，请求判令杨某和王某为其恢复名誉并张贴书面道歉声明，赔偿精神损害抚慰金1.8万元。

法院认为，被告没有贬损其人格，其原告名誉没有被损害。两被告追上去询

---

① 周凌云、仲巍：《民事自助行为是否侵权的认定》，载《人民法院报》2018年1月17日，第7版。

问行为（香烟是否被拿走）并不违法，也没有侮辱诽谤造谣等行为发生，其追问行为不存在违法性。在未发现香烟等后主动道歉和写声明澄清事实，两被告主观上没有过错。两被告在香烟丢失的急迫情况下，在合理限度内实施了民事自助行为，主观上不存在过错，行为不存在违反，客观上未造成损害后果，不符合名誉权的构成要件，故驳回原告诉讼请求。

案例二

刘某某诉徐某某健康权纠纷案①

诉讼结论：在自身合法权益受到不法侵害，来不及请求有关部门介入的情势下，如果不采取措施以后就难以维护自己合法权益的实现时，权利人采取合理的自助措施，对侵权人的人身或者财产进行必要的限制，并及时通知有关部门的行为系自助行为，免于承担侵权责任，但采取的自助措施过限造成重大损害的，应当承担相应的侵权责任。

2017年1月10日，乘客刘某某认为出租车司机徐某某的计价器可能存在问题而拒绝支付乘车费用，并欲离开。徐某某报警，并拉扯刘某某阻止其离开，致刘某某倒地受伤，脚踝骨折。一审法院认定徐某某系侵权判决，承担80%的赔偿责任。二审法院认为，徐某某实施阻拦拉扯的行为，目的是保护其提供服务后收取服务费的合法权益，并不具有伤害刘某某的主观故意。刘某某接受服务后不付费即欲离开，如果徐某某不欲阻拦，则以后就难以实现其收取服务费的合法权益。徐某某采取阻止刘某某离开手段的同时，亦向公安机关报了警，请求处置。从徐某某行为的前提要件、目的要件、时机要件、方式要件等分析，其行为系属自助行为性质。因此，二审法院改判徐某某对其过限的自助行为承担30%责任。

第一千一百七十八条　本法和其他法律对不承担责任或者减轻责任的情形另有规定的，依照其规定。

【条文主旨】

本条是关于优先适用特别规定的规定。

【条文理解】

本条规定的是关于民法施行的内容。民法和其他法律对不承担责任或者减

① 参见辽宁省沈阳市中级人民法院（2017）辽01民终7052号民事判决书。

轻责任的情形另有规定的,依照民法和其他法律的规定。简言之,本编是追究责任的,而对不承担责任或者减轻责任的情形,民法和其他法律另有规定的,优先适用民法和其他法律。承接于《侵权责任法》第5条:"其他法律对侵权责任另有特别规定的,依照其规定。"而本条"本法和其他法律对不承担责任或者减轻责任的情形另有规定的,依照其规定"语言表达上都是其他优先适用,但角度不同,内涵也有差异。《侵权责任法》第5条的意思是其他法律对侵权责任有特别规定,无论是承担侵权责任还是不承担侵权责任,按照"特别法优于一般法"的适用顺序,都依照其他法律的规定处理或适用,也就是说,《侵权责任法》作为侵权责任规范的一般法与其他法律规定的特别侵权责任规范不同的,应以特别侵权责任规范为准。本条则明确规定,本法和其他法律认为不承担或者减轻侵权责任的要依照其规定,而不依照本编的规定担责,也就是说,本法其他编和其他法律有不担责任和减轻责任的情形要从其规定。同时从立法语义和法理来考虑,《民法典》其他编认为某情形构成侵权责任但不承担或者减轻侵权责任,本编也认为构成侵权,那么以其他编为准;其他法认为某情形构成侵权责任但不承担或者减轻侵权责任,本编也认为构成侵权,要一般法(本编)与特别法之间的关系作出法律适用判断。实际上,通过上述分析可见,该法条与《侵权责任法》第5条没有实质差别,即特别规定优于一般规定。

改革开放以来,我国十分重视侵权责任法律制度的建立和完善。1986年制定的《民法通则》,专设"民事责任"一章,对归责原则、责任方式、典型的侵权类型作出规定,奠定了我国侵权责任法律制度的基础。除《民法通则》外,我国已有四十多部单行法对相关侵权问题作出规定,主要是:(1)侵害物权责任。《物权法》《农村土地承包法》作了规定。(2)侵害知识产权责任。《商标法》《专利法》《著作权法》作了规定。(3)侵害婚姻自主权和继承权等责任。《婚姻法》《继承法》作了规定。(4)商事侵权责任。《公司法》《海商法》《票据法》《保险法》《证券法》《信托法》作了规定。(5)交通事故责任。《道路交通安全法》《铁路法》《民用航空法》作了规定。(6)产品责任。《产品质量法》《药品管理法》《消费者权益保护法》作了规定。(7)环境污染责任。《环境保护法》《水污染防治法》《大气污染防治法》《固体废物污染环境防治法》《海洋环境保护法》《环境噪声污染防治法》《放射性污染防治法》作了规定。(8)生产事故责任。《安全生产法》《建筑法》《电力法》《煤炭法》作了规定。(9)食品安全和传染病传播责任。《食品安全法》《传染病防治法》《献血法》作了规定。(10)其他侵权责任。《人民防空法》《公路法》等法律作了规定。我国《民法通则》以及相关法律的规定,对明确侵权责任,保护公民、法人的合法权益,维护社会秩序,起到了积极作用。

《民法典》“侵权责任编”关于侵权责任的规定很重要，但本编侵权责任解决不了所有民事侵权问题，世界上也没有一部《侵权责任法》能囊括所有民事侵权内容。如德国，除《民法典》外，规范侵权责任的重要法律有赔偿义务法、道路交通法、航空交通法、原子能法、污染防控法、药品法、产品责任法、基因技术法、水务法、反不正当竞争法、强制保险法等法律。

我国规范侵权责任的法律有两个层次：第一个层次是《民法典》“侵权责任编”，它作为《民法典》的重要组成部分，从基本法的角度对侵权责任作出规定。侵权责任规范有三类：一是普遍适用的共同规则；二是典型的侵权种类的基本规则；三是其他单行法不可能涉及的一些特殊规则。第二个层次是相关法律。许多单行法都从自身调整范围的角度对侵权责任作出一条或者几条规定。如《道路交通安全法》第76条规定了交通事故赔偿原则。有关侵权责任的法律在宪法统率下相辅相成，共同规范侵权责任。《侵权责任法》第5条规定，其他法律对侵权责任另有特别规定的，依照其规定。按照法律的效力范围，法律可分为一般法和特别法，特别法优先于一般法。一般法是指在一国的范围内，对一般的人和事都有效力的法，特别法是指特定地区、特定人、特定事、特定时间内有效的法。一般法与特别法的区别在于：就地域而论，一般法适用于一国的全部地域，而特别法适用于局部地域，如《民族区域自治法》；就人而论，一般法适用于所有的人，而特别法适用于特定的人，如《兵役法》；就时间而论，一般法适用于平时，特别法适用于特别时期，如《戒严法》；就事而论，一般法适用于一般的事，而特别法适用于特别的事。《民法典》“侵权责任编”是关于侵权责任的一般法，其他法律如对侵权责任另有特别规定的，是特别法。《侵权责任法》和相关法律的关系，按照《立法法》，同一机关制定的法律，“特别规定与一般规定不一致的，适用特别规定”，原则上优先适用相关法律。《民法典》生效后，相关法律规定的内容已经在本编中完全体现，没有必要保留的，可在修改相关法律时删除。我国其他法律对此也有类似规定，如《物权法》第8条规定：“其他相关法律对物权另有特别规定的，依照其规定。”当然原民法单行法相关条款整合进《民法典》之后，均应当予以删除。

【司法适用】

侵权法律规范所适用的对象十分广泛，侵权法律规范的法律渊源不仅包括本编侵权责任的内容，就像前文所谈其他单行民法、商法、经济法、社会法等法律渊源都包含特别侵权规范，故而人民法院在审理民事纠纷中应当以《民法典》“侵权责任编”作为主要法律依据，同时在具体法律纠纷中还应查找特别侵权责任规范，准确和积极将所涉侵权法律规范作为案件审理的重要法律依据。在具体案件中，有证据证明确实出现了特别民事侵权的情形，那么首先在“本院查明”部分要列举侵权事实,包括损害事实、过错事实、因果关系事实、主体身份事实等;其次在“本院认为”部分要对案件所涉的侵权法律关系作分析,对诉请作回应,同时在适用法律时先适用特别法规定,同时援引侵权责任一般法作补充说理,如侵权人提出抗辩,还应对抗辩事由是否合理、合法进行一一阐释,然后得出结论,那么如此处理案件有利于当事人认可判决效力,达到息诉服判的个案正义效果。

【司法案例】

华城地产集团有限公司与杭州开元房地产集团有限公司、开元旅业集团有限公司等损害公司利益责任纠纷案①

诉讼结论:依据《公司法》的规定被告不承担连带责任。

本案系因股东之间矛盾而引发的公司治理纠纷,法院依据特别法优于普通法的法理,厘清了《公司法》和《侵权责任法》的适用关系。大多数涉及公司权益纠纷不宜以《侵权责任法》作为依据,而适用《公司法》及其司法解释为宜。

华城公司的诉讼涉及三个法律关系:一是股东滥用股东权利损害公司利益责任;二是公司的控股股东、实际控制人、董事、监事、高级管理人员利用关联交易损害公司利益责任;三是董事、高级管理人员损害公司利益责任。根据《侵权责任法》第5条的规定,其他法律对侵权责任另有特别规定的,依照其规定,本案应适用《公司法》。《公司法》对上述几种责任类型有明确规定,当事人不能援引《侵权责任法》来实现特别法向一般法逃避的诉讼目的,华城公司要求上述三种责任的侵权人承担连带责任没有事实和法律依据。

---

① 最高人民法院(2013)民二终字第58号民事判决书。

第二章 损害赔偿

《民法典》将《侵权责任法》第二章“责任构成和责任方式”和第三章“不承担责任和减轻责任的情形”统合成《民法典》“侵权责任编”的第一章“一般规定”与本章“损害赔偿”，将物权、人格权保护请求权分别放在“物权编”“人格权编”进行规定，还将部分内容纳入了《民法典》“总则编”第八章“民事责任”部分。从条文上来看，《侵权责任法》第15条规定的停止侵害、排除妨碍、消除危险、返还财产、恢复原状、赔偿损失、赔礼道歉、消除影响、恢复名誉等承担侵权责任的方式，除本章规定的损害赔偿作为最重要的侵权责任承担方式外，部分以本法第1167条的形式得以保留，即规定：侵权行为危及他人人身、财产安全的，被侵权人有权请求侵权人承担停止侵害、排除妨碍、消除危险等侵权责任，其他侵权责任承担方式则归入“物权编”和“人格权编”等。

在此次《民法典》起草过程中，由于“人格权编”单独成编，“侵权责任编”与“人格权编”会出现请求权与人格权宣示内容衔接的问题。一般来说，人格权编中的人格权请求权，可以适用各种妨害和侵害人格权行为，妨害有可能构成侵权，但也不是一定构成侵权，有时仅造成了权利受侵害的风险，但尚未造成损害。“人格权编”对这些权利的规定主要功能在于对权利的规范、价值引导，主要是对侵权行为的事先预防。而侵权损害赔偿请求权主要是针对已经现实发生的、客观存在的损害，聚焦于损害赔偿，受害人请求行为人承担损害赔偿责任时，其应当证明损害的具体程度和数额，否则可能难以获得救济。

第一千一百七十九条　侵害他人造成人身损害的，应当赔偿医疗费、护理费、交通费、营养费、住院伙食补助费等为治疗和康复支出的合理费用，以及因误工减少的收入。造成残疾的，还应当赔偿辅助器具费和残疾赔偿金；造成死亡的，还应当赔偿丧葬费和死亡赔偿金。

【条文主旨】

本条是关于人身损害赔偿范围的规定。

【条文理解】

本条是“侵权责任编”中最重要的规定之一，健全和完善人身损害赔偿制度，是尊重和保障人权的重要方面。目前已经颁布实施的有关人身损害赔偿的法律规范包括：《民法总则》、《国家赔偿法》、《侵权责任法》、《道路交通安全法》、《消费者权益保护法》、《产品质量法》、《医疗事故处理条例》及《人身损害赔偿解释》等。

生命权、健康权、身体权是人最重要的权利内容。人身损害赔偿是指自然人的生命、健康、身体遭受侵害，造成伤害、残疾、死亡等后果及其他损害的，要求侵权人以金钱赔偿的方式进行救济和保护的法律制度。人身损害赔偿的作用主要是以金钱形式填补受害人因侵权行为所受之经济利益的损失。需要注意的是，人身损害赔偿这里的“人”仅指自然人，不包括法人。

人身损害的范围主要包括侵害生命权、健康权、身体权所造成的损害。生命权是指不受他人妨害，对于生命之安全所享受利益之权利。[①] 侵害人的生命，造成受害人死亡的后果，即构成侵害生命权。对生命权的侵害，既包括直接致人死亡即所谓杀人，也包括伤害致死，要求伤害与死亡之间具有因果关系。健康权，是指维持人体生命活动的生理机能的正常运作和功能的完善发挥的权利。侵权行为作用于人身，造成人体机能无法充分发挥作用，致人身体损害，可以构成侵害健康权或者身体权。本条中所指的“健康”，仅指身体健康，而不包括精神健康。身体权，是指身体之完整、安全所享受的利益权利。与侵害健康权相区别的是，侵害身体权主要是因侵权行为影响身体完整性和肢体功能发挥。

本条可以从三个层次进行理解：

（一）人身损害的一般赔偿

通常来说，人身损害的一般赔偿，是指侵权人的侵权行为尚未造成被侵害人伤残、死亡后果的一般损害的赔偿。本条规定了侵害他人造成人身伤害的一般赔偿项目，包括医疗费、护理费、交通费、营养费、住院伙食补助费等以及因误工减少的收入。除此之外，实践中还经常出现因治疗和康复所支出的其他合理费用，如果确实发生且属于合理费用，应以赔偿与损害相一致为原则，损害多少即应当赔偿多少。如果侵害人与受害人对合理费用的范围和数目认识不一致而发生纠纷时，人民法院应结合医疗诊断和调查、鉴定意见判断其是否属于为治疗和康复支出的合理费用。既充分救济受害人的权利、弥补其损失，又不能纵容受害人“漫天要价”的索赔行为，防止其获得其他不当利益。

---

① 龙显铭：《私法上人格权之保护》，中华书局1958年版，第42页。

1. 医疗费

医疗费，是指因侵权行为造成被侵害人人身损害，就医治病支出的费用，主要是指接受医学上的检查、治疗与康复所必需支出的费用，通常包括挂号费、医药费、治疗费、检查费、住院费和其他医疗费用。这里的医疗费既包括已经发生的费用，也包括将来确定发生的费用，尤其是后续治疗费用和康复费用。《人身损害赔偿解释》第 19 条规定："医疗费根据医疗机构出具的医药费、住院费等收款凭证，结合病历和诊断证明等相关证据确定。赔偿义务人对治疗的必要性和合理性有异议的，应当承担相应的举证责任。医疗费的赔偿数额，按照一审法庭辩论终结前实际发生的数额确定。器官功能恢复训练所必要的康复费、适当的整容费以及其他后续治疗费，赔偿权利人可以待实际发生后另行起诉。但根据医疗证明或者鉴定结论确定必然发生的费用，可以与已经发生的医疗费一并予以赔偿。""赔偿义务人对治疗的必要性和合理性有异议的，应当承担相应的举证责任"的规定，从根本上转变被侵害者对治疗机构及转院治疗的合理性承担举证责任的理念和对受害人过于苛刻的理念，体现了对受害人权利的保护。"器官功能恢复训练所必要的康复费、适当的整容费以及其他后续治疗费，赔偿权利人可以待实际发生后另行起诉"的规定，对被侵害人的权益保护充分、合理，符合病症痊愈的客观规律，从而避免了一次诉讼定损后包终身的不合理局面。①

2. 护理费

护理费，是指侵权人赔偿或者补偿受害人因为受到人身损害而导致生活不能自理，需要雇佣他人专门进行护理而支出的费用。《人身损害赔偿解释》第 21 条规定："护理费根据护理人员的收入状况和护理人数、护理期限确定。护理人员有收入的，参照误工费的规定计算；护理人员没有收入或者雇佣护工的，参照当地护工从事同等级别护理的劳务报酬标准计算。护理人员原则上为一人，但医疗机构或者鉴定机构有明确意见的，可以参照确定护理人员人数。护理期限应计算至受害人恢复生活自理能力时止。受害人因残疾不能恢复生活自理能力的，可以根据其年龄、健康状况等因素确定合理的护理期限，但最长不超过二十年。受害人定残后的护理，应当根据其护理依赖程度并结合配制残疾辅助器具的情况确定护理级别。"这里对护理人数、一般护理期限、最长护理期限、护理等级等方面作出了具体规定，有利于护理费的具体适用和计算。

---

① 最高人民法院侵权责任法研究小组编著：《〈中华人民共和国侵权责任法〉条文理解与适用》，人民法院出版社 2010 年版，第 126 页。

3. 交通费

交通费,是指受害人及其必要的陪护人员就医治疗中因乘坐交通工具而实际发生的费用。交通费的支出应当与侵权行为有因果关系,交通费以实际发生且必要、合理为限。《人身损害赔偿解释》第 22 条规定:“交通费根据受害人及其必要的陪护人员因就医或者转院治疗实际发生的费用计算。交通费应当以正式票据为凭;有关凭据应当与就医地点、时间、人数、次数相符合。”

4. 营养费

必要、合理的营养是受害人疾病治疗、身体康复的必要保障,临床上的许多治疗措施需要营养支持,尤其是因人身损害造成严重疾病的病人,往往需要特殊的营养补充作为治疗和康复措施,因此,本法规定对受害人因实际需要补充营养所需的费用具有合理性。营养费的标准应根据《人身损害赔偿解释》第 24 条的规定确定,即“营养费根据受害人伤残情况参照医疗机构的意见确定”。这里的伤残情况,既包括一般伤害,也包括因伤致残的情况,人民法院在审理人身损害赔偿案件时,对于受害人要求支付营养费的,除根据受害人伤残情况外,还要参考医疗机构就案件出具的意见。

5. 住院伙食补助费

本法增加规定住院伙食补助费,原因是受害人住院治疗,其伙食费支出一般来说要超过未住院的伙食费支出标准,对于超过的部分予以补助具有合理性。在司法实践中,受害人因人身损害住院治疗的,在人身损害赔偿诉讼中主张住院伙食补助费,通常情况下在合理数额范围内能够得到法院支持。此前《人身损害赔偿解释》从司法解释层面对住院伙食补助费进行了明确规定,本法将住院伙食补助费纳入人身损害赔偿范围,使该项费用具有了法律依据。在住院伙食补助费标准上,根据《人身损害赔偿解释》第 23 条规定确定,即“住院伙食补助费可以参照当地国家机关一般工作人员的出差伙食补助标准予以确定。受害人确有必要到外地治疗,因客观原因不能住院,受害人本人及其陪护人员实际发生的住宿费和伙食费,其合理部分应予赔偿”。需要注意的是,住院伙食补助费,补助的是因人身损害需要住院治疗而产生的伙食补助费的,如果受害人没有住院治疗,即无法主张此项费用。

6. 因误工减少的收入

因误工减少的收入,是指受害人因遭受人身损害,不能正常工作而遭受的预期财产利益损失,也称“误工损失”。误工损失具有城乡差距大、个体性差异大、计算标准无法固定、具有一定程度的类比性、推断性等特点。由于误工损失是推算出来的,通常与客观实际发生的费用存在一定差异。

误工损失是受害人实际发生的损失，但依据受害人是否具有固定收入的不同，采纳区分的赔偿标准和计算方法，受害人有固定收入的，实行差额赔偿原则，以侵权造成的损害发生前后，受害人财产减少的差额作为计算标准。受害人没有固定收入的，按照定型化标准赔偿。因为无法确切计算受害人误工损失的差额，只能从损害赔偿的社会妥当性和社会公正性出发，为受害人之损害确定一个相对固定的标准[①]。具体计算时，可参照《人身损害赔偿解释》第20条对误工损失作出的规定："误工费根据受害人的误工时间和收入状况确定。误工时间根据受害人接受治疗的医疗机构出具的证明确定。受害人因伤致残持续误工的，误工时间可以计算至定残日前一天。受害人有固定收入的，误工费按照实际减少的收入计算。受害人无固定收入的，按照其最近三年的平均收入计算；受害人不能举证证明其最近三年的平均收入状况的，可以参照受诉法院所在地相同或者相近行业上一年度职工的平均工资计算。"同时，《人身损害赔偿解释》第35条规定："本解释所称'城镇居民人均可支配收入'、'农村居民人均纯收入'、'城镇居民人均消费性支出'、'农村居民人均年生活消费支出'、'职工平均工资'，按照政府统计部门公布的各省、自治区、直辖市以及经济特区和计划单列市上一年度相关统计数据确定。'上一年度'，是指一审法庭辩论终结时的上一统计年度。"

此外，本法规定，侵害他人造成人身损害一般赔偿的范围，不仅限于本条列出的五类费用，其他为治疗和康复支出的合理费用，也包含在应当赔偿的范围内，如《人身损害赔偿解释》第23条规定的受害人确有必要到外地治疗，因客观原因不能住院，受害人本人及其陪护人员实际发生的住宿费和伙食费的合理部分，在司法实践中可根据实际情况确定，如该赔偿项目费用实际发生且具有合理性，即应予赔偿。

(二)造成残疾的损害赔偿

侵害他人造成残疾的，除人身损害一般赔偿的项目均应当赔偿以外，还应当赔偿辅助器具费和残疾赔偿金。残疾必然造成受害人劳动能力减损或者丧失，较人身损害的一般赔偿，造成残疾的后果更加严重。

1. 关于残疾赔偿金

在理论上对确认劳动能力丧失的损害赔偿有不同的学说。主要包括所得丧失说、劳动能力丧失说、生活来源丧失说。所得丧失说认为，损害赔偿的核心在于填充损失，有损失才存在填充问题，即使受害人遭受人身损害，造成残疾，全部或

---

① 最高人民法院侵权责任法研究小组编著：《〈中华人民共和国侵权责任法〉条文理解与适用》，人民法院出版社2010年版，第267页。

者部分丧失了劳动能力,但因为没有造成实际损失的,侵权人也不应当赔偿。此学说认为,损害赔偿的核心在于赔偿侵权行为发生前后造成的受害人收入上的差异,以填补损失差异为目的。劳动能力丧失说认为,受害人因为侵权行为造成身体残疾,全部或者部分损失了劳动能力,创造财富的能力降低,能力降低是损害的实质,赔偿的标的物是丧失的劳动能力。生活来源丧失说认为,受害人生活能力减损或者丧失,必然导致生活来源的减少和丧失,因而应当赔偿受害人的生活补助费,使其生活能够恢复到侵权行为发生前的状态。赔偿本身不是全额赔偿,而是救济性质。三种学说相比较而言,生活来源丧失说确定的赔偿数额比较低,不足以弥补受害人的损失,实践中很少采纳,而所得丧失说最能够实现损害赔偿的目的,但具体数额确定较为困难。《人身损害赔偿解释》对残疾赔偿金主要采纳了"所得丧失说",较好地保护受害人合法权益。

残疾赔偿金的计算,应根据《人身损害赔偿解释》第25条规定处理:"残疾赔偿金根据受害人丧失劳动能力程度或者伤残等级,按照受诉法院所在地上一年度城镇居民人均可支配收入或者农村居民人均纯收入标准,自定残之日起按二十年计算。但六十周岁以上的,年龄每增加一岁减少一年;七十五周岁以上的,按五年计算。受害人因伤致残但实际收入没有减少,或者伤残等级较轻但造成职业妨害严重影响其劳动就业的,可以对残疾赔偿金作相应调整。"人民法院裁判此类案件,确定残疾赔偿金数额时,应当考虑受害人的伤残等级及丧失劳动能力的具体情形。

2. 辅助器具费

辅助器具,是指因伤致残的受害人为辅助残疾肢体器官功能,辅助其实现生活自理而购置的生活自助器具。一般包括:(1)辅助肢残者行走的器具,如假肢及其零部件,义眼、假鼻、矫形器、矫形鞋、非机动助行器、代步工具、生活自助器等;(2)视力残疾者使用的盲杖、导盲镜、助视器、盲人阅读器;(3)语言、听力残疾者使用的语言训练器、助听器;(4)智力残疾者使用的训练器、生活能力训练用品[①]。有关辅助器具费的赔偿标准,《人身损害赔偿解释》第26条规定:"残疾辅助器具费按照普通适用器具的合理费用标准计算。伤情有特殊需要的,可以参照辅助器具配制机构的意见确定相应的合理费用标准。辅助器具的更换周期和赔偿期限参照配制机构的意见确定。"辅助器具费属于受害人因残疾增加生存及生活上需要而支出的必要费用,在赔偿标准上应当按照"普通适用"的原则,并参照辅助器具配制机构的意见确定其合理的赔偿费用标准,以及辅助器具更换周期和赔偿期

① 最高人民法院侵权责任法研究小组编著:《〈中华人民共和国侵权责任法〉条文理解与适用》,人民法院出版社2010年版,第135页。

限，目的是既能够起到功能补偿作用，又属于“普通适用器具且费用合理”。

（三）造成死亡的赔偿

侵害他人造成死亡的，除人身损害的一般赔偿外，还应当赔偿丧葬费和死亡赔偿金。被侵害人死亡后，关于权利人请求侵权人赔偿的请求权，理论上有不同学说：第一种观点认为，侵权赔偿请求权基于受害人丧失生命而取得权利；第二种观点认为，受害人因侵权行为取得债权，死亡后其继承人取得债权；第三种观点认为，受害人与其继承人为同一人格，被侵权人死亡后，继承人有权主张权利；第四种观点认为，受害人因侵权行为被伤害致死之前，已经取得请求赔偿的请求权，当然由其继承人继承。

1. 丧葬费

丧葬费是安葬死者所花的费用，包括安排死者生前好友、亲属遗体告别租用场地的费用，为死者整理仪容、火化、运尸、冷藏、骨灰寄存，购置墓碑花费；在准许土葬的地方，为安葬死者购置墓地（符合政府规定的标准）、购买棺材、为死者丧葬的花费等。

2. 死亡赔偿金

死亡赔偿金是由于受害人死亡而产生的财产损失的赔偿，而并非对生命本身价值的赔偿，因为人的生命是无法用金钱衡量的。由于受害人死亡，无法以自己的名义提出赔偿请求，而那些生前依靠受害人扶养的人所遭受的损失，可以通过死亡赔偿金的方式向侵权人请求损失赔偿。死亡赔偿金的性质，主要存在两种学说：一是抚养丧失说，认为赔偿的主要是死者生前抚养人的抚养费，以及其他财产损失和精神损害赔偿。受害人死亡，赔偿权利人为受害人的近亲属因直接受害人死亡所蒙受的财产损失，赔偿范围是“被抚养人生活费”，即只对间接受害人的具体的、直接的、积极的财产进行赔偿，除被扶养人生活费外，不承认有其他财产损失的存在。[①] 二是继承丧失说，认为赔偿的主要是因死者余命年限可得预期收入减去其余命期间的生活费，这个收入应由死者法定继承人继承。《人身损害赔偿解释》采取的是继承丧失说。理由在于，我国法律已经明确规定致人死亡时赔偿义务人应当承担被抚养人生活费的赔偿责任，如果采取抚养丧失说，会使死亡赔偿金与被抚养人生活费的规定相冲突。而且，无论受害人是在受侵害时当场死亡，还是由于身体或健康受到损害而后死亡，都存在丧失劳动能力后死亡的顺序，将死亡赔偿金与残疾赔偿金保持一致的性质，定位于对受害人未来预期收入的赔

① 最高人民法院侵权责任法研究小组编著：《〈中华人民共和国侵权责任法〉条文理解与适用》，人民法院出版社2010年版，第138页。

偿,即受害人因侵权行为造成的收入减少的损失赔偿,能够使受害人的近亲属得到较大程度的损害救济。

关于死亡赔偿金的标准,应根据《人身损害赔偿解释》第29条规定进行计算:“死亡赔偿金按照受诉法院所在地上一年度城镇居民人均可支配收入或者农村居民人均纯收入标准,按二十年计算。但六十周岁以上的,年龄每增加一岁减少一年;七十五周岁以上的,按五年计算。”第30条第1款规定:“赔偿权利人举证证明其住所地或者经常居住地城镇居民人均可支配收入或者农村居民人均纯收入高于受诉法院所在地标准的,残疾赔偿金或者死亡赔偿金可以按照其住所地或者经常居住地的相关标准计算。”

【司法案例】

荣宝英诉王阳、永诚财产保险股份有限公司江阴支公司机动车交通事故责任纠纷案①

诉讼结论:交通事故的受害人没有过错,其体质状况对损害后果的影响不属于可以减轻侵权人责任的法定情形。

《侵权责任法》第26条规定:“被侵权人对损害的发生也有过错的,可以减轻侵权人的责任。”《道路交通安全法》第76条第1款第2项规定,机动车与非机动车驾驶人、行人之间发生交通事故,非机动车驾驶人、行人没有过错的,由机动车一方承担赔偿责任;有证据证明非机动车驾驶人、行人有过错的,根据过错程度适当减轻机动车一方的赔偿责任。因此,交通事故中在计算残疾赔偿金是否应当扣减时应当根据受害人对损失的发生或扩大是否存在过错进行分析。

法院认为,本案中,虽然原告荣宝英的个人体质状况对损害后果的发生具有一定的影响,但这不是《侵权责任法》等法律规定的过错。从交通事故受害人发生损伤及造成损害后果的因果关系看,本起交通事故的引发系肇事者王阳驾驶机动车穿越人行横道线时,未尽到安全注意义务碰擦行人荣宝英所致;本起交通事故造成的损害后果系受害人荣宝英被机动车碰撞、跌倒发生骨折所致,事故责任认定荣宝英对本起事故不负责任,其对事故的发生及损害后果的造成均无过错。虽然荣宝英年事已高,但其年老骨质疏松仅是事故造成后果的客观因素,并无法律上的因果关系。因此,受害人荣宝英对于损害的发生或者扩大没有过错,不存在减轻或者免除加害人赔偿责任的法定情形。同时,机动车应当遵守文明行车、礼让行人的一般交通规则和社会公德。本案所涉事故发生在人行横道线上,正常行

① 最高人民法院指导案例24号。

走的荣宝英对将被机动车碰撞这一事件无法预见，而王阳驾驶机动车在路经人行横道线时未依法减速慢行、避让行人，导致事故发生。因此，依法应当由机动车一方承担事故引发的全部赔偿责任。

根据我国《道路交通安全法》的相关规定，机动车发生交通事故造成人身伤亡、财产损失的，由保险公司在机动车第三者责任强制保险责任限额范围内予以赔偿。而我国交强险立法并未规定在确定交强险责任时应依据受害人体质状况对损害后果的影响作相应扣减，保险公司的免责事由也仅限于受害人故意造成交通事故的情形，即便是投保机动车无责，保险公司也应在交强险无责限额内予以赔偿。因此，对于受害人符合法律规定的赔偿项目和标准的损失，均属交强险的赔偿范围，参照"损伤参与度"确定损害赔偿责任和交强险责任均没有法律依据。

第一千一百八十条　因同一侵权行为造成多人死亡的，可以以相同数额确定死亡赔偿金。

【条文主旨】

本条是关于以相同数额确定死亡赔偿金的规定。

【条文理解】

本条与《侵权责任法》第17条对照，未作修改。

作此规定的原因主要在于尽快解决纠纷，防止不同的赔偿权利人互相攀比，使赔偿问题久拖不决，该条规定也是实践经验的总结，我国以往处理同一损害事故造成多人死亡的案件（如矿难赔偿）上，多采取给付所有害人近亲属以固定数额赔偿金的方式。[①] 特别是近几年来，人民法院在处理诸如沉船、矿难、空难、火灾等侵权损害赔偿案件时，均按照同一标准确定受害人死亡赔偿金数额，实践证明社会效果是好的，当事人反响也是好的。这些处理方案体现了权利平等、以人为本的理念。[②]

需要注意的是，第一，本条必须适用同一侵权行为而导致损害结果。同一侵权行为可以是因过错而实施的侵权行为，也可以是没有过错，法律规定应当承担责任的侵权行为。第二，必须是因同一侵权行为造成多人死亡。例如，同一交通

---

① 2009年10月19日《全国人民代表大会法律委员会关于〈中华人民共和国侵权责任法〉（草案）修改情况的汇报》。

② 最高人民法院侵权责任法研究小组编著：《〈中华人民共和国侵权责任法〉条文理解与适用》，人民法院出版社2010年版，第142页。

事故中导致多人死亡，或者因同一矿难而导致多人死亡。在通常情况下，同一侵权行为导致多人死亡，都是大规模侵权，因侵权行为引发众多受害人的损害，采用同一标准赔偿，既减轻了受害人的举证负担，又有利于提高诉讼效率。

【司法适用】

在司法实践中需要注意：一是本条只适用于同一侵权行为致多人死亡的，对于同一侵权行为致多人受伤的、以及多人死亡造成的财产损失情形均不能适用。而是该条款使用的是“可以”，而非“必须”或者“应当”，属于任意性条款，在实践中，需要法官根据具体情况进行适用。也就是说，是否以相同数额确定死亡赔偿金要视案件的具体情况而定。同时，人民法院既可以依当事人的请求适用本条，也可以在审判实践中主动适用此条。二是本条既可以适用于法院审理人身损害赔偿的案件，也可以适用于侵权人与被侵权人家属近亲属协商赔偿数额的情形。①

【司法案例】

道某诉李某席、长丰县宏业汽车客运有限公司机动车交通事故责任纠纷案②

诉讼结论：以相同数额确定死亡赔偿金仅适用于因同一侵权行为造成多人死亡的案件，并不适用因同一侵权行为造成多人受伤的情形。

本案中，安徽省高级人民法院为规范和统一人身损害赔偿案件的裁判尺度，于2005年12月26日出台了《安徽省高级人民法院审理人身损害赔偿案件若干问题的指导意见》，对司法实践中存在的因同一事由造成的人身损害赔偿，受害人既有城镇居民又有农村居民的情况，规定残疾赔偿金、死亡赔偿金等可按城镇居民的标准确定。该指导意见虽属内部文件，但在法律、法规及司法解释未作出统一适用的标准之前，起到了在全省规范和统一人身损害赔偿案件执法尺度的作用。《侵权责任法》第17条明确规定，因同一侵权行为造成多人死亡的，可以以相同数额确定死亡赔偿金。该条对因同一侵权行为造成多人死亡的，只是规定“可以”以相同数额确定死亡赔偿金，而不是任何因同一侵权行为造成多人死亡的案件都“必须”或者“应当”以相同数额确定死亡赔偿金。至于什么情况下可以，什么情况下不可以，法院可以根据具体案情，综合考虑各种因素后决定。《侵权责任法》第17条规定的以相同数额确定死亡赔偿金原则上仅适用于因同一侵权行为造成多人死亡的案件，并不适用因同一侵权行为造成多人受伤的情形。

---

① 程啸：《侵权责任法》（第2版），法律出版社2015年版，第693页。

② 安徽省合肥市中级人民法院（2015）合民一终字第00908号民事判决书。

第一千一百八十一条 被侵权人死亡的，其近亲属有权请求侵权人承担侵权责任。被侵权人为组织，该组织分立、合并的，承继权利的组织有权请求侵权人承担侵权责任。

被侵权人死亡的，支付被侵权人医疗费、丧葬费等合理费用的人有权请求侵权人赔偿费用，但是侵权人已经支付该费用的除外。

【条文主旨】

本条是关于被侵权人死亡后赔偿请求权主体的规定。

【条文理解】

本条与《侵权责任法》第18条对照，略作修改，将原条文中的"被侵权人为单位"改为了"被侵权人为组织"。这是由于"组织"的含义和所涵盖的类型比"单位"更广泛，更能体现条文的原意。

侵权损害赔偿的权利主体，也称赔偿权利人，是指享有侵权损害赔偿请求权的民事主体。通常情况下，受害人可分为直接受害人和间接受害人，直接受害人是侵权行为损害后果的直接承受者，是通常意义上的赔偿权利人，而间接受害人只有在法律明确规定时才可成为赔偿权利人。本条规定是对死亡的被侵权人的特殊保护措施。主要包含以下内容；

第一，"被侵权人死亡的，其近亲属有权请求侵权人承担侵权责任"。首先，"近亲属"的范围。根据本法规定，包括配偶、父母、子女、兄弟姐妹、祖父母、外祖父母、孙子女、外孙子女。[①] 如受害人死亡后，依靠受害人扶养的近亲属以外的未成年人，事实上与受害人有亲密关系或者经济关系非常密切，成为其他缺乏劳动能力又没有生活来源的人，受害人遇害对他们的精神生活和经济状况影响最大，但目前法律未规定此类人员享有赔偿请求权。其次，无法查明身份以及无近亲属的赔偿权利人问题。像流浪汉发生交通事故，很难在短时间内查找到流浪汉的近亲属，没有近亲属就无法行使请求权，客观上就可能造成证据灭失或者二次取证困难，甚至会超过诉讼时效，导致受害人近亲属丧失实体胜诉权，必然导致严重损害受害人权益。事实上，根据本条第2款的规定，被侵权人死亡的，支付被侵权人医疗费、丧葬费等合理费用的人属于赔偿权利人。但就死亡赔偿金而言，这种情况下是否存在赔偿权利人，还值得研究。

---

① 最高人民法院侵权责任法研究小组编著：《〈中华人民共和国侵权责任法〉条文理解与适用》，人民法院出版社2010年版，第145页。

第二,“被侵权人为组织,该组织分立、合并的,承继权利的组织有权请求侵权人承担侵权责任”,该条将原条款的“单位”改为“组织”,体现了立法的科学性和严谨性,通常来说,“单位”并不是法律用语。这里所指的组织主要包括法人和其他组织,“其他组织”包括正式性机构,也包括非正式机构。组织合并、分立的,都会涉及合并、分立前该组织的侵权请求权由谁来行使的问题,一般来说,在此合并、分立过程中组织会以合同形式对该问题作出约定,如果未约定的,应当按照《民法典》“合同编”以及《公司法》的相关规定来确定承继权利人。

第三,“被侵权人死亡的,支付被侵权人医疗费、丧葬费等合理费用的人有权请求侵权人赔偿费用,但是侵权人已经支付该费用的除外”,适用本款的条件是“被侵权人死亡”,受到一般伤害不适用本款。被侵权人死亡是最严重的侵权行为,必须有人对此承担责任,必须最大限度地保护被侵权人的权益;因侵权行为造成被侵权人一般损害或残疾,但被侵权人依然活着,他们或其法定代理人有时间、有机会为他们主张权利,有完全民事能力或者部分民事能力的受害人还可以自行表达诉求,为自己主张提供证据,主张诉权和实体权利。① 由于被侵权人死亡无法行使自己的救济权利,需要对死亡的被侵权人提供更加充分的保护方式,本条既体现了对他人生命的及时救助以及对亡者及时进行丧葬的行为的鼓励,也体现了对支付相关费用的人的救济和保护,这里,“支付被侵权人医疗费、丧葬费等合理费用的人”,包括没有支付义务的第三人,不需要与被侵权人具有利害关系。

【司法适用】

(一)被侵权人死亡时损害赔偿的请求权顺位

本条只是规定了近亲属为请求权人,而没有规定顺位问题。根据《民法典》“继承编”第1127条第1款规定:“遗产按照下列顺序继承:(一)第一顺序:配偶、子女、父母;(二)第二顺序:兄弟姐妹、祖父母、外祖父母。”《精神损害赔偿解释》第7条规定,请求权的次序为:配偶、父母、子女第一顺位,其他的为第二顺位。死亡赔偿金的请求权顺位也参照《继承法》和《精神损害赔偿解释》,以配偶、父母、子女为第一顺位,其他的为第二顺位。

(二)第三人请求侵权人赔偿费用问题

该条规定的适用应当符合如下条件:第一,该第三人是实际支出该费用的人,包括其他与被侵权人无亲属关系和利害关系的人。在实践中,常常出现受害人被汽车撞伤,某路人将其送进医院,并预付了一部分医疗费,该路人作为第三人,应

① 最高人民法院侵权责任法研究小组编著:《〈中华人民共和国侵权责任法〉条文理解与适用》,人民法院出版社2010年版,第146页。

当享有向侵权人请求赔偿的权利。第二，如果侵权人已经支付了该费用的，如已经赔偿了被侵权人的近亲属，第三人就不能再向侵权人请求赔偿。第三，赔偿费应以实际支出额为限。

（三）近亲属以外的被扶养人的请求权

一般来说，我国法律上的扶养关系及被扶养人是法定的，根据本法，法定的被扶养人范围与近亲属的范围是相同的。除仅亲属以外的其他亲属或者关系人均不是法定被扶养人，因此，本条仅规定了近亲属请求侵权人承担侵权责任，这是因为法定被扶养人已经包含在近亲属以内，而法定被扶养人以外的被扶养人，无权请求侵权人承担侵权责任。

（四）被扶养人可否单独提起赔偿请求

根据最高人民法院发布的《关于适用〈中华人民共和国侵权责任法〉若干问题的通知》第4条规定："人民法院适用侵权责任法审理民事纠纷案件，如受害人有被扶养人的，应当依据人身损害赔偿解释第二十八条的规定，将被扶养人生活费计入残疾赔偿金或死亡赔偿金。"因残疾或死亡赔偿金包含了被扶养人生活费，如果侵权人已经赔偿了残疾或死亡赔偿金，被扶养人只能要求就该死亡赔偿金进行析分，无权再向侵权人主张。如果被侵权人的近亲属怠于行使该部分的赔偿请求权，被扶养人有权诉请侵权人支付被扶养人生活费。

【司法案例】

胡某娣诉陈某荣机动车交通事故责任纠纷案[①]

诉讼结论：有权请求侵权人仅包括承担侵权责任的是因侵权而死亡的被侵权人的近亲属，或者支付被侵权人医疗费、丧葬费等合理费用的人。

法院认为，本案是机动车交通事故责任纠纷，根据《侵权责任法》第18条"被侵权人死亡的，其近亲属有权请求侵权人承担侵权责任。被侵权人为单位，该单位分立、合并的，承继权利的单位有权请求侵权人承担侵权责任。被侵权人死亡的，支付被侵权人医疗费、丧葬费等合理费用的人有权请求侵权人赔偿费用，但侵权人已支付该费用的除外"的规定，有权请求侵权人承担侵权责任的是因侵权而死亡的被侵权人的近亲属，或者支付被侵权人医疗费、丧葬费等合理费用的人。按照法律规定，近亲属的范围是配偶、父母、子女、兄弟姐妹、祖父母、外祖父母、孙子女、外孙子女。而广东省四会市迳口镇某村委会及当地派出所出具证明，证实被害人胡某灵是五保户，父母早已死亡，无兄弟姐妹，至今未婚无儿无女单身一

---

① 广东省肇庆市中级人民法院（2018）粤12民终1399号民事判决书。

人。本案中，胡某娣自称是被侵权人胡某灵的侄女，并不是法律规定的近亲属，胡某娣作为本案的原告提起的侵权赔偿诉讼，诉讼主体不适格。

第一千一百八十二条　侵害他人人身权益造成财产损失的，按照被侵权人因此受到的损失或者侵权人因此获得的利益赔偿；被侵权人因此受到的损失以及侵权人因此获得的利益难以确定，被侵权人和侵权人就赔偿数额协商不一致，向人民法院提起诉讼的，由人民法院根据实际情况确定赔偿数额。

【条文主旨】

本条是关于侵害他人人身权益造成财产损失的赔偿数额如何确定的规定。

【条文理解】

本条对《侵权责任法》第20条作出了修改，将侵权人因此获得的利益与被侵权人因此受到的损失并列，作为被侵权人的选择。

人身权，又称人身非财产权，是人格权和人身权的合称，是指民事主体依法享有的，与其自身不可分离、不可转让的法定民事权利。与其他民事权利相比较，人身权益具有以下几个特征：一是非财产性，人身权益以民事主体的人格利益和特定身份为客体，而人格利益和身份所体现的是人格尊严、人身自由、道德情感、社会评价等等，并不具有直接的财产内容；二是不可转让性，这是由人身权益与民事主体不可分离的特性决定的，除法律特别规定（如法人名称权的转让和继受、人体器官的捐赠等）外，人身权益不得以任何形式买卖、赠与、继承；三是不可放弃性，人身权益所体现的是民事主体最为基本的民事权利，出于对社会公共利益和道德的保护，生命权、身体权和健康权等人身权益均具有不可放弃性；四是法定性，即人身权益的取得基于法律的直接规定，而不是也不能来自民事主体间的特别约定；五是绝对性和支配性，即权利人可以向任何人主张人身权益，并排斥任何人的非法干涉。①

学理上，我们既可以将可救济损害分为财产损害和非财产损害（其核心部分为精神损害），又可以将侵权损害分为侵害人身权益损害和侵害财产权益损害。由于人身权益既包括非财产性权益，也包括与财产性权益，具有明显的非财产性特征，但其在本质上却又和财产权存在很多不可分割的联系，因为人身权益是民

① 最高人民法院侵权责任法研究小组编著：《〈中华人民共和国侵权责任法〉条文理解与适用》，人民法院出版社2010年版，第154页。

事主体从事各类民事法律行为的基础，在很多情况下，人身权益是民事主体取得财产权的前提，因此，人身权益损害并不是独立于财产损害和非财产损害的损害类型，只是分类方式的不同。人身权益损害的后果主要表现为人身伤害和人格利益的损害，这两类损害既可以表现为有形损害，即财产损失，也可以表现为无形损害，即没有表现或不直接表现为财产损失，本条仅针对人身权益被侵害后造成财产损失作出规定。

本条主要包括两个方面的内容：

（一）侵害他人人身权益造成他人财产损失或自身获益且损失或者所获利益可以确定的

按照被侵权人的损失来赔偿，一是这种损失必须是实际损失。如果没有实际的损失，比如被侵权人受到人身侵害后，感受到身体的疼痛或者精神痛苦，但没有造成任何身体上的实际损害和后续的不良反应，就不能适用本条，而只能运用如“赔礼道歉”等其他非财产责任承担方式。二是按照被侵权人因此受到的损失赔偿，也就是损失多少、赔偿多少，体现了民法上的平等和公平原则，通过损害赔偿，使被侵权行为所破坏的双方的不公平状态得到修复。三是这种赔偿方式仅具有补偿性，而不具有惩罚性，核心是为了保障当事人的合法财产利益能够得到维护。本法仅在例外的情况下，规定被侵权人可以获得惩罚性损害赔偿。

一般来说，侵害他人生命权、身体权、健康权所造成的人身损害，通常是可以确定的。损害赔偿的范围应按照本法第 1179 条的规定，赔偿医疗费、护理费、交通费等治疗和康复支出的合理费用以及误工减少的收入，造成残疾的，还应赔偿残疾生活辅助器具费和残疾赔偿金，造成死亡的，还应当赔偿丧葬费和死亡赔偿金。而如果被侵权人的肖像权、姓名权、名誉权被侵害，通常情况下，被侵权人较难证明侵权行为给自身造成了财产损失，也难以确定这种财产损失的多少，因此，本条规定，在这种情况下可以按照侵权人获得的利益赔偿。这里明确了，利用他人人身权益谋取利益也属于侵权，这种侵权损害仍适用损失填平原则，而用来填补的是侵权人因侵权获得的利益。

（二）被侵权人因此受到的损失或者侵权人获得的利益难以确定，被侵权人和侵权人就赔偿数额协商不一致，向人民法院提起诉讼的

现实生活中，还存在一种侵权行为具有损人不利己的性质，比如侵害他人的隐私权或者在网络上对他人进行人肉搜索等，这种侵权行为对被侵权人造成的损失，以及侵权人因此所获得的利益均难以确定，这种情况下，不能因损失或利益的难以确定使被侵权人的权益无法得到救济。根据本条，首先应按照当事人的意思自治的原则，双方就赔偿数额进行协商，如果协商不一致提起诉讼的，由人民法院

根据实际情况确定。这里以法律的形式赋予了法官自由裁量的权利，在司法实践中，一般应根据侵权人的过错程度、侵权行为和方式、造成的后果和影响等来进行确定赔偿数额。

【司法适用】

（一）人身损害赔偿中财产损害与精神损害并存的情况

人身损害具有复杂性，某一项具体的人身权益损害可能包含财产损害，也可能包含非财产损害，主要是精神损害。当某一侵权行为侵害了人身权益时，就可能会同时造成两种类型的损害。譬如侵害人身造成残疾、死亡的，根据本法第1183条规定，侵害自然人人身权益造成严重精神损害的，被侵权人有权请求精神损害赔偿。因此，在司法实践中，本条所针对的赔偿情形仅指侵害他人人身权益造成的财产损失赔偿，与精神损害是可以同时适用的，本条与第1183条的精神损害赔偿不牵涉权利保护交叉竞合的问题，而是体现了对权利的全面救济，这体现了《民法典》“侵权责任编”对人身权益的全面赔偿原则。

（二）惩罚性赔偿的法定适用

如前所述，本条在确定损失赔偿时适用的“填平原则”，也就是被侵权人所获得的赔偿应当等于“被侵权人因侵权行为所遭受损失的量”，或者等同于“侵权人在侵权行为中所得利益的量”，也就是通过赔偿使侵权人和被侵权人之间的损益关系基本持平。对惩罚性赔偿，应按照法定原则，如本法第1185条的规定，只有法律明文规定可以适用惩罚性赔偿时，才可以适用惩罚性赔偿。司法实践中，人民法院不能因为侵权行为人的主观过错而随意打破填平原则，随意扩大惩罚性赔偿的适用范围。

（三）三种不同计算方式的适用情形

按照“被侵权人因此受到的损失”或者“侵权人因此获得的利益”确定可由被侵权人选择适用，而“由人民法院根据实际情况确定”都是前两种计算方法的必要补充，应注意其适用的前提条件，必须根据本条规定确立的适用先后顺序进行赔偿的确定。

（四）关于侵害人身权益造成财产损失赔偿的特别规定

例如，在利用信息网络侵害人身权益的案件中，关于财产损失的认定，应根据《信息网络侵权规定》第18条第1～2款规定：“被侵权人为制止侵权行为所支付的合理开支，可以认定为侵权责任法第二十条规定的财产损失。合理开支包括被侵权人或者委托代理人对侵权行为进行调查、取证的合理费用。人民法院根据当事人的请求和具体案情，可以将符合国家有关部门规定的律师费用计算在赔偿范围内。被侵权人因人身权益受侵害造成的财产损失或者侵权人因此获得的利益无法确定的,人民法院可以根据具体案情在50万元以下的范围内确定赔偿数额。”因此,司法实践中,在审理利用信息网络侵害人身权益民事纠纷案件时可优先适用本条的规定确定损失赔偿的数额。

【司法案例】

徐恺诉上海宝钢冶金建设公司侵犯名誉权纠纷[1]

诉讼结论:用工单位对劳动者作出不实、不良的评价,足以影响劳动者今后的就业求职和工作生活的,构成对劳动者名誉权的侵犯,由此造成的财产损失,应当按照被侵权人受到的实际损失赔偿。

名誉是指根据公民的观点、行为、作用、表现等所形成的关于公民品德、才干及其他素质的总体社会评价,是对公民社会价值的一般认识。公民享有名誉权,法律禁止用侮辱、诽谤等方式损害公民的名誉。劳动用工单位有权对劳动者实施管理并对劳动者的劳动、工作情况作出客观、公正的评价,这种评价也是劳动者总体社会评价的重要组成部分。劳动用工单位对劳动者作出不实、不良的评价是否构成对劳动者名誉权的侵犯,应当根据劳动用工单位的行为是否具有过错、劳动者的名誉有无被损害的事实、劳动用工单位的行为与劳动者的名誉受损之间有无因果关系等因素加以认定。

法院认为,本案中,原告徐恺原系宝冶公司下属分支机构机装公司的员工。2001年1月4日,徐恺向机装公司提交辞职报告,经机装公司副经理杨华兴签字同意后,徐恺办理了工作移交。宝冶公司称杨华兴无权批准徐恺辞职,徐恺尚未正式办理退工手续即不来上班,属于旷工,因此,宝冶公司以徐恺违反劳动纪律为由解除劳动合同。法院认为,杨华兴是否有权决定批准徐恺的辞职申请,涉及宝冶公司内部管理问题,徐恺作为普通员工对此并不了解。杨华兴在接到徐恺的辞职报告后并未指示徐恺到公司相关职能部门办理辞职事宜,而是直接在辞职报告上签字同意,徐恺因此认为已经与宝冶公司解除劳动合同并无不当。宝冶公司在已经与徐恺解除劳动合同关系后,又以徐恺尚未正式办理退工手续即不来上班,属于违反劳动纪律为由,再次作出解除劳动合同的决定,并在退工通知书中记载“因违纪而解除合同”,致使徐恺在求职市场上存在不良记录,其行为缺乏依据并具有过错。宝冶公司的不实记载,是对徐恺劳动、工作情况的负面评价,该不实记载存在于求职市场,为相关用人单位所知悉,事实上降低了对徐恺的社会评价,并对其就业、求职产生了一定的负面影响,宝冶公司的行为构成对徐恺名誉权的侵

[1] 《最高人民法院公报》2006年第12期(总第124期)。

犯。对原告要求被告停止侵害其名誉权、书面赔礼道歉的请求，法院应予支持。根据被告侵权的行为方式、手段、场合及所造成的后果，原告要求被告赔偿精神损害抚慰金2000元，并无不当，法院予以支持。原告诉称2005年2月到上海晖龙自动化技术有限公司应聘时，在面试合格后，该公司以原告曾因违反劳动纪律被原单位解除劳动合同为由拒绝录用原告，有原告提供的上海晖龙自动化技术有限公司的通知单为证，予以采信。对原告因此要求被告按上海市最低工资690元标准计算2005年间8个月的损失，计5520元的请求，法院予以支持。

第一千一百八十三条　侵害自然人人身权益造成严重精神损害的，被侵权人有权请求精神损害赔偿。

因故意或者重大过失侵害自然人具有人身意义的特定物造成严重精神损害的，被侵权人有权请求精神损害赔偿。

【条文主旨】

本条是关于精神损害赔偿的规定。

【条文理解】

本条与《侵权责任法》第22条对照，作出了修改和补充，将原条文“他人”修改为“自然人”精神损害赔偿，并将原条文中的“可以请求”改为“有权请求”，还增加了在特定情况下侵害自然人具有人身意义的特定物进行精神损害赔偿的规定。

当人身权益受到损害时，除财产损失外，被侵害人还可能遭受心理和肉体上的无形痛苦，这种痛苦往往隐藏于被侵害人自身，具有个体差异性，很难完全外在表现，更无法用金钱客观衡量。因此，本条第1款规定的精神损害赔偿是指因侵害他人人身权益造成严重精神损害时，侵权人应当向被侵权人支付精神损害抚慰金。[①] 精神损害赔偿也被称为“非财产损害赔偿”。要求侵权人承担精神损害的赔偿责任，主要是基于对侵犯他人人身权利的侵权行为的可归责性及道德上的可谴责性作出的主观评价。

第一，精神损害赔偿具有补偿功能。就人身损害而言，金钱并不能真正或完全弥补身体受伤、残疾或者失去生命所带来的精神痛苦，但通过精神损害赔偿，可以使被侵权人或者其近亲属可以获得金钱补偿作为替代，有助于在一定程度上减

① 程啸：《侵权责任法》（第2版），法律出版社2015年版，第707页。

轻其因受到侵害所带来的痛苦，并尽快从中恢复。第二，精神损害赔偿具有惩罚功能，通过让侵权人承受精神损害赔偿所支出的费用，对其进行惩罚，有助于其谨慎行为，避免侵害他人合法权益。第三，精神损害赔偿具有抚慰功能。通过金钱赔偿和对侵权人的惩罚，可以尽快抚慰被侵权人的情绪，消除其由此可能产生的报复性心理。

精神损害赔偿问题，一直是侵权责任体系的热点问题之一。精神损害赔偿的法律依据，除《民法通则》外，《侵权责任法》、《消费者权益保护法》、《精神损害赔偿解释》、《人身损害赔偿解释》、《名誉权解答》及《婚姻法司法解释（一）》等均对精神损害赔偿作了出了规定。应从以下几个方面理解本条：

（一）侵害人身权益的精神损害赔偿

1. 精神损害赔偿责任属于侵权责任。我国法律法规仅承认侵权之诉中，被侵权人有权请求精神损害赔偿，而不支持违约之诉中存在精神损害赔偿。《最高人民法院关于审理旅游纠纷案件适用法律若干问题的规定》第 21 条明确规定："旅游者提起违约之诉，主张精神损害赔偿的，人民法院应告知其变更为侵权之诉；旅游者仍坚持提起违约之诉的，对于其精神损害赔偿的主张，人民法院不予支持。"

2. 除特定物外，精神损害赔偿仅适用于人身权益损害。人身权益包括人格权益和身份权益两大类。人格权益包括生命权、健康权、姓名权、名誉权、肖像权、隐私权等，身份权包括婚姻自主权、监护权等。本条中的人身权益应包括但不限于上述权益，只要不属于财产权益，且与被侵害人人身不可分离的权利和利益都应属于本条所规定的人身权益。根据本条规定，除符合本条规定的特定情形的财产损害可以请求精神损害赔偿以外，一般情况下，只有"人身权益受损"时，才能产生精神损害赔偿。

3. 本条中规定的"他人"仅指自然人，不包括法人和其他组织。法人、其他组织的名誉权、名称权、荣誉权等是法人的人格组成部分，如果上述权利被侵害，表现为法人的资信、商誉等遭受损失，会给法人、其他组织的生产、经营的活动造成不良影响。[①] 但本条所指的精神损害，指的是自然人的精神痛苦和肉体痛苦。《精神损害赔偿解释》第 5 条规定："法人或者其他组织以人格权利遭受侵害为由，向人民法院起诉请求赔偿精神损害的，人民法院不予受理。"鉴于精神损害赔偿制度着重在对人权和对人格尊严的保护，因此，本条明确和强调有权提起精神损害赔

---

① 最高人民法院侵权责任法研究小组编著：《〈中华人民共和国侵权责任法〉条文理解与适用》，人民法院出版社 2010 年版，第 169 页。

偿的仅限于自然人。

（二）特定物的精神损害赔偿

财产权侵权损害赔偿以填补为原则，以财产损失程度为基础，实现对财产损失的全面赔偿，是侵权赔偿之基本准则。[①] 尽管在财产损害中，行为人的侵害行为除导致财产损害外，还可能造成被侵害人因财产损害引发的内心不悦甚至造成心理、情感上的痛苦，但不宜认定侵害财产权益会导致精神损害。因为对财产权益的侵害一般不会直接造成被侵害人的肉体痛苦，而其造成的心理痛苦也很难达到侵害人身所造成的心理痛苦程度，因此，侵权责任法并不支持对侵害财产权益的精神损害。唯一的例外情况是，如果某特定物具有了人身意义，对被侵权人而言，这种具有人身意义的特定物往往是独一无二的，其具有的价值难以用财物本身的价值衡量。

特定物，是指具有特有的属性、不能以其他物代替的物，即世界上独一无二的物，是相对于种类物而言的。正是因为特定物的性质，决定了其在灭失后无法复原或返还原物。现实中，具有人身意义的特定物并不罕见，且通常情况下，特定物上人身意义的价值大于或远远大于其物品本身所具有的价值的，比如某人的结婚照片、录像，还有的物品往往其价值无法计算，比如人的骨灰、尸体等。由于对此类特定物的损害往往可以直接导致被侵害人精神上的损害，且这种精神上的损害常常远超过其财物本身的损害，如果侵害这类特定物仅按照物品本身的价值进行赔偿，即违背了全面赔偿原则，无法实现对被侵权人利益的保护。《精神损害赔偿解释》第 4 条规定："具有人格象征意义的特定纪念物品；因侵权行为而永久性灭失或者毁损，物品所有人以侵权为由，向人民法院起诉请求赔偿精神损害的，人民法院应当依法予以受理。"本条进一步对该特定物的赔偿请求权进行了确认。

1. 关于特定物的范围。本条明确规定，只有自然人具有人身意义的特定物被侵害时，才产生精神损害赔偿。比如，王泽鉴先生认为精神损害的抽象意义是指权益受侵害，致被害人在非财产上价值遭受损失；具体内容则是精神或肉体痛苦，其基本特色，在于不可以金钱价额予以计算。在特定物中，一些体现了人身意义的物，由于其具有情感寄托功能，在其受到侵害时，可能对被侵权人造成精神损害。此类特定物既可能是附有人身意义性质的物，比如结婚照片、录像等；也可能是人身转化的物，比如尸体、骨灰等；还有可能是寄托特定人情感的物，尤其是与

① ［美］肯尼斯·S. 亚伯拉罕、阿尔伯特·C. 泰特选编：《侵权法重述——纲要》，许传玺等译，法律出版社 2006 年版，第 432 页。

人发生情感交互的精神利益的物，如亲人的遗物、结婚戒指等；再有一类是凝聚了特定人智力成果的物，比如作者的手稿、回忆录等，是作者思想、精神风貌的反映，该类物的保护与知识产权法，尤其是著作权法有一定的重合，但是通常知识产权法律体系中并不对此类物的精神利益予以考量。从另一个角度来看，由于此类特定物具有人身意义，因此其兼具了一定的人身属性，这也是本法单独一款规定对侵害特定物有权请求精神损害赔偿的原因之一。需要注意的是，承载精神利益的物并不都是本条所指的特定物，而只有具有人身意义的特定物受到侵害时，才可请求精神损害赔偿。因为，只有那些反映普遍人性的“情感”或者“感性”利益，才具有进入民法规矩之内的契机，侵害上述具有人身意义的特定物，直接破坏了“具体人”普遍持有的生存道德准则和一般生活情理，其造成受害人情感损害的后果，很容易得到社会公众认可，它们当然属于可引发精神损害赔偿之物。[①] 而除本条规定之外的物，比如自然人的房屋、汽车等，尽管可能也是自然人所心爱、珍视之物，其受到侵害也可能导致人的精神痛苦，但很难证明由此引发精神损害赔偿的合理性。另外，由于本法不支持法人和其他组织具有精神损害，因此本条限定为“自然人具有人身意义的特定物”。

2. 关于主观过错。过错责任是侵权责任法确定的侵权行为的一般归责原则。精神损害赔偿作为一种民事责任，自然应遵循这一归责原则。所谓主观过错，是关于侵权人对损害结果发生的心理状态的描述，一般可分为故意和过失两种形式。本条第 2 款规定，对特定物请求精神损害赔偿要求侵权人具有主观过错，且过错程度应达到故意或重大过失，具有一定的创新性。根据《精神损害赔偿解释》第 10 条的规定，除法律另有规定外，侵权人的过错程度是影响精神损害的赔偿数额的因素。本条将侵权人的主观过错作为特定物精神损害赔偿的限制性条件，原因主要有：第一，区别财产损失与精神损害，尽管自然人具有人身意义的特定物具有一定的人身性，但其本质还是物，应与适用于人身损害的精神损害赔偿有所区别。以故意或重大过失作为限制条件，缩小本条的适用范围，显示出立法对特定物精神损害赔偿比人身损害赔偿更加谨慎的态度。第二，某物是否属于具有人身意义的特定物，通常只有了解该物及该物附着的人身意义的人所知晓，他人从物的外观上，不易对该物具有人身意义的特性进行识别和判断，对侵权人而言，如果其不具有侵权的故意或重大过失的主观过错，一律要求其承担精神损害赔偿责任，对侵权人有失公平，不利于对侵权人权益的保护，在一定程度上也增加了整个

---

① 常鹏翱：《论物的损坏与精神损害赔偿的关联——一种功能主义的诠释》，载《法律科学》（西北政法学院学报）2005 年第 1 期。

社会的风险系数。第三,与侵害人身造成的肉体、精神上的痛苦相比,侵害特定物对人造成的精神痛苦具有更强的抽象性、主观性和个体差异性,如果不加限制适用,可能导致因侵害特定物主张精神损害赔偿的情形越来越多,此规定有助于减少滥讼行为并降低司法成本。

(三)对本条中"严重"的理解

本条规定,无论是人身损害还是对特定物的侵害,均须达到造成严重精神损害的程度,被侵权人才有权请求精神损害赔偿,而仅引起轻微的痛苦的侵权行为不能请求精神损害侵权的。《精神损害赔偿解释》第 8 条规定:"因侵权致人精神损害,但未造成严重后果,受害人请求赔偿精神损害的,一般不予支持,人民法院可以根据情形判令侵权人停止侵害、恢复名誉、消除影响、赔礼道歉。"本条中就"严重"的理解:第一,就侵害人身而言,侵害人身带来肉体的痛苦属于精神损害,这种损害的严重程度主要取决于身体、健康被损害的程度。司法实践中主要以达到伤残标准作为构成严重精神损害的主要依据,原则上,只有达到伤残等级标准,才能提起精神损害赔偿。而生命被侵害造成的精神损害往往更明显,更有必要以精神损害赔偿方式抚慰相关人员因此而遭受的精神痛苦。至于没有达到伤残等级标准的精神损害是否构成后果严重,则应视情况而定,并且从严把握。例如,可以综合受害人受到什么样的损害,是否住院,住院时间长短,是否影响受害人的饮食起居,病历记录等决定其遭受的精神损害是否属于"造成严重后果"的情形。[①]需要注意的是,因为精神损害存在抽象性、主观性和个体差异性,在确定是否达到严重标准时,应综合考虑侵权人的主观过错、侵害手段、场合、行为方式和被侵害人的精神状态等综合因素进行判断。第二,就侵害特定物而言,同样要求以造成严重精神损害。如前所述,侵害特定物造成的精神损害,在判断和衡量标准上,具有更强的主观性和难以预测性,在"严重"程度的把握上,一般来说,当侵权人的行为以及所造成的后果"超出了人所能容忍的界限的"时,才能请求精神损害赔偿。如按照《精神损害赔偿解释》第 4 条的规定:"具有人格象征意义的特定纪念物因侵权行为而永久性灭失或者毁损时,物品所有人可以请求精神损害赔偿。"因为此类特定物品作为人格利益的载体,通常具有不可替代性,对特定物的侵害使得其永久性灭失或者对其造成无法复原的根本性损坏,一般可认为侵权行为的后果达到了严重的程度。关于本条关于"严重"的认定,司法实践中还需要法官结合实际情况做出合理判断和裁量。

---

① 最高人民法院民事审判第一庭编著:《最高人民法院人身损害赔偿司法解释的理解与适用》,人民法院出版社 2004 年版,第 273 页。

【司法适用】

司法实践中,适用本条处理涉及精神损害赔偿的纠纷时应注意以下几点:

(一)被侵权人死亡时,其近亲属可以请求精神损害赔偿

本条规定,被侵权人可以请求精神损害赔偿。但在被侵权人死亡情形,被侵权人死亡则意味着其权利主体资格不复存在,这种情况下被侵权人不可能产生精神损害,也无法请求精神损害赔偿。根据本法第 1181 条的规定,被侵权人死亡的,其近亲属有权请求侵权人承担侵权责任,这里的侵权责任包括精神损害赔偿责任。实际上,被侵权人死亡,其近亲属因其与被侵权人血缘、情感上的密切联系而遭受精神上的痛苦,产生精神损害。被侵权人的近亲属作为间接受害人,依据传统理论,对间接受害人,一般不给予赔偿,以免加重侵权人负担而导致利益失衡。[①] 但在被侵权人死亡的情形下,侵权人已无须对被侵权人承担直接损害赔偿责任。此时,如再不允许间接受害人主张损害赔偿,显然有违社会基本的公平正义理念。[②] 被侵权人的近亲属因被侵权人死亡而遭受的精神损害,虽不能通过金钱的方式得到真正补偿,但通过金钱的给付,能使其近亲属得到替代性满足,而且由侵权人替代性给付金钱,也可以使被侵权人近亲属的愤怒情绪得到安抚,起到精神损害的抚慰功能。[③]

(二)具有人身意义的特定物被侵害时,可请求精神损害的被侵权人范围

本条对具有人身意义的特定物被侵害时,可请求精神损害赔偿的被侵权人范围,并未作出明确规定。现实情况中,被侵权人与特定物的关系情况较为复杂,不应将其限制为特定物的所有权人,实际上,该类特定物的有权占有人以及管理人也可请求精神损害赔偿,主要应从被侵权人与该人身意义特定物的关系以及该物受到侵害时是否会引起请求人的严重精神损害来进行判断。

(三)精神损害赔偿数额的计算

精神损害往往是多种因素造成的。比如,被侵权人的主观状态,特别是其心理承受能力不同,产生的精神痛苦和造成的精神损害也会存在较大差异,应综合多种因素确定精神损害赔偿的具体数额。人民法院审理此类案件时,一般可参照《精神损害赔偿解释》第 10 条规定的影响精神损害赔偿数额的因素,包括侵权人的过错程度,侵害的手段、场合、行为方式等具体情节,侵权行为所造成的后果,侵

---

① 最高人民法院侵权责任法研究小组编著:《〈中华人民共和国侵权责任法〉条文理解与适用》,人民法院出版社 2010 年版,第 173 页。

② 同上。

③ 同上。

权人的获利情况,侵权人承担责任的经济能力,受诉法院所在地平均生活水平等进行具体赔偿数额等。

【司法案例】

王某嫒、殷某兵诉陈某、华安财产保险股份有限公司深圳分公司机动车交通事故责任纠纷①

诉讼结论:只有侵权行为造成严重的精神损害才能请求精神损害赔偿。

本案属机动车交通事故责任纠纷,争议焦点为车辆贬值损失是否属赔偿范围和上诉人是否符合精神损害赔偿的条件。《侵权责任法》第22条规定"侵害他人人身权益,造成他人严重精神损害的,被侵权人可以请求精神损害赔偿",《最高人民法院关于确定民事侵权精神损害赔偿责任若干问题的解释》第8条规定"因侵权致人精神损害,但未造成严重后果,受害人请求赔偿精神损害的,一般不予支持",根据上述规定,侵害人身权益造成严重精神损害,可请求精神损害赔偿。本案,事故发生后,受害人殷某兵到医院就诊,诊断为头部外伤、全身多次软组织挫伤,其健康权遭受损害,但受伤程度较轻、未构成伤残,也无须住院治疗,因此未构成严重的精神损害。而对于事故另一当事人王某嫒,并无证据证明其人身权益受到损害,也无证据证明事故造成其严重的精神损害,而因事故产生的一般的惊吓、焦虑等情绪困扰,并不足以成为请求精神损害赔偿的基础。

对于当事人主张的特定物的精神赔偿,除上述规定外,《最高人民法院关于确定民事侵权精神损害赔偿责任若干问题的解释》第4条规定"具有人格象征意义的特定纪念物品,因侵权行为而永久性灭失或者毁损,物品所有人以侵权为由,向人民法院起诉请求赔偿精神损害的,人民法院应当依法予以受理",适用该条请求精神损害赔偿的,应符合以下条件:(1)该物品属倾注了人的感情的具有人格象征意义的独一无二的纪念品;(2)该物品因侵权行为而永久性灭失或者永久性毁损;(3)因物品的灭失或者毁损造成严重的精神损害。本案的车辆并未因事故造成永久性毁损,也无证据证明上诉人因此受有严重精神损害。故上诉人请求精神损害赔偿,缺乏事实和法律依据。

第一千一百八十四条　侵害他人财产的,财产损失按照损失发生时的市场价格或者其他合理方式计算。

---

① 广东省深圳市中级人民法院(2015)深中法民终字第255号民事判决书。

【条文主旨】

本条是关于侵害财产造成的财产损失计算方式的规定。

【条文理解】

本条与原《侵权责任法》第19条对照，略作修改，在“其他方式计算”中加上了“合理”，限定了其他方式必须符合科学性和合理性的要求，更容易为公众所接受。

本编按照侵权行为侵害的对象，分为对人身权益的侵权和对财产权益的侵权，本条针对的是对侵害财产权益造成的损失赔偿。财产权益一般包括所有权、用益物权、担保物权、知识产权、股权等。赔偿目的在于尽可能恢复到被侵权人未遭受加害行为之前应有的状态关于侵害财产造成损失的赔偿，本条主要体现了我国民法体系以及《侵权责任法》所确立的侵权损害赔偿的“填平原则”。而对于知识产权的侵害赔偿，由于其具有特殊性，因此本法用单独一条进行了规定。

理论和司法实践一直认为，财产损失，是指实际损失，包括直接损失（现有财产的减少）和间接损失（可得利益的丧失）。财产，尤其是物，被毁损或灭失时，该财产被减少或者毁灭的价值就是被侵权人所受的损害，为维护被侵权就享有该物的价值利益，侵权人应当承担恢复原状或者折价赔偿的责任。因此，赔偿的方法有恢复原状和赔偿损失两种，但当恢复原状不可能或者恢复原状的费用大于被侵害财产的总价值时，赔偿损失就成为重要的损害赔偿方法。间接损失，是指侵权人因财产权益被侵害导致了本应获得的利益无法获得，也就是说，如果财产权益没有遭受侵害，按照事物通常发生、发展过程或按照被侵权人所作的准备以及采取的措施，被侵权人是具有极大可能性可以通过使用该财产而获得利益的，由于侵权行为的发生这些利益无法获得。[①] 间接损失主要体现为物的使用价值的丧失。对于此类损失，本着侵权责任的全部赔偿原则，也应当给予赔偿。

根据侵权责任法确定的全面赔偿（损失填平）原则，在确定损失赔偿时应把握以下原则：一是应尽可能恢复到损失发生前的原有状态；二是侵权人和被侵权人均不应从侵权行为中获利，否则有违公平原则和诚实信用原则；三是侵权损失赔偿的目的不仅在于弥补受害人的损失，还在于制裁严重的过错行为，以遏制恶意侵权行为的发生。需要注意的是，根据损益相抵原则，对因被侵权人故意或过失而造成扩大的财产损失不予赔偿，在确定赔偿数额时，对受害人自身原因造成的扩大损失，应从全部损失中扣除。

（一）直接损失的计算

损失的计算有客观计算和主观计算两类方式。本条规定的“按照损失发生时

---

① 程啸：《侵权责任法》（第2版），法律出版社2015年版，第701页。

的市场价格”计算，是一种客观计算方式，即用价值差额法，按照该物的原有价值减去现存的价值，此处的价值主要表现为该物的市场价格。这是最常用的财产损失的计算方法，尤其适用于有体物的损害赔偿计算，但并非所有财产损失都适合于价值差额这种计算方法。如果某种财产因缺乏交易市场因而价格无法估算或者财产本身并不因为侵害行为而导致市场价格变化的情形，价值差额法就很难适用，因此，本条还规定了以其他合理方式计算。

差额计算法中主要应注意的是三个因素，一是物的价格；二是计算时间；三是计算地点。关于物的价格，应按照通常价格，即一般交易上的市场价格确定。在计算时间上本条规定以损失发生时为准，采用这种方法主要是鉴于我国民事赔偿采用“填平原则”。关于计算时间，以损失发生时的价格为准计算能够更准确地体现损失多少赔偿多少的精神，而且不会因计算时间点后移导致可能实际产生惩罚性后果，同时以损失发生时的价格为准，相对便于损失的确定化。即使判决或请求时该物的市场价格上涨，被侵权人也不得以价格上涨后的损失要求赔偿；反之亦然，如果事后因该物的市场价格下跌，侵权人也不得以价格下跌要求减少赔偿。[①] 关于计算地点，通常情况下，市场价格也会根据地点的不同而有所差异，计算损失时，有侵权行为实施地和损失发生地两种选择。因损失原则上是指被侵权人的实际损失，因此应以损失发生地的价格为准，才能恰当地反映被侵权人所受损失。在确定旧物、不可替代物以及残存价值，一般是以鉴定机构的鉴定评估价值为依据。如果原物全部灭失，则残存价值为零，此时损失即为原物的市场价格。

另外，有体物常常可以进行修复，如果受损害物在修复后，其市场价格几乎不受影响的情况下，损失就体现为修复该物所需的修理费用，可以直接以市场上的合理修理费用作为赔偿数额。实践中，在道路交通事故中，对机动车毁损的损失赔偿通常就是合理修理费用。如果修复后该物的价值存在贬值，损失就是受到贬损的价格加上修理费。

（二）间接损失的计算

间接损失的计算是司法实践中的难点。需要注意的是，首先，该间接损害必须是如未发生侵权行为时，该事物应当获得或极有可能获得的利益，且这种利益有确定的范围，可以进行衡量和计算。其次，如果法律法规以明文规定间接损害不予赔偿时，也不能给予赔偿。如《国家赔偿法》第 36 条第 8 款规定，对财产权造成其他损害的，按照直接损失给予赔偿。规定间接损失主要体现为物的使用价值

---

① 最高人民法院侵权责任法研究小组编著：《〈中华人民共和国侵权责任法〉条文理解与适用》，人民法院出版社 2010 年版，第 149 页。

的丧失。由于间接损失是尚未实际发生的损失，因此，必须对间接损失的范围加以严格限制，防止无限扩大损失范围，给侵权人造成过重的赔偿负担。

一般来说，间接损失是该财产的权利人利用该财产在经营中能创造出的却因遭受损失而未创造出的新价值损失的赔偿。① 因此，间接损失在具体适用中，既包括受害人可获得的财产、法定或天然孳息的减少和丧失，也包括受害人生产经营可得的利润的减少和丧失，还包括受害人可得的工资、奖金等各种收入的减少和丧失等。如道路交通事故案件中，如果被损害的车辆是运营车辆，车辆运营人要求赔偿车辆被损修复期间的停运损失的，侵权人应当进行赔偿。如《交通事故赔偿解释》第15条规定："因道路交通事故造成下列财产损失，当事人请求侵权人赔偿的，人民法院应予支持……（三）依法从事货物运输、旅客运输等经营性活动的车辆，因无法从事相应经营活动所产生的合理停运损失；（四）非经营性车辆因无法继续使用，所产生的通常替代性交通工具的合理费用。"

（三）合理方式计算

实际上，无论是直接损失还是间接损失，如果根据前述方式仍无法或难以计算损失时，也可根据本条规定根据合理方式计算。这里所指的合理方式，在没有法律法规或者其他明文规定所依据的计算方式的情况下，应考虑被侵害的财产的种类、侵权行为的性质、持续时间、范围、后果、侵权人的主观状态等各种因素，确定合适的计算方式。

【司法适用】

司法实践中，由于确立了以损失发生时作为计算损失的时间点，那么在相关案件审理时，常常可能出现由于审判过程需要一定时间，导致赔偿金的支付具有滞后性，对被侵权人而言即产生一定的间接损失，即利息损失。司法实践中一种相对比较公平的做法可能是，损失额本身应按照损失发生时的市场价格计算，同时考虑判决时间距离损失发生时间的长短和损失额本身大小等因素，合理确定是否同时判令侵权人支付相应期间的利息损失。即如果判决时间距离损失发生时间很短，或者损失额本身很小，利息对于弥补被侵权人的损失不具有实质性影响，则可以不加判损失发生时起至判决作出时止的利息损失；如果时间较长，或者损失额本身较大，利息对于弥补被侵权人的损失具有实质性影响，则可以考虑加判在此期间的利息损失。②

---

① 付春杰：《侵权损害赔偿计算时间点与范围的确定》，载《人民司法》2014年第4期。

② 最高人民法院侵权责任法研究小组编著：《〈中华人民共和国侵权责任法〉条文理解与适用》，人民法院出版社2010年版，第152页。

【司法案例】

张春英诉中国工商银行股份有限公司昌吉回族自治州分行、新疆证券有限责任公司、杨桃、张伟民财产损害赔偿纠纷案[①]

诉讼结论：证券公司员工利用职务之便盗卖客户股票获取价金，应承担赔偿损失的侵权责任。[②] 证券公司因其内部管理不善、内部监控存在漏洞，应当认定证券公司员工的侵权行为与其履行职务有内在关联，证券公司应承担赔偿责任。

法院认为，关于张春英所受的损失应如何计算的问题。首先，根据《公司法》的规定，股票所代表的股权的内容包括自益权和共益权，其中的自益权主要包括股利分配请求权、剩余财产分割请求权、新股认购优先权等权利。其中的股利分配，实践中主要包括以配股方式分配的股利和以现金方式分配的股利。因此，盗卖投资者股票获取价金，不仅侵害了投资者的股票所代表的当时的股权价值，也使投资者基于其股东地位本应享有的其他权益尤其是股利分配请求权遭受损害。其次，与其他财产权不同的是，股票所代表的股权的价值会随着公司经营状况、市场行情等因素的变化而增长或降低。同时，股票价值的实际实现也与投资者的投资习惯密切相关。因此，在侵权人盗卖投资者股票获取价金的情况下，判断被侵权人所遭受损失的范围应当综合考虑受害人的投资习惯、市场行情的变化等因素。最后，从因果关系上来看，侵权人盗卖投资者股票获取价金场合，如果受害人的投资行为表现为短线操作、通过股票涨跌变化，以频繁买入、卖出方式获取投资收益，则其股票被盗卖的损失未必包含股票被盗卖后的股票本身升值部分以及相应的股利；如果该受害人的投资行为表现长线操作、主要通过对股票的长期持有，获取股票增值以及相应的股利等收益，则其股票被盗卖的损失通常应当包括股票被盗卖后的升值部分以及相应的股利。

本案中，张春英被盗卖股票的根源是继承其丈夫董跃山的遗产而得。并且，从张春英通过新疆证券公司办理开户手续并重新购入特变电工股票的情况来看，张春英不了解如何开户、对股票交易的相关手续一无所知、对股票市场也知之甚少，更谈不上通过短线操作方式获取利益。另外，从张春英通过新疆证券公司办理完手续至发现股票被盗卖的一年多时间内未查看股票账户、未作出任何交易指

---

① 《最高人民法院公报》2013 年第 2 期(总第 196 期)。

② 该损失的计算方法，应根据客户的投资习惯等因素加以判断。如果受害人的投资行为表现长线操作、主要通过对股票的长期持有获取股票增值以及相应的股利等收益，则其股票被盗卖的损失通常应当包括股票被盗卖后的升值部分以及相应的股利。

令的事实也足以证明，张春英进行短线交易的可能性很小。因此，基于前述分析，张春英的损失应当包括股票被盗卖后的股利损失和升值损失。关于张春英损失的计算方法问题，新疆证券公司员工杨桃于2005年12月12日将张春英股票账户上的12,870股特变电工股票全部卖出，张春英主张以侵权行为发生之时即2005年12月12日至其起诉前特变电工最后一次配股即2008年5月30日止为计算损失的时点，并无不当。根据该期间的分红记录和配股记录，截至2008年5月30日，张春英的股票应增至36,808股，根据在此期间的每日平均收盘价计算，股票的价值为588,928元，现金分红为4131.27元，张春英的各项损失分别为现金损失91,270元，现金股利损失4131.27元，股票溢价损失588,928－91,270＝497,658元，总额为593,059.27元。

关于新疆证券公司应承担何种责任的问题，法院认为，杨桃作为新疆证券公司的工作人员，利用其在新疆证券公司的工作便利，借助新疆证券公司的终端操作平台完成其侵权行为，杨桃在新疆证券公司的职务增加了其侵权行为发生的可能性和危险性，新疆证券公司对此种行为应当预见到并应采取一定措施予以避免，但因其内部管理不善、内部监控存在漏洞导致未能避免。因此，应当认定，杨桃的侵权行为与其履行职务有内在关联，根据《民法通则》第121条之规定，同时参照最高人民法院《人身损害赔偿解释》第8条、第9条之规定，新疆证券公司与杨桃应当就前述张春英的全部损害承担连带赔偿责任。

第一千一百八十五条　故意侵害他人知识产权，情节严重的，被侵权人有权请求相应的惩罚性赔偿。

【条文主旨】

本条是关于侵害知识产权适用惩罚性赔偿的规定。

【条文理解】

本条是新增加的条文。

知识产权的无形性特点，使知识产权损害赔偿制度有别于一般民事损害赔偿，知识产权的损害赔偿的问题，长期受到广泛关注。本条规定在知识产权侵权行为中建立惩罚性赔偿制度，是此次民法典修改中的一项重要内容。2017年颁布的《民法总则》第123条具体规定了民事主体依法享有知识产权，第179条在承担民事责任方式中明确规定："法律规定惩罚性赔偿的，依照其规定。"这一条款为侵权责任编知识产权侵权行为适用惩罚性赔偿奠定了基础。

实际上惩罚性赔偿制度在我国已有一定的法律基础，本条规定是对其他现有法律中惩罚性赔偿规定的对接，符合时代和立法发展的要求。《消费者权益保护法》作为我国第一部明确确立惩罚性赔偿制度之法律，规定销售者欺诈行为承担惩罚性赔偿责任，为保护消费者权益，惩戒销售者欺诈行为起到了较好的效果。《侵权责任法》第47条规定，明知产品存在缺陷仍然生产、销售，造成他人死亡或者健康严重损害的，被侵权人有权请求相应的惩罚性赔偿。2013年《商标法》虽然没有用“惩罚性赔偿”这一表述，但其在第63条明确规定：“对恶意侵犯商标专用权，情节严重的，可以在按照上述方法确定数额的一倍以上三倍以下确定赔偿数额。赔偿数额应当包括权利人为制止侵权行为所支付的合理开支。”这是首次在知识产权专门法中确定了惩罚性赔偿制度，根据该规定，惩罚性赔偿其三个构成要件为：侵权人之主观恶意；侵权情节严重；惩罚性赔偿的基数之计算依“权利人所受到的实际损失”、“侵权人因侵权所获得的利益”或者“商标许可使用费的合理倍数”，随后《著作权法》《专利法》《食品安全法》的修改也明确引入了惩罚性赔偿制度。

（一）引入惩罚性赔偿的作用

知识产权类侵权行为具有特殊性，其因侵权行为造成的损害往往很难用财产损害赔偿的中的差额计算法来计算。例如，某人未经许可将他人的著作上传至互联网，有可能不仅不会影响该著作的销售，反而会增加其销量，此时如何对著作权人的损失就难以按照一般财产损失进行计算。由于知识产品侵权行为具有侵权成本低、维权成本高的特点，很多国家都针对知识产权损害赔偿问题作了特别规定，激励受害人积极维权，对侵权人进行有效的打击和惩罚。

惩罚性赔偿制度是一种与补偿性赔偿制度相对应的侵权损害赔偿制度，惩罚性赔偿是由法院作出判决，要求侵权行为人承担的赔偿金数额超过权利人实际损失金额[①]或者判处“超过补偿性赔偿以外的赔偿”[②]，是为达惩罚之目的而将额外的赔偿金科加于加害人的制度，其使得加害人支付一定的赔偿金以达到以儆效尤的目的。[③] 总体而言，惩罚性赔偿旨在实现填补损失、惩罚侵权、抚慰被侵权人的作用，也就是在实际损失之外给予其另外的补偿，加大对被侵权人的救济力度，实现对侵权人加重惩罚的功能。

---

① 王利明：《惩罚性赔偿研究》，载《中国社会科学》2000年第4期。

② 王立峰：《论惩罚性损害赔偿》，载梁慧星主编：《民商法论丛》（第15卷），法律出版社2000年版，第64页。

③ 王雪琴：《惩罚性赔偿制度研究》，载梁慧星主编：《民商法论丛》（总第20卷），金桥文化出版（香港）有限公司2001年版，第107页。

（二）惩罚性赔偿的适用范围

惩罚性赔偿作为一项非常规的侵权责任承担方式，通过惩罚侵权人起到惩戒、预防功能，具有的准刑罚性的民事责任属性，因此，其在适用上必须限制在特定范围内，避免惩罚性赔偿的滥用及不当适用，合理平衡对侵权人和被侵权人的利益，其适用范围不宜过广。根据本条规定，适用知识产权惩罚性赔偿需要满足三个条件：一是侵权人在主观上属于故意；二是侵害他人知识产权情节严重；三是被侵权人的请求。

第一，知识产权惩罚性赔偿制度只针对故意侵权行为。故意，是指行为人明知或应知自己的行为侵害了他人的知识产权却仍然为之的心理状态。通常来说，侵权人的主观过错对知识产权侵权行为造成的损害后果影响较大。如果行为人是出于过失而产生侵权行为，那么行为人不会预见到侵权后果的发生并作出相应准备；如果行为人是出于故意而产生侵权行为，那么行为人往往事先进行充分准备；如果行为人多次故意侵权，造成的损害后果往往是数倍的损害；如果行为人以侵权为业或者在区域范围内群体性侵权，那么对产业竞争力提升和区域发展会带来明显的不良影响。也就是说，如果侵权人有较大的过错，那么侵权行为会对权利人造成更大的损失。基于上述原因，本条规定惩罚性赔偿的适用，要求侵权人的主观过错必须到达故意的程度，过失甚至重大过失均不适用惩罚性赔偿，有利于实现构建惩罚性赔偿制度的根本目的——遏制、预防侵权行为的发生。[①]《商标法》对侵犯商标权也提出了对侵权人主观过错的要求，即“恶意侵犯商标专用权”。这里的恶意，从文义上看，是在故意基础上加上了具有一定的主观恶性，由于“恶意”带有更强的主观色彩，且在司法实践中，对何为“恶意”以及“恶意”的标准有不同理解，不容易形成统一的裁量标准，而“故意”作为一种主观过错，已在法律法规形成较为成熟、合理、统一的解释，因此，本条采“故意”的表述。

第二，本条关于“情节严重”的衡量因素，首先是侵权人因侵权而获得的非法利益，同时，还要综合考虑侵权人获利和权利人所受损失的情况、侵权行为持续时间、侵权的方式、次数等。

第三，适用惩罚性赔偿需要被侵权人请求。如果被侵权人没有请求惩罚性赔偿，一般情况下，人民法院不主动适用。在惩罚的程度上，也应根据被侵权人的请求，按照相关法律法规的规定，来确定惩罚幅度和最终的赔偿数额。

（三）损害赔偿计算

本条仅明确了对侵害知识产权可以使用惩罚性赔偿，但未具体规定其数额计

---

① 张鹏：《知识产权惩罚性赔偿制度的正当性及基本建构》，载《知识产权》2016 年第 4 期。

算。由于惩罚性赔偿是侵权损害赔偿的一种特殊形式，笔者认为，适用惩罚性赔偿的损害赔偿一般由两部分构成，即补偿性赔偿和在此之外的惩罚性部分。从理论上讲，补偿性赔偿部分，其实质应与“侵害其他财产权益是财产损失”并无差别，主要是根据损害填补原则，以被侵权人的实际损失作为赔偿数额，被侵权人的损失难以确定的，此时，可以按照侵权人所获得的利益进行赔偿。但由于侵害知识产权的特殊性，有时很难对被侵权人的实际损失以及侵权人所获利益作出准确计算，此时，应根据现行法律法规的规定进行计算，如《商标法》规定的许可费的倍数。除此以外，我国《著作权法》《商标法》《专利法》还规定了知识产权侵权损害的法定赔偿。法定赔偿，是指在权利人的实际损失或侵权人的违法所得难以确定，且不能通过其他方法确定侵权人的赔偿数额时，由人民法院根据当事人的请求或依职权在法定数额幅度或基数额度内确定具体赔偿数额的一种赔偿制度。①也就是说，在确立法律上引入惩罚性赔偿制度之前，知识产权法上的赔偿确定方式有四种：权利人的实际损失、侵权人的非法获利、许可费的倍数和法定赔偿，其中，前三种赔偿方式则应视为补偿性赔偿。

具体计算方式可参照《商标法》第 63 条的规定：“侵犯商标专用权的赔偿数额，按照权利人因被侵权所受到的实际损失确定；实际损失难以确定的，可以按照侵权人因侵权所获得的利益确定；权利人的损失或者侵权人获得的利益难以确定的，参照该商标许可使用费的倍数合理确定。对恶意侵犯商标专用权，情节严重的，可以在按照上述方法确定数额的一倍以上三倍以下确定赔偿数额。赔偿数额应当包括权利人为制止侵权行为所支付的合理开支。”该条规定首先明确了补偿性赔偿，也就是在不适用惩罚性赔偿情况下，损害赔偿的计算方式，按照实际损失、所获得的利益、该商标许可使用费的倍数的顺序进行适用。对于惩罚性赔偿，该条确立惩罚性赔偿与补偿性赔偿的倍数关系，即补偿性赔偿的 1 倍以上 3 倍以下，这里的“一倍”是包含本数在内的。

关于惩罚幅度的确定，仍可参照《商标法》第 63 条的规定。关于惩罚的倍数如何在“一倍以上三倍以下”中确定，有学者提出可采取在具体情节的基础上考量典型值的做法，如主观恶性、情节严重等条件，在主观恶意和情节严重并存时顶格适用 3 倍判罚，主观故意下如果情节严重则可判处 2 倍赔偿，最轻的惩罚性赔偿应在补偿性赔偿之上即可。②

---

① 周晖国：《知识产权法定赔偿的司法适用》，载《知识产权》2007 年第 1 期。

② 钱玉文、李安琪：《论商标法中惩罚性赔偿制度的适用——以〈商标法〉第 63 条为中心》，载《知识产权》2016 年第 9 期。

【司法适用】

（一）知识产权法定赔偿的适用

目前，法定赔偿已经成为司法实践中适用最为普遍的赔偿方式，也成为裁量标准最难统一的领域。知识产权法定赔偿制度的确立，虽然极大地提高了侵权诉讼的效率，但由于相关法律、司法解释对法定赔偿的规定相对原则，导致法官在个案裁判中存在较大的自由裁量空间。① 事实上，按照法律规定，法定赔偿的适用有严格的前提限制，是知识产权案件确定损害赔偿数额的最后方法，是穷尽其他方法仍无法查明损害时所采用的方法。但在司法实践中，无论是当事人还是法官都倾向于适用法定赔偿，有的权利人甚至不提供任何损失证据，就在诉讼请求中直接要求法院判令被告赔偿经济损失 50 万元或 100 万元，理由就是要求法院适用法定赔偿。② 这主要是因为知识产权侵权诉讼中，关于包括损害赔偿事实损害举证较难，损害查明机制、损害赔偿司法定价机制等均有待进一步研究和完善。对此，考虑到实践中的普遍做法，可以允许权利人直接请求适用法定赔偿。在赔偿数额的确定上，由于法定赔偿是在法定的范围内由法官酌定赔偿数额，法官在具体裁判时享有较大的自由裁量空间。因此，在适用法定赔偿时仍应当按顺序对权利人的损失或获利方面的证据进行审查，同时，在确定赔偿数额时，人民法院可以根据被侵害的知识产权权利类型、侵权行为的性质、持续时间、范围、后果、侵权人的主观状态等因素，酌情确定适当的赔偿额。根据有关知识产权法律、行政法规和司法解释的规定，在知识产权侵权损害赔偿时，知识产权权利人为制止侵权行为所支付的合理开支，包括合理的律师费、公证费、审计费、交通食宿费等，都可以作为损失的一部分，请求人民法院判令侵权人一并予以赔偿。

（二）知识产权惩罚性赔偿的适用

司法实践中，判断知识产权侵权案件是否能够适用惩罚性赔偿，应注意以下方面：(1)在认定侵权人存在故意方面，应根据重复侵权之情形以及权利人商标的显著性和知名性，将行为人仍在同类产品上使用相同商标的情况认定为故意。(2)侵权行为情节严重，具体可以考虑以下因素：被告所实施侵权行为的规模、持续时间、地域范围、对商标权人商业利益的冲击、是否对商标权人的商誉造成负面影响等。(3)以按实际损失、侵权获利或许可费倍数方式确定补偿性赔偿额为前

---

① 袁秀挺、凌宗亮：《我国知识产权法定赔偿适用之问题及破解》，载《同济大学学报》（社会科学版）2014 年第 6 期。

② 同上。

提。惩罚性赔偿中加倍的基数是补偿性赔偿额，而补偿性赔偿额是以前三种方法确定的。

（三）知识产权惩罚性赔偿与法定赔偿的关系

关于知识产权法定赔偿是否具有惩罚性，以及其与惩罚性赔偿的关系如何，理论和司法实践中看法并不统一。有学者认为，从法定赔偿的性质上看，由于其数额是法官根据综合因素在法定范围内酌定，通常应考虑到侵权人的主观过错和情节的严重程度。司法实践中，已有司法判决将“被告恶意明显、性质恶劣的侵权行为”作为计算赔偿额的加重因素。因此，一般可认为法定赔偿具有一定的惩罚性，但它与惩罚性惩罚的关系仍值得研究。《商标法》第 63 条规定了惩罚性赔偿的计算基数和惩罚倍数，然后又在第 3 款规定了法定赔偿：“权利人因被侵权所受到的实际损失、侵权人因侵权所获得的利益、注册商标许可使用费难以确定的，由人民法院根据侵权行为的情节判决给予五百万元以下的赔偿。”因此，《商标法》规定的法定赔偿应属于独立于补偿性赔偿和惩罚性赔偿的一种特例，由于法定赔偿方式本身已包含了对故意侵权进行惩罚的考量，因此该法第 63 条规定的惩罚性赔偿排除了在法定赔偿数额基础上进行加倍的方式，在计算时应根据实际损失、侵权获利、许可费倍数方法确定赔偿金额，并以此为基数适用惩罚性赔偿；在无法适用前述方法确定补充性赔偿额时，可直接以法定赔偿方式确定较高赔偿额，以体现出对被告的惩罚。

【司法案例】

卡尔文·克雷恩商标托管诉厦门立帆商贸有限公司、厦门塞瑞达电子商务有限公司等侵害商标权纠纷案①

诉讼结论：对恶意侵犯商标专用权，情节严重的，可以在按照上述方法确定赔偿数额的 1 倍以上 3 倍以下确定赔偿数额。

关于本案的赔偿数额问题。《商标法》第 63 条规定，“侵犯商标专用权的赔偿数额，按照权利人因被侵权所受到的实际损失确定；实际损失难以确定的，可以按照侵权人所获得的利益确定……对恶意侵犯商标专用权，情节严重的，可以在按照上述方法确定赔偿数额的一倍以上三倍以下确定赔偿数额……”本案中，原告于 2014 年 9 月 3 日购买的 1 款牛仔裤销量为 2228 条、2 款 T 恤销量为 3768 件，销售额为 1,577,758 元。从 9 月 3 日至 15 日，原告购买的该款牛仔裤增长为 2306 条，T 恤增长为 3796 件，销售额为 1,636,756 元，三款被控侵权商品总销售额增长 58,998 元，

① 山东省青岛市中级人民法院（2015）青知民初字第 9 号民事判决书。

日销售额至少为4916元。考虑到网络销售成本低廉,销售假冒商品利润率极高,同时在本院受理的、原告诉三家天猫网店侵害其商标专用权系列案件中,其中一家为被告厦门塞瑞达电子商务有限公司自营,包括被告厦门立帆商贸有限公司在内其余两家由被告塞瑞达公司提供发票,网店页面设计雷同,可以认定被诉三家网店侵权行为恶意明显,应适用惩罚性赔偿原则。原告在被告厦门立帆商贸有限公司销售涉案侵权产品侵害其四项注册商标系列案件中,共计主张赔偿数额为80万元。再综合考虑:一、原告商标具有较高知名度;二、被告厦门立帆商贸有限公司开办的网店系专门销售"Calvin Klein Jeans""CK""Calvin Klein"系列产品的天猫店铺,其侵权行为主观过错严重,情节恶劣;三、原告为制止侵权行为支付了合理费用。因此,法院对于原告要求被告厦门立帆商贸有限公司、被告厦门塞瑞达电子商务有限公司和陈某生赔偿其经济损失10万元的诉讼请求依法予以支持。

第一千一百八十六条　受害人和行为人对损害的发生都没有过错的,依照法律的规定由双方分担损失。

【条文主旨】

本条是关于公平责任原则的规定。

【条文理解】

本条与《侵权责任法》第24条对照,在分担损失的根据上作了修改。《侵权责任法》第24条即所谓的公平责任原则,本条将其中的"可以根据实际情况,由双方分担损失"修改为"依照法律的规定由双方分担损失"。"依照法律的规定",是依照哪部法律的规定?一是本法中有其他条文规定的,譬如关于高空抛物的规定,再如完全民事行为能力人暂时没有意识或者失去控制造成他人损害的,根据相关法律规定由行为人或受害人来分担损害后果。二是其他特别法有规定的,譬如《道路交通安全法》第76条,《产品质量法》中关于不承担责任和减轻责任、特别诉讼时效和缺陷鉴定的规定,《网络安全法》、《电子商务法》、《食品安全法》、《药品管理法》、《广告法》以及未来的《个人信息保护法》等。这里不包括行政法规。如此一来,法官找法的任务加重,自由裁量的空间压缩,有利于统一司法裁判标准。传统侵权法理论认为,侵权法的核心是解决侵权行为造成损失的承担问题,而承担损失就需要归责原则。我国侵权法是以过错责任为基本规则原则的,除了法律特别规定的无过错责任外,一般情况下,如果行为人对侵权行为的发生没有过错的,不承担责任。但有的情况下,行为人的行为引起了受害人的损害,但自身并没有过错,此时,如果一律适用过错责任,那么受害人就得自担损失,这对受害人而言有失公允,因为损害毕竟是行为的行为引起的,此种情况下,为保护受害人的权益,对其进行有效的救济,本条规定,受害人和行为人对损害的发生都没有过错的,依照法律的规定由双方分担损失。

(一)关于公平责任

本条规定的双方分担损失,虽然与过错责任、无过错责任不是同一层次的归责原则,但属于一种公平分担损害的裁判规则,是一种基于民法上的公平原则的特殊法律责任。公平原则,即《民法典》“总则编”第6条规定:“民事主体从事民事活动,应当遵循公平原则,合理确定各方的权利和义务。”社会公平与正义是民法的价值取向。公平原则要求民事主体以社会公认的公平观念从事民事活动,合理设定民事法律关系,均衡实现各方民事利益。① 公平原则的重要表现之一就在于,民事主体享有的权利和承担的义务具有对应性,不得显失公平。因此,本条即属于侵权责任中损害赔偿的一种特殊规定。

(二)本条与其他归责原则的区别

理解本条首先要正确把握本条规定与侵权法上归责原则的关系。所谓归责,是指行为人因其行为和物件致他人损害的事实发生以后,应依何种根据使其负责,此种根据体现了法律的价值判断,即法律应以行为人的过错还是应以已发生的损害结果为价值判断标准,抑或以公平考虑等作为价值判断标准,而使行为人承担侵权责任。② 关于归责原则,我国侵权责任主要采用的是以过错责任和无过错责任为侵权行为归责原则。本条既不属于一种独立的归责原则,也不属于过错责任原则或无过错责任原则。

与过错责任相比:第一,过错责任原则的前提是当事人存在主观上的过错或根据法律规定推定行为人有过错,而适用本条需要“受害人和行为人对损害的发生都没有过错”,由于双方对损害的发生均不具有可归责性,为了利益平衡和公平,由双方分担损失。第二,在过错责任中,行为人过错的轻重程度、行为人与第三人是否存在共同过错或行为人与受害人是否存在混合过错,都是衡量行为人责任范围的重要因素,本条中,由于双方均无过错,那么过错就不能成为为当事人双方分担损失的依据。第三,过错责任一般要求一方承担损害赔偿责任,而本条要求双方分担损失。

---

① 中国审判理论研究会民商事专业委员会编著:《〈民法总则〉条文理解与司法适用》,法律出版社2017年版,第22页。

② 王利明:《侵权行为法归责原则研究》,中国政法大学出版社2004年版,第17页。

与无过错责任相比：无过错责任要求，在法律规定的情况下，无论行为人的行为有无过错，都应承担侵权责任，而本条虽也是关于双方当事人对无过错行为造成的损害承担问题，但在性质上存在明显差别。第一，本条主要适用公平责任理论，而无过错责任主要适用危险开启或危险控制理论，因为从事高度危险性的行为或持有具有高度危险性物品的行为人从这一活动获取了利益，为合理分配行为人的危险行为或危险物件造成的损害，基于利益享有者承担风险的原则，行为应承担责任。[①] 第二，无过错责任原则只适用于法律有明确规定的情况，而本条的适用范围是双方对损害的发生均无过错的情况。第三，无过错责任原则要求一方承担责任，而本条要求双方分担损失。

（三）本条的适用条件

理解本条应注意：第一，本条所指的"无过错"，可以通过其外在行为来判断其主观心理。需要注意的是，如果双方均无过错，但侵权行为符合无过错责任的规定，或者应适用过错推定责任时，就不能适用本条。另外，如果双方均无过错，还需要注意的是，损害是否由于第三人的过错导致的。如果存在有过错的第三人，也不能适用本条；如果有过错的第三人无法查明，则可以适用本条，因为行为人虽无过错，但其行为与受害人的损害之间却存在一定的事实上的联系，从衡平双方当事人利益出发，让其分担损失也具有合理性。[②] 第二，本条所指的"损害"，一般是指因他人的加害行为或物的危险发生而对受害人产生的人身或财产方面的不利后果，但侵权行为的认定不以损害实际发生为要件。如前所述，侵权法上将损害分为财产性损害和非财产性损害，而本条仅指财产性损害。第三，由于侵权责任中，一般根据行为人的过错承担责任，根据过错大小分配责任多少，而本条中由于双方均无过错，双方间分配损失是根据公平原则。第四，本条规定"依法律规定由双方分担损失"，说明本条规定的由双方分担损失，可以适用本法的规定，也可以适用其他法律根据实践作出的相应规定。

【司法适用】

本条原则上规定了双方共担损失的责任承担方式，但未列明哪些情形可以适用公平责任，根据法律规定，在司法实践中通常认为以下情形可适用本条：

1. 无民事行为能力人发生侵权行为，对他人造成损害的。一般来说，年龄幼小的未成年人和精神障碍的人，由于认知能力问题，无法认识到自身行为的危险

---

① 最高人民法院侵权责任法研究小组编著：《〈中华人民共和国侵权责任法〉条文理解与适用》，人民法院出版社 2010 年版，第 183 页。

② 同上书，第 186 页。

性及可能会侵害他人的利益造成损害。根据《民法典》“总则编”第20条、第21条规定，不满8周岁的未成年人为无民事行为能力人，由其法定代理人代理实施民事法律行为。不能辨认自己行为的成年人为无民事行为能力人，由其法定代理人代理实施民事法律行为。8周岁以上的未成年人不能辨认自己行为的，适用前款规定。无民事行为能力，意味着他们无法进行有目的、有意识的民事活动，因此无法认定其过错。本法第1188条第1款规定：“无民事行为能力人、限制民事行为能力人造成他人损害的，由监护人承担侵权责任。监护人尽到监护职责的，可以减轻其侵权责任。”本法第1189条规定：“无民事行为能力人、限制民事行为能力人造成他人损害，监护人将监护职责委托给他人的，监护人应当承担侵权责任；受托人有过错的，承担相应的责任。”当无民事行为能力人的监护人、受托人已经尽到了监护责任的情况下，仍给受害人造成损害的，可以由其监护人与被害人分担损失。

2. 完全行为能力人对自己的行为暂时没有意识或者失去控制造成他人损害的，且自身不存在过错的，可以与受害人分担损失。比如，营运车辆的司机不知道自己患有某种疾病，而在营运过程中突发疾病，造成乘客以及车辆的损害，对受害人超出保险范围内的损失，可与司机分担。本法第1190条规定：“完全民事行为能力人对自己的行为暂时没有意识或者失去控制造成他人损害有过错的，应当承担侵权责任；没有过错的，根据行为人的经济状况对受害人适当补偿。完全民事行为能力人……应当承担侵权责任。”也就是说，本条的适用排除因醉酒、滥用麻醉药品或者精神药品对自己的行为暂时没有意识或者失去控制造成他人损害的情况。

3. 无法查清行为人的情况。比如，高空抛物行为，无法查清行为人的情况时，为减轻受害人的损失，根据实际情况可以由可能实施该行为的建筑物使用人给予受害人补偿。本法第1254条规定：“……从建筑物中抛掷物品或者从建筑物上坠落的物品造成他人损害的，由侵权人依法承担侵权责任；经调查难以确定具体侵权人的，除能够证明自己不是侵权人的外，由可能加害的建筑物使用人给予补偿。可能加害的建筑物使用人补偿后，有权向侵权人追偿……”该条文对高空抛物行为作出新的规定，增加了禁止从建筑物中抛掷物品以及建筑物管理人应当采取必要的安全保障措施防止前款规定情形的发生的规定，但对已经发生此类行为的责任承担，仍保留由双方分担损失的规定。

4. 紧急避险。紧急避险是为了公共利益，本人或者他人的人身、财产或者其他合法利益避免正在发生的危险可能受到损害，不得已采取紧急必要措施避免危险的行为，其核心要义是为了一利益而被迫损害另一利益。根据《民法典》“总则编”第 182 条第 1 款、第 2 款规定：“因紧急避险造成损害的，由引起险情发生的人承担民事责任。危险由自然原因引起的，紧急避险人不承担民事责任，可以给予适当补偿。”

5. 见义勇为。在为了他人利益而使自己利益受到损害时，可以根据实际情况，由受益人给予受害人适当补偿。《民法典》“总则编”第 183 条规定：“因保护他人民事权益使自己受到损害的，由侵权人承担民事责任，受益人可以给予适当补偿。没有侵权人、侵权人逃逸或者无力承担民事责任，受害人请求补偿的，受益人应当给予适当补偿。”

6. 好意相助。当事人双方均无过错，但一方是为对方或者双方共同利益进行活动时受到损害时，可以根据实际情况，由接收帮助的一方与分担受害人受到的损失。比如，某人好意帮助他人装修时摔倒受伤，根据实际情况可以由接受帮助的一方分担受害人的损失。

除此之外，还有其他一些特殊情形可以适用本条，司法实践中也有所体现。

【司法案例】

王某 1 诉武汉市洪山区关山街第一社区卫生服务中心生命权、健康权、身体权纠纷案①

诉讼结论：受害人和行为人对损害的发生都没有过错的，可以根据实际情况，由双方分担损失，该损害不包括精神损害。

本案中关于生物制品公司、天坛公司、社区卫生中心责任承担问题。预防接种异常反应是指合格的疫苗在实施规范接种过程中或实施规范接种后造成受种者机体组织器官、功能损害，相关各方均无过错的药品不良反应。生物制品公司和天坛公司生产的疫苗系合格产品，社区卫生中心接种行为符合接种规范，生物制品公司、天坛公司、社区卫生中心对王某 1 损害的发生并不存在过错，王某 1 作为受种者，也无过错。如由其家庭独自承担此巨额损失，难以负荷，也无法体现法律的公平价值和人文关怀。依据《侵权责任法》第 24 条“受害人和行为人对损害的发生都没有过错的，可以根据实际情况，由双方分担损失”的规定，疫苗的生产者和接种方、受种方应当各自分担一定比例的损失。法院酌情认定社区卫生中心、天坛公司、生物制品公司对王某 1 的损失各分担 15%。因本案中社区卫生中心、天坛公司、生物制品公司对王某 1 的损害后果不存在过错，生物制品公司、天坛公司、社区卫生中心仅针对王某 1 的直接损失作出补偿，因此，对王某 1 主张培

① 湖北省武汉市中级人民法院(2017)鄂 01 民终 5652 号民事判决书。

训费、精神损害抚慰金的诉讼请求不予支持。

第一千一百八十七条　损害发生后，当事人可以协商赔偿费用的支付方式。协商不一致的，赔偿费用应当一次性支付；一次性支付确有困难的，可以分期支付，但是被侵权人有权请求提供相应的担保。

【条文主旨】

本条是关于损害赔偿支付方式的规定。

【条文理解】

本条与《侵权责任法》第 25 条对照，将“应当提供相应的担保”修改为“被侵权人有权请求提供相应的担保”。修改后将是否提供担保作为被侵权人有权请求的事项，如果当事人协商一致分期支付不需要提供相应担保的，应根据当事人意思自治原则，由当事人协商处理。

侵权法的重要功能是填补被侵权人的损失，比如人身损害赔偿中，侵权人应赔偿当被侵权人医疗费、护理费、交通费、营养费等为治疗和康复支出的合理费用以及因误工减少的收入。造成残疾的，还应当赔偿辅助器具费和残疾赔偿金；造成死亡的，还应当赔偿丧葬费和死亡赔偿金。造成严重精神损害的，侵权人还应根据被侵权人请求支付精神损害赔偿金。现实中，有时赔偿金额可能会高达几十万元甚至上百万元，这就涉及侵权人的支付能力和支付方式问题。赔偿支付方式的直接关系到被侵权人合法权益能否得到及时、充分、有效的保护。为此，本条对有关赔偿费用的支付方式专门作出规定。本条规定应从以下方面理解：

（一）支付方式的三个层次

第一，赔偿费用的支付方式首先应尊重当事人双方协商一致的结果。赔偿费用，一般是指侵权人因侵权行为给对方造成损害时为补偿被侵权人损失而向其支付的金额，应遵循意思自治原则。如果双方已就某项赔偿费用的支付方式协商一致，即不存在适用就该项目适用本条后半段一次性支付和分期支付的可能。

第二，当双方当事人就赔偿费用的支付方式不能协商一致时，原则上应当一次性支付。一次性支付，是指侵权人将对被侵权人所受损害和所失利益计算出总额后，一次性支付给被侵权人的支付方式，此种方式简便快捷，能够及时救济被侵权人，也能够避免可能发生新的纠纷。本条确定了在当事人就赔偿费用的支付方式不能协商一致时，应以一次性支付为原则。

第三，如果赔偿义务人一次性支付确有困难的，可以分期支付。虽然一次性支付优势明显，但有时侵权人的支付能力有限，无法进行一次性支付，如果强制要求其一次性支付，可能会造成执行不能或者影响其基本生存。因此，本条规定了可以分期支付并提供相应担保的。这里，对"确有困难"在把握上应当考虑：(1)侵权人存在经济上的困难，如果一次性支付将导致其破产或生活陷入困顿时，或者应赔偿金额巨大，远超过侵权人一次性支付可承受的范围，可以认定确有困难；(2)赔偿费用包含的项目存在较大变动的可能，如果有证据证明受害人可能因被侵权导致将来健康状况出现恶化时，可以认定一次性支付确有困难；(3)受害人需要赔偿费用的紧迫性及数额大小等因素也可作为法院裁量的参数。

(二)对"分期支付"的理解

分期支付是按固定的期限向赔偿权利人支付赔偿费用的一种支付方式。这里的分期支付与《人身损害赔偿解释》中规定的定期金支付含义不同。定期金支付是针对长期性人身损害，由于缺乏充分的信息来准确预知受害人的健康变化和其他影响赔偿的因素(如通货膨胀)，因而算出的赔偿数额经常与实际的损害不符，为避免适用一次性赔偿难以真正落实侵权法的填补损害原则而创设出的损害赔偿方式。[①]定期金支付是指赔偿义务人在赔偿义务确定后未来的一段确定的时间(如法律或司法解释确定的赔偿期限)或不确定的时间(如受害人的生存期间)，分次按年或按月预先确定的数额或按照预先确定的计算标准支付人身赔偿费用额的一种损害赔偿方式。[②] 与分期支付不同，定期金支付不仅是一种支付方式，也是一种长期损害的计算方式。《人身损害赔偿解释》第 34 条第 2 款规定："定期金按照赔偿权利人的实际生存年限给付，不受本解释有关赔偿期限的限制。"由此可知，定期金的给付期限是按赔偿权利人的实际生存年限给付，事先没有固定总的给付期限。因此，不能将本条中的分期支付等同于定期金支付。

(三)对"损害"和"提供相应担保"的理解

本条所指的损害既包括侵害人身造成的损害，也包括侵害财产造成的损害；既包括财产性损害，也包括非财产性损害。其中，非财产性损害主要是指本法第 1183 条所指的精神损害赔偿。需要注意的是，这里的"损害"仅指已经给他人造成现实损失的损害，不包括可能发生的损害风险或威胁，因为发生可能造成损害的风险或威胁时，应适用排除妨碍和消除危险等侵权责任，而不适用本法"侵权责任编"规定的损害赔偿的范围。

本条规定，赔偿费用采用分期支付方式的，被侵权人有权请求提供相应的担

---

① 黄文煌：《论人身损害的定期金赔偿》，载《西部法学评论》2010 年第 2 期。

② 张新宝：《侵权责任法原理》，中国人民大学出版社 2005 年版，第 516 页。

保。主要是由于分期支付因履行周期长而在履行过程中可能出现侵权人履行能力的降低和恶意逃债行为等情形，为避免被侵权人的预期利益受损，本法规定赔偿义务人应根据被侵权人的请求为分期支付提供担保。① 本条中的“担保”，既包括保证担保，也包括侵权人用自己的财产进行抵押和质押。关于担保的范围，本条规定为提供“相应的担保”应理解为在最初确定担保数额时，赔偿义务人提供担保的范围应与分期给付的大致总额保持基本一致，而且随着分期给付的数额减少，赔偿义务人提供担保的数额也应随之递减。②

【司法适用】

关于分期支付要否支付利息的问题。一般认为，应当按照本条规定的支付方式的三个层次有所区别：第一，在双方协商赔偿费用的支付方式时，如果双方协商一致同意分期支付的，双方可同时就是否支付利息问题进行协商。如果双方均同意应支付利息的，其利息应在法律法规许可的范围内按照双方协商的情况计算；如果双方均同意不支付利息，即不存在利息支付问题。第二，如果双方无法协商一致的，根据本条规定，应以一次性支付为原则，此时不产生利息支付问题。第三，如果一次性支付确有困难的，可以分期支付，此时被侵权人请求侵权人支付利息的，应当支付利息。一般来说，每一期的实际支付数额应当以上一期的实际支付数额为基数，加上该期银行存款利率。理由是：法律规定的给付原则是一次性的，在此原则下本应一次性给付的赔偿金，由于侵权人一次性支付困难的申请而改为分期给付，一方面，赔偿义务人可以利用这些款项去存款以获取利息，或者去投资以获取利润；另一方面，赔偿权利人如果一次性获取这些赔偿金，他也可以去存入银行或进行投资，因此应当支付利息。但当出现定期金支付时，因为定期金支付已经将由于长期损害赔偿可能带来的通货膨胀等因素纳入计算因素，实质上已经包含了应支付的利息，此时不应考虑再对每期支付计算利息。③

【司法案例】

朱某云诉史某江、瞿某江等机动车交通事故责任纠纷案④

诉讼结论：双方协议未达成一致且一次性支付存在困难，可以分期支付，但应

① 最高人民法院侵权责任法研究小组编著：《〈中华人民共和国侵权责任法〉条文理解与适用》，人民法院出版社 2010 年版，第 192 页。

② 同上。

③ 同上。

④ 新疆生产建设兵团第五师中级人民法院（2015）兵五民终字第 00098 号民事判决书。

提供相应的担保。对于属于长期性损害,人民法院可以根据赔偿义务人的给付能力和提供担保的情况,确定以定期金方式给付相关费用。

本案中,经司法鉴定,史某江伤残等级为颅脑缺损拾级伤残和颅脑现呈植物状态的壹级伤残,属完全护理依赖(最多不超过2人)(最长不超过20年),鉴定反映了史某江病情的真实现状及其后续护理20年的客观需要,原告主张后续护理期限20年符合法律规定。关于后续护理费一次性支付还是分期支付,第一,根据法律规定受害人因残疾不能恢复生活自理能力的,可以根据其年龄、健康状况确定后续护理费用;第二,受到社会经济水平发展等诸多外界因素的影响,后续护理费用的标准可能出现不同,以现有44,043元/年的标准确定后续护理20年的全部费用,难免会出现与后期社会经济状况不相符的情形;第三,根据原告史某江的个体情况,兼顾被告瞿某江、被告程某山的现实经济状况及实际履行能力,以5年为时间段计算后续护理费较为合理。五年届至,原告可再以新的标准另行主张护理费。

关于被告瞿某江要求分期支付的意见,根据《侵权责任法》第25条"损害发生后,当事人可以协商赔偿费用的支付方式。协商不一致的,赔偿费用应当一次性支付;一次性支付确有困难的,可以分期支付,但应当提供相应的担保"和参照最高人民法院《关于审理人身损害赔偿案件适用法律若干问题的解释》第33条"赔偿义务人请求以定期金方式给付残疾赔偿金、被扶养人生活费、残疾辅助器具费的,应当提供相应的担保。人民法院可以根据赔偿义务人的给付能力和提供担保的情况,确定以定期金方式给付相关费用。但一审法庭辩论终结前已经发生的费用、死亡赔偿金以及精神损害抚慰金,应当一次性给付"的规定,除前所述的后续护理费法院酌定分期支付,对于其他的费用分期支付应符合以下情形:(1)原告、被告双方协商达成一致;(2)协议未达成一致且一次性支付存在困难,须提供相应的担保。本案被告瞿某江未提交其与原告协商一致的意见,尽管被告瞿某江为团场职工,经济收入不高,一次性支付巨大的赔偿数额确实存在困难,其未提供相应的担保申请,亦未提供相应的担保。因此,法院对被告瞿某江要求除后续护理费之外的其他费用进行分期支付的意见不予采纳。

第三章　责任主体的特殊规定

本章对各类责任主体的侵权责任作了特殊规定,共 14 条。主要规定了监护人的侵权责任,完全无民事行为能力人暂时丧失意识后造成他人损害的侵权责任,用人单位的侵权责任,个人之间因劳务产生的侵权责任,网络侵权责任,宾馆、商场、银行等的安全保障责任,学校、幼儿园等教育机构的责任等。在本章规定的这些责任中,有的责任承担的方式比较特殊,比如监护人的责任、用人单位的责任等在理论上被称为替代责任,在这些责任重出现了行为人与责任人的分离;有的承担责任的主体具有特殊性,比如承担安全保障义务的责任主体是宾馆、商场、银行、车站、娱乐场所等公共场所的管理人或者群众性活动的组织者;有的不仅规定了行为人的责任,还规定了第三人侵权的情况下,有管理职责主体的责任。比如,学校、幼儿园等教育机构的责任中不仅规定了教育机构在不同情况下承担过错责任或过错推定责任,还明确了无民事行为能力人或者限制民事行为能力人在教育机构学校、生活期间,受到第三人伤害,侵权人的责任和教育机构的补充责任。

本章专门用第 1194 条、第 1195 条、第 1196 条、第 1197 条四个条文来规定网络侵权责任,而原《侵权责任法》仅用第 36 条一个条文对其予以规定。可见,立法者敏锐地觉察到私法体系要迎接网络时代,必须要对互联网本身要有深刻理解,还要体现出民法典规范能对互联网经济承担保驾护航的作用,作为私法基本法的民法典规范能对民事主体的互联网行为予以明确规制,进而形成对互联网生态健康发展有着宏观性、现代性、统领性的治理支撑结构。

第一千一百八十八条　无民事行为能力人、限制民事行为能力人造成他人损害的,由监护人承担侵权责任。监护人尽到监护职责的,可以减轻其侵权责任。

有财产的无民事行为能力人、限制民事行为能力人造成他人损害的,从本人财产中支付赔偿费用;不足部分,由监护人赔偿。

【条文主旨】

本条是关于侵权法律关系中监护人责任的规定。

【条文理解】

民事行为能力是民事主体从事民事活动所具备的资格。只要达到一定的年龄,能够理智地处理自己事务的人,就具有民事行为能力。自然人的民事行为能力依据其年龄和精神健康状况分为完全民事行为能力、限制民事行为能力和无民事行为能力。自然人的民事行为能力首先可以从年龄上划分。根据《民法典》"总则编"的规定,18 周岁以上的自然人是成年人,具有完全民事行为能力,可以独立进行民事活动,是完全民事行为能力人。16 周岁以上不满 18 周岁的公民,以自己的劳动收入为主要生活来源的,视为完全民事行为能力人。8 周岁以上的未成年人是限制民事行为能力人,可以进行与他的年龄、智力相适应的民事活动;其他民事活动由他的法定代理人代理,或者征得他的法定代理人的同意。不满 8 周岁的未成年人是无民事行为能力人,由他的法定代理人代理民事活动。自然人的民事行为能力也可以从精神状态上划分。根据《民法典》"总则编"的规定,不能辨认自己行为的精神病人是无民事行为能力人,由他的法定代理人代理民事活动。不能完全辨认自己行为的精神病人是限制行为能力人,可以进行与他的精神健康状况相适应的民事活动;其他民事活动由他的法定代理人代理,或者征得他的法定代理人的同意。

无民事行为能力人和限制民事行为能力人的监护人是他的法定代理人。未成年人的监护人按照以下顺序确定:第一顺序的监护人,是未成年人的父母。第二顺序的监护人,包括未成年人的祖父母、外祖父母;兄、姐;关系密切的其他亲属或者愿意承担监护责任的朋友。第三顺序的监护人,包括未成年人父亲或者母亲的所在单位,未成年人住所地的居民委员会、村民委员会以及民政部门。无民事行为能力或者限制民事行为能力的精神病人的监护人按照以下顺序确定:第一顺序的监护人,为配偶、父母、成年子女及其他近亲属,关系密切的其他亲属或者朋友。第二顺序的监护人,包括精神病人的所在单位或者住所地的居民委员会、村民委员会或者民政部门。设立监护制度的目的,是保护被监护人的人身、财产及其他合法权益不受损害,同时监护人也要承担起管教好未成年人和无行为能力人、限制行为能力的精神病人的责任,对于被监护人给他人造成损害的,监护人应当承担责任。

《民法通则》第 133 条第 1 款规定:"无民事行为能力人、限制民事行为能力人造成他人损害的,由监护人承担民事责任。监护人尽了监护责任的,可以适当减轻他的民事责任。"《民通意见》也对监护人的责任作了相关的规定。本法有关监护人侵权责任的规定,基本沿袭了现行侵权责任法律的规定。

本条规定,无民事行为能力人、限制民事行为能力人造成他人损害的,由监护人承担民事责任,是由监护人的职责所决定的。由于大多数监护人与被监护人有着血缘等密切关系,监护人有责任通过教育、管理等方式来减少或者避免被监护人侵权行为的发生。从本条规定看,监护人的责任可以归为过错推定责任。一方面,监护人如果能够证明其尽到监护责任的,可以减轻其侵权责任,而不能免除责任;另一方面,无民事行为能力人和限制行为能力人的行为构成了侵权,监护人才承担相应责任,监护人不是对被监护人所有的行为都承担侵权责任。如果被监护人的行为对于完全民事行为能力人来说也无须承担责任的话,那么在这种情况下,监护人也不需要承担责任。而且,监护人也不是对被监护人造成的所有损失都承担侵权责任,如果监护人能够证明其尽到了监护责任的,可以减轻其侵权责任,从这一点看,也有别于无过错责任。从立法本意来看,是为了鼓励监护人加强监管措施,增强监管责任,完全履行监管义务,尽可能使监管到位不留漏洞。但在实践中,监护人证明自己尽到监管责任的难度很大,几乎不可能完成此证明责任。

无民事行为能力或者限制民事行为能力人造成他人损害的,应当由监护人承担侵权责任。但在具体承担赔偿责任时,如果被监护人有财产的,比如未成年人接受了亲友赠与的财产或者拥有其他价值较大的财产等,那么首先应当从被监护人的财产中支付赔偿费用,不足的部分再由监护人承担赔偿责任。虽然从我国的情况看,无民事行为能力人或者限制民事行为能力人有自己独立财产的情况不多,但是随着经济和社会的多元化发展,无民事行为能力人或者限制民事行为能力人通过创作、接受赠与或者继承等方式取得独立财产的情况将会越来越多,因此,以自己的财产对自己造成他人的损害承担赔偿责任,也是公平的。在父母等亲属之外的人员或者单位作为监护人的情况下,被监护人有独立财产的情况可能较为普遍,在这种情况下,先从被监护人的财产中支付赔偿费用更有必要,比如,某未成年人父母双亡后,留有一笔遗产,由其所在的居委会担任监护人,那么,该未成年人侵权行为造成他人的损失,其赔偿费用应当从遗产中扣除。当然,从被监护人的财产中支付赔偿费用的,应当保留被监护人基本的生活费用,保障其正常的生活和学习不受影响。被监护人的财产不足以支付赔偿费用的,其余部分由监护人承担。

《民法通则》第 133 条第 2 款规定:"有财产的无民事行为能力人、限制行为能力人造成他人损害的,从本人财产中支付赔偿费用。不足部分,由监护人适当赔偿,但单位担任监护人的除外。"本条对于《民法通则》的规定做了两处修改:首先,加重了监护人的责任。为了保护被侵权人的合法权益，使其受到的损害能够得到全部的赔偿，本条规定对于无民事行为能力人或者限制民事行为能力人赔偿后，其财产不足的部分，需要由监护人给予全部赔偿，而不仅仅给予适当的赔偿。也就是说，要害人没有过错的情况下应该获得全部赔偿，不应该由其自身承担部分责任。其次，为了促使单位监护人尽职履行监护职责，防止其怠于行使监护职责，放任被监护人侵权行为的发生，保证被侵权人受到的损害得到赔偿，本条修改了《民法通则》的规定，明确单位监护人应当承担与非单位监护人同样的责任。当然，从目前情况看，单位承担监护人的情况不多，但是《民法典》"总则编"细化了单位或组织担任监护人的规则，今后单位监护人承担责任会有增多的趋势。

对于有人提出的责任能力问题，在中国法律环境中其实并无必要。无民事行为能力人和限制行为能力人一般有独立财产的不多，而且他们多与监护人共同生活，造成他人损害的，仍然还是用其父母等监护人的财产进行赔偿。而且，本法已明确规定被监护人有独立财产的，应当从其财产中支付。多年的司法实践也证明，虽然我国法律没有行为人责任能力的规定，但是能够妥善解决无民事行为能力人和限制行为能力人引发的侵权纠纷。因此，本条没有规定行为人的责任能力。

【司法适用】

司法适用过程中，人民法院要注意本条与《民法典》"总则编"第二章第二节"监护"方面内容要保持适用上的一致性，理解上的统一性。《民法典》"总则编"将监护保护重心从全面重点保护未成年人转向未成年人和老年人并重保护，既是应对中国老龄化现实的规范性变革，同时也是立法理念更新的结果。在民事审判中要注意法典前后条文的一惯性，避免出现《民法典》"侵权责任编"条文与原《民法通则》条文的混用或错用。人民法院或相关机构在确定监护人时不能大而化之，要仔细确定未成年人监护人到底是其父母还是其他直系亲属，还是处于临时监护人状态。如果处于临时监护人状态，在受理其侵权案件时可以一并指定监护人案件，提高家事审判的效率，减轻当事人诉累。对于老年人的监护人，或协议监护情况下的监护人，人民法院要明确监护人身份，充分行使释明权，使各方当事人知晓其权利义务。协议监护人对于被监护人财产的保护与被监护人导致他人损害的侵权赔偿要依法处置，如果被监护人财产不足以清偿受害人的损害，那么还要从协议监护人自身财产予以赔偿，相关操作程序，人民法院在《民法典》实施过程中还要总结相关司法经验。

【司法案例】

刘某、林某机动车交通事故责任纠纷案[①]

诉讼结论：被告已满16周岁不满18周岁，且以自己的劳动(驾驶挖掘机)收入为主要生活来源，视为完全民事责任能力人，应当独立承担侵权责任。

法院认为：兴国县公安局交通管理大队于2016年10月11日作出的认定被告林某承担事故全部责任、原告不承担事故责任的兴公交认字[2016]第692号道路交通事故认定书，事实清楚，依法有据且认定程序合法，予以确认。被告林某应承担该事故全部责任。事发时被告林某已满16周岁不满18周岁，且以自己的劳动(驾驶挖掘机)收入为主要生活来源，依据《民法通则》第11条第2款之规定，应视为完全民事行为能力人，独立承担本案民事责任。

第一千一百八十九条　无民事行为能力人、限制民事行为能力人造成他人损害，监护人将监护职责委托给他人的，监护人应当承担侵权责任；委托人有过错的，承担相应的责任。

【条文主旨】

本条是关于委托监护责任的规定。

【条文理解】

一般来说，无民事行为能力人或限制民事行为能力人造成他人损害的，由监护人承担民事责任，是由监护人的职责以及与被监护人的人身关系或法定关系所决定的。由于大多数监护人与被监护人有着血缘等密切关系，监护人有责任通过教育、管理等方式来减少或者避免被监护人侵权行为的发生，然而，在一些较为特殊的情况下，监护人将无民事行为能力人或限制民事行为能力人委托他人无偿照顾、照看或有偿照顾、照看的，那么责任承担方式与上一法条就会有所不同。他人接受委托无偿照顾、照看无民事行为能力人和限制民事行为能力人，而被监护人造成他人损害的，仍然由监护人承担责任。监护人的责任就是要对无民事行为能力人和限制民事行为能力人加以照看、照顾，不仅使他们免受外来伤害，同时被监护人自身行为的危险性或潜在侵害性导致他人损害也不能免责。监护，它主要内容不是一种权利，如果是亲人作为监护人，其也不是在享有某种资格、某种利益，

---

① 江西省赣州市中级人民法院(2017)赣07民终1749号民事判决书。

主要是承担被监护人照看、照顾、生活保障、财产安全等法定强制义务；如果是非亲属担任监护人，那更是照顾、监督、保护的责任，主要不享有权利。进一步说，监护不是单纯的道德义务或伦理责任，而是现代社会生活中一项重要的人道主义保障制度，同时更是一种法律约束下的规范性社会义务，当然这种义务主要指向个人和特别组织。故而，本条第一部分“无民事行为能力人、限制民事行为能力人造成他人损害，监护人将监护职责委托给他人的，监护人应当承担侵权责任”就是强调即使监护人将监护职责委托给他人，大多数情况下监护人仍然不能免责。如果监护人与受托人签订有照管合同，那么是否免除被监护人造成他人损害的责任呢，本法条明确不能免除监护人责任。有人会质疑，那么该委托合同怎么保护监护人？受托人的责任如何体现？其实，该问题可以理解为：监护人与受托人签订的照顾合同主要体现的是受托人对无民事行为能力人和限制民事行为能力人的生活服务，而并非人身合同性质，即并不是对受托人对被监护人的全面人身保护和人身约束，故而在无民事行为能力人和限制民事行为能力人造成他人损害由受托人承担主要责任就会存在不公平的情况。也就是说，人身照顾方面的服务合同，侵权责任不发生转移。从情理上看，如果受托人承担无过错的责任，则加重了受托人的照管负担，不利于此类服务市场在日趋严峻的中国老龄化形势下发展。如果过重义务导致没有受托人愿意签订相关的照管服务合同，那么对监护人、被监护人和受托人都是不利的。此条是对照服务合同的权利义务平衡的设计，体现了较好的社会效果和法律效果。

本条第一部分“无民事行为能力人、限制民事行为能力人造成他人损害，监护人将监护职责委托给他人的，监护人应当承担侵权责任”是原则性规定，即监护人不能通过合同的方式完全让渡其与被监护人的人身保护、人身约束的人身责任。但是，这会不会受托人在照顾无民事行为能力人、限制民事行为能力人的委托合同不担责而导致合同权利义务失衡呢？那样肯定不行，故而有了本条第二部分“委托人有过错的，承担相应的责任”。本条第二部分明确，在监护人与受托人建立委托关系过程中，为了避免权利义务的较大失衡，立法者认为受委托人有过错的，承担相应责任。其中受托人有过错，按照侵权责任法规范来说一般是指故意和重大过失两个方面的内容。受托人故意将受托的无民事行为能力人、限制民事行为能力人的应管事项放任不管，或故意怂恿无民事行为能力人、限制民事行为能力人损害他人合法权益，那么此时受托人应当承担全部或大部分侵权责任。如果受托人是一般过失，轻微过失，可以不承担侵权责任或较少承担侵权责任。如果受托人有重大过失，那么可以承担较大侵权责任。

【司法适用】

社会生活是复杂的，而法条永远跟不上千变万化的社会生活，很多光怪陆离的纠纷并非虚构，不少是真实民事纠纷状况反映出的法律现实。那么无论对于裁判者还是当事人，抑或对于普通老百姓而言，法条的理解不能僵化，不能机械地适用，要根据具体的情况做区分处理，核心原则就是要符合社会道德期望，符合公平正义的价值观，遵从老百姓朴素的公平信念。关于受托人过错问题，人民法院在审理此类案件时应该对受托人有偿、无偿要作区别对待。监护人委托受托人是临时性、无偿的，比如某未成年人母亲临时出门去取快递，让隔壁邻居照看一下该未成年人，此时未成年人玩玩具不慎将玩具掉落到楼下砸中路人。路人将未成年人及其父母和临时照看的邻居一并作为被告起诉，那么此时一方面邻居的受托照看未成年人过程中无过错，不承担责任；另一方面，邻居作为无偿受托者，也不应当承担侵权责任。人民法院在审理委托监护情形下的侵权纠纷时还要注意，从立法原意来看就是监护人作为承担责任的主要方，有委托的情况下必须是受托人要较为严重过错的程度，要把握这样的一种立法精神：监护责任不得轻易转移，毕竟它是一种身份义务。

【司法案例】

陈某某、韦某某与唐某等生命权、健康权、身体权纠纷案①

诉讼结论：唐某某、黄某某作为未成年人的监护人对于未成年人的共同危险行为承担较小责任；未成年死者的监护人未尽到监护责任，应当承担主要责任。

法院认为，死者陈某是已满16周岁的限制民事行为能力人，在自身不会游泳的情况下仍冒险到河中游泳，最终因不识水性不幸溺水身亡。原告陈某某、韦某某作为死者陈某的父母，是陈某的法定监护人，应当依法履行监护人的管教职责，因二原告疏于对陈某的安全教育和有效监护，放任陈某外出游泳，陈某的自身因素及其父母监护不力是导致陈某溺水身亡的主要原因，应对陈某溺水身亡后果的发生负主要责任，即90%的责任。被告唐某、韦某某均为限制民事行为能力人，两人返回码头时发现陈某不见，两人作为一同相邀出去游泳的伙伴，在未发现陈某的情况下，虽然已在码头及周边搜寻，但因为心里恐慌和害怕，未能及时报警、告知家人或者向及时周边群众求援，两人在帮助采取搜救措施时具有一定的过错，因此，被告唐某、韦某某在共同的活动中对陈某的死亡，应当承担一定的过错。综合本案的案情，被告唐某、韦某某在本案中应各负担5%的责任，前述责任依法应

---

① 广西壮族自治区河池市中级人民法院(2017)桂12民终163号民事判决书。

由其监护人承担。原告提出赔偿丧葬费和死亡赔偿金的诉讼请求，予以部分支持。依照《最高人民法院关于审理人身损害赔偿案件适用法律若干问题的解释》的相关规定，并参照《2015 广西壮族自治区道路交通事故损害赔偿项目计算标准》，原告的经济损失计算为：1. 丧葬费 24,669 元 ÷12 个月 ×6 个月 =12,334.50 元，2. 死亡赔偿金 24,669 元 ×20 年 =493,380 元，两项共计 505,714.50 元，由被告唐某某、黄某某承担 5%，即 25,285.72 元，由被告韦某甲、韦某乙承担 5%，即 25,285.72 元。

第一千一百九十条　完全民事行为能力人对自己的行为暂时没有意识或者失去控制造成他人损害有过错的，应当承担侵权责任；没有过错的，根据行为人的经济状况对受害人适当补偿。

完全民事行为能力人因醉酒、滥用麻醉药品或者精神药品对自己的行为暂时没有意识或者失去控制造成他人损害的，应当承担侵权责任。

【条文主旨】

本条是关于完全民事行为能力人暂时丧失意识后侵权责任的规定。

【条文理解】

过错是行为人承担侵权责任的要件。过错的前提是行为人有意识能力。如果行为人丧失了意识，就无过错可言。完全民事行为能力人造成他人损害的，应当承担侵权责任。但是，完全民事行为能力人造成他人损害时，如果已经丧失了意识，也就是说，在没有“过错”的情况下，造成他人损害的，是否应当承担侵权责任？

从大多数国家和地区的规定来看，对于过错导致完全民事行为能力人暂时丧失意识造成他人损害的，原则上行为人需要承担侵权责任。此外，在赔偿的问题上会考虑各方当事人的经济状况，根据衡平的原则来处理。也就是说，其中有部分侵权责任由侵害人承担，不能归责于双方的部分责任应公平处理，理论上来说，可能有很小一部分由受害人自担。从司法实践来看，绝大多数案件是由侵权人承担侵权责任，应公平处理由受害人自身承担的部分法院也常常会让侵权人给予金钱补偿。在《侵权责任法》出台前，我国没有对完全民事行为能力人暂时没有意识或者失去控制造成他人损害的责任作出规定。实践中完全民事行为能力人暂时没有意识或者失去控制造成他人损害的情况时有发生，特别是因醉酒导致的交通事故更是年年频发，所以，《民法典》“侵权责任编”本条对该问题作出了规定，以弥补原法律的不足。

考虑到导致完全民事行为能力人丧失意识的情况比较复杂，本条根据不同的情形，规定了完全民事行为能力人的责任。

（一）完全民事行为能力人对于自己丧失意识存在过错

如果是因为自己的过错，丧失了意识后造成了他人的损害，那么行为人应当根据其过错承担赔偿责任。比如，某人患有心脏病，需每天按时服药，医生禁止其骑自行车外出，但是，该人未按医嘱服药，并骑车外出，结果途中心脏病发作，丧失意识后摔倒并撞伤一行人。那么，在这种情况下，由于该人对于失去意识存在过错，所以，应当根据其过错的程度来承担侵权责任。在《侵权责任法》草案征求意见时，一些地方和单位提出，“暂时没有意识或者失去控制”就意味着行为人失去了辨认的控制能力，主观上就不存在“过错”，建议修改本条的规定。其实，本条第1款中的“过错”，是指过错导致其丧失意识，因为失去意识之后确实没有过错可言。完全民事行为能力人是由于其过错导致意识丧失，那么对于丧失意识后的行为造成他人损害的，则要承担相应的侵权责任。

（二）完全民事行为能力人对于自己的行为暂时没有意识或者失去控制没有过错

如果行为人暂时没有意识或者失去控制不是由于自己的过错造成，而是由于其他原因导致发生，在这种情况下，行为人可以不承担侵权责任，不过需要根据公平分担的规定，适当分担被侵权人的损失。根据本编第1186条的规定：“受害人和行为人对损害的发生都没有过错的，依照法律的规定由双方分担损失。”依据该规定，行为人的责任可以根据行为人的经济状况来确定：行为人的经济状况较好的，可以多补偿一些受害人的损失；行为人经济状况不好的，可以对受害人少补偿一些。需要说明的是，这里对受害人是“补偿”而不是“赔偿”。因为赔偿原则上采取“填平原则”，受害人损失多少赔多少，而补偿通常行为人没有过错，是根据行为人的经济能力，适当弥补受害人的损失。

（三）完全民事行为能力人因醉酒、滥用麻醉药品或者精神药品导致自己暂时没有意识或者失去控制造成他人损害的

根据我国《刑法》的规定，醉酒的人应当承担刑事责任。《治安管理处罚法》规定，醉酒的人违反治安管理的，应当给予处罚。醉酒的人在醉酒状态中，对本人有危险或者对他人的人身、财产或者公共安全有威胁的，应当对其采取保护性措施约束至酒醒。麻醉药品是具有一定依赖性潜力的药品，连续使用、滥用或者不合理使用，易产生身体依赖性和精神依赖性，能成瘾癖。精神药品是直接作用于中枢神经系统，使之极度兴奋或抑制的药品。我国对于精神药品一直实行严格管

理并严禁滥用，但为了治疗有关的病人，医院和药房也要保证精神药品正常销售。国务院颁布的《麻醉药品和精神药品管理条例》规定，麻醉药品和精神药品列入麻醉药品目录、精神药品目录。目录由国务院药品监督管理部门会同国务院公安部门、国务院卫生主管部门制定、调整并公布。

目前，一些侵权行为都是发生在行为人醉酒、滥用麻醉药品或者精神药品后。特别是在交通事故中，虽然《道路交通安全法》规定，饮酒、服用国家管制的精神药品或者麻醉药品，不得驾驶机动车，但是，全国每年发生的交通事故中不少都是因为驾驶员醉酒后开车所致。据报道，2009 年 8 月 15 日起，全国开展严厉整治酒后驾驶交通违法专项行动以来，截至 2009 年 12 月 10 日，共查处酒后驾驶违法行为 213 万起，其中醉酒驾驶 3.2 万起，占查处总数的 1.5%。因酒后驾驶引发的交通事故 1039 起，死亡 406 人。2004 年 5 月，某著名演员在北京醉酒驾车与一辆重型箱式货车左后部碰撞，造成该演员当场死亡，两车损坏。事故发生后，经交警进行调查，结合该演员酒精检测结果，其属于醉酒驾车并超速行驶，对该起事故承担主要责任。我国现行法律没有明确规定因醉酒和滥用麻醉药品或者精神药品造成他人损害的民事责任，但在司法实践中一般都会判决行为人在这种情况下承担民事责任。作为完全民事行为能力人，应当预见到醉酒或者滥用麻醉药品或者精神药品后会难以控制自己的行为，可能会危害公共安全和他人的生命健康，但行为人放任这种结果的发生，仍然驾车或者采取其他方式造成他人人身权和财产权的损害。虽然侵权行为发生时，行为人已经丧失意识，似乎没有“过错”可言，但是，其行为本身具有违法性，应当对此发生的侵权行为承担责任。本条第 1 款规定“完全民事行为能力人对自己的行为暂时没有意识或者失去控制造成他人损害有过错的，应当承担侵权责任”，而第 2 款规定“醉酒、滥用麻醉药品或者精神药品对自己的行为暂时没有意识或者失去控制造成他人损害”，其实也属于第 1 款“有过错”的一种情形。为了强调醉酒、滥用麻醉药品或者精神药品的行为和一般的过错相比，具有违法性，且危害性较大，第 2 款对醉酒、滥用麻醉药品或者精神药品导致自己暂时没有意识或者失去控制造成他人损害的责任专门作出了规定。

【司法适用】

本条第 1 款第 1 句“完全民事行为能力人对自己的行为暂时没有意识或者失去控制造成他人损害有过错的，应当承担侵权责任”，此种情况可能是自身疾病突然发作而没有意识或失去控制，从责任自担原则出发没有异议，司法实践也不存在疑问。但本条第 1 款第 2 句，“没有过错的，根据行为人的经济状况对受害人适当补偿”是指侵权人自身没有故意或过失的情况，那么就可能是行为人不知道自己患有某种丧失意识的疾病，其侵权行为的主观要件不存在，那么人民法院就应该以行为人的救济状况去对受害人进行补偿，人民法院对于行为人经济状况如果受害人不能举证，人民法院可以主动调查。但是注意，如果行为人明知自己已经患有偶发性疾病，而坚持外出或不服药外出导致突然患病失去知觉对他人造成损害，而此时人民法院在判断行为人的主观要件时，就可以断定行为人属于过失状态，而不能适用本条第1款第2句的规范。

【司法案例】

邬某、周某某等生命权、健康权、身体权纠纷案①

诉讼结论：酒后驾驶机动车造成的侵权应当承担侵权责任，同乘人员明知驾驶人酒后驾车不予制止，具有一定过错，也应该承担相应的侵权责任。

法院认为，饶某某明知周某是酒后驾驶机动车而不采取有效措施予以制止，具有一定的过错，依法应当承担相应的民事赔偿责任，故周某某、邬某诉请饶某某赔偿损失依法应予部分支持。周某作为车辆的所有人，无论是明示还是默许其他人驾驶自己的车辆，均负有对驾驶人的驾驶资格及身体状态进行审查的义务，而周某疏于对自己车辆的管理，导致周某醉酒驾驶造成事故发生，也具有一定的过错，依法亦应当承担相应的民事赔偿责任，故周某某、邬某诉请周某赔偿损失依法也应予部分支持。周某辩称酒醉无意识，因醉酒不是免除民事赔偿责任的法定理由，不予支持。

第一千一百九十一条　用人单位的工作人员因执行工作任务造成他人损害的，由用人单位承担侵权责任。用人单位承担侵权责任后，可以向有故意或者重大过失的工作人员追偿。

劳务派遣期间，被派遣的工作人员因执行工作任务造成他人损害的，由接受劳务派遣的用工单位承担侵权责任；劳务派遣单位有过错的，承担相应的责任。

【条文主旨】

本条是关于用人单位责任和劳务派遣单位、劳务用工单位的责任，以及相关单位的追偿权的规定。

---

① 贵州省安顺市中级人民法院（2018）黔04民终37号民事判决书。

【条文理解】

本条是承接《侵权责任法》第 34 条的主要规定，同时法条内容有增加和微调，体现了立法技术的渐趋成熟。《侵权责任法》第 34 条规定："用人单位的工作人员因执行工作任务造成他人损害的，由用人单位承担侵权责任。劳务派遣期间，被派遣的工作人员因执行工作任务造成他人损害的，由接受劳务派遣的用工单位承担侵权责任；劳务派遣单位有过错的，承担相应的补充责任。"本条第 1 款，立法者清晰地表达出，单位工作人员的职位行为造成侵权的，由用人单位承担侵权责任。比如，电力部门派出的工作小组架设电线杆，在架设过程中有电器设备掉落农户房屋屋顶导致财产损失，那么该财产损失应当由电力部门承担责任，而不能由电力部门工作人员承担责任。此前的《侵权责任法》第 34 条第 1 款就是这么规定的，很好理解，法律适用争议不大，而有争议的是如果用人单位的工作人员严重不负责任导致单位承担侵权责任，单位赔付之后对单位的工作人员是否有追偿权有争议。有专家认为，《侵权责任法》第 34 条第 1 款立法规范没有问题，单位是否有追偿权不是民法要解决的问题，而是单位内部管理的问题。承担侵权责任的单位内部是否对其员工进行处分、追偿或其他处理，而演变为内部劳动人事关系问题，特别是该追偿权是否实现等问题，与侵权法中的受害人关系不大，在民事法律关系中可以不予考虑。也有专家认为，《侵权责任法》第 34 条第 1 款未规定单位享有追偿权导致司法实践中不少人民法院审理类似案件时不予支持追偿权，存在对单位的一种不公平现象。在《民法典》"侵权责任编"起草过程中，多数立法专家赞同增加单位追偿权的规定，使单位能够有限的、适当的对其权利进行保护，特别是现代企业或单位有着松散的人事关系或分包劳务关系的情况下可以让用人单位享有追偿权，有了追偿权就使单位或企业对内部人事管理有了法律依托。具体分析如下：

一、用人单位的责任

用人单位的工作人员因工作造成他人损害的，由用人单位对外承担侵权责任，这种责任也在理论上被称为替代责任，即由他人对行为人的行为承担责任。由于工作人员是为用人单位工作，用人单位可以从工作人员的工作中获取一定的利益，因此，工作人员因工作所产生的风险，需要用人单位承担。用人单位与工作人员相比，一般经济能力较强，让用人单位承担责任，有利于更好地保护被侵权人的合法权益，也有利于用人单位在选任工作人员时能尽到相当的谨慎和注意义务，加强对工作人员的监督和管理。

（一）我国法律和司法解释的规定

用人单位的责任，我国《民法通则》和相关司法解释都对其作出过规定。《民法通则》第43条规定:“企业法人对它的法定代表人和其他工作人员的经营活动,承担民事责任。”第121条规定:“国家机关或者国家机关工作人员在执行职务中,侵犯公民、法人的合法权益造成损害的,应当承担民事责任。”《人身损害赔偿解释》中分别对法人责任、雇主责任作出了规定:法人或者其他组织的法定代表人、负责人以及工作人员,在执行职务中致人损害的,由法人或者其他组织承担民事责任。雇员在从事雇用活动中致人损害的,雇主应当承担赔偿责任;雇员因故意或者重大过失致人损害的,应当与雇主承担连带责任。雇主承担连带责任后,可以向雇员追偿。从我国现行法律和司法解释的规定看,我国对于用人单位采取的也是无过错责任,只要工作人员实施侵权行为造成他人的损害,用人单位就要承担赔偿责任。用人单位不能通过证明自己在选任或者监督方面尽到了相应的义务来免除自己的责任。本条沿袭了现行法律的规定,明确用人单位对工作人员因工作造成他人损害的,承担无过错责任。但是,需要指出的是,用人单位承担责任的前提必须是工作人员的行为构成了侵权。对于以过错为归责原则的责任,工作人员的行为如果没有过错,那么即使造成了他人的损害,用人单位也无须承担侵权责任;在高度危险责任等以无过错为归责原则的责任,工作人员的行为如果符合法律规定的免责条件,用人单位也不承担责任。也就是说,只有工作人员的行为符合法律规定的侵权行为构成要件,用人单位才对该侵权行为对外承担无过错责任。

(二)本条的主要规定

本条中的“用人单位”既包括企业、事业单位、国家机关、社会团体等,也包括个体经济组织等。“工作人员”既包括用人单位的正式员工,也应当包括临时在单位工作的员工。我国是公有制国家,私有经济也在不断发展壮大,各种混合经济形式也不断出现,所以,侵权责任的主体不宜根据所有制来划分,所使用的概念应当既能涵盖用人单位的情况,不存在交叉,同时也应当为公众普遍使用。虽然雇主责任是国外的通行称呼,但是,本条的调整范围中包括国家机关工作人员因工作发生的侵权行为,而国家机关与工作人员不是雇用关系,所以,不宜使用“雇主”和“雇员”的概念。本条主要调整个人劳务关系以外的用人单位的责任,对于个人之间形成劳务关系的问题,本编第1192条已专门作出了规定,所以将责任主体称为“用人单位”和“工作人员”还是比较恰当的,符合我国的国情。

用人单位承担侵权责任的前提是工作人员的行为与“执行工作任务”有关。工作人员应当按照用人单位的授权或者指示进行工作。与工作无关的行为,即使发生在工作时间内,用人单位也不承担侵权责任,该责任由工作人员自己承担。比如,一位职工在上班时间因私事将其朋友打伤,受害人就应当直接找该职工要求赔偿。关于如何表述工作人员行为与工作之间的关系,《侵权责任法》草案曾规定,工作人员“在工作过程中”造成他人损害的,由用人单位承担赔偿责任。有的意见提出,“工作过程中”的范围较宽,可能会理解到只要在工作时间内发生的侵权行为,用人单位都需要承担侵权责任;有的意见建议将“工作过程中”修改为“履行职务”或者“执行职务”。《民法通则》第 121 条规定:“国家机关或者国家机关工作人员在执行职务中,侵犯公民、法人的合法权益造成损害的,应当承担民事责任。”该规定主要是针对国家机关及其工作人员,用“执行职务”比较准确。对于非国家机关的工作人员,用“执行职务”或者“履行职务”都欠妥当。为了更准确地界定工作人员的行为与职务之间的关系,本条明确用人单位承担侵权责任的前提是工作人员“因执行工作任务”造成他人损害。

需要指出的是,国家机关以及工作人员因工作造成他人损害的,一类属于履行公职的行为,另一类不属于履行公职的行为,是国家机关为了维持国家机关正常运转所进行的民事行为。对于第一类属于履行公职的行为,依据《国家赔偿法》的规定,有的需要国家机关承担国家赔偿责任。对于第二类国家机关在民事活动中侵害他人合法权益的,国家机关需要承担民事侵权责任。比如,国家机关的司机外出办理公务,发生了交通事故,应当由国家机关承担侵权责任。本法调整国家机关及工作人员在民事活动中发生的侵权行为,对于属于《国家赔偿法》调整范围的,适用《国家赔偿法》的规定。

本条没有规定用人单位承担侵权责任后,是否可以向工作人员追偿。在《侵权责任法》起草过程中,一些部门和专家建议对追偿权作出规定。关于追偿权,一些国家和地区法律中作出过规定,比如日本民法规定,雇用他人者,对受雇人因执行其职务而加于第三人的损害,负赔偿责任。不妨碍雇用人对受雇人行使求偿权。我国台湾地区“民法”规定,对于为侵权行为的受雇人,雇用人有求偿权。但是,目前对追偿权规定的国家和地区不多,相关规定也较为原则。据了解,从目前发展趋势看,不少国家越来越限制雇主行使追偿权或者不允许雇主进行追偿,认为雇主可以通过企业保险等方式来解决赔偿费用的问题。我国现行法律对追偿权作出过规定,如《物权法》第 21 条规定:“因登记错误,给他人造成损害的,登记机构应当承担赔偿责任。登记机构赔偿后,可以向造成登记错误的人追偿。”《律师法》第 54 条规定:“律师违法执业或者因过错给当事人造成损失的,由其所在的律师事务所承担赔偿责任。律师事务所赔偿后,可以向有故意或者重大过失行为的律师追偿。”《公证法》第 43 条规定:“公证机构及其公证员因过错给当事人、公证事项的利害关系人造成损失的,由公证机构承担相应的赔偿责任;公证机构赔偿后,可以向有故意或者重大过失的公证员追偿。”

在侵权法中规定追偿权可以说是一把“双刃剑”，其有利的一面体现在：首先，可以促使工作人员在工作中谨慎行事，认真对待自己的工作，减少侵权行为的发生；其次，可以明确界定追偿的范围，防止用人单位滥用追偿权，在某种程度上可能更有利于对工作人员的保护；最后，可以通过对主观恶意较大的工作人员进行追偿以起到制裁的作用，并在一定程度上弥补用人单位的损失。但是，规定追偿权也有其不利的因素，主要表现在：(1)侵权法主要解决对外责任的问题，用人单位和工作人员的内部责任可以通过协议等方式来约定。对于违反相关法律规定或者显失公平的约定，工作人员可以依法要求撤销或者确认该约定为无效。(2)如何确定用人单位追偿权的条件比较困难。如果规定用人单位在工作人员有故意的情形下可以追偿，那么是否意味着工作人员出现了重大过失就不能追偿，容易引发歧义；如果将追偿条件限制为工作人员“故意或者重大过失”，那么在一些情况下，可能范围又过宽，同时又排除了一般过失，使范围变窄。因为不同行业、工种的工作环境不同，有的行业具有一定的危险性或者与公众接触较多，容易引发事故；有的行业则安全性较强，或者具有封闭性，不易造成对他人的损害。总之现实中的情况错综复杂，很难以一个统一的标准来确定追偿权的条件。(3)目前我国职工工资水平还不太高，和用人单位相比，工作人员在劳动关系中属于弱者，在经济上处于劣势地位。如果对追偿权作出明确规定，有的用人单位可能利用该条规定，将本应承担的责任转嫁给工作人员。考虑到追偿权的问题比较复杂，追偿条件规定过严，对广大劳动者不利；追偿条件规定过宽，也不利于工作人员谨慎工作，减少事故的发生。不同行业、不同工种和不同劳动安全条件，其追偿条件应有所不同。因此，本法对于追偿权的问题没有作出规定。本法虽未作规定，但不影响用人单位依照法律规定，或者根据双方的约定来行使追偿权，如果用人单位和工作人员对于能否追偿或者追偿多少有争议的，可以向人民法院提起诉讼，由人民法院根据具体情况公平解决。

二、劳务派遣中产生的侵权责任

本条第 2 款规定了工作人员在劳务派遣期间造成他人损害的，劳务派遣单位和接受劳务派遣的用工单位的责任。劳务派遣是指劳动派遣机构与员工签订劳务派遣合同后，将工作人员派遣到用工单位工作。劳务派遣的主要特点就是员工的雇用和使用分离。劳动派遣机构不是职业介绍机构，是与劳动者签订劳动合同的一方当事人。派遣的员工到用工单位工作，但不与用工单位签订劳动合同，产生劳动关系。

近些年，随着我们经济和社会的发展，劳动力使用的形式越来越多样化，劳务派遣在我国得到迅速的发展。劳务派遣改变了员工为单位所有的单一模式，为用工单位提供了一种灵活、便捷的优化配置人力资源的用人机制，满足了用工形式多样化的需求。劳务派遣从制度上切断了员工与用工单位的依附关系，减少了用工单位的人力资源管理成本，为用工单位搭建了“集天下优才为我用”的平台，有利于用工单位提高劳动生产率。这种新的用人方式在一定程度上也有利于解决就业问题。

我国《劳动合同法》对劳务派遣专门作出规定。根据该法的规定，劳务派遣单位，即用人单位，与被派遣的劳务者应当订立2年以上的劳动合同。劳务派遣单位与接受以劳务派遣形式用工的单位，即用工单位订立劳务派遣协议，对涉及劳务派遣的事项进行约定。用工单位的主要职责是：(1)执行国家劳动标准，提供相应的劳动条件和劳动保护；(2)告知被派遣劳动者的工作要求和劳务报酬；(3)对在岗被派遣劳动者进行工作岗位所必需的培训；(4)连续用工的，实行正常的工资调整机制。

【司法适用】

劳务派遣的用人形式不同于一般的用人单位，劳务派遣单位虽然与被派遣的员工签订了劳动合同，但不对被派遣员工进行使用和具体的管理。在劳务派遣期间，被派遣的工作人员是为接受劳务派遣的用工单位工作，接受用工单位的指示和管理，同时由用工单位为被派遣的工作人员提供相应的劳动条件和劳动保护，所以，被派遣的工作人员因工作造成他人损害的，其责任应当由用工单位承担。劳务派遣单位在派遣工作人员方面存在过错，应当承担相应的责任。比如，某商场要求派来的员工具有电工操作证和高级电工资质，以负责检测和维修商场的照明设备，但劳务派遣单位派来的员工不仅没有合格的资质，也没有任何的实践经验，结果该员工在工作时发生了火灾，造成店内租户的商品受损，那么，在这种情况下，虽然用工单位作为直接使用员工的单位，需要赔偿租户的损失，但是劳务派遣单位在选派员工方面有一定的过错，也应当承担相应的责任。本条明确改变了《侵权责任法》第34条第2款规定的补充责任，变为“劳务派遣单位有过错的，承担相应的责任”，那么此时就要根据派遣单位过错的大小，以及过错对该侵权行为的原因力大小、因果关系的承担来确定，可以承担较小责任，也可能承担主要责任，由法院进行个案判断。

用工单位对外承担了赔偿责任后，能否向有过错的劳务派遣单位追偿？对于这个问题，《侵权责任法》没有作出规定，现可以类推适用本条第1款。在用工单位对外承担全部赔偿责任的情况下，对于有过错的劳务派遣单位来说，应当允许用工单位向劳务派遣单位进行追偿，让劳务派遣单位承担起与其过错相应的责任。当然，如果劳务派遣单位已经对被侵权人承担了与其过错相应的补充责任，那么，在这种情况下用工单位就不能再对劳务派遣单位行使追偿权。

【司法案例】

上海宝原物业顾问有限公司与李某某、郑某某劳务派遣工作人员侵权责任纠纷案①

诉讼结论：宝原公司承担李某某的各项赔偿损失，接受劳务派遣的单位承担侵权责任。

法院认为，驾驶非机动车在道路上行驶应当遵守有关交通安全的规定。交通事故的责任者应对交通事故造成的损失承担赔偿责任。本次交通事故经交警部门认定，郑某某承担全部责任。而郑某某系案外人深圳南油外服人力资源有限公司派遣至宝原公司从事房产中介工作，本起事故系郑某某在带看房屋过程中发生，属于职务行为。根据法律规定，劳务派遣期间，被派遣的工作人员因执行工作任务造成他人损害的，由接受劳务派遣的用工单位承担侵权责任。故宝原公司应对李某某因此次事故造成的合理损失进行赔偿。对李某某要求郑某某承担连带责任的请求，因无法律依据，法院不予采信。

第一千一百九十二条　个人之间形成劳务关系，提供劳务一方因劳务造成他人损害的，由接受劳务一方承担侵权责任。接受劳务一方承担侵权责任后，可以向有故意或者重大过失的提供劳务一方追偿。提供劳务一方因劳务受到损害的，根据双方各自的过错承担相应的责任。

提供劳务期间，因第三人的行为造成提供劳务一方损害的，提供劳务一方有权请求第三人承担侵权责任，也有权请求接受劳务一方给予补偿。接受劳务一方补偿后，可以向第三人追偿。

【条文主旨】

本条是关于个人劳务关系中的侵权责任的规定。

【条文理解】

本条承接于《侵权责任法》第35条，该条规定："个人之间形成劳务关系，提供劳务一方因劳务造成他人损害的，由接受劳务一方承担侵权责任。提供劳务一方因劳务自己受到损害的，根据双方各自的过错承担相应的责任。"《民法典》第

① 上海市第二中级人民法院(2014)沪二中民一(民)终字第514号民事判决书。

1192 条第 1 款在此基础上增加了“接受劳务一方承担侵权责任后，可以向有故意或者重大过失的提供劳务一方追偿”，立法者的意图非常明显，即赋予侵权责任承担者的对实际真正侵权人的追偿权，追偿权的基础即是提供劳务者因劳务行为导致他人损害，则由接受劳务者一方承担侵权责任。原法条未直接规定接受劳务者是否享有追偿权导致各地人民法院裁判不一，有的认为从法理上可以推导出追偿权，对接受劳务一方的追偿权予以支持，但也有不少法院认为法律没有直接赋权给接受劳务者的追偿权，那么应认为接受劳务者不得向提供劳务者追偿。因此可见，在后一种情况下就会导致接受劳务者承担过重的侵权责任，明显不公平，同时受害人、提供劳务者、接受劳务者之间的权利义务处于不平衡状态，故而此次《民法典》“侵权责任编”作了以上修正，既是符合法理的也是符合人民朴素正义观的。

同时本条比《侵权责任法》第 35 条还增加了第 2 款内容，“提供劳务期间，因第三人的行为造成提供劳务一方损害的，提供劳务一方有权请求第三人承担侵权责任，也有权请求接受劳务一方给予补偿。接受劳务一方补偿后，可以向第三人追偿”，《民法典》第 1192 条第 2 款的意义在于第三人导致的提供劳务者损害，提供劳务者可以有选择权，既可以直接向第三人侵权人进行主张，还可以向接受劳务者一方主张，那么可以使提供劳务者获得全面的保护。同时第三人造成损害结果发生的，与《民法典》第 1175 条的法律规范意义相同，也体现了《民法典》“侵权责任编”保护力度在不断加强和保护范围的不断扩展。

劳务关系，是指提供劳务一方为接受劳务一方提供劳务服务，由接受劳务一方按照约定支付报酬而建立的一种民事权利义务关系。劳务关系的建立可以采取书面形式，也可以采取口头或者其他形式。劳务关系不同于劳动关系，主要表现在：(1)劳务关系原由《民法通则》和《合同法》进行规范和调整此由《民法典》“总则编”和“合同编”进行规范和调整。企业和个体经济组织与形成劳动关系的劳动者之间的劳动关系，由《劳动法》规范和调整。(2)劳务关系的主体可以是两个自然人或者自然人与单位之间，但本条仅调整个人之间形成的劳务关系。劳动关系中的一方应是符合法定条件的用人单位，另一方必须是符合劳动年龄条件，且具有与履行劳动合同义务相适应的能力的自然人。(3)劳务关系中，提供劳务一方不是接受劳务一方的职工，双方不存在隶属关系。劳动关系中的用人单位与员工之间存在隶属关系。(4)劳务关系中，接受劳务一方可以不承担提供劳务一方的社会保险。国家没有规定要求居民必须为其雇用的保姆缴纳社会保险。劳动关系中的用人单位必须按照相关规定为职工购买社会保险。(5)劳务关系中，接受劳务的一方有权中断劳务关系，但没有用人单位对职工处分等权利。用人单位对职员违反用人单位劳动纪律和规章制度等行为，有权依法进行处理。(6)劳务关系中，报酬完全由双方当事人协商确定。劳动关系中，用人单位对职工有工资、奖金等方面的分配权利。用人单位向员工支付的工资应遵循按劳分配、同工同酬的原则，并遵守当地有关最低工资标准的规定。当然，如何界定个人之间形成的劳务关系，还需要根据具体情况来判断。如果是公司安排的上门服务，比如，某人购买了空调或者家具后，厂家派工人上门安装，那么在安装期间工人不慎将工具掉到楼下砸到一行人，那么系工人因工作造成他人伤害的情形，应当由工人所在的工厂依照《民法典》第1191条的规定赔偿被侵权人的损失。

本条中“接受劳务一方”仅指自然人，个体工商户、合伙的雇员因工作发生的纠纷，按照《民法典》第1191条用人单位的规定处理。接受劳务一方对提供劳务一方造成他人损害，承担赔偿责任的，前提是提供劳务一方的行为是因劳务产生；如果提供劳务一方的行为纯属个人的行为，与劳务无关，那么接受劳务一方无须承担责任。比如，某人家里雇的保姆周末休息外出游玩，骑车不慎将一路人撞伤，其行为与劳务无关，保姆应当自己承担赔偿责任。

需要指出的是，本条规定不包括因承揽关系产生的纠纷。根据《民法典》“合同编”的规定，承揽合同是承揽人按照定作人的要求完成工作，交付工作成果，定作人给付报酬的合同。承揽包括加工、定作、修理、测试、检验等工作。承揽合同与劳务合同的区别在于：承揽合同的劳动者所交付的标的是劳动成果，而劳务合同的劳动者交付的标的是劳动，定作人与承揽人之间不存在劳务关系。承揽合同履行过程中，加工人因定作人所要求的工序具有一定危险性而导致自身损害或导致第三人损害，定作人一般不承担侵权责任，但定作人对定作、指示或者选任有过错的，应当承担相应的责任，详见《民法典》第1193条的规定。

本条除了明确提供劳务过程中，造成他人损害的责任外，还规定了提供劳务一方因劳务自己受到损害的，双方责任的承担。根据本条规定，提供劳务一方因劳务自己受到损害的，根据双方各自的过错承担相应的责任。这一规定和工作人员在用人单位受到损害的规定有所不同。2003年国务院颁布的《工伤保险条例》规定，中华人民共和国境内的各类企业、有雇工的个体工商户应当依照本条例规定参加工伤保险，为本单位全部职工或者雇工缴纳工伤保险费。从现有的规定看，工作人员在工作过程中受到工伤损害的，用人单位原则上承担无过错责任。只要工作人员是因工作遭受事故伤害或者患职业病的，职工就可以依照相关规定获得医疗救治和经济补偿。由于本条中“个人之间形成劳务关系”，不属于依法应当参加工伤保险统筹的情形，提供劳务的一方受到损害后，不能适用《工伤保险条例》，所以，提供劳务一方因劳务受到损害的，不宜采取无过错责任的原则，要求接受劳务的一方无条件地承担赔偿责任。实践中因劳务受到损害的情况比较复杂，应当区分情况，根据双方的过错来处理比较合理。比如，张某家雇的保姆不听张某的劝阻，执意要站在椅子上打扫卫生，结果不小心将腿扭伤，那么，雇用保姆的张某可以从人道主义的角度，带保姆看病，适当承担一定的责任，但是张某承担无过错责任，则责任过重，有失公允。所以，本法规定双方根据各自的过错承担责任，比较公平，也符合现实情况。

【司法适用】

和用人单位相比，接受劳务一方经济实力有限，所以接受劳务一方对外承担责任后，原则上是可以向有过错的提供劳务一方追偿的，比如王某请小时工来家里擦玻璃，告知小时工干活前要将花盆从窗台挪开，但小时工未听王某的指示，未挪开花盆，结果干活时不小心将花盆摔到楼下，将停放在楼下的一汽车挡风玻璃砸裂，那么，王某应当赔偿车主的损失，不过承担赔偿责任后可以向小时工追偿。总体而言，接受劳务一方行使追偿权的条件可以比用人单位行使追偿权的条件略宽。

人民法院对于接受劳务一方提出的追偿权诉讼，可以与原第三人受损与提供劳务一方的案件一并诉讼，两案合并审理；也可以单独另行起诉。一般来说，只要接受劳务一方在原案审理过程中提起对提供劳务一方的追偿权诉讼，法院应当受理。同时，《民法典》第1192条已经将追偿权立法明确后，对于人民法院审理此类案件带来了方便，也为当事人减少诉累提供了有力的法律依据。

【司法案例】

姚某与泰鑫进达公司、亚太保险公司保险人代位求偿权纠纷案①

诉讼结论：保险公司因责任保险向受害人或被侵权人赔偿后，可以对有过错的侵权人予以追偿。

法院认为，事故责任车辆×××的所有人系泰鑫进达公司，该车辆系姚某挂靠在泰鑫进达公司下的，姚某为实际所有人，事故发生时的驾驶人××系受姚某雇用驾驶涉案车辆。根据《侵权责任法》第35条的规定，个人之间形成劳务关系，提供劳务一方因劳务造成他人损害的，由接受劳务一方承担劳务侵权责任，故姚某应承担赔偿责任。《最高人民法院关于审理道路交通事故损害赔偿案件适用法律若干问题的解释》第3条规定，以挂靠形式从事道路运输经营活动的机动车发生交通事故造成损害，属于该机动车一方责任，当事人请求由挂靠人和被挂靠人

① 北京市第二中级人民法院（2019）京02民终9861号民事判决书。

承担连带责任的,人民法院应予支持。故对于平安财险公司要求泰鑫进达公司承担连带责任的诉讼请求,该院予以支持。

第一千一百九十三条　承揽人在完成工作过程中造成第三人损害或者自己损害的,定作人不承担侵权责任。但是,定作人对定作、指示或者选任有过错的,应当承担相应的责任。

【条文主旨】

本条是关于承揽关系中的侵权责任的规定。

【条文理解】

本条是关于承揽人在完成工作过程中造成第三人损害或者自己损害,定作人一般不承担侵权责任的规定。立法目的是明确承揽合同具有独立的法律效果。承揽人与定作人之间仅存在产品与对价的关系,一般不产生侵权责任关系,但是承揽法律关系与劳务关系常存在模糊之处,不易分辨。其实区分也不难,承揽关系,主要是产品数量、内容、质量、价款方面的交易,法律性质是承揽合同关系;劳务关系,主要是提供劳务服务,法律性质是服务合同关系,注意该服务合同可以产生侵权法法律关系。正如《民法典》第1192条规定的劳务侵权法律关系,与本条有着本质区别。正因为承揽关系的基本法律关系是定作产品,承揽人承担的是严格责任,无论其如何生产出来,定作人只需要承揽人拿出合同要求的产品即可;另外,定作人主要履行支付价款义务,以及提供定作品规格或样品即可,其他由承揽引发的其他法律关系则不予考虑。故而,本条第一部分确定的原则是承揽人在完成工作过程中造成第三人损害或者自己损害的,定作人不承担侵权责任,即原则上两类法律关系不牵连。根据《民法典》"合同编"的相关规定,承揽合同是承揽人按照定作人的要求完成工作,交付工作成果,定作人给付报酬的合同。承揽包括加工、定作、修理、测试、检验等工作。承揽合同与劳务合同的区别在于:承揽合同的劳动者所交付的标的是劳动成果,而劳务合同的劳动者交付的标的是劳动,定作人与承揽人之间不存在劳务关系,那么一般情况下就不存在劳务侵权责任问题。

本条第二部分又规定,"定作人对定作、指示或者选任有过错的,应当承担相应的责任"。承揽合同履行过程中,加工人因定作人所要求的工序具有一定危险性而导致自身损害或导致第三人损害,定作人一般不承担侵权责任,但定作人对定作、指示或者选任有过错的,应当承担相应的责任,那么本条第二部分就是对承揽合同与侵权责任竞合时的特殊规定。之所以要让定作人承担部分责任在于承揽人导致他人损害和自身损害是由定作人转嫁危险、指示或选任过错造成的，那么这就形成了定作人应当承担责任的原因。本条第二部分，“定作人对定作、指示或者选任有过错的，应当承担相应的责任”，相应的责任一般不是连带责任，在承揽人造成他人损失的，且存在定作人对定作、指示或者选任有过错的情况下，承揽人与定作人可以根据过错大小分担责任。《侵权责任法》并无此条款，有立法专家认为在承揽法律关系中，也存在类似劳务关系的侵权情势，如果完全免除定作人责任的话，对于承揽人是不公平的，同时还可能造成第三人受损弥补的不足，建议将定作人过错作为侵权责任规范进入《民法典》，后立法者觉得承揽合同定作人的过错对第三人的侵权责任具有因果关系，虽然该因果关系是间接的，而非直接的，但其对损害后果具有直接的该当性，应予部分赔偿。定作人在选人过程中的错误到底应该承担多大的责任比例，还应根据个案进行判断。

【司法适用】

在司法实践中大量存在的案例，是依据本条第一部分“承揽人在完成工作过程中造成第三人损害或者自己损害的，定作人不承担侵权责任”的情况。《民法典》颁布实施后，那么司法实践中会增加部分适用本条第二部分“定作人对定作、指示或者选任有过错的，应当承担相应的责任”的情况，那么人民法院的理念应该是，在涉及承揽合同与侵权竞合的领域，承揽人导致的侵权损害的责任承担者主要还应该是承揽人本人，在特殊情况下定作人承担部分责任，绝不能是连带责任。定作人承担部分责任的情况下，一般是承担少部分责任，毕竟从侵害发生原因、因果关系、损害后果等方面来看还是承揽人作为主要责任方，定作人与损害后果关联性一般较小。那么人民法院是否可以判定定作人承担补充责任呢？一般来说，也不宜将定作人的侵权责任确定为补充责任，确定补充责任必须有法条明确规定，不能由人民法院径行确定补充责任作为承担侵权责任的方式。此时，人民法院还是可以根据各方在侵权损害过程中过错大小，主观态度、原因力等方面综合评判，由各方承担比例责任为妥。

【司法案例】

马某某诉王某、萧县鸿安汽车运输有限公司、陕西重型汽车有限公司健康权纠纷案[①]

诉讼结论：被告陕重公司赔偿原告马某某伤后损失的医疗费86,007.6元（截

---

① 《最高人民法院公报》2015年第12期（总第230期）。

至2013年8月1日)，承揽人在完成工作过程中对第三人造成损害或者造成自身损害的，定作人不承担赔偿责任。

原告马某某所受之伤害系案涉车辆的举升缸轴座托架总成零部件断裂后驾驶室向后倾倒所致，各方当事人对该事实并无异议，法院予以确认。该案的争议焦点在于，案涉车辆的举升缸轴座托架总成零部件断裂是由于什么原因导致的。对此，被告陕重公司应承担举证责任证明其生产的案涉车辆和零部件为合格产品，但其提供的车辆检测的合格证及零部件理化检验报告等证据均系陕重公司内部自行出具，且经法庭释明后，其并未对案涉车辆举升缸轴座托架总成零部件的断裂原因申请司法鉴定，故应推定为案涉车辆举升缸轴座托架总成零部件存在产品质量缺陷。原告受伤与陕重公司生产的案涉车辆存在产品质量缺陷具有因果关系，陕重公司应对马某某的受伤承担民事责任。

被告王某、鸿安公司将具有水箱故障的案涉车辆交由"许昌传动轴厂东南维修站"进行维修，双方形成了事实上的承揽法律合同关系。承揽人在完成工作过程中对第三人造成损害或者造成自身损害的，定作人不承担赔偿责任。故原告马某某要求王某、鸿安公司对其因伤造成的损失承担连带赔偿责任的诉讼请求于法无据，法院未予支持。

第一千一百九十四条　网络用户、网络服务提供者利用网络侵害他人民事权益的，应当承担侵权责任。法律另有规定的，依照其规定。

【条文主旨】

本条是关于网络侵权责任的概括性规定。

【条文理解】

本条承接于《侵权责任法》第36条，与《民法典》第127条"法律对数据、网络虚拟财产的保护有规定的，依照其规定"相对应，民事主体的互联网权利虚拟财产权在《民法典》上正式确立起来，也宣示着互联网法治时代的私法权利体系在法典规范中具有十分重要的地位。众所周知，有权利就有可能被侵害，有侵害就需要保护。本编就是为了保护新兴权利——网络权利、网络财产、网络空间本身等而专门设置的，网络权利保护体系的建立和发展是中国面向21世纪的《民法典》的标志之一。网络侵权的概念、特征、域外规范及我国实施概况等方面内容是全面理解网络侵权体系的几个关键。

一、网络侵权概述

随着计算机应用及通信技术的发展,网络已快速辐射到社会各个领域,互联网的广泛应用改变了人们的生活与生产方式,上网浏览新闻、网络游戏、网络购物、网络聊天、网络下载等几乎成为人们日常生活中不可或缺的组成部分。而与此同时,通过网络侵犯他人民事权益的现象也日益增多,如利用网络诽谤他人、公开他人个人信息、上传盗版音乐及影视作品等。但由于网络的匿名性、分散性等特点,权利人难以找到实施侵权行为的人,而且维权成本太高,很多权利人便要求网络服务提供者承担侵权责任,但由于网络上存在的信息是海量的,网络服务提供者无法一一审查,要求其对所有侵权信息承担责任也是不公平的。所以,在网络环境下,如何在保护权利人的合法权益与促进网络产业正常发展之间取得平衡,是我们长期以来一直在思考的问题。正是基于此,本法对网络侵权作了专条规定。

(一)网络侵权的概念

网络侵权,是指发生在互联网上的各种侵害他人民事权益的行为,它不是指侵害某种特定权利(利益)的具体侵权行为,也不属于在构成要件方面具有某种特殊性的特殊侵权行为,而是指一切发生于互联网空间的侵权行为。

(二)网络侵权的特征

没有网络,也就不存在网络侵权,网络侵权的现象正是伴随着网络技术的发展而不断出现的。相比传统侵权行为,网络侵权的特殊性也是由网络技术的特殊性决定的,而且还将不断发展变化。网络侵权主要具有以下几点特征:

1. 主体的特殊性,随着网络技术的不断发展,网络用户不再只是网络信息的被动接收者,而是正逐渐转变为主动参与者。由于网络空间的开放性,每天有大量信息上传到网络上,其中不可避免地混杂着一些侵犯他人合法权益的信息,如侵犯人格权、财产利益、著作权的信息等,这些信息有些是网站管理者自行上传的,有些是由用户主动上传的。我国目前没有实行网络实名制,侵权行为人很容易隐藏其真实身份。

2. 客体的特殊性,与传统侵权行为相比,网络侵权行为的客体有三种类型:一是传统领域存在的,行为人仅仅是通过网络手段实施侵权行为,如银行账户中的资金、名誉权、著作权等。二是在网络领域得到拓展的传统权利客体,如网络作品著作权。三是网络领域新产生的,如网络虚拟财产等,在网络中,各种基于网络服务所提供的用户账号以及其所对应的服务往往具有一定的商业价值,成为一种新型财产。

3. 损害后果的特殊性,以现代通信技术为基础的网络能够实现瞬间的全球即时通信,这种便捷性与传播的广泛性使网络侵权信息在全世界迅速蔓延,难以判断传播的范围,难以确定接触侵权信息的人数,其损害结果可能无法阻断,也无法恢复。这就对网络侵权救济制度提出了新的要求,需要根据网络关系的特殊性创制新的法律救济模式。

4. 管辖的特殊性,网络空间的开放性和全球性不仅与法律规范的地域性特点相冲突,也对传统的管辖理论及法律适用提出了新的考验。全球网络终端通过互联网共同组成了一个瞬间连接的交互式网络,网络传播不受地域限制的特征和网站之间的无限链接以及加害行为实施地和损害结果地的认定发生困难,使传统管辖权的理论基础在此难以发挥确定法律规范、平衡当事人权利义务关系的作用。

二、有关网络侵权的规定

(一)概述

近十年来,随着宽带技术日益普及以及网民数量的不断增长,我国网络产业发展迅猛,网络经济在国民经济中的比重逐年增长,但随之而来的是,我国通过网络侵犯著作权的现象也越发突出,为解决这一问题,最高人民法院于2000年制定了《关于审理涉及计算机网络著作权纠纷案件适用法律若干问题的解释》,该解释分别于2004年、2006年作过两次修改。国务院也于2006年制定了《信息网络传播权保护条例》,根据网络服务提供者的不同类型分别规定了免责事由。

(二)国务院《信息网络传播权保护条例》

1. 提供网络接入服务的网络服务提供者的免责条件

网络服务提供者根据服务对象的指令提供网络自动接入服务,或者对服务对象提供的作品、表演、录音录像制品提供自动传输服务,符合下列条件时不承担赔偿责任:(1)未选择并且未改变传输内容;(2)向指定的服务对象提供传输内容,并防止指定的服务对象以外的其他人获得。

2. 提供缓存服务的网络服务提供者的免责条件

网络服务提供者为提高网络传输效率,自动存储从其他网络服务提供者获得的作品、表演、录音录像制品,根据技术安排自动向服务对象提供,符合下列条件时不承担赔偿责任:(1)未改变自动存储的内容;(2)不影响原网络服务提供者掌握服务对象获取传输内容的情况;(3)在原网络服务提供者修改、删除或者屏蔽该传输内容时,根据技术安排自动予以修改、删除或者屏蔽。

3. 提供信息存储空间服务的网络服务提供者的免责条件

网络服务提供者为服务对象提供信息存储空间,供服务对象通过信息网络向公众提供作品、表演、录音、录像制品,符合下列条件时不承担赔偿责任:(1)明确标示该信息存储空间是为服务对象所提供,并公开网络服务提供者的名称、联系人、网络地址;(2)未改变服务对象所提供的内容;(3)不知道也没有合理的理由应当知道服务对象提供的内容侵权;(4)未从服务对象提供的内容中直接获得经济利益;(5)在接到权利人的通知书后,删除权利人认为侵权的内容。

4. 提供搜索和链接服务的网络服务提供者的免责条件

网络服务提供者为服务对象提供搜索或者链接服务,在接到权利人的通知书后,断开与侵权的作品、表演、录音、录像制品的链接的,不承担赔偿责任;但是,明知或者应知所链接的作品、表演、录音、录像制品侵权的,应当承担共同侵权责任。

三、网络用户、网络服务提供者利用网络侵害他人民事权益

根据本条规定,网络用户、网络服务提供者利用网络侵害他人民事权益的,应当承担侵权责任。

(一)网络用户利用网络侵害他人民事权益

网络用户利用网络侵害他人民事权益,大体可以分为以下几种类型:一是侵害人格权。主要表现为:(1)盗用或者假冒他人姓名,侵害姓名权;(2)未经许可使用他人肖像,侵害肖像权;(3)发表攻击、诽谤他人的文章,侵害名誉权;(4)非法侵入他人电脑、非法截取他人传输的信息、擅自披露他人个人信息、大量发送垃圾邮件,侵害隐私权。二是侵害财产利益。基于网络活动的便捷性和商务性,通过网络侵害财产利益的情形较为常见,如窃取他人网络银行账户中的资金,而最典型的是侵害网络虚拟财产,如窃取他人网络游戏装备、虚拟货币等。三是侵害知识产权。主要表现为侵犯他人著作权与商标权:(1)侵犯著作权。如擅自将他人作品进行数字化传输,规避技术措施,侵犯数据库等。(2)侵犯商标权。如在网站上使用他人商标,故意使消费者误以为该网站为商标权人的网站,恶意抢注与他人商标相同或相类似的域名等。

(二)网络服务提供者利用网络侵害他人民事权益

1. 网络服务提供者的概念

在本法的起草过程中,针对网络服务提供者的具体含义,有不同认识。有观点认为,其仅指技术服务提供者,包括接入服务、缓存服务、信息存储空间服务以及搜索或者链接服务四种类型;也有观点认为,其不包括接入服务和缓存服务这两种类型;还有观点认为,除了上述四种类型,其还应当包括内容服务提供者。经研究,目前我国法律、行政法规和司法解释中有关网络主体有多种表述,除“网络服务提供者”外,还有“提供内容服务的网络服务提供者”“内容服务提供者”“互联网接入服务提供者”“互联网信息服务提供者”“网站经营者”等。一般认为,“网络服务提供者”一词内涵较广,不仅应当包括技术服务提供者,还应当包括内容服务提供者。

2. 技术服务提供者利用网络侵害他人民事权益

所谓技术服务提供者，主要指提供接入、缓存、信息存储空间、搜索以及链接等服务类型的网络主体。其不直接向网络用户提供信息，一般而言，除符合本条规定外，技术服务提供者无须对网络用户提供的信息侵犯他人民事权益承担责任。但技术服务提供者如果主动实施侵权行为，如破坏他人技术保护措施、利用技术手段攻击他人网络、窃取他人个人信息等，也要承担侵权责任。

3. 内容服务提供者利用网络侵害他人民事权益

所谓内容服务提供者，是指主动向网络用户提供内容的网络主体。其法律地位与出版者相同，应当对所上传内容的真实性与合法性负责，如果提供了侵权信息，如捏造虚假事实诽谤他人、发布侵犯著作权的影视作品等，应当承担侵权责任。

（三）需要注意的问题

本条只对网络用户、网络服务提供者侵犯他人民事权益应当承担侵权责任作出了原则性规定。对于网络用户、网络服务提供者的行为是否构成侵权行为，是否应当承担侵权责任，还需要根据本编第 1165 条以及《著作权法》的有关规定来判断。

目前很多网络主体提供的服务具有多样性，既提供技术服务，又主动提供相关内容，如腾讯、百度、搜狐、新浪等综合性门户网站既是技术服务提供者，又是内容服务提供者。在确认其承担侵权责任的请求权基础时，应当根据具体情形作出必要的区分，不同类型网络服务提供者成立侵权责任的要件、承担责任的方式以及免责事由都是有区别的。

【司法适用】

人民法院审理涉及计算机网络著作权纠纷案件适用法律时，应当注意以下两点：

（1）网络服务提供者参与、教唆、帮助他人实施侵权行为的责任

网络服务提供者通过网络参与他人侵犯著作权行为，或者通过网络教唆、帮助他人实施侵犯著作权行为的，人民法院应当根据《民法通则》第 130 条的规定，追究其与其他行为人或者直接实施侵权行为人的共同侵权责任。

（2）网络服务提供者对网络用户侵权行为承担责任的条件

提供内容服务的网络服务提供者，明知网络用户通过网络实施侵犯他人著作权的行为，或者经著作权人提出确有证据的警告，但仍不采取移除侵权内容等措施以消除侵权后果的，人民法院应当根据《民法通则》第 130 条的规定，追究其与

该网络用户的共同侵权责任。

【司法案例】

天涯社区网络科技股份有限公司网络侵权责任纠纷案[①]

诉讼结论：袁某某立即停止对浙江美居新型材料有限公司名誉权的侵害，并删除"百度贴吧""百度知道"上的侵权言论；袁某某在"百度贴吧""百度知道""天涯社区"连续15日发布致歉声明，向浙江美居新型材料有限公司赔礼道歉；袁某某赔偿浙江美居新型材料有限公司经济损失30,000元；个人承担网络侵权责任，网络平台履行了通知义务、告知义务，因其无错误不承担侵权责任。

法院认为：(1)袁某某持续在网络上对浙江美居新型材料有限公司（以下简称浙江美居公司）及其持有的商标公开发布侮辱性言论，足以使网络浏览者对浙江美居公司及其产品的社会评价降低，导致浙江美居公司的名誉受损，已经构成对浙江美居公司名誉权的侵害。(2)袁某某在网络上发布的侮辱性言论已经构成对浙江美居公司名誉权的侵害，应当立即停止侵害，并删除相关侵权言论。关于赔礼道歉、恢复名誉及消除影响的范围，一般应与侵权所造成不良影响的范围相当。本院酌定袁某某在"百度贴吧""百度知道""天涯社区"连续15日发布致歉声明，向浙江美居公司赔礼道歉，以消除对浙江美居公司名誉造成的不利影响。至于赔偿损失的数额问题，因浙江美居公司未能举证证明其具体损失数额，同时鉴于袁某某在本案二审期间仍在"百度贴吧"发布侵权言论，行为性质较为恶劣，本院酌定袁某某赔偿浙江美居公司经济损失30,000元。(3)关于百度公司、天涯公司是否需承担连带责任的问题。《侵权责任法》第36条第3款规定，网络服务提供者知道网络用户利用其网络服务侵害他人民事权益，未采取必要措施的，与该网络用户承担连带责任。本案中，百度公司在其产品"百度贴吧""百度知道"主页显著位置公布了《百度贴吧协议》《百度知道协议》，告知用户在享有言论自由的同时不得发表侵犯他人合法权益的内容，并提供了相应的投诉通道，履行了事前提示的义务。同时百度公司在收到有关投诉后，及时删除了侵权言论，履行了事后监管的义务。天涯公司在其经营的"天涯社区电子公告版"内提示上网用户不得发布侵权信息，并在2017年3月13日收到浙江美居公司的通知当日删除了涉案帖子。综上，百度公司、天涯公司均在知道袁某某利用其网络服务侵害浙江美居公司名誉后，采取了必要措施的，故不应承担赔偿责任。综上，浙江美居公司的上诉理由部分成立，本院予以支持。

---

① 浙江省嘉兴市中级人民法院(2017)浙04民终2224号民事判决书。

第一千一百九十五条　网络用户利用网络服务实施侵权行为的，权利人有权通知网络服务提供者采取删除、屏蔽、断开链接等必要措施。通知应当包括构成侵权的初步证据及权利人的真实身份信息。

网络服务提供者接到通知后，应当及时将该通知转送相关网络用户，并根据构成侵权的初步证据和服务类型采取必要措施；未及时采取必要措施的，对损害的扩大部分与该网络用户承担连带责任。

权利人因错误通知造成网络用户或者网络服务提供者损害的，应当承担侵权责任。法律另有规定的，依照其规定。

【条文主旨】

本条是关于“通知与取下”程序的规定。

【条文理解】

该条是《侵权责任法》第36条第2款内容的扩展，是参照美国《千禧年数据版权法案》（DMCA法案）中的一个非常有特殊的程序，即“通知与取下”程序。该法案中，被侵权人在获知侵权事实后，可以向提供信息存储空间和信息定位服务的网络服务提供者发出符合DMCA规定的侵权通知，网络服务提供者在接到侵权通知后，应当迅速移除或屏蔽对侵权信息的访问。欧盟没有在电子商务指令中规定这一程序，而是由各个网络服务提供者自行规定。日本在《特定电气通信提供者损害赔偿责任之限制及发信者信息揭示法》中也规定了这一程序，但与美国DMCA的规定以及欧盟各网络服务提供者的普遍做法不同，被害者可以向服务提供者发出包括侵权信息、受侵害的权利以及权利受侵害的理由等信息的侵权通知，要求采取防止散布的措施，服务提供者在接获侵权通知后，应首先询问发信者（网络用户）是否同意采取防止散布措施，发信者在接到通知后7天内未表示反对的，服务提供者方可采取相应措施。

一般认为，“通知与取下”程序主要是为了有条件地豁免网络服务提供者对网络用户的直接侵权行为所应承担的间接侵权责任，对于网络服务提供者主动实施的侵权行为，只要符合法律规定的构成要件，就应当承担侵权责任，不能主张适用“通知与取下”程序豁免责任。全国人大法工委认为，本条明确规定“通知与取下”程序适用于存在侵权行为的情形下，如果发布信息的人认为其发布的信息没有侵犯他人合法权益，可以援引“反通知”程序，要求网络服务提供者恢复，如果事后证明不存在侵权行为，没有侵犯发出通知的人的人格权、著作权等合法权益，发出通知的人应当对由此造成的损失承担责任。法律保护正当的网络监督与言论自由,对于在网络上公布他人个人信息是否构成侵权行为,应当区别不同主体予以不同对待,公众人物的工作地点、办公电话、违法行为就不属于隐私,公众有知情权,即便公开了这些信息,也不能构成侵权行为,该公众人物无权要求网络服务提供者删除、屏蔽或者断开链接。此外,根据所提供的技术服务的类型不同,不同类型的网络服务提供者在接到侵权通知后所应承担的义务也应当有所区别。对于提供信息存储空间、搜索、链接服务的网络服务提供者,其在接到侵权通知后,应当对侵权信息采取删除、屏蔽、断开链接等必要措施;对于提供接入、缓存服务的网络服务提供者,其在接到侵权通知后,应当在技术可能做到的范围内采取必要措施,如果采取这些措施会使其违反普遍服务义务,在技术和经济上增加不合理的负担,该网络服务提供者可以将侵权通知转送相应网站。由于所有网络信息都须经由接入服务进行传输,很多权利人都会要求接入服务提供者删除侵权信息,如果不对此类服务提供者采取必要措施的义务进行必要的限制,可能会妨碍网络产业的正常发展。

本条创设了权利人有权通知网络服务提供者采取删除、屏蔽、断开链接等必要网络措施。通知内容应当包括构成侵权的初步证据及权利人的真实身份信息。实际上,权利人的通知因受制于网络相隔,那么必须要求权利人提供身份信息和初步证据,否则网络服务提供者无法核实权利人的真实身份,导致真实权利人的网络表达权的丧失,该规定比《侵权责任法》第 36 条规定要更完善。本条第 2 款规定:“网络服务提供者接到通知后,应当及时将该通知转送相关网络用户,并根据构成侵权的初步证据和服务类型采取必要措施;未及时采取必要措施的,对损害的扩大部分与该网络用户承担连带责任。”该规定是侵权法规范对自由互联网时代的强制约束,网络服务提供者不仅要把权利人证据转递给涉嫌侵权人,如果转递过程延迟还会造成对损害扩大部分与侵权人承担连带责任。那么该条款迫使网络服务提供者要求网络用户必须实名制和提供有效通信联系方式,同时还必须将权利人的初步证据识别好,毫无疑问,极大地增加了网络服务提供者的义务层级。同时,原来网络服务提供者对网络监管内容不理不睬的日子将一去不复返。按照《民法典》第 1195 条及其后面两条的网络侵权规范,网络生活将更加法治化。与此同时,本条第 3 款规定,“权利人因错误通知造成网络用户或者网络服务提供者损害的,应当承担侵权责任”,那么言外之意就是网络用户与网络服务提供者对错误提起者有追偿权。

【司法适用】

我国最高人民法院于 2000 年在《关于审理涉及计算机网络著作权纠纷案件适用法律若干问题的解释》中即对“通知与取下”程序作出了规定:“提供内容服

务的网络服务提供者,或者经著作权人提出确有证据的警告,但仍不采取移除侵权内容等措施以消除侵权后果的,人民法院应当根据民法通则第一百三十条的规定,追究其与该网络用户的共同侵权责任。”该司法解释虽经过两次修改,但这一规定一直沿用至今。国务院《信息网络传播权保护条例》对这一程序作出了更为详细的规定。该条例第14条规定:“对提供信息存储空间或者提供搜索、链接服务的网络服务提供者,权利人认为其服务所涉及的作品、表演、录音录像制品,侵犯自己的信息网络传播权或者被删除、改变了自己的权利管理电子信息的,可以向该网络服务提供者提交书面通知,要求网络服务提供者删除该作品、表演、录音录像制品,或者断开与该作品、表演、录音录像制品的链接。通知书应当包含下列内容:(一)权利人的姓名(名称)、联系方式和地址;(二)要求删除或者断开链接的侵权作品、表演、录音录像制品的名称和网络地址;(三)构成侵权的初步证明材料。权利人应当对通知书的真实性负责。”第15条规定:“网络服务提供者接到权利人的通知书后,应当立即删除涉嫌侵权的作品、表演、录音录像制品,或者断开与涉嫌侵权的作品、表演、录音录像制品的链接,并同时将通知书转送提供作品、表演、录音录像制品的服务对象;服务对象网络地址不明、无法转送的,应当将通知书的内容同时在信息网络上公告。”本条首次从法律上对“通知与取下”程序进行了确认,但只作了原则性规定,对于侵权通知的形式、应当包括的内容以及发出该通知的程序,可以适用国务院《信息网络传播权保护条例》中的有关规定。

在司法实践中,本条可能会遇到网络用户涉嫌侵权的情形下,权利人向网络服务提供者提供真实身份信息请求网络服务提供者删除,但网络服务提供者无法核实是否真实,因为网络服务提供者对于身份信息识别技术可能存在障碍,网络服务提供者不能识别或识别错误之后是不是需要承担责任,需要以后在司法实践中需要进一步总结。注意,上述网络用户、网络服务提供者、权利人都必须建立在网络实名制的前提下,否则任何一方当事人提起诉讼将会面临诉讼对象确认的难题,实际上中国网络环境下实名制仍然任重而道远。

如何判断“知道”?这是一个极具实务操作的难题,法官在具体案件中应当综合各种因素,以一个合理标准去判断,需要在促进网络行业健康发展与保护权利人合法权益之间寻找合适的平衡点,既不能失之过严,也不能操之过宽,法律难以规定一个普遍适用的标准。总体来讲,一般认为法官在掌握判断标准时应当遵循三大原则:

一是根据提供技术服务的网络服务提供者的类型不同,判断标准应当有所不同。相比提供其他服务的此类网络服务提供者,认定提供接入、缓存服务的网络服务提供者“知道”的标准应当更加严格。接入服务连接着网站和网络用户，所有网络信息包括侵权信息都需要通过接入服务才能得以传输，但这种传输是即时的，信息量十分庞大，该类型网络服务提供者无法逐一核实，如果认定标准过于宽泛，可能会使接入服务提供者承担过重的责任，影响普遍接入服务。

二是根据保护对象的不同，判断标准也应当有所不同。对于著作权而言，除非侵权信息十分明显，只要网络服务提供者没有对网络用户上传的信息进行人工编排等，一般不应认定构成侵权行为。涉嫌诋毁他人名誉、不当使用他人肖像、违法公布他人个人信息等行为，不经法院审理，有时难以准确判断是否是侵权行为，网络服务提供者不是司法机关，不应当要求其具有专业的法律素养，更不能要求其对用户发布的信息逐一核实，通常人认为不应属于侵权信息即可免除责任。

三是提供技术服务的网络服务提供者没有普遍审查义务。在审判实践中，应当谨慎认定此类网络服务提供者“知道”网络用户利用其网络服务实施侵权行为。如果判断标准过宽，可能会使网络服务提供者实际上承担了普遍审查的义务。事实上，由于网络具有开放性的特质，网络信息十分庞杂，要求此类网络服务提供者逐一审查，可能大量增加网络服务提供者的运营成本，阻碍网络产业的发展。网络服务提供者不具有监视其传输或储存信息的义务，也不应赋予其寻找不法活动的事实或情况的义务。

【司法案例】

衣念(上海)时装贸易有限公司诉浙江淘宝网络有限公司、杜国发侵害商标权纠纷上诉案①

诉讼结论：被告杜国发、淘宝公司于判决生效之日起10日内共同赔偿原告衣念公司经济损失人民币3000元；被告杜国发、淘宝公司于判决生效之日起10日内共同赔偿原告衣念公司合理费用人民币7000元。使用网络平台的网络侵权人承担侵权责任是必须的和应当的，对于本案中电子商务网络平台因采取措施不够，制止侵权行为力度不足，也应当承担相应侵权责任。

法院认为，网络用户利用网络实施侵权行为的，被侵权人有权通知网络服务提供者采取删除、屏蔽、断开链接等必要措施。在2009年9月29日至11月11日，原告衣念公司发现被告杜国发通过淘宝网销售侵权商品后，先后7次向淘宝公司发送侵权通知函，被告淘宝公司审核后先后7次删除了杜国发发布的商品信息。淘宝公司认为，其已经采取了必要的措施。法院认为，网络服务提供者接到

① 《最高人民法院公报》2012年第1期(总第183期)。

通知后及时删除侵权信息是其免于承担赔偿责任的条件之一，但并非充分条件。网络服务提供者删除信息后，如果网络用户仍然利用其提供的网络服务继续实施侵权行为，网络服务提供者则应当进一步采取必要的措施以制止继续侵权。哪些措施属于必要的措施，应当根据网络服务的类型、技术可行性、成本、侵权情节等因素确定。具体到网络交易平台服务提供商，这些措施可以是对网络用户进行公开警告、降低信用评级、限制发布商品信息直至关闭该网络用户的账户等。淘宝公司作为国内最大的网络交易平台服务提供商，完全有能力对网络用户的违规行为进行管理。淘宝公司也实际制定并发布了一系列的网络用户行为规则，也曾对一些网络用户违规行为进行处罚。淘宝公司若能够严格根据其制定的规则对违规行为进行处理，虽不能完全杜绝网络用户的侵权行为，但可增加网络用户侵权的难度，从而达到减少侵权的目的。就本案而言，淘宝公司接到衣念公司的投诉通知后，对投诉的内容进行了审核并删除了杜国发发布的商品信息。根据淘宝网当时有效的用户行为管理规则，其在接到衣念公司的投诉并经核实后还应对杜国发采取限制发布商品信息、扣分直至冻结账户等处罚措施，但淘宝公司除了删除商品信息外没有采取其他任何处罚措施。在7次有效投诉的情况下，淘宝公司应当知道杜国发利用其网络交易平台销售侵权商品，但淘宝公司对此未采取必要措施以制止侵权，杜国发仍可不受限制地发布侵权商品信息。淘宝公司有条件、有能力针对特定侵权人杜国发采取措施，淘宝公司在知道杜国发多次发布侵权商品信息的情况下，未严格执行其管理规则，依然为杜国发提供网络服务，此是对杜国发继续实施侵权行为的放任、纵容。其故意为杜国发销售侵权商品提供便利条件，构成帮助侵权，具有主观过错，应承担连带赔偿责任。

第一千一百九十六条　网络用户接到转送的通知后，可以向网络服务提供者提交不存在侵权行为的声明。声明应当包括不存在侵权行为的初步证据及网络用户的真实身份信息。

网络服务提供者接到声明后，应当将该声明转送发出通知的权利人，并告知其可以向有关部门投诉或者向人民法院提起诉讼。网络服务提供者在转送声明到达权利人后的合理期限内，未收到权利人已经投诉或者提起诉讼通知的，应当及时终止所采取的措施。

【条文主旨】

本条是关于网络声明制度的相关规定。

【条文理解】

本条是《民法典》“侵权责任编”创立的新制度：未侵权声明制度，该制度实际上是要解决网络服务提供者在海量信息里能够有效筛查和有效避免自己“被侵权”，其实该制度既是一种网络服务提供者保护机制，也是一种多方信息透明机制，从理论设计来看具有一定的合理性，司法实践的具体运作将会有效证明该机制是可靠和稳定的。民法典不应该被确定是全覆盖或全能的，其应是框架的建构者，体系的维护者。在网络领域建立一个这样的未侵权声明制度，可以为将来实践中可能出现的问题留出足够的修正空间。

《侵权责任法》第 36 条第 3 款规定，“网络服务提供者知道网络用户利用其网络服务侵害他人民事权益，未采取必要措施的，与该网络用户承担连带责任”。此处的“知道”大致有两种情况，要么是该网络侵权行为是众所周知的，特别明显的；要么是被侵权人将侵权方面的证据直接寄给网络服务提供者，这些证据明显可以用来证明网络服务提供者的“知道”。一般来说，其一，要求被侵权人证明网络服务提供者具有“明知”的主观状态，难度太大，可能使网络服务提供者逃脱责任，这显然不符合制定这条规定的本意。其二，虽然网络上的信息是海量的，侵权信息混杂其中，难以逐一辨别，但有些侵权信息是可以通过技术措施进行控制的，某些领域的过滤技术已经比较成熟，而且运用这种技术不会给网络服务提供者在经济上造成过重的负担，目前很多网站正在以技术措施加人工审查的方式对网络用户上传的信息进行过滤，取得了很好的效果。其三，网络上的某些侵权事实已为社会大众所共知，如盗版音乐、盗版影视作品、明显具有恶意攻击意图的文章广泛传播，但很多网络服务提供者却视而不见，甚至以此获得高额利润，长此以往，不利于净化网络环境，也不利于培育行业道德规范，更不利于网络行业的正常发展。其四，要求网络服务提供者在过错的情形下，而不仅仅是在故意的情形下承担侵权责任，符合其他国家和地区的发展趋势以及国际惯例，并没有给我国网络服务提供者加以过重的义务。

网络用户接到转送的通知后，可以向网络服务提供者提交不存在侵权行为的声明。声明应当包含不存在侵权行为的初步证据。该声明的法律意义值得进一步分析，首先，声明的价值在于权利预警，警告侵权者立即停止侵权，权利人现在知道且有进一步采取措施的权利。如果此时侵权人受到相关警告，停止了侵权没有进一步造成损害，那么纠纷就化解于无形，对各方都有利的同时也有利于减少司法机关的负担，更有利于社会和谐。其次，声明的价值还在于权利标注，同时该权利标注能使其他侵权者能就此“止步”，权利者是否真正拥有权利，一般是其权利公示，那么在权利者可能被网络侵权的情况下，由声明而再确认其权利，使权利有了公共标尺,就像"立了一个旗杆在无主物上"。最后,声明的价值还在于给司法机关提供了权利被侵害的起算时间节点,可以大大减少权利人的证明诉累。

网络服务提供者接到声明后,应当将该声明转送给发出通知的权利人,并告知其可以向有关部门投诉或者向人民法院提起诉讼。网络服务提供者在转送声明达到权利人后的合理期限内,未收到权利人已经投诉或者提起诉讼的通知的,应当及时终止所采取的措施。那么可总结为,网络侵权的"或投诉或起诉"原则,该"或投诉或起诉"原则目的是网络侵权可由私力救济转公力救济,公力救济的反馈结果仍然可以使网络服务提供者继续完成网络措施或取消网络措施,实现私法与公法的相互补充、相互衔接,属于法治领域的制度创新。网络服务提供者在转送声明达到权利人后的合理期限内,未收到权利人已经投诉或者提起诉讼通知的,应当及时终止所采取的措施。此时,涉嫌侵权人的无过错声明传递到权利人后,权利人要网络服务提供者继续采取网络措施就必须要投诉或起诉,否则网络服务提供者就会解除网络措施。但同时应该注意,如果网络侵权行为通过常识和一般普通人的理解就可以认定为侵权行为的,那么就不受所谓声明的限制,网络服务提供者就应该径直采取网络管制措施。即本条与上一条规范要结合起来理解,不能僵化地理解为,只要有涉嫌侵权方的声明,权利人又未投诉或起诉,那么网络服务提供者就可以解除网络管制措施。

本条的有关部门,一般是指负责网络管理的行政部门,如果网络服务提供者是市场经营主体,那么权利人还可以向网络服务提供者住所地的市场监督管理局投诉。本条所指的"有关部门"的更为妥当的解释应由最高人民法院作司法解释明确哪些具体的行政机关或行政机关授权的单位可以成为本条所指的"有关部门"。如果权利人提交投诉的机关不被网络服务提供者所接受,那么权利人还可以向人民法院起诉,如此一来权利人有完整的权利保障。

【司法适用】

人民法院审理网络侵权案件是近年来典型的新类型案件,权利人往往将涉嫌侵权人与网络服务提供者列为共同被告,这是常态。有时候权利人不知道实际侵权人是谁的时候,有可能就只列网络服务提供者为被告,那么人民法院审理时则没有直接侵权人,只有间接侵权人,如此,法院审理的挑战性就会变得很大。如果因没有找到或者直接侵权人不明确,就直接驳回原告诉讼请求也不合适,那么人民法院需要对原告进行释明,告知其侵权构成要件不完整,法院就难以支撑权利人的诉讼请求。人民法院对于那些明显的网络侵权,网络服务提供者应当审查而未审查,得到请求网络管控请求后也不作为的,人民法院亦可以判令网络服务提供者采取相应措施。

第一千一百九十七条 网络服务提供者知道或者应当知道网络用户利用其网络服务侵害他人民事权益，未采取必要措施的，与该网络用户承担连带责任。

【条文主旨】

本条是关于网络服务者承担连带责任的规定。

【条文理解】

本条承接于《侵权责任法》第36条第3款，原法条规定“网络服务提供者知道网络用户利用其网络服务侵害他人民事权益，未采取必要措施的，与该网络用户承担连带责任”，本条增加了“应当知道”，说明立法者加强了对网络服务提供者的责任，知道是一种事实状态，而应当知道属于一种法律推理状态。

一般来说，提供技术服务的网络服务提供者承担的是过错责任，有专家提出，此类网络服务提供者的地位有如出版者，应当承担无过错责任，只要其网络服务中存在侵权信息，就应当承担侵权责任。立法者认为，在网络发展初期，有的国家的法院曾经以无过错责任判决此类网络服务提供者承担侵权责任，但随着对网络问题的研究越来越深入，研究者逐渐认识到，提供技术服务的网络服务提供者并不直接向公众提供信息，只是为网络用户发布或者检索信息提供平台，每天面对海量的信息，在技术上无法逐一审核，与传统著作权领域中出版者的地位不尽相同，令此类网络服务提供者承担无过错责任可能使其承担过重的义务，远超出其能够承受的范围，不仅危及网络行业的正常发展，最终将损害社会公共利益。

本条实际上采用了过错责任原则，《侵权责任法》起草过程中就有专家提出将“明知”改为“知道或应当知道”。当时的立法内部意见是：其一，要求被侵权人证明网络服务提供者具有“明知”的主观状态，难度太大，可能使网络服务提供者逃脱责任，这显然不符合制定这条规定的本意。其二，虽然网络上的信息是海量的，侵权信息混杂其中，难以逐一辨别，但有些侵权信息是可以通过技术措施进行控制的，某些领域的过滤技术已经比较成熟，而且运用这种技术不会给网络服务提供者在经济上造成过重的负担，目前很多网站正在以技术措施加人工审查的方式对网络用户上传的信息进行过滤，取得了很好的效果。其三，网络上的某些侵权事实已为社会大众所共知，如盗版音乐、盗版影视作品、明显具有恶意攻击意图的文章广泛传播，但很多网络服务提供者却视而不见，甚至以此获得高额利润，长此以往，既不利于净化网络环境，也不利于培育行业道德规范，更不利于网络行业的正常发展。其四，要求网络服务提供者在过错而不仅在故意的情形下承担侵权责任，符合其他国家和地区的发展趋势以及国际惯例，并没有给我国网络服务提供者加以过重的义务。基于这些考虑，立法者将“明知”修改为“知道”。从法解释学角度来讲，“知道”可以包括“明知”和“应知”两种主观状态，本条将隐含的法解释学明确为知道和应当知道，对各方当事人都有更为明显的警示作用。

【司法适用】

如何判断“知道或者应当知道”？这是一个极具实务操作的难题，法官在具体案件中应当综合各种因素，以一个合理标准去判断，需要在促进网络行业健康发展与保护权利人合法权益之间寻找合适的平衡点，既不能失之过严，也不能操之过宽，法律难以规定一个普遍适用的标准。总的来讲，一般认为法官在掌握判断标准时应当遵循三大原则：

一是根据提供技术服务的网络服务提供者的类型不同，判断标准应当有所不同。相比提供其他服务的此类网络服务提供者，认定提供接入、缓存服务的网络服务提供者“知道”的标准应当更加严格。接入服务连接着网站和网络用户，所有网络信息包括侵权信息都需要通过接入服务才能得以传输，但这种传输是即时的，信息量十分庞大，该类型网络服务提供者无法逐一核实，如果认定标准过于宽泛，可能会使接入服务提供者承担过重的责任，影响普遍接入服务。

二是根据保护对象的不同，判断标准也应当有所不同。对于著作权而言，除非侵权信息十分明显，只要网络服务提供者没有对网络用户上传的信息进行人工编排等，一般不应认定构成侵权行为。涉嫌诋毁他人名誉、不当使用他人肖像、违法公布他人个人信息等行为，不经法院审理，有时难以准确判断是否是侵权行为，网络服务提供者不是司法机关，不应当要求其具有专业的法律素养，更不能要求其对用户发布的信息逐一核实，通常人认为不应属于侵权信息即可免除责任。

三是提供技术服务的网络服务提供者没有普遍审查义务。在审判实践中，应当谨慎认定此类网络服务提供者“知道”网络用户利用其网络服务实施侵权行为。如果判断标准过宽，可能会使网络服务提供者实际上承担了普遍审查的义务。事实上，由于网络具有开放性的特质，网络信息十分庞杂，要求此类网络服务提供者逐一审查，可能大量增加网络服务提供者的运营成本，阻碍网络产业的发展，美国DMCA以及欧盟《电子商务指令》也都规定，网络服务提供者不具有监视其传输或储存信息的义务，也不应赋予其寻找不法活动的事实或情况的义务。

【司法案例】

威海嘉易烤生活加点有限公司诉永康市金仕德工贸有限公司、浙江天猫网络有限公司侵害发明专利纠纷案[①]

诉讼结论：一、金仕德公司立即停止销售侵犯专利号为ZL200980000002.8的发明专利权的产品的行为；二、金仕德公司于判决生效之日起十日内赔偿嘉易烤公司经济损失150,000元（含嘉易烤公司为制止侵权而支出的合理费用）；三、天猫公司对上述第二项中金仕德公司赔偿金额的50,000元承担连带赔偿责任。互联网商务平台对于网络知识产权侵权有注意义务、通知义务，未履行相关义务，要承担连带侵权责任。

法院认为，各方当事人对于金仕德公司销售的被诉侵权产品落入嘉易烤公司涉案专利权利要求1的保护范围，均不持异议，原审判决认定金仕德公司涉案行为构成专利侵权正确。关于天猫公司在本案中是否构成共同侵权，《侵权责任法》第36条第2款规定，网络用户利用网络服务实施侵权行为的，被侵权人有权通知网络服务提供者采取删除、屏蔽、断开链接等必要措施。网络服务提供者接到通知后未及时采取必要措施的，对损害的扩大部分与该网络用户承担连带责任。上述规定系针对权利人发现网络用户利用网络服务提供者的服务实施侵权行为后"通知"网络服务提供者采取必要措施，以防止侵权后果不当扩大的情形，同时还明确界定了此种情形下网络服务提供者所应承担的义务范围及责任构成。本案中，天猫公司涉案被诉侵权行为是否构成侵权应结合对天猫公司的主体性质、嘉易烤公司"通知"的有效性以及天猫公司在接到嘉易烤公司的"通知"后是否应当采取措施及所采取的措施的必要性和及时性等加以综合考量。

第一千一百九十八条　宾馆、商场、银行、车站、机场、体育场馆、娱乐场所等经营场所、公共场所的经营者、管理者或者群众性活动的组织者，未尽到安全保障义务，造成他人损害的，应当承担侵权责任。

因第三人的行为造成他人损害的，由第三人承担侵权责任；经营者、管理者或者组织者未尽到安全保障义务的，承担相应的补充责任。经营者、管理者或者组织者承担补充责任后，可以向第三人追偿。

---

① 最高人民法院指导案例83号，浙江省高级人民法院(2015)浙知终字第186号民事判决书。

【条文主旨】

本条是关于公众场所安全保障义务人责任的规定。

【条文理解】

一、安全保障义务概述

本条承接于《侵权责任法》第37条的主体内容,在其基础上增加了机场和体育场馆两个公共场所的规定,及承担补充责任之后的追偿权规定。在《民法典》"侵权责任编"及其之前的立法过程中,对于什么是安全保障义务,哪些人负有安全保障义务,哪些人是安全保障义务的保护对象,未尽到安全保障义务应当承担什么样的侵权责任等问题,各方面有不同意见,国外的做法也有一定的差异。总体来说,设立安全保障义务是世界立法潮流,其目的是保障基本权利的实现。在民法典草案征求意见过程中,多数专家赞同扩大"公共场所"的范围,使权利的保障更加充分。

从了解的情况看,典型的大陆法系国家的法律对安全保障义务都没有作出一般性规定,而是通过判例来确立,其适用领域较为广泛。但各国判例确立的规则存在较大差异,这主要是因为各国侵权法和合同法调整范围的不同、侵权法的立法模式和侵权损害赔偿请求权与违约损害赔偿请求权的时效不同以及赔偿范围的差异造成的。

根据本条规定,安全保障义务,是指宾馆、商场、银行、车站、机场、体育馆娱乐场所等公共场所的管理者或者群众性活动的组织者,所负有的在合理限度范围内保护他人人身和财产安全的义务。理解安全保障义务,须注意以下问题:

1. 安全保障义务人的范围

在立法过程中,对于安全保障义务人的范围,有多种意见。有的意见认为,应当采用司法解释的规定,即"从事住宿、餐饮、娱乐等经营活动或者其他社会活动的自然人、法人、其他组织"。有的意见认为,安全保障义务人应当规定为"经营者及其他开启或者持续危险者"。有的意见认为,可以引进美国"土地利益占有人"的概念,明确土地利益占有人对其占有土地上的人负有安全保障义务。上述意见对立法有一定的借鉴意义,但立法应适合我国的司法场域。贴合我国的司法实际,与社会生活紧密结合。因此,相关场所的经营者或者管理者义务不能无限加重,也不能无原则免责,要从中找到适当的平衡点。

合理确定安全保障义务人的范围,既要以人为本,对社会生活中可能发生危险的场所或者活动,要求行为人履行必要的防范损害发生的义务,充分保护广大人民群众的人身和财产安全;又要考虑我国国情,从促进社会和谐稳定的目的出发,不能盲目地扩大安全保障义务人的范围,避免引发过多社会纠纷;同时还要处理好未尽到安全保障义务的侵权行为与其他侵权行为之间的关系，避免或者减少相关法律规定间的冲突或者竞合。“其他社会活动”或者“其他开启或者持续危险者”的表述过于模糊，范围不明确，在司法实践中容易引起歧义和争议。“土地利益占有人”的概念难以涵盖一些因行为产生的安全保障义务，与本编第十章“建筑物和物件损害责任”中的有关内容也会重合。从保护受害人和判别行为人是否存在查清两方面来考量，《民法典》“侵权责任编”明确安全保障义务人为以下两类人：

第一，宾馆、商场、银行、车站、机场、体育馆娱乐场所等公共场所的管理人。公共场所既包括以公众为对象进行商业性经营的场所，也包括对公众提供服务的场所。比如，本条列举的宾馆、商场、银行、车站、娱乐场所等，除了本条列举的这些场所外，码头、公园、餐厅等也都属于公共场所。

第二，群众性活动的组织者。群众性活动是指法人或者其他组织面向社会公众举办的参加人数较多的活动，比如体育比赛活动，演唱会、音乐会等文艺演出活动，展览、展销等活动，游园、灯会、庙会、花会、焰火晚会等活动，人才招聘会、现场开奖的彩票销售等活动。

2. 保护对象的范围

安全保障义务所保护的对象与安全保障义务人之间应存在某种关系，但是否要在法律中作出明确规定有不同意见。有的建议规定为“顾客或参与活动者”或者“进入公共场所或者参与活动的人”，有的建议规定为“合法进入公共场所或者参加活动的人”，有的建议不作明确规定。考虑到司法实践中的情况较为复杂，仅仅进入商场上洗手间、问路或者躲雨的人能不能界定为顾客，上错了公交车又准备下车的人是否属于保护对象，特别是对于非法进入者，如到宾馆里打算偷窃的人是否给予保护等，争议很大。在法律中明确哪些人属于保护对象较为困难，因此，本法对安全保障义务的保护对象规定为“他人”，没有明确具体的范围，实践中哪些人属于保护对象应根据具体情况判断。

3. 安全保障义务的内容和判断标准

安全保障义务的目的是保护他人的人身和财产安全，其主要内容是作为，即要求义务人必须采取一定的行为来维护他人的人身或者财产免受侵害。这种义务的具体内容既可能基于法律的明确规定，也可能基于合同义务，还可能基于诚实信用原则而产生。由于安全保障义务人的范围很广，涉及多个行业、多类主体，不同义务人对不同保护对象所负有的安全保障义务是不同的，在法律中无法明确其具体内容。对于实践中需要确定义务人应当负有的具体安全保障义务的内容，进而判断安全保障义务人是否已经尽到安全保障义务的，可以参考该安全保障义务人所在行业的普遍情况、所在地区的具体条件、所组织活动的规模等各种因素，从侵权行为的性质和力度、义务人的保安能力以及发生侵权行为前后所采取的防范、制止侵权行为的状况等方面，根据实际情况综合判断。

二、未尽到安全保障义务的侵权责任

根据安全保障义务的内容不同，可以将安全保障义务分为两类：一是防止他人遭受义务人侵害的安全保障义务。这是指安全保障义务人负有不因自己的行为而直接使他人的人身或者财产受到侵害的义务。比如，宾馆负有不因自己提供的服务或者设施存在危险而使前来住宿的客人受伤的安全保障义务。二是防止他人遭受第三人侵害的安全保障义务。这是指安全保障义务人负有的不因自己的不作为而使他人的人身或者财产遭受自己之外的第三人侵害的义务。比如，宾馆对在本宾馆住宿的旅客负有使其人身或者财产安全免受第三人侵害的义务。他们之间的区别主要是造成损害后果的直接侵害人不同，未尽到前一类义务造成他人损害的，其直接加害人就是安全保障义务人，没有第三人的介入；未尽到后一类义务的并不必然导致他人的损害，只有当这种未尽到义务的行为与第三人的侵权行为相互结合时才导致了他人的损害。本条规定根据所未尽到的义务种类的不同，规定了安全保障义务人不同的侵权责任。

1. 安全保障义务人未尽到防止他人遭受义务人侵害的安全保障义务的，应当承担侵权责任

根据本条第1款的规定，宾馆、商场、银行、车站、机场、体育场所、娱乐场所等经营场所、公共场所的经营者、管理者或者群众性活动的组织者，未尽到安全保障义务，造成他人损害的，如果损害结果的发生没有第三人的介入，安全保障义务人就应当自己承担全部侵权责任。比如，顾客到餐厅吃饭，由于餐厅的地板有油渍导致顾客摔倒受伤的，餐厅就应当承担侵权责任。

2. 安全保障义务人未尽到防止他人遭受第三人侵害的安全保障义务的，应当承担相应的补充责任

在实践中，存在不少第三人的侵权行为和安全保障义务人未尽到安全保障义务两个因素结合在一起而造成他人损害的情形，比如，储户到银行取钱或者存款，遭到第三人抢劫，银行的保安人员未尽到安全保障义务，没有及时注意或者制止，导致储户钱款被抢或者人身受到伤害；又如，宾馆没有完善的保安措施或者没有认真履行保安职责，导致住宿旅客被外来人员殴打等。在这种情形下，根据本条第2款的规定，第三人的行为是造成损害的直接原因，应当首先由第三人承担侵权责任。在上述案例中，应当先由抢劫者和打人者承担侵权责任，安全保障义务人未尽到安全保障义务也是造成损害的因素，应当承担相应的补充责任。理解这一规定，应当注意以下两点：

第一，第三人的侵权责任和安全保障义务人的补充责任有先后顺序。首先由第三人承担侵权责任，在无法找到第三人或者第三人没有能力全部承担赔偿责任时，才由安全保障义务人承担侵权责任。如果第三人已经全部承担侵权责任，则安全保障义务人不再承担侵权责任。

第二，安全保障义务人承担的补充责任是相应的补充责任。对于第三人没有承担的侵权责任，安全保障义务人不是全部承担下来，而是在其未尽到安全保障义务的范围内承担，即根据安全保障义务人未尽到的安全保障义务的程度来确定其应当承担的侵权责任的份额。

【司法适用】

安全保障义务概念，在我国已经经历了十多年的审判实践的洗礼，人民群众对公共场所管理人的安保义务的认知也逐渐深入，作为法律思维的安保义务概念成为人民群众维护其合法权益的重要思想武器。最高人民法院 2003 年颁布的《人身损害赔偿解释》第 6 条中首次对安全保障义务的有关问题作出规定："从事住宿、餐饮、娱乐等经营活动或者其他社会活动的自然人、法人、其他组织，未尽合理限度范围内的安全保障义务致使他人遭受人身损害，赔偿权利人请求其承担相应赔偿责任的，人民法院应予支持。因第三人侵权导致损害结果发生的，由实施侵权行为的第三人承担赔偿责任。安全保障义务人有过错的，应当在其能够防止或者制止损害的范围内承担相应的补充赔偿责任。安全保障义务人承担责任后，可以向第三人追偿。赔偿权利人起诉安全保障义务人的，应当将第三人作为共同被告，但第三人不能确定的除外。"

侵权责任规范在总结司法实践经验的基础上，借鉴国外相关规定，对未尽到安全保障义务的侵权责任作出了明确规定。在司法实践中，人民法院应该敢于担当和努力平衡，特别是在第三人侵权案例中，安保义务主要是间接侵权责任，不应在裁判中将大部分侵权责任分配给公共场所负责方，更不能将全部侵权责任分配给公共场所负责方。现在司法实践中有种错误倾向：因公共场所负责方大多数都是有履行能力的，或有较为有利的被执行状况，个别法院判令公共场所负责方承担主要责任，而直接侵害人（第三人侵权）承担次要责任，这样的裁判结果会严重损害司法公信力、破坏公平正义，其所谓的社会效果优先于公正是不值得提倡的。如果没有第三人侵权，而是因公共场所管理人未尽到注意义务，场所存在安全隐患，受害人导致损失，当然是按照侵权责任中的额过错大小来承担责任，即受害人自身过错与公共场所管理人过错的大小来确定侵权责任比例。

【司法案例】

常德华天大酒店与施某公共场所管理人责任纠纷案①

诉讼结论：施某诉常德华天大酒店因在其旋转门通道摔伤，请求赔偿全部损失，法院判决常德华天大酒店承担60%的责任，施某自己承担40%的责任。公共场所未尽提示义务、安保义务，应当承担相应责任。

法院认为，行为人因过错侵害他人民事权益，应当承担侵权责任，被侵权人对损害的发生也有过错的，可以减轻侵权人的责任。宾馆、商场、银行、车站、娱乐场所等公共场所管理人或者群众性活动的组织者，未尽到安全保障义务，造成他人损害的应当承担侵权责任。本案中常德华天大酒店作为酒店的经营管理者，应在经营过程中充分履行安全保障义务，在合理限度内确保酒店就餐、住宿的消费者人身安全，避免因设施、管理、服务瑕疵等而引发人身伤害，虽然常德华天大酒店旋转门通道的设置未违反相关建筑设计的规范要求，但应当设置更符合人性化和醒目的引导标识或设定安全进入通道的服务引导员，况且施某作为年迈老人进入酒店，应当区别一般人员更多的留意和照顾，故施某被旋转门撞到受伤与常德华天大酒店未尽充分安全保障义务之间存在一定因果关系，常德华天大酒店应当对施某损害后果承担相应民事赔偿责任。另外，施某为具有完全民事行为成年人，且明知已年迈，对外出过程中负有必要的谨慎注意义务，对自身周围环境进行全面细致的观察，以确保安全，特别是施某作为年近九十岁的老年人，身体活动相对缓慢，事发时亦有家人陪同，应当由家人更多的照看，其自身未尽充分安全注意义务及其家人未尽照看义务发生损害具有因果关系。综上，一审法院认定违反安全保障义务致人损害，适用过错原则。综合考量本案过错责任及原因，酌情确定常德华天大酒店对施某损害后果承担60%的赔偿责任，施某自负40%责任。二审维持原判。

第一千一百九十九条　无民事行为能力人在幼儿园、学校或者其他教育机构学习、生活期间受到人身损害的，幼儿园、学校或者其他教育机构应当承担侵权责任；但是，能够证明尽到教育、管理职责的，不承担侵权责任。

【条文主旨】

本条是关于教育机构过错推定责任的规定。

---

① 湖南省常德市中级人民法院(2014)常民一终第317号民事判决书。

【条文理解】

一、幼儿园、学校和其他教育机构的侵权责任概述

幼儿园、学校和其他教育机构的侵权责任,是指在幼儿园、学校和其他教育机构的教育、教学活动中或者在其负有管理责任的校舍、场地、其他教育教学设施、生活设施中,由于幼儿园、学校或者其他教育机构未尽教育、管理职责,致使学习或者生活的无民事行为能力人和限制民事行为能力人遭受损害或者致他人损害的,学校、幼儿园或者其他教育机构应当承担的与其过错相应的侵权责任。

幼儿园,通常是指对3周岁以上学龄前幼儿实施保育和教育的机构。学校,是指国家或者社会力量举办的全日制的中小学(含特殊教育学校)、各类中等职业学校、高等学校。其他教育机构,是指少年宫以及电化教育机构等。无民事行为能力人,是指不满8周岁的未成年人和不能辨认自己行为的精神病人。限制民事行为能力人,是指8周岁以上18周岁以下的未成年人和不能完全辨认自己行为的自然人。

随着经济的快速增长,社会的明显进步,近年来我国的教育事业蓬勃发展,据统计,我国在各类教育机构学习的人员总数已经达到甚至超过我国总人数的1/5,其中,绝大多数是无民事行为能力人和限制民事行为能力人。再考虑到其父母、近亲属的情况,可以说在教育机构就读的无民事行为能力人和限制民事行为能力人的人身安全牵动着全社会每一个人的心。但一个严峻的事实是,近年来学校学生人身伤害事故频频发生,一些重大恶性事故也有发生。导致在校无民事行为能力人和限制民事行为能力人人身损害发生的原因很多,主要有以下情况:(1)因幼儿园、学校和其他教育机构的教学和生活设施、设备不符合安全标准或者管理、维护不当引起的人身损害;(2)因幼儿园、学校和其他教育机构提供的食品、药品、饮用水、教学用具或者其他物品不合格引起的人身损害;(3)因幼儿园、学校和其他教育机构教师或者其他工作人员体罚、变相体罚学生或者其他侮辱学生人格尊严的行为引起的人身损害;(4)因对抗性或者具有风险性的体育或者竞赛活动引起的人身损害;(5)幼儿园、学校和其他教育机构组织学生进行实验教学或者劳动时发生的人身损害;(6)学生之间互相嬉戏、玩耍造成的人身损害;(7)幼儿园、学校和其他教育机构组织学生外出活动时出现的人身损害;(8)校外人员在校内造成的人身损害;(9)因学生自身原因造成的人身损害;(10)因不可抗力造成的人身损害;(11)其他因幼儿园、学校和其他教育机构未尽到教育、管理职责而发生的人身损害。因这些原因而导致的在校无民事行为能力人和限制民事行为能力人遭受的人身损害,有的幼儿园、学校和其他教育机构存在过错,应当承担与其过错相应的侵权责任;有的幼儿园、学校和其他教育机构没有过错,应当由第三人或者无

民事行为能力人、限制民事行为能力人及其监护人承担责任。

二、我国现行规定

无民事行为能力人或者限制民事行为能力人在幼儿园、学校或者其他教育机构学习、生活期间受到人身损害的，幼儿园、学校或者其他教育机构在什么条件下需要承担侵权责任，我国法律、行政法规均未作出具体规定。

教育部2002年颁布了《学生伤害事故处理办法》，北京市、上海市、江苏省、湖南省、杭州市、福州市、郑州市、贵阳市、西安市、银川市、苏州市等地近几年均制定了中小学生人身伤害事故处理条例。这些部门规章和地方性法规对学校、幼儿园和其他教育机构需要承担的侵权责任作了较为详细的规定，但这些规范法律效力较低，且在侵权责任的确定、免责事由、赔偿标准等问题上规定不一。

《民通意见》第160条规定："在幼儿园、学校生活、学习的无民事行为能力人或者在精神病院治疗的精神病人，受到伤害或者给他人造成损害，单位有过错的，可以责令这些单位适当给予赔偿。"2003年《人身损害赔偿解释》第7条规定："对未成年人依法负有教育、管理、保护义务的学校、幼儿园或者其他教育机构，未尽职责范围内的相关义务致使未成年人遭受人身损害，或者未成年人致他人人身损害的，应当承担与其过错相应的赔偿责任。第三人侵权致未成年人遭受人身损害的，应当承担赔偿责任。学校、幼儿园等教育机构有过错的，应当承担相应的补充赔偿责任。"后一规定是目前司法审判实践中处理这类侵权案件的主要依据。

对是否在"侵权责任编"中规定幼儿园、学校和其他教育机构的侵权责任，存在一定争议。现在对这个争议基本达成共识，即必须完整准确地规范教育机构的侵权责任，使教育管理者、各类教师都紧绷保障未成年人安全的弦，用可预期的法律后果警示相关从业人员或教育机构。考虑到未成年人天性好动、喜欢冒险，但同时身心方面的发展却远未成熟，缺少自我保护的知识和能力，在参加各种活动时极有可能造成自身或者他人的损害。即便幼儿园、学校等教育机构和教师尽了全部注意义务，也很难杜绝损害的发生。再加上我国目前各类幼儿园、学校等教育机构的教育管理水平仍有待提高，近年来，因儿童、学生伤害事故而引起的赔偿案件逐年增多，成为社会普遍关注的热点问题。在"侵权责任编"中对此问题作出明确规定，明确界定幼儿园、学校和其他教育机构的侵权责任，有利于及时有效地解决纠纷，切实保护未成年人的合法权益，加强学校、幼儿园的教学管理工作。因此，有必要在"侵权责任编"中对学校、幼儿园和其他教育机构的侵权责任作出规定。

三、本条规定的内容

关于幼儿园、学校和其他教育机构的侵权责任，争议最大的是如何确定归责原则。其他国家和地区存在不同的立法例。一种是过错推定原则，如德国、意大利、日本、俄罗斯、越南等采用该种立法例。另一种是过错责任原则，如法国、美国、加拿大等采用该种立法例。

《人身损害赔偿解释》中采用过错责任原则。国内学者关于这一问题也是意见不一，有的主张采用过错推定原则；有的主张采用过错责任原则；有的区分无民事行为能力人和限制民事行为能力人“自身遭受损害”和“给他人造成损害”两种情形，前者实行过错责任原则，后者实行过错推定原则；有的主张区分“公益性质的学校”和“非公益性质的学校”，前者实行过错推定原则，后者实行无过错责任原则。

主张采用过错推定原则的理由主要是：第一，由于未成年学生心理和生理上的特点，难以对事故发生的情形准确地加以描述，如果按照“谁主张，谁举证”的一般举证原则来处理，显然对未成年学生一方有失公正。第二，未成年人离开其监护人之后，监护人就失去了对未成年人的控制，整个教育活动都在学校的控制之下，要让监护人来证明学校的过错，几乎是不可能的，这对保护学生及其监护人的利益非常不利。因此，从公平原则来考虑，应该对学校适用过错推定原则。第三，由学校来证明已经尽到了相当的注意并且实施了合理的行为，以达到免责的目的，有助于学校尽到更多的注意义务，更有利于保护未成年人。而且学校也能举证反驳，也有机会免责。第四，随着社会经济状况的较大变化，学校等教育机构更有可能通过保险等方式来向社会转移风险，民办教育机构可以通过适当提高学费来抵销增加的成本或者增强抗风险能力，公立教育机构也可由国家拨付资金来设立这种保险或者设立公众捐资的未成年人人身伤害基金。

主张采用过错责任原则的理由主要是：第一，学校对学生的管理、教育和保护职责，是一种特定的义务，这种义务不履行，应当采用证明的方式进行，必须证明学校方未尽谨慎义务。第二，适用过错推定的主要目的是加强对受害人的救济，特别是在当事人双方力量对比极不平衡的情况下适用，如垄断性行业与消费者之间等，从而体现法律的实质正义。在学校与受害人之间不存在经济力量、诉讼地位的明显不平衡，无须对受害人给予特别的保护。第三，适用过错推定原则容易不适当地扩大学校的责任，学校为免责必然会采取消极对策，如不再组织春游、参观等校外活动，严格限制学生在校时间，甚至不允许学生在课间互相追逐打闹等，不利于素质教育的推行。第四，完全由受害人承担举证责任，判断学校在主观上是否有过错确实存在一定的困难，可以通过采用客观化的过错判断标准，如学校的各种教学设施是否符合安全要求，对存在的各种不安全隐患是否及时排除、是否已采取必要的防范措施，学校是否制定了合理、明确的安全规章制度等来缓和举证责任，减轻受害人的举证负担，以利于对未成年学生的救济。第五，国外不少国家实行过错推定原则，主要是由于他们广泛实行责任保险制度，应由学校承担的责任，最终都由保险公司赔付，而在我国目前全面实行这一制度尚不现实。

如何确定归责原则，要考虑各方面的因素和社会经济发展状况。一方面，由于未成年学生天性好动，对各类新鲜事物抱有强烈的好奇心，喜欢冒险，但同时身心方面的发展却远未成熟，缺少自我保护的知识和能力，情绪易于冲动，不善控制。因此在参加各种学校活动时极有可能造成自身或者他人的损害，即便学校和教师尽了百分之百的注意义务，也很难保证百分之百地杜绝损害的发生。另一方面，在我国，重视和关心下一代的意识根深蒂固，再加上实施了二十多年的独生子女政策，有的对孩子过分照顾呵护，一旦在学校出现任何意外，便会怪罪学校，极易采取不理智的态度。因此，在侵权责任法规范中必须确定合理的归责原则，对学校、幼儿园和其他教育机构的侵权责任作出适当的界定，以做到既维护未成年人和其他受害人的合法权益，又维护幼儿园、学校和其他教育机构的正常教学秩序和管理秩序。

在听取各方意见，并深入了解现实情况的基础上，立法机关经过反复研究、综合分析，根据未成年人的年龄和民事行为能力的不同，规定了幼儿园、学校和其他教育机构侵权责任的不同的归责原则。本条规定："无民事行为能力人在幼儿园、学校或者其他教育机构学习、生活期间受到人身损害的，幼儿园、学校或者其他教育机构应当承担侵权责任；但是能够证明尽到教育、管理职责的，不承担侵权责任。"这是采用过错推定原则。同时在《民法典》第1200条规定："限制民事行为能力人在学校或者其他教育机构学习、生活期间受到人身损害，学校或者其他教育机构未尽到教育、管理职责的，应当承担侵权责任。"则是采用过错责任原则。

根据本条规定，无民事行为能力人在幼儿园、学校或者其他教育机构学习、生活期间受到人身损害的，幼儿园、学校或者其他教育机构应当证明自己已经尽到教育、管理职责，对该无民事行为能力人所发生的人身损害没有过错，否则就要承担责任。在司法实践中来看，学校或教师对学生尽到完全的绝对的教育和管理职责是不可能的，学校难以穷尽证明责任，故可以最大限度地保护未成年人。对无民事行为能力人的情况，采用过错推定原则，主要考虑是：无民事行为能力人智力发育还很不成熟，对事物的认知和判断上存在较大不足，不能辨认或者不能充分理解自己行为的后果，必须加以特别保护，这就要求学校更多地履行保护孩子身心健康的义务。无民事行为能力人在幼儿园、学校或者其他教育机构学习、生活期间，超越了监护人的控制范围，如果受到人身损害，基本无法对事故发生的情形准确地加以描述，此时要让无民事行为能力人或者其监护人来证明学校的过错，几乎是不可能的。采用过错推定原则，学校也能举证反驳，可以通过证明已经尽到了相当的注意并且实施了合理的行为,以达到免责的目的。同时,学校等教育机构更有可能通过保险等方式来向社会转移风险。比如,从 2003 年开始北京市开始推行学校责任险。到 2009 年,北京市公办学校都已经投保学校责任险,80% 以上经北京市教委批准举办的民办学校也都参与投保。每个学生每年 5 元,由市财政统一拨款投保。赔偿上规定了一个限额,2009 年学生死亡的赔偿金上限是 40 万元。以后,针对无民事行为能力人,还可以进一步加大投保力度。

【司法适用】

1. 关于此类侵权行为的范围

对此问题,各方认识基本一致,即由幼儿园、学校和其他教育机构承担侵权责任的侵权行为应当限于发生在幼儿园、学校和其他教育机构的教育、教学活动中或者其负有管理责任的校舍、场地、其他教育教学设施、生活设施中的侵权行为。但具体范围究竟有多宽,存有不同意见,如学生自行到校或者放学后滞留学校发生的损害,幼儿园、学校和其他教育机构是否应当承担侵权责任等。由于这个问题较为复杂,与幼儿园、学校和其他教育机构所应负有的教育、管理职责密切相关,实践中个案的情况也千差万别,在“侵权责任编”中作出统一、具体的规定较为困难,宜由人民法院在具体案件审判过程中根据具体的案情,如监护是否有过错、教育机构是否尽到保护责任,损害的原因行为力的大小等作出判断更为合适。

2. 幼儿园、学校和其他教育机构的教育、管理职责

幼儿园、学校和其他教育机构只有在未尽教育、管理职责时,才可能承担侵权责任。但如何确定教育、管理职责的范围,进而判断幼儿园、学校和其他教育机构是否已尽教育、管理职责,也存在一定争议。经研究,教育法、未成年人保护法以及其他地方性法规和部门规章中,对于幼儿园、学校和其他教育机构的教育、管理职责已经作了广泛、具体的规定,出现纠纷时,应当参考这些规定结合具体情况由人民法院作出最终判断,“侵权责任编”中对此没有也很难作出具体规定。

3. 免责事由

在制定“侵权责任编”的过程中,有的部门和专家建议,明确幼儿园、学校和其他教育机构不承担赔偿责任的具体情形,比如,在自行上学、放学、返校、离校途中发生损害的;学生自杀、自伤的等。经考虑,这些情形有的根据本法规定明显不属于幼儿园、学校和其他教育机构的责任,有的在“侵权责任编”对“不承担责任和减轻责任的情形”已经有所规定,没有必要再作重复规定。因此,“侵权责任编”没有对这一问题进行规定。

【司法案例】

许某等诉李某等、第一小学侵权责任纠纷案[①]

诉讼结论：许某自身承担30%责任，李某及其监护人承担40%责任，第一小学承担30%责任。

法院认为，未成年人侵权由其法定代理人承担责任，学校安全设施存在漏洞，应当承担相应责任。本案事故发生时，许某、李某系第一小学四年级学生，均为无民事行为能力人。《侵权责任法》第32条第1款规定“无民事行为能力人、限制民事行为能力人造成他人损害的，由监护人承担侵权责任。监护人尽到监护责任的，可以减轻其侵权责任”。第38条规定“无民事行为能力人在幼儿园、学校或者其他教育机构学习、生活期间受到人身损害的，幼儿园、学校或者其他教育机构应当承担责任，但能够证明尽到教育、管理职责的，不承担责任”，本案涉及监护人责任及教育机构责任认定问题。法院认定安装的门把手未考虑到未成年人的高度，存在安全隐患，门把手被布帘遮挡，未成年人肉眼无法直接观察到危险状况是导致事故发生的原因力之一，虽学校在安全教育职责方面本案中学校并无不当，但因安全设施存在漏洞其学校不能完全免责。

李某致伤他人，事故发生时李某是无民事行为能力人，李某的监护人依法是当然的赔偿主体。对于事故的发生许某自身也有原因，许某也是无民事行为能力人，基于法定代理人与受害人的监护关系，应当减轻加害人的赔偿责任。对未成年人依法负有教育、管理、保护义务的学校、幼儿园或者其他教育机构，未尽职责范围内的相关义务致使未成年人遭受人身损害，应当承担与其过错相应的赔偿责任。具体责任分担比例，根据前述造成事故的原因力比较而确定，第一小学承担30%责任，李某监护人承担40%责任，自身承担30%责任。

第一千二百条　限制民事行为能力人在学校或者其他教育机构学习、生活期间受到人身损害，学校或者其他教育机构未尽到教育、管理职责的，应当承担侵权责任。

【条文主旨】

本条是关于教育机构过错责任的规定。

---

① 北京市第一中级人民法院(2014)一中少民终字第1863号民事判决书。

【条文理解】

本条承接于《侵权责任法》第 39 条的规定,“限制民事行为能力人在学校或者其他教育机构学习、生活期间受到人身损害,学校或者其他教育机构未尽到教育、管理职责的,应当承担责任”。《民法典》第 1199 条规定了在受侵害人是无民事行为能力人的情况下,幼儿园、学校或者其他教育机构应当承担的侵权责任。本条则规定了在受侵害人是限制民事行为能力人的情况下,学校或者其他教育机构应当承担的侵权责任。根据本条规定,限制民事行为能力人在学校或者其他教育机构学习、生活期间受到人身损害的,如果该限制民事行为能力人或者其监护人能够证明学校或者其他教育机构没有尽到教育、管理职责,对该限制民事行为能力人所发生的人身损害有过错,学校或者其他教育机构就要承担责任。与《民法典》第 1199 条采用过错推定原则不同,对限制民事行为能力人的情况,本条采用了过错责任原则,主要是考虑:与无民事行为能力人相比,限制民事行为能力人的心智已渐趋成熟,对事物已有一定的认知和判断能力,能够在一定程度上理解自己行为的后果,对一些容易遭受人身损害的行为也有了充分认识,我们应当在为孩子构建和谐的成长环境的同时,鼓励其广泛地参加各类学校活动和社会关系,以利于其更好、更有效地学习、成长。如果适用过错推定原则,课以学校较重的举证负担,为避免发生意外事故,有的学校会采取消极预防的手段,如减少学生体育活动、劳动实践,不再组织春游、参观等校外活动,严格限制学生在校时间,甚至不允许学生在课间互相追逐打闹等,一些措施甚至与素质教育目标背道而驰,成为推行素质教育的一大障碍,最终不利于学生的成长、成熟。同时,在判断学校尽到教育、管理职责时也可以通过采用客观化的判断标准,如学校的各种教学设施是否符合安全要求,对存在的各种不安全隐患是否及时排除、是否已采取必要的防范措施,学校是否制定了合理、明确的安全规章制度等来缓和举证责任,减轻被侵权人的举证负担,以利于对学生的救济。

《教育法》《未成年人保护法》以及其他地方性法规和部门规章中,对于学校和其他教育机构的教育、管理职责已经作了广泛、具体的规定,只要能够证明学校或者其他教育机构违反了这些职责,使限制民事行为能力人在学习、生活期间受到人身损害的,学校或者其他教育机构就要承担责任。比如,教育部 2002 年颁发的《学生伤害事故处理办法》中就明确规定:“因下列情形之一造成的学生伤害事故,学校应当依法承担相应的责任:(一)学校的校舍、场地、其他公共设施,以及学校提供给学生使用的学具、教育教学和生活设施、设备不符合国家规定的标准,或者有明显不安全因素的;(二)学校的安全保卫、消防、设施设备管理等安全管理制度有明显疏漏,或者管理混乱,存在重大安全隐患,而未及时采取措施的;(三)学校向学生提供的药品、食品、饮用水等不符合国家或者行业的有关标准、要求的；（四）学校组织学生参加教育教学活动或者校外活动，未对学生进行相应的安全教育，并未在可预见的范围内采取必要的安全措施的；（五）学校知道教师或者其他工作人员患有不适宜担任教育教学工作的疾病，但未采取必要措施的；（六）学校违反有关规定，组织或者安排未成年学生从事不宜未成年人参加的劳动、体育运动或者其他活动的；（七）学生有特异体质或者特定疾病，不宜参加某种教育教学活动，学校知道或者应当知道，但未予以必要的注意的；（八）学生在校期间突发疾病或者受到伤害，学校发现，但未根据实际情况及时采取相应措施，导致不良后果加重的；（九）学校教师或者其他工作人员体罚或者变相体罚学生，或者在履行职责过程中违反工作要求、操作规程、职业道德或者其他有关规定的；（十）学校教师或者其他工作人员在负有组织、管理未成年学生的职责期间，发现学生行为具有危险性，但未进行必要的管理、告诫或者制止的；（十一）对未成年学生擅自离校等与学生人身安全直接相关的信息，学校发现或者知道，但未及时告知未成年学生的监护人，导致未成年学生因脱离监护人的保护而发生伤害的；（十二）学校有未依法履行职责的其他情形的。”在司法实践中，只要有上述十二项情形之一，就基本可以认定学校没有尽到教育、管理职责，就要依法对限制民事行为能力人受到的人身损害承担责任。

【司法适用】

本条规定，限制民事行为能力人在学校或者其他教育机构学习、生活期间受到人身损害的，如果该限制民事行为能力人或者其监护人能够证明学校或者其他教育机构没有尽到教育、管理职责，对该限制民事行为能力人所发生的人身损害有过错，学校或者其他教育机构就要承担责任。限制民事行为能力人或监护人承担损害证明责任是不难的，损害结果一般是由医院病历或伤残鉴定等证明，而学校没有尽到教育、管理责任，同样应该由限制民事行为能力人或监护人证明。现实中，他们要到学校取证存在障碍，比如某学生在课间滑滑梯时摔倒受伤，并非其他同学行为导致，仅是该学生自己不小心摔下滑梯，可能是滑梯设施达不到国家标准，那么监护人很难举证是因滑梯不符合质量标准。此时，法院在审理过程中不能拘泥于“谁主张，谁举证”，而是应该分配学校需要举证该设施是否合格的证据。即使学校证明该设施符合国家标准，但是学校同样还有教育、监管、保护等职责，应当承担部分侵权责任。

【司法案例】

唐某与株洲市外国语石峰学校教育机构责任纠纷案①

诉讼结论：限制行为能力人在学校受到伤害，学校未有不当行为，已尽到安全注意义务，学校不承担侵权责任。

法院认为，根据《侵权责任法》第39条之规定，限制行为能力人在学校或者其他教育机构学习、生活期间受到人身损害，要求学校或者其他教育机构承担责任的，限制行为能力人及其监护人应举证证明学校或其他教育机构未尽到教育、管理职责。本案中申请人唐某系在学校上体育课训练垫排球时扭伤左膝后受伤。排球训练并不属于不宜未成年人参加的体育运动，对于唐某所在的初中二年级来说属于正常的教学活动。没有证据证明学校体育场馆内有明显不安全因素，或存在重大安全隐患。即便如申请人所主张的，唐某受伤系踩到第三人滚落的球而扭伤，第三人的球滚落到唐某身后的事实也不足以认定学校或者其他教育机构未尽到教育、管理职责。申诉人唐某及邓某请求株洲市外国语石峰学校承担全部损害赔偿责任，因邓某作为未成年人在学校球类运动中受伤是因为学校未尽到教育、管理的职责，故请求再审改判赔偿全部损害费用。原审认定本案事故为意外受伤，并酌情判决学校承担10%责任并无不当。法院驳回再审申请。

第一千二百零一条　无民事行为能力人或者限制民事行为能力人在幼儿园、学校或者其他教育机构学习、生活期间，受到幼儿园、学校或者其他教育机构以外的第三人人身损害的，由第三人承担侵权责任；幼儿园、学校或者其他教育机构未尽到管理职责的，承担相应的补充责任。幼儿园、学校或者其他教育机构承担补充责任后，可以向第三人追偿。

【条文主旨】

本条是关于在教育机构内受第三人侵权的相关规定。

【条文理解】

本条源于《侵权责任法》第40条，并在其基础上增加了教育机构承担补充责任后对第三人的追偿权。对未成年人在幼儿园、学校或者其他教育机构学习、生活期间遭受人身损害时幼儿园、学校或者其他教育机构的侵权责任，将无民事行

① 湖南省高级人民法院（2017）湘民申1150号民事裁定书。

为能力人和限制民事行为能力人分别规定了不同的归责原则。本条规定了造成损害的主体为幼儿园、学校或者其他教育机构以外的人员时,幼儿园、学校或者其他教育机构应当承担的侵权责任的情况。本条规定分两部分:

一、幼儿园、学校或者其他教育机构以外的人员承担的侵权责任

幼儿园、学校或者其他教育机构以外的人员是指幼儿园、学校或者其他教育机构的教师、学生和其他工作人员以外的人员。

如果未成年人在幼儿园、学校或者其他教育机构学习、生活期间遭受人身损害,是由于幼儿园、学校或者其他教育机构本身的人员的行为造成的,幼儿园、学校或者其他教育机构未尽到教育、管理职责时,就要承担责任。比如,因学校的教学和生活设施、设备不符合安全标准或者管理、维护不当引起的学生人身损害;因学校提供的食品、药品、饮用水、教学用具或者其他物品不合格引起的学生人身损害;因学校教师或者其他工作人员体罚、变相体罚学生或者其他侮辱学生人格尊严的行为引起的学生人身损害;学生之间互相嬉戏、玩耍,教师管理不当造成学生人身损害等。但在某些情况下,幼儿园、学校或者其他教育机构以外的人员可能进入校园内或者在幼儿园、学校或者其他教育机构组织学生外出活动期间直接造成学生人身伤害,比如,社会人员进入学校殴打学生,校外车辆在校园内撞伤学生等。在这种情况下,该幼儿园、学校或者其他教育机构以外的人员的侵权行为直接造成人身损害后果的发生,其作为侵权人就应当依法承担侵权责任。对于外来人员造成学校未成年人伤害的,是不是全部应该由外来人员承担侵权责任?这不一定,如果学校对于校门管理、巡查巡防没有做到位,因管理疏漏导致外来人员侵害学校学生,则学校或教育机构还应承担部分侵权责任。

二、幼儿园、学校或者其他教育机构承担的相应补充责任

无民事行为能力人或者限制民事行为能力人在幼儿园、学校或者其他教育机构学习、生活期间,受到幼儿园、学校或者其他教育机构以外的人员人身损害的,该人员作为侵权人应当承担侵权责任。但由于此时受到人身损害的无民事行为能力人或者限制民事行为能力人仍在幼儿园、学校或者其他教育机构监管之下,幼儿园、学校或者其他教育机构仍负有管理职责,如果幼儿园、学校或者其他教育机构未尽到管理职责的,对损害的发生也具有过错,其未尽到管理职责的行为是造成损害发生的间接原因,应当承担补充责任。幼儿园、学校或者其他教育机构是否尽到管理职责,要根据人身损害发生时的具体情况判断,如幼儿园、学校或者其他教育机构的安全管理制度是否有明显疏漏,或者是否管理混乱,存在重大安全隐患。如果幼儿园、学校或者其他教育机构的安全保卫工作存在过失,如学校门卫管理制度欠缺或者门卫管理不善,导致校外人员随意进入学校殴打学生,或者学校为改善经济条件将学校校舍、场地租给他人使用,甚至将学校操场开辟为停车场,致使校内常有车辆来往,出现车辆撞伤、撞死学生等情况的,学校就应承担补充责任。理解这一规定,应当注意以下两点:

第一,第三人的侵权责任和安全保障义务人的补充责任有先后顺序。首先由第三人承担侵权责任,在无法找到第三人或者第三人没有能力全部承担侵权责任时,才由幼儿园、学校或者其他教育机构承担侵权责任。如果第三人已经全部承担侵权责任,则幼儿园、学校或者其他教育机构不再承担侵权责任。

第二,幼儿园、学校或者其他教育机构承担的补充责任是相应的补充责任。对于第三人没有承担的侵权责任,幼儿园、学校或者其他教育机构不是全部承担下来,而是在其未尽到安全保障义务的范围内承担,即根据幼儿园、学校或者其他教育机构未尽到的管理职责的程度来确定其应当承担的侵权责任的份额。这里的"第三人没有承担侵权责任"可能是没有找到第三人,或者第三人无赔偿能力,此时相关教育机构应当对其未尽到安全保障义务的部分承担责任。对于未能覆盖的部分,一般情况下由教育机构予以适当补偿。

【司法适用】

一方面,幼儿园、学校或者其他教育机构承担补充责任后,可以向第三人追偿,本条第 2 句的追偿权是《民法典》新增内容,是对《侵权责任法》第 40 条的补充。从民法原则来看,本应由第三人承担责任而先由教育机构承担补充责任后,教育机构当然有权向第三人追偿,但是司法实践中还不特别明晰,民法典侵权编以正式法条予以了明确,减少了司法适用的障碍。另一方面,无民事行为能力人或者限制民事行为能力人在教育机构学习、生活期间,受到幼儿园、学校或者其他教育机构以外的人员人身伤害的,该人员作为侵权人应当承担侵权责任。但由于此时受到人身损害的无民事行为能力人或者限制民事行为能力人仍在幼儿园、学校或者其他教育机构监管之下,相关机构仍负有管理职责,如果相关机构未尽到管理职责的,对损害的发生也具有过错,其未尽到管理职责的行为是造成损害发生的间接原因,应当承担补充责任。

与本条相关司法解释有,《人身损害赔偿解释》第 7 条规定:"对未成年人依法负有教育、管理、保护义务的学校、幼儿园或者其他教育机构,未尽职责范围内的相关义务致使未成年人遭受人身损害,或者未成年人致他人人身损害,应当承担与其过错相应的赔偿责任。第三人侵权致未成年人遭受人身损害,应当承担赔偿责任。学校、幼儿园等教育机构有过错的,应当承担相应的补充责任。"可以看出,最高人民法院关于此情形的司法解释到《侵权责任法》再到《民法典》本条是一脉相承的,是一个不断完善的过程。

【司法案例】

丁某某与荆门市掇刀区江山学校教育机构责任纠纷案①

诉讼结论：江山学校承担30%的赔偿责任。法院认为，教育机构对未成年人照管期间未尽到注意保护义务，应当承担相应责任，且责任承担比例适当，故再审法院驳回丁某某的再审申请。

申请人丁某某女儿罗某某被人在学校接走，接走她的人从民事角度可能是丁某某男朋友张某某，罗某某同学在公安机关证实罗某某认识接走她的人，并称其为“大伯伯”，但江山学校没有对该男子的身份情况进行核查，进行登记，也没有与罗某某的监护人进行核实，存在管理上的疏忽，应当对其过错承担相应责任。其后罗某某下落不明后宣告死亡，申请人提起该诉讼。原审法院依据《侵权责任法》第40条“幼儿园、学校或者其他教育机构未尽到管理职责的，承担相应的补充责任”的规定，由江山学校承担30%的补充侵权责任。

---

① 湖北省高级人民法院(2016)鄂民申1362号民事裁定书。

第四章 产品责任

本章是关于产品责任的规定。产品责任，是指产品存在缺陷造成他人损害，生产者、销售者等应当承担的侵权责任，不同于合同中产品质量不合格的民事责任。本章共6条，大部分沿袭了《侵权责任法》第五章（第41条至第47条，共7条）的规定，但也有所变化与创新。

本章的变化与创新之处主要有：一是删除了《侵权责任法》第42条的规定。《侵权责任法》第42条第1款规定："因销售者的过错使产品存在缺陷，造成他人损害的销售者应当承担侵权责任。"该条款确立了缺陷产品销售者的过错责任。《侵权责任法》第42条第2款规定："销售者不能指明缺陷产品的生产者也不能指明缺陷产品的供货者的，销售者应当承担侵权责任。"该条款确立了一种特殊的过错推定责任。《侵权责任法》第43条第1款规定："因产品存在缺陷造成他人损害的，被侵权人可以向产品的生产者请求赔偿，也可以向产品的销售者请求赔偿。"该条款又确定了销售者的无过错责任。有学者认为，《侵权责任法》第42条第1款应该被理解为生产者和销售者的对内最终责任的确定条款，即生产者根据《侵权责任法》第43条第3款[①]规定进行追偿的请求权的基础条款，而非受害人向销售者请求赔偿的请求权的基础条款，即销售者不能依据第42条第1款规定的是过错责任，以自己无过错对抗受害人的请求。[②] 按照这一理解，《侵权责任法》第42条第2款就是多余的。同时，如果没有《侵权责任法》第42条第1款，《侵权责任法》第43条第3款本身就可以成为生产者向有过错的销售者追偿的请求权基础条款。因此，删除《侵权责任法》第42条第1款也不影响立法目的的实现。此外，虽然《侵权责任法》第42条第1款规定的销售者的过错责任指向的是销售者与生产者内部终局责任的归责方式，第43条第1款规定的销售者的无过错责任指的是对被侵权人的外部责任，两者并不矛盾，但仍然造成了理论与实践中对销

---

① 《侵权责任法》第43条第3款规定："因销售者的过错使产品存在缺陷的，生产者赔偿后，有权向销售者追偿。"

② 王竹：《缺陷产品不真正连带责任制度的确立与完善——对〈侵权责任法〉草案第41条、第42条和第43条之间关系的梳理》，载《中国社会科学报》2009年12月8日，第7版。

售者责任性质的不同理解。故《民法典》“侵权责任编”删除《侵权责任法》第 42 条主要是立法技术上的原因，销售者的责任承担方式没有实质改变，同时也可以避免对销售者的责任性质产生不同的理解。

二是对危及他人人身、财产安全的产品责任，增加了“停止侵害”这一责任形式。《民法典》第 1205 条规定：“因产品缺陷危及他人人身、财产安全的，被侵权人有权请求生产者、销售者承担停止侵害、排除妨碍、消除危险等侵权责任。”

三是增加了停止销售这一补救措施。《侵权责任法》第 46 条规定了“警示、召回等补救措施”，《民法典》第 1206 条将此处修改为“停止销售、警示、召回等补救措施”。

四是增加了由生产者、销售者负担被侵权人在召回过程中支出的必要费用的规定。《民法典》第 1206 条在《侵权责任法》第 46 条的基础上增加了第 2 款，“依据前款规定采取召回措施的，生产者、销售者应当负担被侵权人因此支出的必要费用。”

五是将未及时采取停止销售、警示、召回等补救措施造成的损害纳入惩罚性赔偿的范围。《民法典》第 1207 条在《侵权责任法》第 47 条的基础上增加了一句话，“或者没有依据前条规定采取有效补救措施”。

第一千二百零二条　因产品存在缺陷造成他人损害的，生产者应当承担侵权责任。

【条文主旨】

本条是关于产品生产者侵权责任的规定。

【条文理解】

本条对应《侵权责任法》第 41 条，并且未做任何修改。相关条款为《产品质量法》第 41 条。[①]《民法典》第 1202 条确立了产品生产者承担无过错责任的侵权责任，即损害发生后，无论生产者有无过错，生产者均应当对缺陷产品所造成的损害承担侵权责任，被侵权人无须就生产者的过错进行举证，除了法定可以减轻或者免除责任的事由外，生产者不得以其没有过错为由主张免责或者减责。

---

① 《产品质量法》第 41 条规定：“因产品存在缺陷造成人身、缺陷产品以外的其他财产（以下简称他人财产）损害的，生产者应当承担赔偿责任。生产者能够证明有下列情形之一的，不承担赔偿责任：（一）未将产品投入流通的；（二）产品投入流通时，引起损害的缺陷尚不存在的；（三）将产品投入流通时的科学技术水平尚不能发现缺陷的存在的。”

【司法适用】

在适用《民法典》第1202条时，需要注意以下几个问题。

一、“产品”的概念界定

“产品”的概念界定关系到产品责任的适用范围。《民法典》没有对“产品”的概念和范围作出规定。对于《民法典》没有规定的问题，可以适用其他特别法，与产品责任相关的特别法主要是《产品质量法》。《产品质量法》第2条规定，“本法所称产品是指经过加工、制作，用于销售的产品。建设工程不适用本法规定；但是，建设工程使用的建筑材料、建筑构配件和设备，属于前款规定的产品范围的，适用本法规定。”对于《民法典》第1202条中的“产品”，应该明确以下几点：

（一）限于动产，不包括不动产

《产品质量法》第2条将建设工程排除在外，《民法典》“侵权责任编”第十章“建筑物和物件损害责任”对不动产侵权责任有专门规定。因此，《民法典》第1202条中的“产品”限于动产，不包括不动产。建筑物、构筑物、林木等不动产侵权，适用《民法典》第十章“建筑物和物件损害责任”的相关规定。

（二）是经过加工、制作的动产

任何改变物质原有的物理状态、化学性质，从而使其品质有所变化的活动，均属于加工、制作活动。如果某些物质直接来自自然界，人类的活动虽然改变了其原有的物理状态，但并未影响该物质的内在品质，其内在品质如何仍完全决定于自然界，与人类活动无关，应当认为，该物质不属于经过加工、制作而形成的产品，不受《民法典》“侵权责任编”第四章“产品责任”的调整。例如，来自大自然的原始物品，如原煤、原油及矿石等；直接捕捞自海洋、江河中的鱼虾；从森林中猎获的飞禽走兽、采摘的蘑菇、野菜等，因未经任何加工、制作，不属于产品。[①] 就这些物质的质量引发的纠纷，可以按照当事人之间的买卖合同与《合同法》的规定解决，或者适用《民法典》“侵权责任编”第一章“一般规定”中的第1165条。[②]

（三）是用于销售的动产

《产品质量法》第41条第2款第1项规定，如果生产者能够证明未将产品投入流通的，不承担赔偿责任。结合该规定可认为，“用于销售”应理解为“投入流通”，即生产者将产品合法地交付给他人使用，至于此等交付是基于有偿的还是无

---

① 程啸：《侵权责任法》，法律出版社2011年版，第376页。

② 《民法典》第1165条规定：“行为人因过错侵害他人民事权益造成损害的，应当承担侵权责任。依照法律规定推定行为人有过错，其不能证明自己没有过错的，应当承担侵权责任。”

偿的法律关系,在所不问。①

二、什么是"缺陷"

《民法典》没有对缺陷的含义作出具体规定,在审判实践中可以适用《产品质量法》第46条关于缺陷的规定。《产品质量法》第46条规定:"本法所称缺陷,是指产品存在危及人身、他人财产安全的不合理的危险;产品有保障人体健康和人身、财产安全的国家标准、行业标准的,是指不符合该标准。"《产品质量法》关于产品缺陷的规定确定了两个标准:一是存在不合理的危险;二是不符合国家标准和行业标准。需要指出的是,纳入国家标准、行业标准的目的是方便对产品缺陷的认定。如果产品的各项性能指标都符合该产品的强制性标准,但该产品中的某项国家标准、行业标准中未作规定的性能指标不符合保障人身、财产安全的要求,可能造成他人损害的,仍可判定该产品存在缺陷。② 换句话说,如果产品不符合保障人体健康和人身、财产安全的国家标准、行业标准的,肯定构成有缺陷的产品,如果产品符合上述国家标准、行业标准,只能初步表明该产品没有缺陷,如果被侵权人能够证明产品存在危及人身、他人财产安全的不合理的危险,仍应认定该产品存在缺陷。如何认定"不合理的危险"呢?在司法实践中,需要结合产品的用途、通常的使用方式、消费者的知情程度及发生事故的可能性等因素,综合判断产品中所存在的危险是否达到了"不合理"的程度。

三、什么是"损害"

损害包括产品使用人或第三人的人身损害和财产损害。人身损害包括致人死亡和致人伤残。全国人大常委会法工委认为,财产损害,既包括缺陷产品以外的其他财产的损害,也包括缺陷产品本身的损害,这样,有利于及时、便捷地保护用户、消费者的合法权益。③ 本条所对应的《侵权责任法》第41条并未沿用《产品质量法》第41条第1款"缺陷产品以外的其他财产"的用语,也能说明《侵权责任法》第41条的立法目的是将缺陷产品本身的损害也包括在内。

四、"他人"的范围

本条中的他人是指生产者以外的人。只要是生产者以外的人因为产品缺陷受到了损害,生产者就应当承担侵权责任。本条并未限定必须是缺陷产品的购买者和使用者才能主张权利。

---

① 程啸:《侵权责任法》,法律出版社2011年版,第377页。

② 王胜明主编:《中华人民共和国侵权责任法释义》,法律出版社2010年版,第225页。

③ 同上书,第226页。

五、生产者的免责情形

产品责任虽为无过错责任,但不是绝对责任。生产者仍有减轻或者免除责任的情形。《产品质量法》对生产者免除产品责任的情形作出了明确规定。《产品质量法》第41条第2款规定,生产者不承担产品责任的情形有:(1)生产者能够证明未将产品投入流通的。产品责任仅发生在投入流通中的产品,如果产品未投入市场流通,则不发生缺陷产品造成他人损害的产品责任。根据《产品质量法》的规定,产品应当是经过加工、制作,用于销售的产品。这里所讲"未将产品投入流通",是指生产者生产的产品虽然经过了加工制作,但是没有投入市场流通。(2)生产者能够证明产品投入流通时,引起损害的缺陷尚不存在的。这里所讲"产品投入流通时""引起损害的缺陷尚不存在",是指生产者能够证明其将产品投放市场,转移到销售商或者直接出售给购买者时,产品并不存在缺陷。(3)生产者能够证明将产品投入流通时的科学技术水平尚不能发现缺陷的存在的。由于科学技术的发展,根据新的科学技术,可能会发现过去生产并投入流通的产品存在缺陷,但该缺陷是产品投入流通时的科学技术水平不能发现的,对此生产者不承担责任。这是生产者当时生产产品时无法掌握、难以预见到的,对其免除责任是合理的。需要指出的是,评断产品缺陷是否为投入流通时的科技水平不能发现的,应当以当时整个社会所具有的科学技术水平来认定,不能依据产品生产者自身所掌握的科学技术来认定。①

六、关于举证责任

产品存在缺陷以及造成他人损害的事实应由被侵权人承担举证责任。但是,考虑到产品责任的被侵权人欠缺产品的相关专业技术知识,不了解产品生产、销售的具体情况,对被侵权人证明产品缺陷的责任不应提出过高的要求。受害人只要提供证据证明涉案产品确切存在问题,即可初步认定产品存在缺陷。② 对于缺陷与损害之间的因果关系,不需要被侵权人举证,而是由生产者举证证明缺陷与损害之间不存在因果关系。如果生产者不能举证证明,则认定缺陷与损害之间存在因果关系。因此,免责事由由产品的生产者承担举证责任。

---

① 王胜明主编:《中华人民共和国侵权责任法释义》,法律出版社2010年版,第230页。

② 程啸:《侵权责任法》,法律出版社2011年版,第393页。

【司法案例】

案例一

东风汽车有限公司等与商洛市秦锌运输有限责任公司等产品质量损害赔偿纠纷案①

诉讼结论:根据产品责任制度保护消费者合法权益的立法目的,在认定产品缺陷时以不合理危险为衡量标准,产品不符合保障人身、财产安全的国家标准或行业标准的,可以直接认定产品存在缺陷,产品符合保障人身、财产安全的国家标准或行业标准的,只能初步证明产品无缺陷,若有证据证明产品存在不合理危险,仍应认定产品存在缺陷。

2007 年 3 月 28 日,秦锌公司在顺发公司购买由东风公司生产的底盘车一台,该车价税合计 280,000 元,东风公司出具机动车底盘出厂合格证。秦锌公司将购买的东风底盘车送至湖北随州改装成运油车,2007 年 4 月 5 日,湖北十堰市盛辉工贸有限公司出具改装费用 42,000 元的发票,2007 年 4 月 6 日,楚胜公司出具机动车整车出厂合格证,顺发公司开具了 280,000 元整车销售发票。2007 年 4 月 19 日,油罐车运输柴油时,车辆驾驶室底部突然起火。2007 年 4 月 27 日,陕西省商洛市商州区公安分局消防科委托技术人员对火灾事故原因进行技术鉴定,出具了《火灾事故车辆技术鉴定书》,认定:该车驾驶室右后支承部位严重变形;该车辆的排气管右置;油箱右中置,供油管道右至机器,初级火源来自消声器处。原因是车辆在行驶途中供油管有损,燃油外溢至排气管上,排气管温度在车辆运行中足以起到明火作用。燃油不断外溢到排气管上又在风力的助燃下,火势则会越来越大,从而导致火灾事故发生。2007 年 5 月 9 日,商洛市公安局商州分局防火科作出《火灾原因认定书》,认定:"火灾系车辆供油管有损,燃油外溢到排气管上,排气管温度过高,引起着火,引发火灾。"2007 年 9 月 28 日,西安汽车产品质量监督检验站受秦锌汽车公司委托,对烧毁车辆起火原因作出《陕 H－05028 油罐车起火原因技术分析报告》,结论为:1. 商洛市公安商州分局防火科《火灾原因认定书》和商州区公安分局消防科《火灾事故车辆技术鉴定书》结论正确;2. 陕 H－05028 油罐车着火是因回油管安装时存在有多圈扭转现象,使油管早期产生疲劳断裂,引发火灾。

法院认为,《产品质量法》第 46 条规定,"本法所称的缺陷,指产品存在危及人身、他人财产安全的不合理危险;产品有保障人身、财产安全的国家标准或行业标

① 陕西省高级人民法院(2010)陕民二终字第 34 号民事判决书。

准的，是指不符合该项标准”。根据产品责任制度保护消费者合法权益的立法目的，在认定产品缺陷时以不合理危险为衡量标准，产品不符合保障人身、财产安全的国家标准或行业标准的，可以直接认定产品存在缺陷，产品符合保障人身、财产安全的国家标准或行业标准的，只能初步证明产品无缺陷，若有证据证明产品存在不合理危险，仍应认定产品存在缺陷。本案中，秦锌公司所购的车辆烧毁后，当地消防部门对火灾原因进行了技术鉴定，西安汽车产品质量监督检验站受秦锌公司的委托对烧毁车辆起火原因进行了技术鉴定，这两个机构虽无鉴定汽车产品质量缺陷的资质，不能以两份技术鉴定报告直接认定秦锌公司所购的车辆存在缺陷，但两份报告均确认着火源是来自汽车自身，可以认定秦锌公司所购的车辆在正常行驶过程中发生的燃烧。秦锌公司从 2007 年 4 月 6 日购车之日至 2007 年 4 月 19 日事故发生之日仅经过 13 天，按常理，这时候的车辆各方面性能和状况应该是非常好的，不存在电器、油路老化问题，四被告也没有证据证明秦锌公司使用不当或者没有尽维修、保养义务。秦锌公司在正常使用的情况下，车辆发生燃烧，造成严重损害，超出了秦锌公司安全行驶的合理期待和对危险的预防能力，在排除了其他可能原因的情况下，作为致害原因之一的产品存在缺陷的可能性达到了高度盖然性，此种情况下，四被告没有证据证明秦锌公司使用不当或其他原因导致车辆烧毁，可以推定产品存在危及人身、财产安全的不合理危险，即产品存在缺陷。四被告虽以秦锌公司车辆尚未办理牌照即上路行驶进行抗辩，但秦锌公司车辆尚未办理牌照即上路行驶，是其没有履行行政法上的义务，但并不构成民法上的使用不当，不能据此免除四被告的举证责任。

案例二

李某某与楚雄昇源农机制造有限公司、双柏裕丰农机配件销售门市部产品责任纠纷案①

诉讼结论：判断产品是否存在缺陷的标准是看该产品是否存在不合理的危险而并非产品是否合格。飞旋牌 1GSNZ－100 型旋耕机虽然是合格产品，但存在产品警示的缺陷，即不合理的危险，正是由于这种不合理危险的实际发生才致李某某受损，因此作为生产者的楚雄昇源公司应对李某某承担损害赔偿责任。

李某某于 2006 年 5 月 2 日在双柏裕丰门市部购买了由楚雄昇源公司生产的飞旋牌 1GSNZ－100 型旋耕机一台。同年 5 月 9 日，李某某没有安装防护罩就将旋耕机与拖拉机连动，致其左腿被绞伤。当即李某某被送到双柏县人民医院医治

---

① 云南省高级人民法院（2008）云高民一终字第 51 号民事判决书。

并当晚转送成都军区昆明总医院治疗，经诊断为：左大腿毁损。李某某作了截肢手术，经鉴定，李某某的伤残程度为三级伤残。造成李某某伤残的旋耕机出事后未进行封存，也未进行检测。楚雄昇源公司于2007年1月18日对飞旋牌1GSNZ-100型旋耕机报送云南省农业机械鉴定站进行试验检测，总结论为：1.飞旋牌1GSNZ-100型旋耕机经试验检测，技术技能和安全指标均达到试验判定依据的技术条件要求；2.图纸及技术资料完整、统一、正确，符合有关标准要求，能组织批量生产；3.有完整的进出厂检验体系和售后服务保证。试验检测合格。

法院认为，判断产品是否存在缺陷的标准是看该产品是否存在不合理的危险而并非产品是否合格。法律之所以以此为标准是因为国家制定的有关产品质量、安全标准也会受到现有的科技发展、产品设计水平等多种因素的制约，在实践中难免出现虽然产品质量符合法定和约定的标准，但却存在不合理的危险。在产品责任中，产品的缺陷包括设计上的缺陷、制造上的缺陷、指示上的缺陷、发展上的缺陷。其中指示上的缺陷是指对产品的性能、使用方法未作正确的批示说明，对产品使用不当而容易造成产品本身损坏或可能危及人身、财产安全的，没有警示标志或中文警示说明。本案已查事实表明，飞旋牌1GSNZ-100型旋耕机经国家农业部、云南省农业机械鉴定站鉴定为合格产品，虽然无证据证明其存在设计上、制造上、发展上的缺陷，但该产品的说明书对于在安装过程中若不安装防护罩就与拖拉机联动，可能产生危及人身安全的危险结果并未使用中文加以警示说明，仅在说明书中用图解表明了该产品各构造部分的名称及位置，而该警示说明对于李某某这样没有飞旋牌1GSNZ-100型旋耕机使用经验、也不具备飞旋牌1GSNZ-100型旋耕机操作技能的普通消费者而言是必要的。故本院认为飞旋牌1GSNZ-100型旋耕机虽然是合格产品，但因其存在产品警示的缺陷，即不合理的危险，正是由于这种不合理危险的实际发生才致李某某受损，因此作为生产者的楚雄昇源公司应对李某某承担损害赔偿责任。

第一千二百零三条　因产品存在缺陷造成他人损害的，被侵权人可以向产品的生产者请求赔偿，也可以向产品的销售者请求赔偿。

产品缺陷由生产者造成的，销售者赔偿后，有权向生产者追偿。因销售者的过错使产品存在缺陷的，生产者赔偿后，有权向销售者追偿。

【条文主旨】

本条是关于被侵权人要求损害赔偿的途径和先行赔偿人追偿权的规定。

【条文理解】

《民法典》第 1203 条对应《侵权责任法》第 43 条,且未做实质修改,仅仅是将《侵权责任法》第 43 条第 2 款与第 3 款合并为第 2 款。本条中的被侵权人包括直接购买并使用缺陷产品的人,也包括非直接购买使用缺陷产品但受到缺陷产品损害的其他人。

根据《民法典》第 1203 条的规定,生产者与销售者对被侵权人承担的均为无过错责任。如果在法律上不使销售者对被侵权人承担无过错责任,消费者可能对在侵权行为地没有住所、没有分支机构的进口产品的生产者难以提起诉讼,至少会极大地增加消费者的诉讼成本。[①] 虽然生产者与销售者对外承担的均为无过错责任,但在生产者与销售者内部,生产者承担的是无过错责任,销售者承担的是过错责任,且生产者与销售者的终局责任是择一的,而不是并列的。

【司法适用】

《民法典》第 1203 条第 2 款是先行垫付赔偿费用的一方向另一方行使追偿权的请求权基础。生产者、销售者中先行赔偿的一方有权向应当承担责任的一方追偿自己已经向被侵权人垫付的赔偿费用。在司法实践中,需要注意以下几个问题。

一、确定"生产者"时的特殊问题[②]

1. 存在缺陷的只是产品的一个部件或者原材料时生产者的确定

当产品的缺陷只是发生在组成该产品的多个部件中的一个,而该部件乃是其他人生产时,受害人可以选择要求整个产品的生产者承担责任,也可以要求存在缺陷的部件的生产者承担责任。

2. 将商标授权他人使用时,商标所有人也属于生产者

《最高人民法院关于产品侵权案件的受害人能否以产品的商标所有人为被告提起民事诉讼的批复》明文规定:"任何将自己的姓名、名称、商标或者可资识别的其他标识体现在产品上,表其为产品制造者的企业或个人,均属于《中华人民共和国民法通则》第一百二十二条规定的'产品制造者'和《中华人民共和国产品质量法》规定的'生产者'。"因此,产品责任中的被侵权人既可以起诉产品的制造者,也可以起诉商标的所有人,二者皆为产品的生产者。

二、如何确定"销售者"

产品的销售者,是指将产品投入流通领域的非产品生产者的民事主体。《消

---

① 陈现杰:《产品责任诉讼中责任主体与责任形态》,载《人民司法》2016 年第 13 期。

② 程啸:《侵权责任法》,法律出版社 2011 年版,第 399 页。

费者权益保护法》第42条和第43条规定了两种视为产品销售者的情形。《消费者权益保护法》第42条规定:"使用他人营业执照的违法经营者提供商品或者服务,损害消费者合法权益的,消费者可以向其要求赔偿,也可以向营业执照的持有人要求赔偿。"

《消费者权益保护法》第43条规定:"消费者在展销会、租赁柜台购买商品或者接受服务,其合法权益受到损害的,可以向销售者或者服务者要求赔偿。展销会结束或者柜台租赁期满后,也可以向展销会的举办者、柜台的出租者要求赔偿。展销会的举办者、柜台的出租者赔偿后,有权向销售者或者服务者追偿。"

三、是否可将生产者与销售者列为共同被告

在司法实践中,法院倾向于认可被侵权人有权将生产者、销售者作为共同被告提起诉讼,并根据缺陷产品致人损害的事实判决两者承担连带责任;也可以根据被侵权人的请求,只列生产者或销售者为被告,并判决其承担全部赔偿责任。[①]如果被侵权人仅起诉生产者或销售者,法院不应将未被起诉的生产者或销售者追加为共同被告或作为第三人。

四、销售者的过错主要包括哪些情形

销售者的过错导致产品存在缺陷的情形至少可以包括以下两种:一是销售者没有将产品中应有的配件出售给消费者导致产品存在缺陷;二是因销售者保管上的欠缺使产品损坏或变质。[②]

【司法案例】

谭某某与南昌市青云谱区新星星橡胶商行产品销售者责任纠纷案[③]

诉讼结论:受害者无须就生产者、销售者存在过错承担举证责任,但就产品是否存在质量缺陷、产品缺陷与损害结果之间的因果关系、损害事实等,负有相应的举证责任。鉴于产品质量的专业性,经法院释明,对轮胎爆炸原因是否申请鉴定,谭某某明确表示不申请,故涉案轮胎是否因质量缺陷引起爆炸的情况不明,亦不能否定是因谭某某在轮胎充气过程中操作不当或其他原因所致。

原告谭某某系"银三角小李轮胎店"合伙人。2016年5月6日,李某某委托张某某在被告新星星橡胶商行处购买了"好运通"700R16LT－14PR全钢子午线载重轮胎4套,每套360元,共计1440元。2016年5月7日上午,李某某开自己的小

---

① 陈现杰:《产品责任诉讼中责任主体与责任形态》,载《人民司法》2016年第13期。

② 程啸:《侵权责任法》,法律出版社2011年版,第402页。

③ 江西省高级人民法院(2019)赣民申1601号民事裁定书。

货车到“银三角小李轮胎店”要求更换在被告处新购买的上述4套轮胎。当日11时许，原告谭某某在更换轮胎过程中，已经充好气尚未安装的胎号50828AB1901轮胎突然发生爆炸（内外胎均被炸裂）致原告谭某某受伤。原告谭某某受伤后即被送往南昌市洪都中医院住院治疗，于2016年5月27日出院，用去医疗费36,419.35元。出院诊断：“西医诊断：右股骨干骨折。”

法院认为，虽经本院释明，对涉案轮胎爆炸的原因，原告谭某某明确表示不提出鉴定要求，被告新星星橡胶商行也未提出鉴定申请。本院认为，对于涉案轮胎爆炸原因，原告、被告的主张均无证据证明，既不能排除是因轮胎质量引起，也不能否定是因原告在轮胎充气过程中操作不当或其他原因所致，二者都有可能，据此，原告、被告对于本案的发生应负同等责任，各应承担50%的损失。二审法院认为，依照相关法律规定，产品责任纠纷适用无过错责任，侵权构成要件包括产品存在缺陷、损害事实发生及产品缺陷与损害事实之间存在因果关系。消费者无须就生产者、销售者存在过错承担举证责任，但就产品是否存在缺陷、产品缺陷与损害结果之间的因果关系以及损害事实仍应承担相应的举证责任。本案中，谭某某作为案涉轮胎爆炸事故的受害者，主张案涉轮胎的销售者新星星橡胶商行对其承担产品责任，对案涉轮胎存在质量缺陷、质量缺陷与损害结果之间的因果关系负有举证责任。特别是新星星橡胶商行在一审中，已向法院提交证据证明所销售的山东奥戈瑞轮胎有限公司生产“好运通”牌轻型载重汽车普通断面子午线轮胎获得中国国家强制性产品认证证书的情况下，谭某某应负有举证证明上述两项侵权构成要件成立的举证责任。因车辆轮胎的特殊性，是否存在质量缺陷需待专业质量检测机构的检测后才能确认，一审法院向谭某某释明后，谭某某仍明确表示对于轮胎爆炸原因不申请司法鉴定，二审开庭时谭某某经合法传唤未到庭应诉，因此对于案涉轮胎是否存在质量缺陷、质量缺陷与损害结果之间的因果关系的待证事实，谭某某应承担举证不能的责任，其主张新星星橡胶商行应承担侵权赔偿责任不能成立。一审法院审理认为对于涉案轮胎爆炸原因，双方均无证据证明，既不能排除是因轮胎质量引起，也不能否定是因原告在轮胎充气过程中操作不当或其他原因所致，二者都有可能，故而认定新星星橡胶商行承担本案事故50%的赔偿责任，缺乏法律依据，本院依法予以纠正。

再审审查法院认为，新星星橡胶行已举证证明：涉案轮胎获得中国国家强制性产品认证证书，该轮胎产自定点生产厂家，商标经依法注册，产品经专业质量监督机构检验合格，轮胎进货渠道及销售行为合规正当，轮胎售出时未超过保质期等。谭某某虽就轮胎爆炸造成的损害事实举证，但举证责任尚未完成。鉴于产品质量的专业性，经法院释明，对轮胎爆炸原因是否申请鉴定，谭某某明确表示不申请，故涉案轮胎是否因质量缺陷引起爆炸的情况不明，亦不能否定是因谭某某在轮胎充气过程中操作不当或其他原因所致。二审法院对举证责任分配适当，谭某某对自己提出的诉讼请求所依据的事实，应当提供证据加以证明，因其未能提供证据或者证据不足以证明其事实主张，应承担不利的后果。二审判决认定的基本事实不缺乏证据证明，适用法律没有错误，处理亦无不当。综上，谭某某的再审申请不符合《民事诉讼法》第200条第2项规定的情形。

第一千二百零四条　因运输者、仓储者等第三人的过错使产品存在缺陷，造成他人损害的，产品的生产者、销售者赔偿后，有权向第三人追偿。

【条文主旨】

本条是关于产品生产者、销售者对有过错第三人的追偿权的规定。

【条文理解】

《民法典》第1204条对应《侵权责任法》第44条，且未作任何更改。产品在运输流通过程中，运输者、仓储者等应当按照有关规定和产品包装上标明的储藏、运输等标准进行储存、运输。如果运输者、仓储者等不按上述规定运输或者仓储，有可能造成产品缺陷。因运输者、仓储者等第三人导致产品缺陷造成他人损害，应当承担赔偿责任。现实生活中，产品到使用人手中，要经过生产、储存、运输、销售等许多环节，被侵权人往往不知道运输者、仓储者是谁，也不清楚产品缺陷究竟是谁造成的，损害发生后，找生产者或者销售者请求赔偿最简单、方便。因此，即使是因运输者、仓储者等第三人的过错使产品存在缺陷造成损害，被侵权人仍然可以先找产品的生产者或者销售者请求赔偿。生产者、销售者承担赔偿责任后，可以依据本条的规定，向造成产品缺陷的有过错的运输者、仓储者等第三人行使追偿权，要求其支付赔偿费用。①

【司法适用】

在司法实践中，需要注意的是，产品的运输者、仓储者等第三人只是与产品的生产者或销售者之间存在合同关系，他们并不直接对被侵权人承担产品责任。即便产品的缺陷是由于运输者、仓储者等第三人的过错所致，被侵权人也不能直接要求他们承担侵权责任，而只能要求产品的生产者或销售者赔偿。② 生产者或销

① 王胜明主编：《中华人民共和国侵权责任法释义》，法律出版社2010年版，第236页。

② 程啸：《侵权责任法》，法律出版社2011年版，第402页。

售者赔偿后，有权向运输者、仓储者等第三人追偿。根据《民通意见》第153条第2款的规定，虽然被侵权人不能直接要求产品的运输者、仓储者等第三人承担产品责任，但在产品责任诉讼中，可将运输者、仓储者列为第三人。①

【司法案例】

山东齐鲁增塑剂股份有限公司与东营天元塑业有限公司产品责任纠纷案②

诉讼结论：对于运输者谢某某在运输过程中掺假行为所导致产品存在缺陷而造成的损失，产品的生产者、销售者齐鲁公司应依法承担赔偿责任。齐鲁公司在承担赔偿责任后，可以依法向运输者追偿。

原告天元公司专业生产棚膜和盐膜，其生产销售的农膜使用的"田园牌"商标。自2010年10月以来，原告陆续接到全国各地经销商报告，使用"田园牌"棚膜的一些菜农声称其种植的大棚蔬菜出现了严重死亡现象，经当地农业专家现场查勘，得出的初步结论是与棚膜中含有有毒物质有关。鉴定结论认为：涉案棚膜中含有二异丁酯成分，二异丁酯成分会对大棚内种植的蔬菜等农作物造成严重损害。原告生产棚膜、盐膜使用的二辛酯产品均系从被告齐鲁公司处购买，由谢卫忠承运。公安机关侦查表明，谢某某在受被告指派给原告送货过程中，以偷梁换柱的方式换取运输的二辛酯，掺入二异丁酯代替。

法院认为，齐鲁公司作为产品的生产者、销售者，应当提供符合要求的产品，而从公安机关对谢某某涉嫌犯罪一案的侦查情况来看，谢某某自认在向天元公司运输二辛酯时采取抽出二辛酯掺入二异丁酯的方式倒换货物赚取差价，因而齐鲁公司的货物在运至天元公司之前就已经被掺入了二异丁酯而存在缺陷。《侵权责任法》第44条规定，因运输者、仓储者等第三人的过错使产品存在缺陷，造成他人损失的，产品的生产者、销售者赔偿后，有权向第三人追偿。本案中，谢某某系齐鲁公司指定的运输货物的司机，运输车辆受齐鲁公司管理并加装GPS，齐鲁公司收取相应的管理费，因此，谢某某的运输行为应视为齐鲁公司交付行为的一部分，对于运输者谢某某在运输过程中掺假行为所导致产品存在缺陷而造成的损失，齐鲁公司应依法承担赔偿责任。齐鲁公司在承担赔偿责任后，可以依法向运输者追偿。

---

① 《民通意见》第153条第2款规定，"运输者和仓储者对产品质量负有责任，制造者或者销售者请求赔偿损失的，可以另案处理，也可以将运输者和仓储者列为第三人，一并处理。"

② 最高人民法院（2017）最高法民申2339号民事裁定书。

第一千二百零五条　因产品缺陷危及他人人身、财产安全的，被侵权人有权请求生产者、销售者承担停止侵害、排除妨碍、消除危险等侵权责任。

【条文主旨】

本条是关于因产品缺陷危及他人人身、财产安全的侵权责任方式的规定。

【条文理解】

《民法典》第1205条对应《侵权责任法》第45条，但增加了“停止侵害”这一责任形式。停止侵害、排除妨碍、消除危险都是预防性的保护措施。停止侵害，主要是要求行为人不实施某种侵害。这种责任方式能够及时制止侵害，防止侵害后果的扩大。排除妨碍是指依据被侵权人的请求，侵权人以一定的积极行为除去妨碍，以使被侵权人正常行使合法权益的民事责任方式。消除危险，是指人身或者财产受到现实威胁的当事人请求造成危险或对危险负有责任的人消除危险状况，保障请求权人人身和财产安全的民事责任方式。这里的危险是指现实威胁，即随时可能发生的、发生概率极大的危险，而不是遥不可及的危险。

【司法适用】

停止侵害针对的是行为人正在或者继续侵权的情形，对于已终止的侵权则不能适用。① 法院根据受害人的请求，依据案件的具体情况，可以在审理案件之前发布停止侵害令，或者在审理过程中发布停止侵害令，也可以在判决中责令行为人停止侵害。②

在产品责任诉讼中，被侵权人请求生产者、销售者承担停止侵害、排除妨碍、消除危险侵权责任的前提是产品存在缺陷，且危及他人人身、财产安全。被侵权人除了可以依据本条要求产品生产者或者销售者承担排除妨碍、消除危险的侵权责任外，还可以依据《民法典》第179条的规定，要求生产者或者销售者以其他方式承担侵权责任，如恢复原状等。

【司法案例】

冯某某与肖某某、第三人司某、司某甲产品责任纠纷案③

诉讼结论：在涉案产品不具备安全使用标准，缺乏使用功能的情况下，被侵权

---

① 参见全国人大常委会法制工作委员会民法室编：《〈中华人民共和国侵权责任法〉条文说明、立法理由及相关规定》，北京大学出版社2010年版，第53～54页；最高人民法院侵权责任法研究小组编著：《〈中华人民共和国侵权责任法〉条文理解与适用》（第2版），人民法院出版社2016年版，第116页。

② 王胜明主编：《中华人民共和国侵权责任法释义》，法律出版社2010年版，第79页。

③ 北京市第一中级人民法院（2019）京01民终10220号民事判决书。

人肖某某有权要求通过对墙体进行拆除、重建的方式来排除妨碍、消除危险。一审法院判决冯某某赔偿肖某某涉案房屋墙体拆除费用87,673.62元及新建费用158,732.29元。二审法院维持原判。

2017年3月20日，肖某某自冯某某处购买红砖29,406块，每块0.42元，金额为12,350元。肖某某表示自己因建设北京市昌平区小汤山镇官牛坊村×××号（以下简称×××号）二层楼房而购买上述红砖，且上述红砖现已用于房屋建设中。肖某某申请对涉案红砖的质量进行鉴定。鉴定意见认为，×××号在建房屋中的红砖不符合GB5101－2003《烧结普通砖》中的相关要求。另外，肖某某申请对×××号在建房屋二层墙体拆除重建到目前现状的费用进行鉴定。鉴定意见认为，本案拆除工程造价金额为87,673.62元、新建工程造价金额为158,732.29元。

法院认为，涉案红砖经鉴定，不符合国家相关标准，应认定为缺陷产品。因产品缺陷危及他人人身、财产安全的，被侵权人有权请求生产者、销售者承担排除妨碍、消除危险等侵权责任。在涉案产品不具备安全使用标准，缺乏使用功能的情况下，被侵权人肖某某有权要求通过对墙体进行拆除、重建的方式来排除妨碍，消除危险，冯某某以房屋安全性及损害后果无定论之理由，不同意承担侵权责任，缺乏依据。当产品存在缺陷，危及他人人身、财产安全时，通过排除妨碍、消除危险可以有效地预防损害，从而达到全面保护民事主体合法权益之目的。肖某某的相应民事权益受到损害，应得到有效的保护，这与房屋的物权属性及肖某某是否具有建房资质并无关联。

第一千二百零六条　产品投入流通后发现存在缺陷的，生产者、销售者应当及时采取停止销售、警示、召回等补救措施；未及时采取补救措施或者补救措施不力造成损害扩大的，对扩大的损害也应当承担侵权责任。

依据前款规定采取召回措施的，生产者、销售者应当负担被侵权人因此支出的必要费用。

【条文主旨】

本条是关于产品投入流通后发现存在缺陷的补救措施及承担侵权责任的规定。

【条文理解】

本条第1款对应《侵权责任法》第46条。《侵权责任法》第46条规定了“警示、召回等补救措施”，本条将此处修改为“停止销售、警示、召回等补救措施”，增加了“停止销售”这一补救措施。第 2 款为新增内容。民法典侵权责任编草案二审稿中只有第 1 款，没有第 2 款。有意见提出，为更好地保护被侵权人的权益，建议借鉴消费者权益保护法，针对缺陷产品召回过程中产生的费用由谁负担的问题作出规定。[①] 民法典侵权责任编草案二审稿三审稿采纳了这一建议，增加了第 2 款，由生产者、销售者负担被侵权人在召回过程中支出的必要费用。

本条规定的主要目的是，明确生产者、销售者对产品跟踪服务的义务，要求生产者、销售者对投入流通后的产品不能撒手不管，应当跟踪服务，发现产品使用过程中存在缺陷的，应当及时采取警示、召回等补救措施。[②] 警示，是指对产品有关的危险或产品的正确使用给予说明、提醒，提请使用者在使用该产品时注意已经存在的危险或者潜在可能发生的危险，避免危险的发生，防止或者减少对使用者的损害。召回，是产品的生产者、销售者依法定程序，对其生产或者销售的缺陷产品以换货、退货、更换零配件等方式，及时消除或减少缺陷产品危害的行为。

【司法适用】

本条所列的停止销售、警示、召回三种补救措施不是穷尽式列举。依据本条的规定，对投入流通后发现存在缺陷的产品，生产者、销售者采取补救措施不限于停止销售、警示、召回三种，可以根据每个产品的不同性能、特点、作用、缺陷的状况、损害发生的概率等情况采取更有利于防止损害发生或者进一步扩大的措施。

生产者、销售者对投入流通后发现存在缺陷的产品，不及时采取补救措施或者采取补救措施不力造成损害的，应当承担侵权责任。需要注意的是，产品投入流通后，因产品缺陷造成损害的，即使生产者、销售者尚未发现该缺陷，仍应承担责任。除非该缺陷是在将产品投入流通时的科学技术水平尚不能发现的缺陷。因此，不能将《民法典》第 1206 条第 1 款第 2 句错误地理解为：只要生产者、销售者在产品投入流通后，发现了产品的缺陷且采取了有力的补救措施，就可以不用对该缺陷造成的损害承担侵权责任。

如何确定生产者、销售者应当负担的被侵权人因召回支出的必要费用？根据《缺陷汽车产品召回管理条例》第 19 条的规定，对实施召回的缺陷汽车产品，生产者应当承担消除缺陷的费用和必要的运送缺陷汽车产品的费用。

---

① 《消费者权益保护法》第 19 条规定：经营者发现其提供的商品或者服务存在缺陷，有危及人身、财产安全危险的，应当立即向有关行政部门报告和告知消费者，并采取停止销售、警示、召回、无害化处理、销毁、停止生产或者服务等措施。采取召回措施的，经营者应当承担消费者因商品被召回支出的必要费用。

② 王胜明主编：《中华人民共和国侵权责任法释义》，法律出版社 2010 年版，第 241 页。

【司法案例】

林某某与一汽—大众汽车有限公司、广州鸿粤鸿众汽车销售服务有限公司产品责任纠纷案①

诉讼结论：林某某主张因购买汽车所遭受的损失10,000元，金额过高，法院酌情支持因汽车被召回支出的必要费用1000元。

林某某于2013年9月21日向鸿粤鸿众公司购买迈腾1984CC旅行轿车一辆。鸿粤鸿众公司、乘用公司于2016年2月5日因产品缺陷对涉案汽车进行召回。2016年6月4日，林某某驾驶涉案车辆在广州市海珠区鹤洞桥底发生熄火，车辆被拖车到鸿粤鸿众公司合作的维修点乘用公司进行维修。到达维修点后，车辆恢复启动。2016年6月6日，林某某再次因涉案车辆无法启动而将其拖至鸿粤鸿众公司进行维修，此次故障维修耗时7天。

法院认为，林某某未证实大众公司为涉案汽车生产者，亦未证实汽车熄火频发且系产品质量问题所致，应承担举证不能的不利后果。根据《消费者权益保护法》第19条的规定，采取召回措施的，经营者（鸿粤鸿众公司）应当承担消费者因商品被召回支出的必要费用。林某某主张因购买汽车所遭受的损失10,000元，金额过高，本院酌情支持因汽车被召回支出的必要费用1000元。乘用公司非涉案汽车生产者、销售者，林某某要求其承担连带清偿责任，无事实和法律依据，本院不予支持。综上，林某某要求鸿粤鸿众公司支付因汽车被召回支出的必要费用1000元，本院予以支持；驳回其他诉讼请求。

第一千二百零七条　明知产品存在缺陷仍然生产、销售，或者没有依据前条规定采取有效补救措施，造成他人死亡或者健康严重损害的，被侵权人有权请求相应的惩罚性赔偿。

【条文主旨】

本条是关于产品责任惩罚性赔偿的规定。

【条文理解】

本条对应《侵权责任法》第47条，但在《侵权责任法》第47条的基础上增加了一句话，“或者没有依据前条规定采取有效补救措施”，将未及时采取停止销售、警

① 广东省广州市番禺区人民法院（2017）粤0113民初2148号民事判决书。

示、召回等补救措施造成的损害纳入惩罚性赔偿的范围。

惩罚性赔偿,是加害人给付受害人超过其实际损害数额的一种金钱赔偿,是一种集补偿、惩罚、遏制等功能于一身的赔偿制度。虽然侵权责任损害赔偿以填平为原则,但对于恶意的经营者,有必要规定惩罚性赔偿,以体现产品责任制度的制裁、遏制功能。

【司法适用】

由于侵权责任损害赔偿以填平为原则,因此,在司法实践中,应当严格限制惩罚性赔偿在产品责任诉讼中的适用范围和条件。具体来说,产品责任诉讼中适用惩罚性赔偿的条件包括:

第一,生产者、销售者具有主观故意,明知是缺陷产品仍然生产或者销售,或者在产品投入流通后发现存在缺陷的,没有采取停止销售、警示、召回等补救措施;第二,要有损害事实,这种损害事实不是一般的损害事实,而应当是造成严重损害的事实,即造成他人死亡或者健康受到严重损害;第三,要有因果关系,即被侵权人的死亡或者健康严重受损害是因为侵权人生产或者销售的缺陷产品造成的。

本条还规定了产品责任惩罚性赔偿的范围是"相应的惩罚性赔偿",其目的是防止滥用惩罚性赔偿,避免被侵权人要求的赔偿数额畸高。这里的"相应",指的是被侵权人要求的惩罚赔偿金的数额应当与侵权人的恶意相当,应当与侵权人造成的损害后果相当,与对侵权人的威慑相当,具体赔偿数额由人民法院根据个案具体判定。①

【司法案例】

杨某某与上海赛亚磨具有限公司、姜某某产品责任纠纷案②

诉讼结论:一、姜某某或上海赛亚公司于判决生效之日起十日内赔偿杨某某各项损失合计328,529.4元。二、上海赛亚公司对杨某某的损失承担最终赔偿责任。若姜某某实际向杨某某进行赔偿,相应赔偿数额可向上海赛亚公司追偿。三、上海赛亚公司作为产品的生产者应当承担相应的惩罚性赔偿。法院酌定惩罚性赔偿数额为20,000元。杨某某并没有提供证明被姜某某明知产品存在缺陷仍然销售的证据,因此,杨某某要求姜某某承担惩罚性赔偿的诉讼请求不予支持。

2013年3月9日,南京能巧机械制造有限公司(以下简称能巧公司)从姜某某

---

① 王胜明主编:《中华人民共和国侵权责任法释义》,法律出版社2010年版,第245页。

② 江苏省高级人民法院(2015)苏审三民申字第01432号民事裁定书。

处购买了赛亚牌砂页盘(A100)600片。姜某某系南京润泰市场建刚砂轮经营部经营者,且是上海赛亚公司的南京经销商。“赛亚”系上海赛亚公司的注册商标。杨某某系能巧公司职工。2013年3月20日下午,杨某某在经过能巧公司车间时,安装在打磨机上的砂页盘发生爆裂,碎片飞出致杨某某左眼受伤。经诊断为左眼球萎缩,行左眼内容物摘除+眼台植入术。经能巧公司委托,国家磨料磨具质量监督检验中心于2013年4月1日出具检验报告,检验结论:此批样品经检验,回转强度、孔径、内底径、标志不符合JB/T10826－2008标准,检验结论为不合格。同时检验报告备注中写明:1某－10某砂页盘在17388转/分－19790转/分时破裂。2014年3月11日,经委托,南京东南司法鉴定中心于2014年3月27日出具司法鉴定意见书,鉴定意见为:1.被鉴定人杨某某左眼球缺失构成人体损伤七级伤残;2.被鉴定人杨某某的误工期限共计以180日为宜;护理期限共计以60日为宜;营养期限共计以30日为宜。

法院认为,上海赛亚公司作为砂页盘的生产者,其对国家标准应是知晓的,也应保证其产品符合国家规定的标准,并应在生产时进行相应的检测。因此,其对砂页盘的缺陷,应当是明知的。而姜某某在购买砂页盘时,虽应同时查看并索要相关合格证明,以保证产品符合国家标准,但其未索要合格证明的行为只能证明其存在过失,尚不能证明其系明知产品存在缺陷。因此,对杨某某请求对姜某某进行惩罚性赔偿的主张,不予支持。基于杨某某伤情为七级伤残,身体××受到严重损害,杨某某主张对上海赛亚公司进行惩罚性赔偿,予以支持。关于惩罚性赔偿的数额,原审法院认为,惩罚性赔偿着眼于惩罚、威慑和预防,因此其数额应根据受害人人身损害情况、侵权人获利情况、社会影响等因素综合确定。结合本案情况,酌定惩罚性赔偿数额为20,000元。一审法院关于惩罚性赔偿的司法观点得到了二审和再审审查法院的确认。

第五章　机动车交通事故责任

机动车交通事故是指机动车在道路上因过错或者意外造成的人身伤亡或者财产损失的事件。机动车交通事故责任是实践中较为常见的侵权责任类型，本法仍延续《侵权责任法》做法以专章形式对该侵权类型作出了规定。此举对明确交通事故责任具有重要意义，不仅有利于及时化解交通事故纠纷，维护当事人合法权益，而且有利于预防和减少交通事故的发生，保障道路畅通和交通安全。

本章在《侵权责任法》第六章 6 个法条的基础上，吸收借鉴司法解释等成熟规范，扩展为 10 个法条。与《侵权责任法》相比，本章新增的主要内容有：一是增加了以挂靠形式从事道路运输经营活动的机动车发生交通事故致人损害时如何承担责任的规定；二是增加了未经允许驾驶他人机动车发生交通事故造成损害由谁承担责任的规定；三是增加了发生交通事故时交强险、商业险、侵权人承担赔偿责任的先后次序的规定；四是增加了非营运机动车发生交通事故造成无偿搭乘人损害时如何承担责任的规定。

第一千二百零八条　机动车发生交通事故造成损害的，依照道路交通安全法律和本法的有关规定承担赔偿责任。

【条文主旨】

本条是关于机动车交通事故损害赔偿责任法律适用的规定。

【条文理解】

本条规定是对《侵权责任法》第 48 条的重申和完善。本条规定中增加了“本法的有关规定”，使所援引的法律更加全面、合理。这里的道路交通安全法有关规定主要指《道路交通安全法》第 76 条的规定；本法主要指《民法典》“侵权责任编”的有关规定。

机动车发生交通事故后，《道路交通安全法》第 76 条是划分交通事故责任的基本依据。该条规定：“机动车发生交通事故造成人身伤亡、财产损失的，由保险公司在机动车第三者责任强制保险责任限额范围内予以赔偿；不足的部分，按照下列规定承担赔偿责任:(一)机动车之间发生交通事故的,由有过错的一方承担赔偿责任;双方都有过错的,按照各自过错的比例分担责任。(二)机动车与非机动车驾驶人、行人之间发生交通事故,非机动车驾驶人、行人没有过错的,由机动车一方承担赔偿责任;有证据证明非机动车驾驶人、行人有过错的,根据过错程度适当减轻机动车一方的赔偿责任;机动车一方没有过错的,承担不超过百分之十的赔偿责任。交通事故的损失是由非机动车驾驶人、行人故意碰撞机动车造成的,机动车一方不承担赔偿责任。"对于交通事故责任承担主体,该条文采用了"机动车一方"一词,机动车一方实际包括机动车所有人、管理人、使用人。在所有人、管理人与使用人分离时发生交通事故时如何确定责任承担主体,本法后续条文作了详细规定。

关于机动车道路交通事故责任的归责原则,上述规定没有采用单一的归责原则,而是区分不同的交通事故类型和赔偿范围分别适用不同的归责原则。具体分为以下几类:

第一,保险公司在投保交强险责任限额范围内承担无过错责任。机动车交通事故责任强制保险,是指由保险公司对被保险机动车发生道路交通事故造成本车人员、被保险人以外的受害人的人身伤亡、财产损失,在责任限额内予以赔偿的强制性责任保险。根据《道路交通安全法》第 76 条的规定,机动车发生交通事故造成人身伤亡、财产损失的,由保险公司在机动车第三者责任强制保险责任限额内予以赔偿。保险公司在责任限额范围内承担无过错赔偿责任,这种责任来源于法律的强制性规定。只要造成第三人人身伤亡、财产损失的,承保交强险的保险公司就应当在责任限额内优先赔偿。

第二,机动车之间发生交通事故时机动车的过错责任。机动车之间发生交通事故时,由于机动车之间的危险掌控能力及风险负担大致相同,如果一方机动车对交通事故的发生具有故意或过失就由其承担赔偿责任。如果双方均有过错的,应当按照各自的过错比例大小承担相应的赔偿责任。

第三,机动车与非机动车驾驶人、行人之间发生交通事故时机动车一方承担无过错责任。根据《道路交通安全法》第 76 条第 1 款第 2 项的规定,机动车与非机动车驾驶人、行人之间发生交通事故,无论机动车一方有无过错,均应承担相应的赔偿责任。机动车与行人等发生交通事故,采用无过错责任归责原则的法理依据来源于受益者承担风险的报偿理论、高度危险作业致人损害的严格责任理论、优者危险负担理论等,旨在强调作为高度危险作业一方的机动车使用人的谨慎注意义务,体现了对基本人权的尊重和弱势群体的保护。但行人等存在故意或重大过失时,应根据过失相抵原则和上述法律规定来确定责任承担,即非机动车驾驶人、行人有重大过失的，应当减轻机动车一方的赔偿责任；非机动车驾驶人或者行人故意引起损害的，机动车一方免责。

第四，机动车未投保交强险的，投保义务人承担无过错责任。《交通事故赔偿解释》第19条第1款规定："未依法投保交强险的机动车发生交通事故造成损害，当事人请求投保义务人在交强险责任限额范围内予以赔偿的，人民法院应予支持。"据此，只要机动车没有投保交强险，投保义务人就应该在交强险责任限额范围内承担无过错责任。但一般认为，未投保交强险的投保义务人仅限于向非机动车驾驶人、行人承担责任或者机动车之间发生交通事故单方责任时向另一方承担交强险责任限额内赔偿责任。如果机动车之间发生交通事故，双方均未投保交强险且双方均有过错的，投保义务人不应在交强险责任限额范围内承担无过错责任，而应该按照机动车之间发生交通事故的过错承担过错责任。如果未投保交强险且有过错的机动车一方要求另一方未投保交强险投保义务人承担无过错责任将会导致因自身违法行为而获利。

需要特别注意的是，随着经济社会的发展，共享经济模式下机动车的运营方式也发生了很大变化，网约车平台、劳务派遣公司、出租车公司、网约车司机等主体参与到网约车经营模式之中，一旦网约车发生交通事故，赔偿责任的划分就变得越来越复杂。同时，随着人工智能的发展，机动车也增加了新的成员——无人驾驶汽车，其发生事故后如何承担责任，我们也应该充分予以关注。

就网约车运营模式而言，现在主要有四种，即出租车模式、快车模式、顺风车模式、专车模式。

第一，出租车模式。这种模式下，平台运营商根据乘客的用车需求，将乘客的用车信息与出租车公司的车辆、司机信息相匹配。乘客发出乘车订单后，出租车公司与乘客形成服务合同关系。出租车公司向乘客提供出租车服务，乘客支付费用。如果平台运营商未从乘客支付给出租车的费用中抽成，也未参与经营，仅为出租车和乘客之间提供信息匹配服务，一般认定平台运营商仅提供居间服务，其并非承运人，若其无过错，不应承担赔偿责任。而租车公司与司机之间的责任如何划分，两者之间的关系存在以下几种情形：(1)雇佣关系。司机受雇于出租车公司，利润上交给公司，司机每月从公司领取固定的工资。因司机是出租车公司雇员，应当按照《人身损害赔偿解释》第9条和第11条的规定确定赔偿责任，即雇员在雇佣过程中，因职务行为自身受损或致他人损害，由雇主承担责任，雇员因故意或者重大过失致人损害的，应当与雇主承担连带赔偿责任。雇主承担连带赔偿责任的，可以向雇员追偿。(2)承包关系。司机承包公司的出租车，每月上交一定的利润，剩余收入归自己，对外仍以公司的名义经营。司机承包出租车公司的机动车，因承包人向公司交纳一定的利润，司机仍然以公司的名义对外经营，出租车公司应承担连带责任。但出租车公司可以根据承包协议向承包人进行追偿，赔偿责任最终应由承包人承担。(3)挂靠关系。挂靠经营，即将自己所有的机动车挂靠出租车公司，对外以公司名义经营，其营运证件由公司负责办理，每月向公司上交一定费用。因成立车辆挂靠，挂靠人和被挂靠人应当承担连带责任。关于挂靠关系的责任承担，于本法第1211条将进行详细阐述。

第二，快车模式。这种模式下，平台运营商将乘客的用车信息与平台上登记的私家车主的车辆信息匹配。私家车车主与乘客根据上述匹配信息自愿成立服务合同关系，私家车主向乘客提供服务，乘客支付费用。如果平台运营商未在快车模式进行抽成，亦未参与经营，仅向双方提供信息匹配服务，一般不承担责任。如果平台运营商与私家车主按比例分配了乘客支付的费用，应当由平台运营商与私家车主按照各自过错承担责任。

第三，顺风车模式。这种模式下，顺风车司机在平台运营商发布自己的行车路线，或接受他人的合乘需求，并通过平台与搭乘者达成合意。但搭乘者需要支付一定数额的金钱，用以分担私家车车主在油费、过路费、汽车维修费等方面的开销。如果平台运营商未在顺风车模式进行抽成，亦未参与经营，仅向双方提供信息匹配服务，一般不承担责任。如果平台运营商与顺风车车主按比例分配了乘客支付的费用，应当由平台运营商与私家车主按照各自过错承担责任。

第四，专车模式。这种模式一般采取“车辆租赁+司机代驾”的模式，涉及5个关系方，即乘客、运营商平台、司机、汽车租赁公司和劳务派遣服务公司。这种模式下，平台运营商采用多方合作的方式，一方面与有资质的汽车租赁公司合作，要求其提供有运营资质的汽车；另一方面与劳务派遣公司合作，要求其提供适格的司机。乘客作为专车用户与租车公司形成了汽车租赁关系，和劳务服务公司形成了劳务服务关系。乘车人除了乘客的身份之外，还是出租车辆的承租人，劳务派遣公司的雇方。而乘客支付的车资，则由四方按约定的比例分配，即汽车出租公司、劳务派遣公司、司机、平台运营商。因此，平台运营商、汽车租赁公司、劳务派遣服务公司以及司机，都是向乘客提供专车服务的服务方，而且都从中获得直接的经济收益，应该按照各自的过错承担责任。

对于无人驾驶汽车引发的事故，责任怎么来分担？一般认为应该从以下几方面考虑：一是无人驾驶汽车产品开发设计是否存在缺陷，生产环节是否存在漏洞。二是无人驾驶汽车的使用者是否存在违规操作。三是自动驾驶系统设计、导航软件等是否存在瑕疵。四是是否有外因介入造成事故，如黑客、病毒等因素入侵进而控制无人驾驶汽车。这些原因共同造成最终的损害结果时，就应当结合起来剖析损害事实发展的整个过程，进行合理划分相关的责任主体，并明确分出每个主体具体责任的大小，最终根据每个责任人所造成损害的因果关系大小、危险程度大小、损失大小来具体分担责任。

【司法适用】

1. 关于交通事故责任认定书的属性。根据《道路交通安全法》第73条和《道路交通事故处理程序规定》第64条的规定，交通事故责任认定书是处理交通事故的证据，是公安机关交通管理部门在交通事故处理过程中结合法律规定、事故具体情况和多种证据作出事实认定的法律文书，目的是描述交通事故的成因，明确各当事人在事故成因中作用的大小。[①] 公安机关交通管理部门的交通事故认定不能等同于法院赔偿责任的划分。在民事诉讼中，交通事故责任认定书同其他证据一样，要经过质证等程序才能在司法程序中确定其证据效力。人民法院在审理交通事故损害赔偿案件时，应当以审查证据的一般原则对引发交通事故的法律事实、过错等进行全面的法庭调查，如果人民法院认为公安机关交通管理部门的责任认定与事实不符或与民事责任的归责原则不符，完全可以按照查明的事实、适用民事责任的归责原则作出裁判。当事人在起诉或抗辩时，可以按自己主张的事实和认为应当适用的归责原则进行诉讼和抗辩，不受交通事故责任认定书的限制。

2. 关于超标电动自行车发生交通事故的责任承担。2018年5月15日，工信部、公安部等公布新修订的《电动自行车安全技术规范》国家标准。根据新“国标”，电动自行车的最高车速由20km/h调整为25km/h，整车质量（含电池）由40kg调整为55kg，电机功率由240W调整为400W，并对具有脚踏骑行功能进行了强制性规定。该技术规范于2019年4月15日正式实施。尽管国家相关部门调高了电动自行车的安全技术标准，但实践中仍然存在大量行驶速度、整车质量等指标超过国家标准的“超标”电动自行车。这些“超标”电动自行车发生交通事故时，公安机关交通管理部门往往会将该电动自行车认定为“机动车”，那么是不是应该按照机动车来承担赔偿责任呢？一般认为，尽管肇事车辆被鉴定为“机动车”，但根据当前社会对电动自行车的管理现状，“超标”电动自行车仍是按一般电动自行车进行管理，因此，这些“超标”电动自行车发生交通事故，不能参照或类推机动车交通事故进行处理，还应当按照非机动车的标准认定性质并划分责任。

3. 关于机动车驾驶人过错的认定。机动车驾驶人过错的认定，首先应当以是

---

① 李五一：《交通事故责任认定研究》，载《法制与社会》2019年第10期。

否违反道路交通安全法明文规定的“安全驾驶注意义务”为依据。我国《道路交通安全法》规定了诸多安全驾驶义务规范，如右侧通行规则（第 35 条），分道通行规则（第 36 条），按信号灯通行规则（第 38 条）等。通常情形下，行为人违反了法律或行政法规规定的义务规范，即可认定对事故发生具有过错。因此，人民法院在确定民事责任时，应当注重制定法义务规范的审查。如果法律没有具体规定“安全驾驶注意义务”时，应当以《道路交通安全法》第 22 条第 1 款确定的“按照操作规范安全驾驶”作为一般安全驾驶注意义务规范，来判断驾驶人是否存在过错。《道路交通安全法》第 22 条第 1 款规定：“机动车驾驶人应当遵守道路交通安全法律、法规的规定，按照操作规范安全驾驶、文明驾驶”。其中，“按照操作规范安全驾驶”就是道路交通领域中驾驶者的一般安全注意义务的规范依据。“操作规范”包括有关驾驶方面的规章制度、安全驾驶守则等规范性文件以及行业惯例。按照操作规范安全驾驶，必须根据不同道路、不同场所（如高速公路、斑马线路段、单行车道、交叉路口、办公场所、住宅小区等不同交通场合）的不同的通行规则安全驾驶。例如，在没有交通指示灯的交叉路口，先进入车辆应当在进入之后以“合理速度”驶离，如果未以“合理速度”驶离，导致横向车道上的车辆相撞，该机动车即存在过错。

4. 超过法定退休年龄人员误工费的认定。超过法定退休年龄人员交通事故中遭受人身损害，其误工费赔偿请求是否应予支持与其年龄无关，只要其具备人身损害赔偿要件、具有误工的事实和收入减少的事实就应予以支持。其误工费的赔偿可以按照正常劳动者的收入方式来赔偿。首先，对于有固定收入者，误工费按照实际减少的收入计算；其次，对于无固定收入的，按照其最近三年的平均收入计算，受害人不能举证证明其最近三年的平均收入状况的，可以参照受诉法院所在地相同或者相近行业上一年度职工的平均工资计算。

5. 关于车辆贬值损失的可救济性。关于车辆贬值损失应否纳入损害赔偿范围问题，司法实践中颇有争议。一般认为，物或财产的价值受价值规律支配，使用价值与价值集于一身，使用价值主要用于发挥效用、满足所有权人支配使用财产（物）的需求，而价值则主要在市场交换领域发挥作用、满足所有权人交换或买卖财产的需求，因为根据经济规律价值在供求关系影响下直接决定了价格即交换价值，所以使用价值与价值均属财产利益不可或缺的要素，据此可以认为价值贬低属财产所有权人遭受的客观损失。机动车发生交通事故后，虽可通过修理使其基本恢复外表原貌，但其内在功能受到的损坏，其安全性能及驾驶性能的评价往往会受到负面影响，交易时其市场价格将因此有所下降，导致车辆的实际经济价值贬损，如果该贬值损失经过合法评估鉴定，理应得到赔偿。

在法律适用顺序上,《道路交通安全法》为特别法,优先于《民法典》的有关规定。

【司法案例】

案例一

荣某某与王某、永诚财产保险股份有限公司江阴支公司机动车交通事故责任纠纷案①

诉讼结论:荣某某在交通事故中没有过错,其体质状况对损害后果的影响不属于可以减轻侵权人责任的法定情形。永诚保险公司在交强险责任限额范围内承担赔偿责任。

2012年2月10日14时45分许,王某驾驶号牌为苏MT××××的轿车,沿江苏省无锡市滨湖区蠡湖大道由北往南行驶至蠡湖大道大通路口人行横道线时,碰擦行人荣某某致其受伤。2月11日,滨湖交警大队作出《道路交通事故认定书》,认定王某负事故的全部责任,荣某某无责。无锡市中西医结合医院司法鉴定所鉴定结论为:荣某某左桡骨远端骨折的伤残等级评定为十级;左下肢损伤的伤残等级评定为九级。损伤参与度评定为75%,其个人体质的因素占25%。一审法院据此确认残疾赔偿金27,658.05元扣减25%为20,743.54元。二审法院认为,本起交通事故造成的损害后果系受害人荣某某被机动车碰撞、跌倒发生骨折所致,事故责任认定荣某某对本起事故不负责任,其对事故的发生及损害后果的造成均无过错。虽然荣某某年事已高,但其年老骨质疏松仅是事故造成后果的客观因素,并无法律上的因果关系。因此,受害人荣某某对于损害的发生或者扩大没有过错,不存在减轻或者免除加害人赔偿责任的法定情形。且我国交强险立法并未规定在确定交强险责任时应依据受害人体质状况对损害后果的影响作相应扣减,保险公司的免责事由也仅限于受害人故意造成交通事故的情形,即便是投保机动车无责,保险公司也应在交强险无责限额内予以赔偿。

案例二

聂某某、崔某某等与李某某、陕西通汇汽车物流有限公司等机动车交通事故责任纠纷案②

诉讼结论:在无道路交通事故认定书的情况下,应以审理认定的事实作为定

---

① 最高人民法院指导性案例第24号。

② 河南省南阳市中级人民法院(2017)豫13民终5744号民事判决书。

案根据，事故责任划分适用过失相抵责任和优者危险负担原则。李某某一方、王某某一方均对事故承担相应责任。

2017年1月31日22时00分左右，崔某某驾驶豫AE××号车，沿沪陕高速公路南阳至西安方向行驶至1182KM处时，与前方王某某驾驶的浙D9××号车相撞，杨某某驾车行至该处，与前方因道路结冰而停放在行车道内的关某某所驾驶的车辆相撞，又与前方停放在行车道内的郑某某所驾驶的车辆相撞，又与前方停放在应急车道内的寿某某所驾驶的车辆相撞；崔某某、王某某、杨某某、关某某、郑某某、寿某某在交通事故发生后均未按照规定设置警示标志，22时02分左右，李某某驾驶陕AR××、陕C××挂号车行至该处，没有遵守道路交通安全法律、法规的规定，没有按照操作规范做到安全驾驶，致使所驾车辆横向朝前滑行，豫AE××号车乘坐人孙某某、驾驶员崔某某见状跳落至道路右侧桥下（深11.6米），造成崔某某死亡、孙某某受伤、七车受损、路产受损的交通事故。南阳市公安局高速公路交通警察支队道路交通事故认定书认定，崔某某驾驶机动车在高速公路上行驶，没有遵守道路交通安全法律、法规的规定，没有按照操作规范做到安全驾驶，是造成豫AE××号车撞击浙D9××号车的原因，对此承担全部责任。法院认为，引起事故发生及崔某某死亡后果，首先是崔某某驾驶行为不当引发事故，将自己置于危险环境之中，自身存在过错，应负事故的主要责任。李某某驾驶的车辆虽未撞击到崔某某驾驶的车辆，但因其不符合规范的驾驶行为，再次将崔某某置身于巨大的危险之中，最终导致崔某某死亡的后果，对此应承担事故的次要责任。王某某与二次事故有一定的关联性，应由其投保的保险公司在交强险范围内承担无过错责任。

案例三

罗某某与黎某某机动车交通事故责任纠纷案①

诉讼结论：罗某某与黎某某所驾机动车均未购买交强险，发生交通事故后，双方均无法通过保险进行损害的分散，也无权进行损害的转移，仍按事故责任认定予以赔偿。

本案中，黎某某驾驶粤R3B×××号牌普通摩托车与罗某某驾驶的粤R9L×××号牌普通二轮摩托车发生碰撞，造成黎某某、罗某某受伤及两车不同程度损坏的事故。清新区公安局交警大队道路交通事故认定书认定黎某某承担本次事故的主要责任，罗某某承担本次事故的次要责任。粤R3B×××号牌普通摩托车

---

① 广东省清远市中级人民法院（2013）清中法民一终字第353号民事判决书。

和粤 R9L×××号牌普通二轮摩托车均未购买交强险。关于罗某某要求黎某某在道路交通责任强制保险赔偿限额内赔偿的请求，法院认为，根据任何人不能从自己的违法行为中获利的法理，请求人本身属于对法定义务的违反，其要求对方按照相同的法定义务保护自己，违反了公序良俗的原则，应当判决不予准许。也即在双方均有过错的情况下，任何一方均没有权利要求全部损失由一方承担，不应当存在损害转移的问题。

第一千二百零九条　因租赁、借用等情形机动车所有人、管理人与使用人不是同一人时，发生交通事故造成损害，属于该机动车一方责任的，由机动车使用人承担赔偿责任；机动车所有人、管理人对损害的发生有过错的，承担相应的赔偿责任。

【条文主旨】

本条是关于机动车所有人、管理人、使用人不一致时侵权赔偿责任的规定。

【条文理解】

本条明确了发生交通事故后，机动车所有人、管理人与使用人不一致时，应当由机动车使用人承担赔偿责任，而机动车所有人、管理人仅在有过错情况下承担相应赔偿责任。与《侵权责任法》第49条相比，本条增加了“管理人”的概念。管理人是基于合同关系对所有人的机动车进行管理的人。管理人对机动车进行租赁、借用的，如果发生交通事故，也应该按照所有人或者管理人各自的过错向受害人承担责任，但并不一定是由所有人、管理人共同承担责任。例如，汽车租赁公司接受委托对李某所有的汽车进行租赁，租赁给王某后发生交通事故，根据本条规定，王某作为责任承担主体，承担赔偿责任已无争议。但在判断李某和汽车租赁公司的责任时，应该区分不同的过错进行判断。李某可能主要从汽车的缺陷上，租赁公司主要在使用人的资格上。因此，机动车所有人、管理人在承担责任上是不同的责任主体。

有学者提出，应当引入“机动车保有人”的概念，以示“保有人”对机动车的支配和受益，但立法者并没有采用这个概念，因为所有人、管理人、使用人更容易被广大群众所接受和认同。

现实生活中，机动车代驾已经成为一种社会较为普遍现象。机动车代驾过程中，机动车所有人或管理人没有驾驶机动车，而是由代驾人驾驶机动车。如果发生交通事故，主要存在以下几种情形：

第一,亲朋好友的无偿代驾。这种情况下,代驾人和车主是一种无偿帮工关系。《人身损害赔偿解释》第13条规定:"为他人无偿提供劳务的帮工人,在从事帮工活动中致人损害的,被帮工人应当承担赔偿责任。被帮工人明确拒绝帮工的,不承担赔偿责任。帮工人存在故意或者重大过失的,赔偿权利人请求帮工人和被帮工人承担连带责任的,人民法院应予支持。"故无偿代驾情形下,发生交通事故时一般应由车辆所有人或管理人承担赔偿责任,但代驾人存在故意或重大过失的,应与机动车所有人或管理人承担连带责任。

第二,临时雇人代驾。车主临时花钱雇人代驾,双方之间形成雇佣关系。《人身损害赔偿解释》第9条第1款规定:"雇员在从事雇佣活动中致人损害的,雇主应当承担赔偿责任;雇员因故意或者重大过失致人损害的,应当与雇主承担连带赔偿责任。雇主承担连带赔偿责任的,可以向雇员追偿。"如果发生交通事故,首先按照车主投保的交强险和商业险由保险人承担保险责任,超出的部分由雇主即车主承担责任。但是,如果代驾人故意或者重大过失致人损害的,应当承担连带赔偿责任。

第三,代驾公司提供的有偿代驾。车主事先和代驾公司达成代驾服务协议,双方形成服务合同关系。代驾人提供代驾服务时系自主根据车辆状况、道路状况、天气状况独立操作,自行规避行使道路中存在的安全风险,按照合理路线将接受服务人员及车辆安全送往目的地。如果发生交通事故,首先由机动车保险人承担保险责任,保险不足以赔偿的,赔偿责任由代驾公司承担。如果车主或机动车管理人在指挥和管理存在过错的,应当承担相应赔偿责任。

第四,酒店提供的免费代驾。酒店专门为喝酒后的顾客免费提供代驾服务,属于餐饮消费的延伸服务,是消费行为的延续,是消费者与酒店之间的消费服务合同的组成部分。如果酒店提供的代驾驾驶机动车发生交通事故的,表明酒店没有尽到自己将顾客安全送达目的地的义务,违反了服务合同的约定。首先应由保险人在交强险和商业险责任限额内承担保险责任,保险不足以赔偿的,由酒店承担赔偿责任。

【司法适用】

司法实践中,机动车租赁、借用等情形下,认定机动车所有人、管理人是否存在过错,应从以下几方面予以考虑:一是出借人是否明知机动车存在故障或者隐患而隐瞒有关情况。出借机动车发生交通事故的,如果故意隐瞒有关情况,出借人应当承担相应赔偿责任;如果出借人已经告知有关情况,借用人仍执意要求借用而出借的,出借人也应当承担相应赔偿责任。二是出借人是否明知借用人不符合安全驾驶要求。如果出借人明知借用人系醉酒、极度疲劳、有重大疾病等情况的人，而出借机动车的，其应当承担相应赔偿责任。三是出借人是否明知借用人无相应驾驶资格。如果出借人明知借用人无驾驶证或者驾驶证准驾车型与所借车型不符，出借人应当承担相应赔偿责任。

在机动车租赁、借用等情形下，机动车所有人未尽到必要的注意义务，所有人应承担相应责任，但该责任是与其过错相适应的责任。根据法理，只有在法律明确规定的情形下才承担连带责任。在出借情形下，所有人与使用人并不构成共同侵权，也无其他承担责任的连带因素，因此，即便是由于所有人的过错与使用人的驾驶行为结合造成第三人损害，所有人也应承担按份责任而非连带责任。

在机动车所有人未购买交强险，将机动车出租、出借等情况下，出借人、使用人如何来承担责任实践中存在一定争议。有人从保护受害人的角度，认为车主应在交强险范围内与使用人承担连带责任；有人认为，应该从车主和使用人的过错来确定各自应当承担的责任。一般认为，未投保交强险的投保义务人承担责任的本质是让投保义务人代替保险人在交强险范围内承担责任，投保义务人或者车主未按照规定购买交强险，使受害人丧失了通过交强险得到赔偿的保障，也使使用人丧失了通过交强险分散风险的机会，车主存在未投保交强险之过错，在使用人不知情情况下，应由车主在交强险范围内承担赔偿责任。如果使用人明知或应当知道机动车未投保交强险而使用的，应由车主和使用人在交强险范围内承担连带责任，交强险范围之外责任仍由使用人承担。

【司法案例】

刘某甲、刘某乙与张某某、王某某道路交通事故人身损害赔偿纠纷案①

诉讼结论：王某某作为肇事车辆的车主因不提供交强险投保情况，应当在交强险赔偿限额范围内先行承担赔偿责任，对超出交强险赔偿限额以外的损失，再按照责任比例由车辆使用人张某某予以赔偿。王某某将车辆借给张某某使用无证据证明有其他明显过错，原审判决由王某某对全部赔偿责任承担连带责任不当，依法予以纠正。

本案中，张某某驾驶豫C－K××××号汽车与刘某某驾驶豫C－N××××号汽车相撞，致刘某甲受伤、车辆受损。公安交警部门认定，刘某甲负交通事故的次要责任，张某某负交通事故的主要责任。但张某某、王某某在一审中不提供车辆投保交强险的具体情况，二审中经法庭明确告知仍不提供，使刘某甲、刘某乙的损失不能及时得到交强险保险赔偿。据此，肇事车辆的所有人王某某应在交强险

---

① 河南省洛阳市中级人民法院（2011）洛民终字第226号民事判决书。

赔偿限额内先行承担赔偿责任，除此之外，王某某将车辆借给张某某使用无其他明显过错，对超出交强险赔偿限额以外的损失，应按照责任比例由车辆使用人张某某予以赔偿，肇事车辆所有人王某某不再承担连带责任。

第一千二百一十条 当事人之间已经以买卖或者其他方式转让并交付机动车但是未办理登记，发生交通事故造成损害，属于该机动车一方责任的，由受让人承担赔偿责任。

【条文主旨】

本条是关于转让并交付机动车未办理登记情形下侵权赔偿责任的规定。

【条文理解】

《道路交通安全法》第12条规定，机动车所有权发生转移的，应当办理相应的登记。但现实生活中，大量存在当事人之间已经以买卖、以物抵债、赠与等方式转让并交付了机动车，但为了节省费用、图省事等，买受人或受赠人未办理机动车所有权转移登记的情形，导致机动车名义所有人与实际所有人不一致。根据《物权法》《合同法》的相关规定，机动车属于动产，动产的所有权转移，从交付时起开始转移。标的物交付的，风险责任从交付时起一并转移。这是因为，机动车转让未经登记但已经转移占有的情况下，占有人事实上已经支配了机动车，机动车运行收益也归占有人所有，占有人应当对机动车对应的风险承担责任。对于登记车主来说，因交付车辆已丧失了对车辆的支配和运营利益，也丧失了管理的机会和可能。当机动车发生交通事故时，自然应由享受权利的买受人或受赠人承担损害赔偿责任，而不能让没有享受任何权利的原车主来承担这个义务。这样既有利于体现法律的公平正义，又有利于维护正常的民事流转关系和诚实信用原则，保护交易安全。

根据《民法典》“物权编”、《道路交通安全法》等规定，受让人承担赔偿责任的情形主要有以下几种：(1)机动车原所有人将机动车出卖、赠与给受让人，已经交付但尚未办理过户登记，受让人驾驶机动车发生交通事故的。(2)出卖人将机动车出卖给受让人，按约定受让人支付全部价款前，出卖人保留所有权，尚未支付全部价款的受让人驾驶该机动车发生交通事故的。(3)机动车所有人与买受人达成试用买卖协议，试用机动车期间，买受人驾驶该车发生交通事故的。(4)机动车所有人签订融资租赁合同，将机动车出租给合同相对人，合同相对人驾驶该车发生交通事故的。

另外,还需要注意的是,机动车登记是公安机关交通管理部门的行政管理行为,并不产生设定机动车所有权的效力。机动车所有权的转让虽不以登记为生效要件,但未经登记,不得对抗第三人。机动车登记所具有的公示效力,对于规范机动车交易秩序以及明确因机动车使用不当导致的侵权责任的承担主体具有重要意义。因此,在机动车转让人没有履行法律所要求的转移登记义务、办理过户手续的情况下,从防止欺诈、充分保护被害人合法权益出发,机动车转让人应当对机动车的转让及交付事实承担证明责任。

【司法适用】

司法实践中,要特别注意审查机动车登记所有人是不是为了转嫁责任而虚假转让机动车。由于机动车转移所有权不需要登记为要件,这也为当事人虚假转让提供了空间。从证明责任分配角度,应适当提高转让人已经转让交付的证明标准,在发生交通事故后,机动车使用人逃逸的,机动车登记所有人如不能充分举证证明机动车已经转让交付,自己确实已不支配机动车,也不享有运行利益时,转让人作为机动车的所有人仍应承担赔偿责任。

【司法案例】

柳林恒昇公司、榆林旭升公司、中国人民财产保险股份有限公司榆林市分公司等与王某、张某等机动车交通事故责任纠纷案①

诉讼结论:一审法院判决出卖人与买受人承担连带赔偿责任不当,二审法院依法予以纠正。

本案中,榆林旭升公司作为二手车出卖人,与张某签订的《购车合同》中约定:"在张某所购机动车保险到期而未续保时,在厂家指定的保险公司续保,否则续保押金不退还。榆林旭升公司有权决定代张某为所购机动车购买保险……"以上内容从字面理解,是出卖人旨在约束买受人在其指定的保险公司购买保险所作的约定。首先,榆林旭升公司并非案涉事故车辆的投保义务人。案涉事故车辆为分期付款购买的车辆,由于分期付款是一种特殊的买卖形式,买受人在没有履行支付价款义务之前,机动车的所有人虽然仍属于出卖人,但在机动车交付买受人之后,出卖人榆林旭升公司不再占有该车辆,丧失了对该车辆的控制支配,不具有防范事故发生的能力,也对该车不再具有法律或事实上的保险利益关系。其次,根据《侵权责任法》第 50 条"当事人之间已经以买卖等方式转让并交付机动车,但并未办理所有权转移登记,发生交通事故后,属于该机动车一方责任的,由保险公司在

① 山西省吕梁市中级人民法院(2019)晋 11 民终 1899 号民事判决书。

机动车强制责任限额范围内予以赔偿,不足部分由受让人承担赔偿责任”和《最高人民法院关于购买人使用分期付款购买的车辆从事运输因交通事故造成他人财产损失保留车辆所有权的出卖人不应承担民事责任的批复》(法释〔2000〕38号)“采取分期付款方式购车,出卖方在购买方付清全部车款前保留车辆所有权的,购买方以自己名义与他人订立货物运输合同并使用该车运输时,因交通事故造成他人财产损失的,出卖方不承担民事责任”之规定,出卖人在买受人付清全部价款前保留车辆所有权并交付机动车的,发生交通事故后,赔偿义务人为保险公司或买受人,出卖人不承担民事责任。最后,连带责任的承担须有法律明文规定或当事人明确约定,本案中,榆林旭升公司与张某并未作出相关约定,原审判决榆林旭升公司承担连带责任亦不符合法律规定。一审法院判令上诉人承担连带责任不当,依法予以纠正。

第一千二百一十一条　以挂靠形式从事道路运输经营活动的机动车,发生交通事故造成损害,属于该机动车一方责任的,由挂靠人和被挂靠人承担连带责任。

【条文主旨】

本条是关于挂靠机动车侵权赔偿责任的规定。

【条文理解】

机动车从事道路运输是一种风险较大的作业活动,从事道路运输经营必须具备一定的行业准入条件,经行政许可才可进行。以挂靠形式从事道路运输经营活动,不仅违反了《道路运输条例》第33条“道路运输车辆应当随车携带车辆营运证,不得转让、出租”之规定,而且极大增加了道路交通的安全隐患,对不特定道路参与人的人身安全和财产权益造成了较大的风险。

但由于并非所有的机动车所有人都享有机动车的运营权,其只能向有机动车运营权的主体非法受让或者租借运输经营权,即形成挂靠关系。车辆挂靠关系有以下特征:一是被挂靠人具有相应的运输资质;二是实际所有人与登记所有人不一致;三是以被挂靠人名义对外运输经营;四是被挂靠人对车辆存在一定程度控制管理;五是被挂靠人或收取部分管理费用,或出于某种原因免费挂靠。由此可见,被挂靠人出借资质,违反了国家的禁止性规定,促成了不具有经营资格的挂靠人进行运输经营,其行为在客观上提高了挂靠车辆发生事故的可能性和危害性,其应对自己的行为承担责任。同时在挂靠关系中,被挂靠人在开启机动车从事道路运输这一高度危险行为的同时，也具有选任合适的挂靠人的义务，其应选择对危险活动有担保履行能力的挂靠人，以降低风险。如果被挂靠人知道或者应当知道挂靠人无危险作业的相应风险担保能力，则与挂靠人存在有共同的故意或过失，二者构成共同侵权，应承担连带责任。

在挂靠关系中，被挂靠人以“出借资质”的名义，通过代办营运手续，管理挂靠车辆，收取一定数额的管理费。对外，挂靠人是以被挂靠人的名义营运而获得利益；对内，被挂靠人收取管理费，来自挂靠车辆的运行利益。如挂靠车辆不营运，则挂靠人无利益可得，也无管理费交纳，故可以认定被挂靠人收取管理费而取得了挂靠车辆的一部分运行利益。二者均可认定为运行利益归属者，故二者对受害人一方承担连带赔偿责任不违反报偿责任理论。被挂靠人不能以其只在挂靠关系内部分享了一部分利益而作为对外向善意的第三人免责的理由，二者系不同性质的法律关系，但被挂靠人承担责任后可以依据内部协议向挂靠人追偿。

【司法适用】

司法实践中，车辆驾驶人、实际所有人、登记所有人不一致时，往往存在雇佣、买卖、挂靠等法律关系，导致涉机动车道路运输损害赔偿的案件被告主体众多、各被告之间法律关系难以认定。为此，不能单凭买卖合同、租赁合同等权属变更形式要件来认定权属关系已经发生变化。在确定挂靠关系时，不仅需要对被挂靠人是否对车辆的运行享有控制力、支配力，是否对防范事故发生具有控制力、影响力等实质方面进行考察，还需要从登记单位的运营资质、道路运输资格证的办理、车辆保险的投保等多方面综合进行考量。

道路运输经营挂靠行为的本质是不具备道路运输经营资格的挂靠人，经有运输经营权主体同意或默认，对外以其名义从事运输经营的活动，即被挂靠人非法转让或出借道路经营许可证的行为，故在审判实践中应重点审查被挂靠人是否知道或应当知道挂靠人使用其道路运输经营许可证。至于挂靠人与被挂靠人是否约定管理费或挂靠人是否交纳管理费，仅涉及相关借用资质协议是否有偿或履行问题，不属于否定挂靠关系的法定事由，并不影响挂靠关系的成立，故被挂靠人以未约定管理费或挂靠人不交纳管理费为由，主张不构成挂靠关系，不应支持。另外，被挂靠人虽通常不直接参与车辆的实际经营，但对所涉车辆仍有一定的管理、监督权或义务，以保障车辆的安全生产经营活动。在车辆权属发生变更时，被挂靠人上述管理、监督义务并不因此减轻或免除。被挂靠人将车辆运输证长期登记在自己名下，但对车辆实际所有人或经营者变更放任不管或未采取有效措施进行管理、监督，即使不知道实际权利人对运输车辆的运行状况，也应视为被挂靠人同意借用其资质，依法认定双方成立挂靠关系。

【司法案例】

那某某、宣某某诉谢某某、解某某等交通事故责任纠纷案[①]

诉讼结论:挂靠人与被挂靠人签订挂靠经营协议,双方形成车辆挂靠关系。当挂靠人驾驶车辆发生事故,被挂靠人应对挂靠人的责任份额内承担连带赔偿责任。

本案中,谢某某驾驶苏KW××××小客车由南向北行驶至扬州市泰州路市人民医院门前路段时,在向西转弯过程中与由北向南行驶的郑某驾驶的无号牌的二轮摩托车(车后乘坐周某某、那某)发生交通事故,郑某、周某某、那某均受伤,那某经市人民医院抢救无效死亡。公安机关认定,谢某某承担事故的同等责任;郑某、那某共同承担事故的同等责任。谢某某驾驶的苏KW××××小客车系解某某(谢某某妻子)挂靠在顺发公司从事出租经营的车辆,该车登记车主为顺发公司。解某某与顺发公司签订有出租车辆挂靠经营合同。那某某、宣某某(那某父母)将谢某某、解某某、郑某、顺发公司诉至法院,法院认为,谢某某、郑某对事故的发生在主观上虽然无共同的过失或故意,但该事故系由二者的不当行为共同造成,构成了共同侵权,依照法律规定双方应当对损害后果互负连带责任。谢某某所驾的车辆系家庭购买,该车用于出租经营并与顺发公司达成车辆挂靠关系,顺发公司收取挂靠费用并负责管理,顺发公司从中亦获取了利益,因而依照法律规定顺发公司对谢某某、解某某在事故发生后应承担的赔偿份额内承担连带赔偿责任。

第一千二百一十二条　未经允许驾驶他人机动车,发生交通事故造成损害,属于该机动车一方责任的,由机动车使用人承担赔偿责任;机动车所有人、管理人对损害的发生有过错的,承担相应的赔偿责任,但是本章另有规定的除外。

【条文主旨】

本条是关于未经允许驾驶他人机动车情形下发生交通事故赔偿责任的规定。

【条文理解】

未经允许驾驶他人机动车是指使用人未经过机动车所有人或者管理人的同意而擅自驾驶机动车的行为。未经机动车所有人或者管理人同意驾驶他人机动

---

① 江苏省扬州市中级人民法院(2008)扬民一再终字第0023号民事判决书。

车，此时机动车所有人或管理人对机动车既无法控制，也无法获得运行收益，使用人、所有人、管理人处于分离状态，发生交通事故后，应该由机动车使用人承担责任。但是机动车所有人或者管理人对机动车保管或者管理上存在过错的，应当承担相应的赔偿责任。一般认为，本条所规定的所有人或管理人的过错不包括保管不当的一般过失，只有机动车所有人或管理人未尽到依普通人之知识经验及善良管理人的注意程度的情况下，才承担相应赔偿责任。具体包括车辆管理上的重大疏漏，明知或应当知道他人擅用车辆有产生危险之可能而不及时制止等。

机动车所有人和管理人不一致情形下，未经允许驾驶他人机动车之前，如机动车实际又处于管理人的占有和控制下，则机动车的管理人对机动车负有妥善保管义务，如果管理人未尽到妥善保管义务，应当由机动车管理人承担与其过错相对应的赔偿责任。如机动车在修理人修理期间、委托保管或出质期间，修理人、保管人或质权人成为机动车的实际管理人，此时，若机动车因保管不善被他人擅自驾驶，则修理人、保管人或质权人应承担相应的过错责任。

【司法适用】

司法实践中，比较常见的未经允许驾驶他人机动车的情形，如家庭成员之间未经允许驾驶机动车，发生交通事故致他人人身、财产损害的，一般应由实际驾驶人承担赔偿责任。但子女是未成年人，也无相应收入来源，则由作为监护人的父母承担监护责任，这里父母承担赔偿责任不是本条规定的以父母有过错为前提的，而是承担的法定监护责任。

实践中，要注意本条规定的情形与借用、租赁等情形责任承担的区别。借用、租赁等情形下，所有人是基于自己的意思将机动车交付他人使用，应当预见到机动车由他人驾驶会产生危险，故其过错主要体现在其未对借用人、承租人是否具有相应的驾驶能力等影响机动车安全驾驶因素进行合理审查，或者体现为其未对机动车适于运行状态进行合理维护等方面。而本条规定的情形下，所有人、管理人对驾驶人的驾驶行为并不知情，无法预见机动车何时会上路行驶，无法对驾驶人进行甄选，而且基于其对机动车的自主管理权，要求其将机动车时时保持在适于运行状态也不合常理，故其过错主要体现在未对机动车妥善保管或管理，从而促成了擅自驾驶情形的发生这一方面。是否妥善保管或管理的认定，应以通常的注意义务为标准，如人离车却未锁车、未熄火或未拔车钥匙等。如果所有人已经尽到了通常的注意义务，如所有人已经锁好车，却因行为人掌握开锁的技术而将车开走的，不能认定为所有人的过错。

对于机动车所有人或者管理人过错，比较常见的情形是机动车所有人或者管理人在明知他人意欲驾驶自己的机动车时，未妥善保管自己的机动车钥匙或者他人已经擅自驾驶驶出,其不加以制止的。如果车主未妥善保管机动车钥匙或者机动车导致车辆被其他人(包括近亲属、朋友)轻易驾驶外出,又不加制止,视为车主未尽注意保管义务,存有过错。机动车发生交通事故的,车主应承担相应赔偿责任。

【司法案例】

邓某等与张某、符某、邓某甲等机动车交通事故责任纠纷案①

诉讼结论:符某未经允许将邓某甲机动车偷开走,又借给张某驾驶发生交通事故,机动车所有人邓某甲因未投保交强险在交强险责任范围内承担赔偿责任,交强险之外赔偿责任由出借人符某和使用人按各自过错大小分担赔偿责任。

本案中,未取得机动车驾驶证的未成年人张某驾驶从符某手上借来的无牌两轮摩托车搭乘谭某沿南县中鱼口乡新征村十三组通村公路由东往西行驶,行至事发路段从前方同向由邓某乙骑行的自行车旁经过时,与之发生刮擦,两车倒地,摩托车将站在路边的行人向某某撞倒,发生两车受损,张某、谭某、向某某受伤,邓某乙当场死亡的交通事故。南县公安局交通警察大队作出道路交通事故认定书,认定张某负事故的全部责任,谭某及邓某乙、向某某不负事故责任。张某所驾驶的无号牌两轮摩托车系邓某甲所有,发生事故时该车辆未投保交强险,亦未悬挂号牌,未依法注册登记。该摩托车系未成年人符某在未经邓某甲及其家人同意的情况下私自从邓某甲家开出,后符某将摩托车停在学校附近网吧时,被张某借用开走发生事故。法院认为,张某作为事故发生时摩托车的实际使用人,在该次事故中负事故全部责任,应当对事故造成的损失承担赔偿责任,张某系限制民事行为能力人,张某甲、张某乙作为张某的监护人,应当承担赔偿责任。符某未取得机动车驾驶证,其私自将邓某甲家的两轮摩托车开走,允许未取得机动车驾驶证的未成年人张某驾驶,并发生交通事故,对损害结果的发生存在过错,对邓某等人因本次交通事故所遭受的合理损失应承担相应赔偿,符某系限制民事行为能力人,符某甲、朱某某作为符某的监护人应当承担赔偿责任。邓某甲虽对事故的发生无过错,但其系摩托车的管理人和投保义务人,其有义务为该车辆投保交强险而未投保,对事故造成的损害,由投保义务人在交强险限额范围内承担赔偿责任;张某作为直接侵权人,符某在邓某甲家人基于安全考虑明确予以拒绝后,擅自驾走机动车,使机动车脱离邓某甲家人的监管,后又将该车借予未成年人的张某,并最终导致事故的发生,其系间接侵权人,而依法投保义务人与侵权人不一致的,由投保义务人与侵权人在交强险限额内承担连带赔偿责任,故作为张某监护人的张某甲、

① 湖南省益阳市中级人民法院(2016)湘09民终876号民事判决书。

张某乙，与邓某甲在交强险限额范围内对邓某等人的合理损失承担连带赔偿责任。交强险外的损失，应由直接侵权人张某及间接侵权人符某承担，根据事故原因力的大小，由张某承担70%的责任，符某承担30%的责任。

第一千二百一十三条　机动车发生交通事故造成损害，属于该机动车一方责任的，先由承保机动车强制保险的保险人在强制保险责任限额范围内予以赔偿；不足部分，由承保机动车商业保险的保险人按照保险合同的约定予以赔偿；仍然不足或者没有投保机动车商业保险的，由侵权人赔偿。

【条文主旨】

本条是关于交通事故责任承担主体赔偿顺序的规定。

【条文理解】

机动车发生交通事故需要承担赔偿责任的，在投保交强险和商业三者险前提下，按照先由承保交强险的保险人赔付，再由承保商业险的保险人赔付，最后由侵权人赔偿的顺序处理。机动车保险的功能首先在于填补损害，即填补被保险人的财产和利益所受到的直接损失与被保险人因为承担赔偿责任而受到的消极损失。机动车交通事故责任强制保险的功能，还包括使受害第三方可以得到及时救助和补偿的功能，即保险对于社会中小概率不确定风险事件的社会救助功能。基于保险制度的填补损害功能和社会救助功能，从正确发挥法律的社会指引功能出发，由保险公司在交强险责任限额范围内赔偿损失，不足部分由承保商业保险的保险人按照保险合同约定承担赔偿责任，最后再依法由侵权人赔偿。如此处理，不仅可使受害人得到合理的补偿，被保险人的损失得以填补，而且可以激励人们通过积极购买保险的方式，减少对于未来不确定性小概率风险事件的担忧。

交强险限额分为有责限额和无责限额。根据《机动车交通事故责任强制保险条例》和原保监会公告，被保险机动车在道路交通事故中有责任的赔偿限额为：死亡伤残赔偿限额110,000元人民币；医疗费用赔偿限额10,000元人民币；财产损失赔偿限额2000元人民币。被保险机动车在道路交通事故中无责任的赔偿限额为：死亡伤残赔偿限额11,000元人民币；医疗费用赔偿限额1000元人民币；财产损失赔偿限额100元人民币。

需要注意的是，商业三者险与交强险不同，交强险是强制保险，以国家强制力作后盾，如果车辆不投保交强险，不准上路和给予车辆年检；第三者责任险属于商业保险，车主基于自己的意愿将其作为交强险的补充，达到减轻自己赔偿负担的目的，是否投保，取决于当事人意思，基于保险合同而成立。保险合同只要符合三个条件，该保险合同即具有效力：一是由保险人与投保人双方协商订立；二是保险公司尽到法律规定的提醒告知义务；三是保险条款内容不违反法律法规。生效的保险合同，保险人应当按照合同约定承担赔偿责任。

【司法适用】

关于“车上人员”和“第三者”的认定问题。司法实践中，有人认为“车上人员”和“第三者”是基于特定时空条件下的临时身份，可随时空条件变化而变化，判断因保险车辆发生交通事故中的受害人属于“第三者”还是“车上人员”，应当以受害人在交通事故发生当时这一特定时间是否身处保险车辆之上为依据。还有人认为发生交通事故时存在乘客由“车上人员”转化为“第三者”的可能，不能单纯以伤亡结果发生在车外就认定为第三者，而是要看特定时空的变化。一般认为，要区分“车上人员”和“第三者”，应该从交强险赔偿范围将“本车人员”排除的本意上来理解。作为由国家法律强制实施的交强险，除具有一般保险的风险管理功能之外，还具有社会保障功能，其目的在于对受害人在事故中受到的损害进行救济。将本车人员排除在第三者范围之外，主要是考虑以下几个方面：一是第三人的范围涉及强制保险制度的整体，需要通盘考虑各种因素。如果不当扩大第三人的范围，可能会造成整个制度的不堪重负，最后反倒不利于多数受害人的赔偿。二是基于乘车人与驾驶人之间的信任关系以及乘车人对于车辆驾驶的一定协助和控制能力，如提醒驾驶人放慢速度、遵守交通规则等，乘车人对于行驶过程中可能发生的意外具有一定的预见和防止能力。三是受到赔偿限额、投保人的实际承受能力的限制，须将交强险有限的赔付限额集中在最需要保障的“第三者”的范围。交强险的目的在于最大限度保障交通事故受害人的合法权益，由于车上人员处于机动车内，相对于车下人员，属于交通参与者中的强者地位。因此，认定“车上人员”还是“第三者”，不仅要考虑时空条件的变化，更重要的是考察当事人离开车辆是否是主观意愿，如果当事人出于主观意愿离开机动车，与机动车发生脱离，其依附于机动车的身份已经改变，造成人员伤亡的直接的、决定性原因是受害人在车下时因机动车发生意外事故，应当属于“第三者”。如果因机动车故障等原因下车的驾驶人以及机动车行驶中或机动车未停稳时非正常下车的人员，因该机动车发生交通事故的，不宜认定为“第三者”。若是机动车行驶过程中发生意外事故如碰撞、紧急刹车致使乘客被甩出车外落地造成伤亡或落地后被所乘车辆碾压伤亡，乘客应当被视为“车上人员”。综上所述，基于立法维护公平正义的目的，既不能将“第三者”的理解扩大化，也不能将“车上人员”的理解机械化，否则就无法充分发挥交强险分散交通风险，实现受害人权益保障最大化的功能。

关于私家车用于滴滴等经营活动的交强险和商业三者险的责任承担问题。随着滴滴等网络约车平台的出现,许多私家车加入了网约车的大军,从而产生了大量保险理赔纠纷。机动车按照用途可以分为家庭自用和营运车辆两种,保险公司对其分别设置了不同的保险费率,营运车辆的保费远远高于家庭自用。因为营运车辆与家庭自用车辆相比,营运车辆运行里程多,使用频率高,发生交通事故的概率也就更高。也就是说,车辆的危险程度与保费是对价关系:营运车辆风险大,保费高;家庭自用车辆风险小,支付的保费低。以家庭自用名义投保的车辆从事营运活动,投保人应当及时通知保险公司,保险公司可以增加保费或者解除合同并返回剩余保费。投保人未通知保险公司而要求保险公司赔偿营运造成的事故损失,显然有失公平。因此,一般认为将私家车用于滴滴等运营活动,致使保险标的危险程度显著增加,且未履行通知义务而发生的保险事故,保险公司除应在交强险限额内先行承担赔偿责任外,不应承担第三者责任商业保险内赔偿责任。

关于无证驾驶、醉驾等情形下致人损害,承保交强险保险公司是否承担赔偿责任问题。《机动车交通事故责任强制保险条例》第22条规定,驾驶人未取得驾驶资格或者醉酒发生道路交通事故的,造成受害人人身伤害,保险公司承担垫付抢救费责任;造成受害人的财产损失,保险公司不承担赔偿责任。但《道路交通安全法》第76条规定,发生交通事故由保险公司首先在责任限额内予以赔偿,对交通事故当事人各方是否有过错以及过错程度如何在所不问,体现了交强险保障受害人及社会大众利益的根本目的。根据交强险的公益性质,交强险更倾向于受害人权利的保障,如果机动车方在一般过失甚至无过失的情形下发生交通事故,受害人都可以基于法律的规定而直接从保险公司获得赔偿,而机动车方在存在严重过错——无驾驶资格、醉酒等情形下致人损害,受害人反而不能从保险公司获得赔偿,对于受害人来讲是不公平的,这也违背了交强险的本意。

关于交强险保险人与三者险保险人能否直接列为被告的问题。《保险法》第65条规定:"保险人对责任保险的被保险人给第三者造成的损害,可以依照法律的规定或者合同的约定,直接向第三者赔偿保险金。"《机动车交通事故责任强制保险条例》第31条规定:"保险公司可以向被保险人赔偿保险金,也可以直接向受害人赔偿保险金。"根据上述规定,保险人可以直接向受害人支付赔偿,也就是说,受害人可以直接向保险人主张权利。交强险作为强制性保险,保险人作为被告无争议,但是商业保险人能否直接作为被告尚存争议。一般认为,根据受害人请求,人民法院依法将商业险保险人列为被告,不仅有利于减轻受害人先起诉交强险保险人和侵权人,获得生效判决后再由被侵权人或侵权人起诉商业险保险人所造成的诉累,也有利于节约诉讼资源,及时化解纠纷。

【司法案例】

案例一

王某某与郑某某、中国平安财产保险股份有限公司宁波市北仑支公司机动车交通事故责任纠纷案①

诉讼结论：非营运车辆的替代性交通费用损失属于交强险的赔偿范围，超过交强险财产责任限额的部分，由侵权人承担赔偿责任。

2013 年 2 月 21 日 18 时 50 分许，原告王某某驾驶浙 BD××××号轿车与被告郑某某驾驶的浙 BXX×××号轿车在小港公园路往半路洋方向岔口发生碰撞，造成原告车辆受损。宁波市公安局北仑分局交通警察大队出具道路交通事故认定书，认定被告郑某某承担本起事故的全部责任，原告不承担本起事故的责任。被告平安财险北仑公司系该车辆交强险保险人。原告王某某诉至宁波市北仑区人民法院，要求被告郑某某赔偿因原告车辆使用中断造成的替代性交通费损失 900 元，被告平安财险北仑公司在交强险内承担赔偿责任。法院认为，车辆因交通事故造成损坏后，因无法继续使用所造成的替代性交通费损失是必然发生而且在起诉时已经发生的财产损失，该损失是因道路侵权行为直接造成的。该项费用作为财产损失应纳入交强险理赔范围内，其数额的认定需要根据具体情形，从必要性、合理性等角度进行综合判断。

案例二

陈某某与周某某、钟某某、天平汽车保险股份有限公司佛山中心支公司道路交通事故人身赔偿纠纷案②

诉讼结论：机动车一方无证、醉酒驾驶造成他人损害，交强险保险人应在责任限额内予以赔偿。

2010 年 4 月 7 日 22 时 20 分许，被告周某某在未取得机动车驾驶证的情况下，驾驶粤 E2P×××号二轮摩托车，行驶至罗村中南市场富安花园 B 区门口路段时，与原告陈某某发生碰撞，造成摩托车损坏、原告受伤的道路交通事故。肇事后，被告周某某送伤者到医院后逃逸。2010 年 5 月 13 日，佛山市公安局南海分局交通警察大队作出道路交通事故认定书，认为被告周某某承担此事故的全部责任，原告陈某某不承担此事故的责任。肇事车辆粤 E2P×××号二轮摩托车的登

---

① 浙江省宁波市北仑区人民法院(2013)甬仑民初字第 468 号。

② 广东省佛山市南海区人民法院(2010)南法民一初字第 4984 号民事判决书。

记车主为被告钟某某。该车在被告天平保险公司处投保了交强险。被告周某某发生本起事故时未取得驾驶资格。关于被告周某某未取得驾驶资格驾驶，被告天平保险公司是否应承担本案保险赔偿责任的问题，法院认为：1. 根据交强险的公益性质，交强险应当更多地倾向于受害人权利的保障，国家通过交强险制度强制机动车所有人或管理人购买相应的责任险，以提高第三者责任保险的投保面，有利于受害人获得及时、有效的经济保障和充分救治，故交强险的第一目的是保护受害人，使受害人能够得到及时、最大的救济。如果机动车方在一般过失甚至无过失的情形下发生交通事故，受害人都可以基于法律的规定而直接从保险公司获得赔偿，而机动车方在存在严重过错——无驾驶资格、醉酒等情形下致人损害，受害人反而不能从保险公司获得赔偿，对于受害人来讲是不公平的，这就曲解了交强险的本意。《道路交通安全法》第 76 条规定由保险公司首先在责任限额内予以赔偿，无论交通事故当事人各方过错程度如何，体现了交强险保障受害人及社会大众利益的根本目的。2.《机动车交通事故责任强制保险条例》旨在调整投保人和保险公司之间的关系，而非调整保险公司与第三人之间的关系。其功能在于区分保险公司与投保人谁是责任的最终承担者这样一个责任划分问题，而非对第三人免责问题。故《机动车交通事故责任强制保险条例》第 22 条关于无证、醉酒的免责条款是保险公司和投保人的内部问题，不能对抗善意第三人。3.《机动车交通事故责任强制保险条例》是行政法规，《道路交通安全法》是法律。法律与法规适用发生冲突时，前者优于后者。综上，虽本案被告周某某未取得驾驶资格，但被告天平保险公司仍应对原告陈某某因本起交通事故造成的损失在交强险范围内承担直接赔偿责任。

第一千二百一十四条　以买卖或者其他方式转让拼装或者已经达到报废标准的机动车，发生交通事故造成损害的，由转让人和受让人承担连带责任。

【条文主旨】

本条是关于以买卖方式转让拼装或报废机动车赔偿责任的规定。

【条文理解】

拼装车，是指违反国家关于生产汽车方面的有关规定，私自使用汽车发动机、方向机、变速器、前后桥、车架以及其他零配件所组装的机动车。拼装的汽车一般都存在质量差、成本高、大多不符合安全检验及运行技术标准的问题。拼装汽车和改装汽车是两个完全不同的概念。一般而言，改装汽车主要目的是提高机动车舒适性、美观性而对机动车进行改装，如为提高机动车舒适性而改动机动车内部装饰，更换音响，加装 DVD、导航仪等电子设备等；为提高机动车的美观性而更换机动车的车身颜色、车头造型等；为提高机动车的动力性能而更换动力系统中的火咀、火咀线和海绵、省油加速器、水燃器、马力提升器、电子整流器以及排气管等。改装车一般不违反国家机动车运行安全技术条件，不会降低机动车行驶中的安全性，故改装车不属于本条所指依法禁止行驶的机动车范畴。

但是如果对机动车核心部件进行改动，达不到相应国家机动车运行安全技术标准，就应认定其为拼装车。报废机动车是指达到国家报废标准，或者虽未达到国家报废标准，但发动机或者底盘严重损坏，经检验不符合国家机动车运行安全技术条件或者国家机动车污染物排放标准的机动车。拼装车辆属于违法车辆，没有生产合格证，车辆质量、性能等无法得到保障。已达到报废标准的机动车，其零部件老化，继续使用将会有极大的危险性。上述三种类型的机动车都属于违反《道路交通安全法》的情况。

根据《道路交通安全法》的规定，任何单位或者个人不得拼装机动车。国家实行机动车强制报废制度。拼装和已达到报废标准的机动车，由于其不能达到机动车上路行驶的安全标准，上路行驶不仅会污染环境，还会因为机动车的安全技术性能没有保障，而危害人民群众的生命财产安全。以买卖等方式转让拼装的或者已达到报废标准的机动车，发生交通事故造成损害的，转让人违反了保障第三人人身和财产安全的义务，放任侵权行为的发生。而受让人直接造成了第三人人身和财产的损害，故转让人与受让人对侵权的发生存在共同故意或过失，属于共同侵权行为，二者应当承担连带赔偿责任。

【司法适用】

司法实践中，拼装或已达到报废标准的机动车经多次转让的，根据《交通事故赔偿解释》第 6 条的规定，当已达到报废标准的机动车（或拼装）车经过多次转让后，发生交通事故造成损害的，受害者有权向所有转让人和受让人请求要求承担连带的损害赔偿责任，除了受害人故意和不可抗力，没有其他免责事由，因此所有经手的转让人和受让人都应承担连带赔偿责任。

关于受让人主张对拼装车或已达到报废标准机动车不知情能否免责问题。由于机动车本身在运行中给周边环境带来高度危险，为此机动车必须符合国家机动车运行安全技术标准。机动车是一种特殊的物品，买卖机动车一般还要到公安机关交通管理部门登记，作为受让人，只要在购买机动车时尽到了基本的审查义务，一般就可以识别该车是否为拼装车或者报废车，并不会存在“不知道或不应知道”机动车是拼装车或者已达到报废标准的情形。本条规定转让人与受让人承担连带责任,立法本意主要在于预防并制裁转让、驾驶拼装车或者已达到报废标准的机动车,更好地防止转让人通过非法转让行为使上述机动车重新上路行驶,增加道路风险,损害社会公共利益。

【司法案例】

刘某甲与杨某某、张某某、李某等机动车交通事故责任纠纷案①

诉讼结论:非法转让已达到报废标准机动车的转让人、受让人、次受让人均对受害人承担连带责任。

本案中,杨某某未取得机动车驾驶证,驾驶悬挂其他车辆号牌、已达到报废标准的机动车上路行驶,夜间未保持安全车速、未确保行车安全,导致发生刘某乙死亡的交通事故。公安交通管理部门认定杨某某负事故全部责任,故杨某某对刘某乙死亡产生的合理经济损失应承担全部赔偿责任。该已达到报废标准的机动车最初为张某某所有,张某某将涉案车辆出售给李某某。张某某主张其出售给李某某是汽车配件,张某某与李某某签订的买卖协议中载明:张某某有普桑报废车辆一辆,以 1800 元的价格卖给李某某,以后出现任何问题与张某某无关。张某某将报废车辆出售给李某某,并未将车辆拆解出售。而李某某再次将该车辆转让他人,故张某某、李某某对杨某某应负的赔偿责任应承担连带责任。本案所涉李某虽然与李某某签订了车辆买卖协议,但李某与杨某某的陈述能相互印证,该买卖行为系受杨某某委托进行,李某与杨某某间成立委托代理关系。从二人的陈述及李某所签买卖协议内容可知,二人对所购车辆为报废车均属明知,根据《民法总则》第 167 条的规定,代理人知道或者应当知道代理事项违法仍然实施代理行为,或者被代理人知道或者应当知道代理人的代理行为违法未作反对表示的,被代理人和代理人应当承担连带责任。故李某亦应承担连带责任。

第一千二百一十五条　盗窃、抢劫或者抢夺的机动车发生交通事故造成损害的,由盗窃人、抢劫人或者抢夺人承担赔偿责任。盗窃人、抢劫人或者抢夺人与机动车使用人不是同一人,发生交通事故造成损害,属于该机动车一方责任的,由盗窃人、抢劫人或者抢夺人与机动车使用人承担连带责任。

保险人在机动车强制保险责任限额范围内垫付抢救费用的,有权向交通事故责任人追偿。

---

① 天津市第一中级人民法院(2019)津 01 民终 3861 号民事判决书。

【条文主旨】

本条是关于盗窃、抢劫或抢夺机动车发生道路交通事故后承担赔偿责任主体的规定。

【条文理解】

盗窃、抢劫或者抢夺的机动车发生交通事故的,应由盗窃人、抢劫人或者抢夺人承担赔偿责任。由于此时机动车由盗窃人、抢劫人或者抢夺人实际控制、支配并使用,车辆所有人对机动车无法控制,也无法获得利益,若仍由车主承担民事责任,则不符合危险责任的基本法理,明显违反公平原则。因此,本条规定,盗窃、抢劫或者抢夺的机动车发生交通事故造成损害的,机动车所有人或者管理人不承担赔偿责任,由盗窃人、抢劫人或者抢夺人承担赔偿责任。

盗窃人、抢劫人或者抢夺人与机动车使用人不一致时发生交通事故的,由盗窃人、抢劫人或者抢夺人与机动车使用人承担连带责任。其法理依据为,机动车被盗窃、抢劫或抢夺后,机动车处于盗窃人、抢劫人或者抢夺人的支配管理之中,并从机动车运行中获取利益,如果第三人驾驶机动车发生交通事故,实质上是盗窃人、抢劫人或者抢夺人的不法行为与第三人的过失行为的直接结合而共同造成受害人的损害,构成行为竞合的共同侵权行为。正是由于盗窃人、抢劫人或者抢夺人让机动车处于危险之中的不法行为,与第三人违反交通法规的过失行为相结合,才发生了交通事故致人损害的后果。是故,盗窃人、抢劫人或者抢夺人与机动车使用人应承担连带责任。

关于交强险保险人是否应在交强险责任限额范围内承担赔偿责任,实践中存在截然相反的两种观点。一般认为,本条作为交通事故责任的特殊条款,明确了交强险保险人承担的是垫付责任,而且仅限于垫付受害人的抢救费用,对垫付了抢救费用的,还可以向交通事故责任人进行追偿。这与《机动车交通事故责任强制保险条例》第 22 条中"有下列情形之一的,保险公司在机动车交通事故责任强制保险责任限额内垫付抢救费用,并有权向加害人追偿……(二)被保险机动车被盗抢期间肇事的……有前款所列情形之一,发生道路交通事故的,造成受害人的财产损失,保险公司不承担赔偿责任"的规定相一致。

所谓抢救费用,是指被保险机动车发生交通事故导致受害人受伤时,医疗机构对生命体征不平稳和虽然生命体征平稳但如果不采取处理措施会产生生命危险,或者导致残疾、器官功能障碍,或者导致病程明显延长的受害人,参照国务院卫生主管部门组织制定的《交通事故人员创伤临床诊疗指南》和国家基本医疗保险标准,采取必要的处理措施所发生的医疗费用。

【司法适用】

司法实践中，对于盗窃、抢劫或者抢夺的机动车没有投保交强险的情形，车主是否应当承担赔偿责任？一般认为，虽然对于事故的发生，车主没有过错，但是车主应当投保交强险而未投保，违反了《道路交通安全法》和《机动车交通事故责任强制保险条例》相关规定，正是车主未投保的过错行为导致受害人丧失了要求保险人先行垫付抢救费用的权利，故车主应在交强险责任限额范围内对受害人的损失承担赔偿责任。

【司法案例】

肖某某与吴某某、中国人民财产保险股份有限公司贵阳分公司机动车交通事故责任纠纷案①

诉讼结论：吴某某驾驶盗窃机动车发生交通事故，一审法院判决由吴某某承担赔偿责任，交强险保险人不承担责任，二审改判交强险保险人在交强险责任范围内承担赔偿责任。

2016年2月22日，吴某某驾驶盗窃所得的贵A××号小型普通客车由宝山南路经水口寺、水东路往东二环方向行驶，当行驶至贵阳市某路段时，与申某某驾驶的贵C××号小型轿车发生交通事故，导致两车受损、贵C××号车辆上乘客肖某某受伤。贵阳市公安交通管理局云岩区分局作出道路交通事故认定书，认定吴某某未取得机动车驾驶证、驾驶机动车未确保安全距离是造成此次事故的全部原因，负事故全部责任，申某某、肖某某无责任。吴某某驾驶的贵A××号车辆系盗窃所得，该车辆登记所有权人为黄某，且在保险公司投保机动车交通事故责任强制保险。法院认为，根据《道路交通安全法》第76条中“机动车发生交通事故造成人身伤亡、财产损失的，由保险公司在机动车第三者责任强制保险责任限额范围内予以赔偿”的规定可知，保险公司在交强险范围内对第三人承担的责任性质是法定责任，而《侵权责任法》第52条中关于盗抢车辆发生交通事故后由盗抢人承担赔偿责任的规定，主要是在于确认此类情形下保险公司并非赔偿责任的最终承担者，保险公司在赔偿后可以向责任人追偿，即《侵权责任法》第52条的立法目的主要在于代位求偿权的问题。另外，根据《交通事故赔偿解释》第18条“有下列情形之一导致第三人人身损害，当事人请求保险公司在交强险责任限额范围内予以赔偿，人民法院应予支持：……（三）驾驶人故意制造交通事故的。保险公司在赔偿范围内向侵权人主张追偿的，人民法院应予支持”的规定，在驾驶人故意制造交

① 贵州省贵州市中级人民法院（2017）黔01民终6393号民事判决书。

通事故造成第三人人身损害这种十分恶劣的情况下，当事人请求保险公司在交强险范围内予以赔偿时，人民法院都应予支持。那么本案中系车辆被盗窃后发生交通事故造成第三人人身损害，该情节明显没有故意制造交通事故的情节恶劣，则保险公司更应在交强险限额内先行对肖某某予以赔偿，保险公司承担责任后可向车辆盗窃人进行追偿。原判认定保险公司不承担本案赔偿责任错误，依法予以纠正。

第一千二百一十六条　机动车驾驶人发生交通事故后逃逸，该机动车参加强制保险的，由保险人在机动车强制保险责任限额范围内予以赔偿；机动车不明、该机动车未参加强制保险或者抢救费用超过机动车强制保险责任限额，需要支付被侵权人人身伤亡的抢救、丧葬等费用的，由道路交通事故社会救助基金垫付。道路交通事故社会救助基金垫付后，其管理机构有权向交通事故责任人追偿。

【条文主旨】

本条是关于机动车驾驶人发生交通事故逃逸后交通事故赔偿责任承担的规定。

【条文理解】

本条是对《侵权责任法》第53条规定的肯定和重申。机动车驾驶人发生交通事故后逃逸，如果机动车已查明且投保有交强险的，根据交通事故责任一般规定，由保险人在机动车强制保险责任限额范围内承担赔偿责任。有观点认为，机动车驾驶人逃逸，赔偿责任应当由逃逸人全部承担，不应由保险人承担。一般认为，国家设立交强险制度是为了保障受害人及时、有效地获得救治和经济弥补。如果机动车一方在一般过失甚至无过失的情形下发生交通事故，受害人都可以基于法律的规定而直接从保险公司获得赔偿，而机动车方在存在严重过错——肇事者逃逸等情形下致人损害，受害人反而不能从保险公司获得赔偿，对于受害人来讲是不公平的，这就曲解了交强险的本意。

本条还规定了由道路交通事故社会救助基金垫付的情形。法律法规设置社会救助基金目的是在交强险无法给予受害人充分、及时的救济时，提供补救措施。根据本条规定，当交强险不足以赔偿或垫付受害人的丧葬费和抢救费时，社会救助基金才负有法定的垫付义务；若肇事车辆未参加交强险或因肇事逃逸无法确定其是否参加了交强险时，社会救助基金负有对受害人人身伤亡的抢救、丧葬等费用的垫付义务。《机动车交通事故责任强制保险条例》第 24 条规定:“国家设立道路交通事故社会救助基金。有下列情形之一时,道路交通事故中受害人人身伤亡的丧葬费用、部分或者全部抢救费用,由救助基金先行垫付,救助基金管理机构有权向道路交通事故责任人追偿:(一)抢救费用超过机动车交通事故责任强制保险责任限额的;(二)肇事机动车未参加机动车交通事故责任强制保险的;(三)机动车肇事后逃逸的。”对于道路交通事故社会救助基金垫付制度需要把握以下几点:第一,垫付对象仅适用于机动车不明、该机动车未参加强制保险或者抢救费用超过机动车交通事故责任强制保险责任限额情况下发生交通事故后逃逸造成损害的第三人。第二,垫付范围仅限于受害人人身伤亡的抢救、丧葬等费用,不包括伤残赔偿金、死亡赔偿金等及财产损失。第三,其管理机构享有对侵权人的代位求偿权。

【司法适用】

司法实践中,如果查明交通肇事后驾驶人系因救人驾驶机动车离开事故现场的,商业三者险保险人仍应当承担赔偿责任。商业第三者责任保险一般约定有免责条款,即“事故发生后,驾驶人在未依法采取措施的情况下驾驶被保险机动车或者遗弃被保险机动车离开事故现场”。但《保险法》第 21 条规定:“投保人、被保险人或者受益人知道保险事故发生后,应当及时通知保险人。故意或者因重大过失未及时通知,致使保险事故的性质、原因、损失程度等难以确定的,保险人对无法确定的部分,不承担赔偿或者给付保险金的责任,但保险人通过其他途径已经及时知道或者应当及时知道保险事故发生的除外。”根据该规定,投保人、被保险人或者受益人只有在因故意或重大过失未及时通知保险公司导致保险事故的性质、原因、损失程度等难以确定的情况下,保险公司方可免责。发生交通事故后驾驶人因急于送伤者就医而离开现场,该行为既不构成肇事逃逸的故意,亦不构成重大过失,仅属于未保护好现场、未通知保险公司的轻微过失,因此保险公司不应免责。

【司法案例】

凌某某与永诚财产保险股份有限公司北京分公司机动车交通事故责任强制保险合同案[①]

诉讼结论:对于交通肇事后司机逃逸的情形,交强险的保险人应该对受害人在强制保险责任限额范围内承担赔偿责任。

---

① 上海市杨浦区人民法院(2008)杨民二(商)初字第 1081 号民事判决书。

2007年10月20日凌晨3时，原告凌某某驾驶被保险车辆在上海市杨浦区双阳路×××号与一辆三轮车相撞，造成三轮车上人员何某某受伤。事故发生后，原告驾车逃逸，三小时后才前往上海市公安局杨浦分局交警支队自首，并向被告永诚公司报告出险。同年5月30日，被告向原告发出拒赔通知，以原告肇事逃逸为由，依《机动车交通事故责任强制保险条例》第24条第3项“机动车肇事后逃逸的，道路交通事故中受害人人身伤亡的丧葬费用、部分或者全部抢救费用，由救助基金先行垫付，救助基金管理机构有权向道路交通事故责任人追偿”之规定拒绝理赔。法院认为，驾驶人于事故发生后逃逸，既违反了国家有关法律法规，也有悖于社会的善良风俗与道德伦理，应当承担相应的法律责任并予以道义上的谴责。但法律法规并未规定，保险人可据此免除交强险的赔偿责任，诉争交强险合同也没有约定被告有权拒绝赔偿，故保险人未按约及时赔偿的行为已经构成违约，应当承担违约责任。《机动车交通事故责任强制保险条例》第24条将机动车肇事逃逸作为社会救助基金垫付费用的情形之一的原因，是为了避免责任人逃逸无法确定的情况下受害人利益得不到保障，立法目的是使受害人的人身伤害得到及时救治，而不是免除保险人的责任。

第一千二百一十七条　非营运机动车发生交通事故造成无偿搭乘人损害，属于该机动车一方责任的，应当减轻其赔偿责任，但是机动车使用人有故意或者重大过失的除外。

【条文主旨】

本条是关于好意同乘发生交通事故后责任承担的规定。

【条文理解】

好意同乘，又称搭便车，是指搭乘人经机动车的相关权利人同意而无偿搭乘的行为，搭乘人所搭乘的机动车是非营运车辆，乘客的目的地与机动车行驶的目的地仅仅是巧合或者顺路。关于机动车相关权利人与搭乘者之间的法律关系，目前存在合同关系说、合同修正说、好意施惠说等，合同关系说认为好意搭乘实际是一种无偿服务的运输合同关系。合同修正说认为双方之间是一种要约与承诺的关系，应类推适用客运合同的相关规定。好意施惠说认为其为好意施惠关系，机动车相关权利人需要承担保障搭乘者的人身和财产安全的义务。我们同意第三种观点，因为在好意同乘中，搭乘人虽征得机动车相关权利人的同意，但双方之间未形成客运合同的意思表示，机动车驾驶人承担的是保障搭乘人在运输中的人身和财产安全的义务。因此,在发生交通事故的情况下,搭乘人不能提起违约之诉,只能通过侵权之诉解决纠纷。

关于好意同乘发生交通事故的归责原则,各个国家的立法体例各有不同,美国主张过错责任原则,以过错的程度来决定机动车相关权利人所负的责任。德、日两国以无过错责任为原则,只要发生了交通事故,侵权责任由机动车相关权利人来承担。根据本条规定,我国采用过错兼公平的归责原则。好意同乘是机动车相关权利人基于情谊而给搭车人施以帮助,如果让机动车相关权利人承担全部责任未免有失公允,不利于助人为乐风尚的形成,因此,即使在机动车一方需要承担责任的情况下,也应当减轻机动车一方的赔偿责任。但本条同时也规定,机动车使用人故意或者重大过失情况下,如无证驾驶、酒后驾驶、故意违反交通管理法规等情形的,机动车相关权利人应当承担相应的过错责任。

【司法适用】

司法实践中,好意同乘发生交通事故后,在认定机动车一方责任时,应当根据《道路交通事故认定书》的认定,并结合社会公序良俗、好意施惠的客观情节,酌情确定机动车一方的责任。比如,在自驾游活动中发生交通事故,主动提供车辆的人系出于善意,其驾驶车辆的行为为活动开展提供了便利,其对于机动车交通事故的发生无主观恶意,为弘扬中华民族互助互爱、包容理解的传统美德,应酌情减轻机动车一方的赔偿责任。

好意同乘的赔偿原则,既对搭乘人所受伤害进行有利保护,又对被搭乘机动车一方进行适当限制,搭乘人搭乘被搭乘机动车,绝不意味着搭乘人自愿承担风险,不能认为搭乘人放弃对交通事故损害索赔的权利,被搭乘机动车一方也不能因为搭乘人免费搭乘,而无视交通法规,置搭乘人的生命、财产安全于不顾,好意同乘不能作为被搭乘机动车一方的免责理由。如果搭乘人明知司机存在酒后驾驶等情形,仍然积极搭乘,搭乘人存在过失,也应承担相应的责任。依据《人身损害赔偿解释》第2条“受害人对同一损害的发生或者扩大有故意、过失的,依照民法通则第一百三十一条的规定,可以减轻或者免除赔偿义务人的赔偿责任……适用民法通则第一百零六条第三款规定确定赔偿义务人的赔偿责任时,受害人有重大过失的,可以减轻赔偿义务人的赔偿责任”和《民法通则》第131条“受害人对于损害的发生也有过错的,可以减轻侵害人的民事责任”的规定,构成过失相抵事由,应减轻被搭乘机动车一方的赔偿责任。2021年1月1日《民法典》生效后,则应适用本编的有关规定。

【司法案例】

解某某、周某甲等诉周某乙、南通佳润物流有限公司等机动车交通事故责任纠纷案[①]

诉讼结论：受害人周某丙和行为人周某乙在本起交通事故中均无过错。人民法院依法判决周某乙补偿解某某、周某甲、周某丁因周某丙死亡造成的损失122,559.45元；南通佳润物流有限公司承担连带责任。

本案中，周某丙（解某某之夫，周某甲、周某丁之父）乘坐南通佳润物流有限公司的员工周某乙驾驶的该公司所有的苏F××××S重型自卸货车于京沪高速上海方向1019KM+700M发生交通事故，致周某丙当场死亡，而该交通事故是因周某乙驾驶的苏F××××S重型自卸货车左前轮胎在行驶过程中突然爆胎而引起。法院认为，无论从事故的成因层面，还是周某丙死亡造成的损害后果的层面，周某乙都不存在过错。又因交警部门认定事故属于"交通意外事故，各方当事人均无责任"，故受害人周某丙和行为人周某乙在本起交通事故中均无过错。受害人和行为人对损害的发生都没有过错的，可以根据实际情况，由双方分担损失。因周某丙、周某乙均不存在过错，根据本案实际情况酌定由周某乙对周某丙死亡产生的损失分担其中的30%。又因苏F××××S重型自卸货车系周某丙出资购买，挂靠于南通佳润物流有限公司从事营运，故南通佳润物流有限公司应对周某乙分担的周某丙因交通事故死亡所造成的损失承担连带赔偿责任。

---

① 江苏省泰州市中级人民法院(2016)苏12民终2166号民事判决书。

第六章 医疗损害责任

本章对医疗损害责任作出了专门规定。本章进一步保障患者的知情同意权，明确医务人员的相关说明义务，加强医疗机构及其医务人员对患者隐私和个人信息的保护，同时增加了侵害医务人员合法权益应当依法承担法律责任的规定，进一步加强对医疗机构及其医务人员合法权益的保护。本章遵循的指导原则是"妥善处理医疗纠纷，界定医疗损害责任，切实保障患者的合法权益，也要保护医务人员的合法权益，促进医学科学的进步和医药卫生事业的发展"①。本章保留了2010年《侵权责任法》中对医疗损害责任规定的基本原则和主体内容，并根据2019年修订的《药品管理法》，以及《民法典》第四编人格权中第六章关于隐私权和个人信息保护的规定等内容，对本章进行了调整和修改。②

本章明确了医疗损害责任的基本范畴，即"患者在诊疗活动中受到损害，医疗机构或者其医务人员有过错的，由医疗机构承担赔偿责任"，共11条，主要包括一般医疗损害责任、违反告知义务责任、医疗产品损害责任、泄露隐私和个人信息责任。本章确定了医疗损害责任以过错责任原则为主（第1218条），兼有过错推定（第1222条）和严格责任（第1223条）的归责体系。此外，本章对医疗损害责任的一些重要内容作出规定，包括患者的知情同意权、医务人员的过错界定、药品和血液等造成患者损害的责任、医疗机构免责情形、病历资料的查阅复制、患者的隐私和个人信息保护、过度检查禁止以及医疗机构和医务人员的合法权益保护等。

第一千二百一十八条　患者在诊疗活动中受到损害，医疗机构或者其医务人员有过错的，由医疗机构承担赔偿责任。

---

① 2008年12月，《侵权责任法（草案）》提请第十一届全国人大常委会第六次会议第二次审议时，原全国人民代表大会法律委员会《关于〈中华人民共和国侵权责任法草案〉主要问题的汇报》中提出该原则。

② 北京市第三中级人民法院法官助理刘茜倩对本章的写作有重要贡献。

【条文主旨】

本条是关于医疗损害责任归责原则的规定。

【条文理解】

根据诊疗活动以及医学的自身特点与规律，医疗损害责任一般不应适用无过错责任或过错推定责任，主要原因如下：（1）疾病的发生有患者原因，疾病的治疗需要患者配合，个人体质及环境的特异性导致患者疾病表现、治疗效果不同，因此诊疗纠纷中不能适用无过错责任。（2）应当尊重医学是一门具有未知性、探索性、经验性的学科，对许多疾病和药品副作用的认知有限，简单采用过错推定，加重医务人员的责任，将助长保守、防御性医疗和过度检查，可能阻碍医学的发展进步，最终对患者不利。（3）医疗行为不同于一般的民事行为，其本身通常具有侵害性，在治疗疾病的同时也可能会给患者造成一定的损害后果，无过错责任或过错推定责任将会给医疗机构或其医务人员造成过重的负担，容易引发诉权滥用，进而影响正常的医疗活动。（4）医疗事业具有公益性，社会作用大，培养医务人员的社会成本较高，医务人员的目标是救死扶伤，应当对其较高的执业风险进行合理保障，合理分配医疗风险。（5）关于医疗侵权的一般归责原则，各国大多适用过错责任原则。

因此，对诊疗活动引起的侵权损害纠纷，应当适用一般过错责任。医疗机构或其医务人员有过错的，医疗机构才承担赔偿责任。例如，《医疗事故处理条例》第 2 条也体现了过错责任原则：医疗事故，是指医疗机构及其医务人员在医疗活动中，违反医疗卫生管理法律、行政法规、部门规章和诊疗护理规范、常规，过失造成患者人身损害的事故。应该说，过错责任是诊疗损害责任的常态，符合医疗损害责任之本质。

就责任承担主体而言，根据《民法典》第 1191 条的规定，用人单位的工作人员因执行工作任务造成他人损害的，由用人单位承担侵权责任。因此，医务人员有过错的，也由医疗机构承担赔偿责任，医疗机构不得以“无选人不当之过错”或“已尽监督职责”为由推卸损害赔偿责任。

本条较《侵权责任法》第 54 条的修改为：本条将《侵权责任法》中“医疗机构及其医务人员有过错”修改为“医疗机构或者其医务人员有过错”，体现了医疗机构承担医务人员的替代责任不以医疗机构本身同时有过错为前提，而且现实中医疗机构可能存在不以其医务人员过错为基础的独立过错。

【司法适用】

一、医疗损害侵权责任的一般构成要件

医疗损害责任纠纷是患者在诊疗活动中受到损害而引起的纠纷，诉讼纠纷的主体一方为患者或患者的近亲属(患者死亡后,其近亲属提出医疗损害赔偿请求);另一方为医疗机构,在医疗产品责任纠纷或者输入不合格血液纠纷中还包括药品上市许可持有人、生产者、血液提供机构。

根据本条规定,医疗损害侵权责任的一般构成要件有以下几方面:

(一)行为要件:医疗机构和医务人员对患者实施诊疗行为

1. 医疗机构和医务人员的范围

行为主体包括诊疗活动的组织者医疗机构和诊疗活动的实施者医务人员。(1)医疗机构的范围。根据《医疗机构管理条例》的规定,医疗机构包括从事疾病诊断、治疗活动的医院、卫生院、疗养院、门诊部、诊所、卫生所(室)以及急救站等。根据《医疗机构管理条例实施细则》的规定,医疗机构需经登记取得《医疗机构执业许可证》。除此之外的机构都不属于医疗机构。(2)医务人员的范围。医务人员包括医师、护士和其他与诊疗活动的医务人员,如救护人员、检查检验人员。根据《执业医师法》的规定,执业医师是指依法取得执业医师资格或者执业助理医师资格,经注册在医疗、预防、保健机构中执业的专业医务人员。根据《护士条例》,护士是指经执业注册取得护士执业证书,依照本条例规定从事护理活动,履行保护生命、减轻痛苦、增进健康职责的卫生技术人员。根据《卫生部关于加强医疗机构聘用社会医务人员执业管理的通知》的规定,医疗机构可根据医疗需求聘用社会医务人员,社会医务人员系指取得技术职称的待聘人员或个体行医者。

根据《医疗损害责任解释》第 20 条的规定,医疗机构邀请本单位以外的医务人员对患者进行诊疗,因受邀医务人员的过错造成患者损害的,由邀请医疗机构承担赔偿责任。

另外,多个医疗机构共同侵权的,应当适用《民法典》第七编第一章有关共同侵权的规定。《医疗损害责任解释》就共同侵权下的责任确定、赔偿标准的计算方式和诉讼程序进行了细化规定。

2. 诊疗活动的范围

本条规定的"诊疗活动"包括检查、诊断、治疗、护理、康复等环节,涉及的范围较为宽泛。依据《医疗机构管理条例实施细则》第 88 条规定:"诊疗活动是指通过各种检查,使用药物、器械及手术等方法,对疾病作出判断和消除疾病、缓解病情、减轻痛苦、改善功能、延长生命、帮助患者恢复健康的活动。"因此,诊疗活动具有特定的目的导向,并需借助医学手段和方法。根据《医疗美容服务管理办法》和《医疗损害责任解释》,医疗美容属于诊疗活动,患者以在美容医疗机构或者开设医疗美容科室的医疗机构实施的医疗美容活动中受到人身或者财产损害为由提起侵权诉讼的案件,属于医疗损害责任纠纷。《美容美发业管理暂行办法》规定的美容经营活动属于生活美容，与医疗美容性质不同，由此产生的纠纷不属于医疗损害责任纠纷，不能适用医疗损害责任法律规则。

医疗机构和医务人员的过错行为，既包括作为，也包括不作为。常见的过错作为行为包括：误诊、不当用药、不当手术、不当处置等。不作为责任的前提，一般是医疗机构负有特定的救治、告知等作为义务但不履行而产生的责任，如未取得患者同意擅自实施诊疗行为、拒绝治疗、贻误治疗、不及时抢救等。

（二）损害要件：患者或其近亲属受到损害

无损害事实，则不发生医疗损害责任。侵权行为损害患者民事权利的范围，可能包括生命权、身体权、健康权、隐私权等人格权和财产权。损害，是指相关人格、身份及财产民事权益的减损或灭失。患者可能受到的损害主要包括人身损害、财产损害和精神损害。

（三）因果关系要件：诊疗行为与损害结果存在因果关系

患者在诊疗活动中受到损害时，除了要求医疗机构或者医务人员有过错外，医疗机构或者医务人员的过错还要与患者的损害具有因果关系，医疗机构才承担赔偿责任。本条规定的患者在诊疗活动中受到的损害，指的就是与医疗机构及其医务人员的过错有因果关系的损害。正常的诊疗活动通常也具有侵益性，而且患者自身的疾病和体质条件也可能是最终损害结果产生的原因。医疗损害纠纷中，多因一果的情况较为常见，适用原因力规则判断因果关系是界定侵权责任的重难点，实践中，可结合相关事实的时间顺序、客观规律、常规表现等进行判断，通常需要取得专业鉴定机构出具的意见。

（四）主观要件：医疗机构或医务人员存在过错

过错是指加害人的一种可归责的心理状态。一般情况下，医疗机构或医务人员存在医疗过错，法律才对医疗机构科以侵权责任。《民法典》第 1221 条规定“医务人员在诊疗活动中未尽到与当时的医疗水平相应的诊疗义务”，即是对“过错”标准的认定。《医疗损害责任解释》第 16 条规定：“对医疗机构及其医务人员的过错，应当依据法律、行政法规、规章以及其他有关诊疗规范进行认定，可以综合考虑患者病情的紧急程度、患者个体差异、当地的医疗水平、医疗机构与医务人员资质等因素。”根据过错程度，过错包括故意和过失。实践中，医疗机构或医务人员的过错程度大小，也是判断损害赔偿责任承担的重要因素。《民法典》第 1222 条规定了特定情况下，对医疗机构实行过错推定。

另外，医疗侵权发生之后，医疗机构既违反了合同的相对义务，也违反了身体权、健康权和生命权等权利的绝对义务，产生了违约责任与侵权责任竞合。当事人以医疗服务合同纠纷为由向人民法院提起诉讼的，不适用侵权责任规定，应当依照合同规定处理。

二、举证责任分配

举证责任的分配问题是医疗损害责任纠纷的重难点，明确举证责任分配规则，也是确定鉴定申请程序及后续责任承担规则的基础。医疗机构过错责任的一般归责原则下，根据“谁主张，谁举证”的举证规则以及《民事诉讼法》有关规定，原则上应由患者承担举证责任，包括对医疗行为、损害后果、因果关系、过错等责任构成要件承担举证责任。《医疗损害责任解释》第4条规定，患者依据《侵权责任法》第54条规定主张医疗机构承担赔偿责任的，应当提交到该医疗机构就诊、受到损害的证据。患者无法提交医疗机构及其医务人员有过错、诊疗行为与损害之间具有因果关系的证据，依法提出医疗损害鉴定申请的，人民法院应予准许。为适当地缓和患者举证责任，相关规定也确定了例外情况。相关举证责任的分配具体如下：

1. 就医疗损害责任的各要件中，患者通常有能力就“就诊行为”和“损害结果”的构成要件承担举证责任。对就诊行为的判断主要看是否存在医疗关系，根据《第八次全国法院民事商事审判工作会议（民事部分）纪要》，对于是否存在医疗关系，应综合挂号单、交费单、病历、出院证明以及其他能够证明存在医疗行为的证据加以认定。此外，患者还需就民事权利受损的客观事实及具体后果举证证明。例如，《医疗损害责任解释》第7条规定，就医疗产品缺陷、输入不合格血液造成的侵权损害赔偿，患者应当提交使用医疗产品或者输入血液、受到损害的证据。

2. 就医疗过错和因果关系等涉及专业判断的构成要件，患者通常较难通过普通生活经验和常识举证证明，申请鉴定无疑是承担该等要件之举证责任的重要方法，也是患者的权利，人民法院应予以保障，医患双方均有义务配合。当然，实践中存在的把手术器械遗落在患者身体内，或者诊断为左肾有病却将右肾切除等情形，属于显而易见的过错，医务人员连普通注意义务都未尽到，该等明显过错事实也无需再由患者进一步提供证明医方有过错的证据。医疗产品缺陷、输入不合格血液纠纷中，药品上市许可持有人、生产者、血液提供机构和医疗机构向患者承担严格责任，患者无须举证该等主体存在过错，但需举证证明因果关系，必要时也可申请鉴定。

3. 考虑到医疗侵权案件的特殊性，医疗过程中医患双方信息不对称，医学文书基本掌握在医疗机构手中，只要医疗机构在证据上采取一些对患者不利的措施，患者将毫无办法，而且患者存在医学专业性不足等客观障碍。因此，举证证明责任如果分配不当，有可能导致双方实体权利义务显著失衡甚至激化医患矛盾。

因此,结合《民法典》第 1222 条规定,如医务人员有违规治疗行为或者隐匿、拒绝提供与纠纷有关的病历资料,适用过错推定责任原则,发生举证责任倒置,举证责任转移至医疗机构,这是对患者举证责任的适当缓和,有助于平衡医患双方诉讼能力,加强对患者权益的保护。该条规定了 3 种推定医疗机构有过错的情形,需要由患者首先提供证据证明这些事实的存在,才可以推定医疗机构有过错。

4. 医疗机构关于免责、减责事由的主张系抗辩性事实主张,独立于请求权的基础事实,产生独立的举证责任。《医疗损害责任解释》规定,医疗机构主张不承担责任的,应当就《侵权责任法》第 60 条第 1 款规定情形等抗辩事由承担举证证明责任,医疗机构,医疗产品的生产者、销售者或者血液提供机构主张不承担责任的,应当对医疗产品不存在缺陷或者血液合格等抗辩事由承担举证证明责任。

三、医疗损害鉴定

诊疗行为有无过错及其与患者损害后果有无因果关系、原因力的大小等,本质上是专业判断问题,专业性极强,往往需要通过鉴定程序以"同行评价"来解决。没有医疗损害鉴定,多数医疗损害责任纠纷案件的处理会非常困难,法院审理医疗纠纷案件时,往往会看重医疗损害鉴定意见的结论,鉴定意见对于医疗纠纷的解决起到至关重要的作用。

1. 鉴定机构的确定。根据《最高人民法院关于适用〈中华人民共和国侵权责任法〉若干问题的通知》的规定,"人民法院适用侵权责任法审理民事纠纷案件,根据当事人的申请或者依职权决定进行医疗损害鉴定的,按照《全国人民代表大会常务委员会关于司法鉴定管理问题的决定》、《人民法院对外委托司法鉴定管理规定》及国家有关部门的规定组织鉴定"。司法鉴定的根本在于借助专家的专门知识、技能和经验,辅助法官对专门性事实问题作出判断,以妥当地处理案件,保证案件裁判的公正。专家鉴定的能力是鉴定意见是否科学准确的基础,《医疗损害责任解释》第 9 条规定"鉴定人应当从具备相应鉴定能力、符合鉴定要求的专家中确定"。只有符合法律规定的鉴定意见可以被采纳。实践中,法院通常先选择鉴定机构再确定鉴定专家,人民法院应当根据案件具体情况对鉴定专家作必要审查,确保鉴定专家具备相应鉴定能力。

2. 关于因果关系的鉴定意见。由于医疗损害责任纠纷案件中,普遍存在原发疾病、个人体质及诊疗过错等共同作用导致损害发生的多因一果问题,为统一和规范相关表述,便于法院确定当事人责任,《医疗损害责任解释》第 12 条列举了关于因果关系的六种表述情形,即"鉴定意见可以按照导致患者损害的全部原因、主要原因、同等原因、次要原因、轻微原因或者与患者损害无因果关系,表述诊疗行为或者医疗产品等造成患者损害的原因力大小”。需要特别说明的是,该等原因力大小问题(医疗过错参与度)针对的是侵权责任构成中因果关系要件的事实性判断内容,这并不能一概等同于最终责任大小,医疗损害责任是否成立及责任范围、大小,还要根据过错、损害结果等其他构成要件因素综合认定。

3. 医疗损害鉴定程序。《民事诉讼法》及相关司法解释、《最高人民法院关于民事诉讼证据的若干规定》、《医疗损害责任解释》对医疗损害鉴定程序,包括鉴定程序的启动、提交的鉴定材料要求、鉴定意见书内容、鉴定人出庭作证程序、专家辅助人制度和鉴定意见的采纳等事项作出规范。

【司法案例】

案例一

方某、内蒙古平庄煤业(集团)有限责任公司风水沟煤矿医疗损害责任纠纷案[①]

诉讼结论:在患者存在客观损害时,只有医疗机构及其医务人员的过错行为与患者损害之间存在因果关系的,才能根据损害、诊疗行为等综合认定医疗机构应当承担的赔偿责任。

方某主张风水沟煤矿医院在诊疗活动中存在过错,导致其受到截肢等身体损害,因此,医疗机构应当承担赔偿责任。法院认为,要求医疗机构承担赔偿责任,争议焦点为风水沟煤矿所属医院的医疗行为与损害结果(截肢)是否具有法律上的因果关系。方某曾向法院提起医疗事故案诉讼,法院已作出生效判决认定方某截肢后果与医疗机构的诊疗行为之间不存在法律上的因果关系,驳回了方某的诉讼请求。方某以医疗事故以外的原因为由主张医疗过错行为与截肢后果之间亦不存在法律上的因果关系,对于方某提出的该项申诉理由,不予支持。

案例二

陈某某、陈某诉四川省医学科学院四川省人民医院医疗损害赔偿纠纷再审案[②]

诉讼结论:由于医疗损害责任纠纷具有高度的专业性,医疗鉴定是辅助查明案件事实的重要手段。对病历材料的审查是进行医疗鉴定的前提,鉴定机构可依据现有的病历资料进行鉴定。

---

① 最高人民法院(2015)民抗字第39号民事判决书。

② 四川省高级人民法院(2017)川民再360号民事判决书。

陈某某、陈某主张省医院在治疗刘某的过程中存在过错，应当对刘某的死亡结果承担赔偿责任。法院认为，陈某某、陈某应当举证证明省医院在对刘某的治疗过程中，省医院治疗行为与刘某的死亡后果有因果关系，且省医院的治疗行为存在过错。在案件审理过程中，陈某某、陈某坚持要求在保证病历资料完整、真实的情况下才同意鉴定，导致本案鉴定不能，致使不能通过鉴定的方式查明省医院在治疗刘某的过程中是否具有过错，也不能查明省医院的治疗行为与刘某死亡后果之间是否存在因果关系。陈某某、陈某没有对自己的诉讼主张完成举证责任，应当承担举证不能的法律后果。对于省医院对刘某的诊疗是否存在过错的认定，在没有进入医疗鉴定的情况下，陈某某、陈某单方面主张病历不真实、不完整，进而导致医疗鉴定不能，致使案涉病历的真实性、完整性无法查明，应当承担举证不能的法律后果。

第一千二百一十九条　医务人员在诊疗活动中应当向患者说明病情和医疗措施。需要实施手术、特殊检查、特殊治疗的，医务人员应当及时向患者具体说明医疗风险、替代医疗方案等情况，并取得其明确同意；不能或者不宜向患者说明的，应当向患者的近亲属说明，并取得其明确同意。

医务人员未尽到前款义务，造成患者损害的，医疗机构应当承担赔偿责任。

【条文主旨】

本条是关于医务人员说明告知义务和患者知情同意权利的规定。

【条文理解】

医务人员的说明义务与患者的知情同意权相对应。医务人员说明义务之法理根据是患者的自主决定权。医疗机构基于患者的病情，可凭借专业能力来处分事关患者生命、身体、健康等重大人格利益的事项。因此，该等处分事项虽然专业性强，但事关重大，应当充分尊重患者的自主决定权，而不能单凭医疗机构一方裁量。医务人员履行说明义务是患者行使自主决定权的前提。

知情同意权利，关乎患者对自身事务的自主决定权，蕴含着对个人选择权的尊重。知情同意权利，包括“知情”和“同意”两个方面的内容，知情权的实现和恰当行使是同意权得以正确行使的前提和基础。患者依赖于医务人员履行说明义务，并在充分知晓自己病情、了解诊疗方案及医疗行为风险的基础上，行使自主决定权，作出是否同意该医疗措施的决定。我国现行相关法律法规及其他国家法律普遍规定了医疗机构的说明义务和患者的知情同意权利。医务人员履行说明义务,意在取得患者对医疗行为的同意。患者有权利通过合理方式参与与其有关的医疗决定,而知情权的行使是前提条件。充分有效的说明,是患者有效同意的前提。本条将告知义务分为一般告知义务和特别告知义务:

1. 一般告知义务。本条第1款规定,"医务人员在诊疗活动中应当向患者说明病情和医疗措施"。这是医务人员在诊疗活动中一般应尽的义务,可以弥补医患双方信息不对等的情况。而且,医务人员是否向患者一方履行了相应的告知说明义务,也是其主张"患者或者其近亲属不配合"等医疗责任免责抗辩事由的前提。若医务人员已经尽到相应义务,患者的损害是因患者或者其近亲属不配合的行为所致,则医疗机构对此不应当承担赔偿责任。该等说明义务贯穿于整个诊疗活动中,医务人员必要时应解答患者的咨询,主要目的在于使患者了解有关诊疗情况。

2. 特别告知义务。医疗过程中具有严重损伤后果、危险性的特殊医疗行为,可能影响身体机能甚至危及生命,其不同于一般医疗过程中惯常实施的不具有严重损伤后果的医疗行为,因此更需向患者详尽、具体说明。本条规定,除一般告知义务以外,如果需要实施手术、特殊检查、特殊治疗的,还应当及时向患者具体说明医疗风险、替代医疗方案等情况,并取得其明确同意。除非抢救生命垂危的患者等紧急情况下,如果没有患者基于充分理解和自愿同意,医疗机构不能对病人采取任何诊疗措施。当然,并非一切医疗行为都要征得患者的同意,相关说明如果不能或不宜向患者说明,例如,患者因为年幼、属于精神病人、植物人等情况,没有同意能力,无法理解诊疗行为的性质和接受相应后果时,医务人员需要向监护人说明;若有关病情或治疗方案可能将会造成患者悲观、恐惧、心理负担沉重,不利于治疗,医务人员应当向患者近亲属说明,并取得其明确同意。另外,患者与近亲属意见不一致时,涉及医学伦理和专业判断问题,但从医疗机构的角度来说,价值导向上也应当尽量本着救死扶伤的精神结合专业判断进行处理。

本条较之《侵权责任法》第55条的修改为:(1)将原来的"向患者说明",修改为"向患者具体说明",提高了医疗机构对患者的说明要求,加强了特定情况下对患者知情权的保护力度。实践中,患者认为医疗机构、医务人员说明不具体的,可以在法定范围内要求医疗机构、医务人员补充说明,特别是对患者作出诊疗决定可能有影响的医疗风险、替代医疗方案等信息。(2)将取得患者的"书面同意"修改为"明确同意",变更了患者作出同意的形式要件要求,增加灵活性,有利于应对现实情况的复杂性。基于前述该条的立法本意,对同意的强度要求仍然较高,要求"明确同意",因此在纠纷中应当注意明确同意的举证责任分配问题。(3)增加规定了“不能”向患者说明的情形，填补了患者缺乏同意能力、因昏迷等导致暂时无法表达意思等情形在立法上的空白。

告知义务兼具合同义务和法定义务的性质，实践中由医疗机构和相关领域的医务人员各司其职、共同完成，并以患者能够理解的语言予以适当解释和如实说明。前述医疗机构应说明告知的内容包括病情、医疗措施、医疗风险、替代医疗方案等。具体来说，病情包括疾病的性质、严重程度、发展变化趋势等信息，还包括诊断信息，即疾病名称、诊断依据等；医疗措施包括可供选择的医疗措施、各种医疗措施的利弊，根据患者的具体情况拟采用的医疗措施、该医疗措施的治疗效果和预计大致所需要的费用、可能出现的并发症以及不采取医疗措施的危险性等；医疗风险是指医疗措施可能出现的并发症、后遗症、不良反应等风险。替代医疗方案信息包括可选择的几种手术方案及其利弊等信息。

本条第 2 款规定，医务人员未尽到前款义务，造成患者损害的，医疗机构应当承担赔偿责任。需要说明的是，除本条规定的说明义务外，医务人员在诊疗活动中还存在大量其他的注意义务要求，并非医务人员尽到了本条第 1 款规定的说明义务，在后续的诊疗活动中造成患者损害的，医疗机构就可以不承担赔偿责任。如《民法典》第 1221 条规定，医务人员在诊疗活动中未尽到与当时的医疗水平相应的诊疗义务，造成患者损害的，医疗机构应当承担赔偿责任。医务人员即使已尽到说明义务，患者或者其近亲属已明确同意，但如果后续诊疗活动中，医务人员未尽到与当时的医疗水平相应的诊疗义务，造成患者损害的，医疗机构仍应当承担赔偿责任。

【司法适用】

医务人员说明告知义务的履行，关乎医务人员是否存在过错的判断。本条适用应结合《民法典》第 1220 条规定的紧急情况下知情同意的特殊规定进行综合判断。《医疗损害责任解释》第 5 条规定：“患者依据侵权责任法第五十五条规定主张医疗机构承担赔偿责任的，应当按照前条第一款规定提交证据（应当提交到该医疗机构就诊、受到损害的证据）。实施手术、特殊检查、特殊治疗的，医疗机构应当承担说明义务并取得患者或者患者近亲属书面同意，但属于《侵权责任法》第五十六条规定情形的除外。医疗机构提交患者或者患者近亲属书面同意证据的，人民法院可以认定医疗机构尽到说明义务，但患者有相反证据足以反驳的除外。”在证据采信上，患者或其近亲属书面同意的证据最为有力，如医疗风险告知书、手术同意书上患者或其近亲属签字。但本条相比于《侵权责任法》，将“书面同意”扩大到“明确同意”，因此，如果医疗机构充分举证其已通过书面以外的其他方式取得患者或其近亲属同意的，应认定已履行了相关说明告知义务。

关于医务人员履行说明义务的范围、程度等具体标准问题，应当以确保患者知情同意权充分实现为目的进行判断，影响患者决策的风险均需要披露。现有法律、行政法规、规章中规定了有关医务人员告知说明义务和患者知情同意权的内容，这些规定普遍为医疗机构的诊疗活动所遵循。例如，《执业医师法》第26条规定，医师应当如实向患者或者其家属介绍病情，但应注意避免对患者产生不利后果。医师进行试验性临床医疗，应当经医院批准并征得患者本人或其家属同意。《医疗事故处理条例》第11条规定，在医疗活动中，医疗机构及其医务人员应当将患者的病情、医疗措施、医疗风险等如实告知患者，及时解答其咨询；但是，应当避免对患者产生不利后果。《医疗机构管理条例》第33条规定，医疗机构施行手术、特殊检查或者特殊治疗时，必须征得患者同意，并应当取得其家属或者关系人同意并签字；无法取得患者意见时，应当取得家属或者关系人同意并签字。《医疗机构管理条例实施细则》第62条规定，医疗机构应当尊重患者对自己的病情、诊断、治疗的知情权利。在实施手术、特殊检查、特殊治疗时，应当向患者作必要的解释。因实施保护性医疗措施不宜向患者说明情况的，应当将有关情况通知患者家属。

对于本条规定有关"特殊检查、特殊治疗"等概念的解释以及具体执行，可根据《医疗机构管理条例实施细则》第88条规定来理解，"特殊检查、特殊治疗"是指"具有下列情形之一的诊断、治疗活动：（一）有一定危险性，可能产生不良后果的检查和治疗；（二）由于患者体质特殊或者病情危笃，可能对患者产生不良后果和危险的检查和治疗；（三）临床试验性检查和治疗；（四）收费可能对患者造成较大经济负担的检查和治疗"。

实践中，医务人员未告知、未充分告知、错误告知、迟延履行告知义务、履行告知义务但未经同意即实施医疗行为的，都属于违反本条规定的具体形式。一般认为，医务人员没有充分履行告知义务即存在过错。根据侵权责任构成要件，无损害则无责任，《医疗损害责任解释》第17条规定，医务人员违反《侵权责任法》第55条第1款规定义务，但未造成患者人身损害，患者请求医疗机构承担损害赔偿责任的，不予支持。

【司法案例】

案例一

方某某诉同安医院医疗损害赔偿纠纷案①

诉讼结论：有风险的医疗行为如果是在征得患者及其亲属同意后实施的，风

① 《最高人民法院公报》2004年第2期（总第88期）。

险责任应由患者及其亲属承担。

法院认为,原告方某某左小腿是较重的骨折类型,客观上不可能彻底清创,这是造成术后感染并发骨髓炎的直接原因。同安医院明知一次手术不可能将污染物彻底清除干净,因此在手术前将术后可能发生的风险告知给方某某及其亲属,并在征得他们同意的情况下才进行手术。被告同安医院对方某某伤后采取的治疗措施、治疗原则、治疗方式,是符合医疗规范的,不存在医疗过错。

法律只追究医务人员因医疗过错行为应承担的责任。医疗是有一定风险的事业。对医生为患者利益考虑实施的风险医疗行为,法律持宽容的态度。有风险的医疗行为如果是在征得患者及其亲属同意后实施的,风险责任应由患者及其亲属承担。以这样的原则解决医患纠纷,有利于医务人员救死扶伤,有利于医务人员提高医疗技术,最终有利于患者的健康,有利于社会的进步。同安医院在诊治方某某腿伤的过程中没有医疗过错,不应承担赔偿责任。

案例二

王某某、董某某诉首都医科大学附属复兴医院医疗损害责任纠纷案①

诉讼结论:医疗机构违反告知义务的侵权责任有三个构成要件,即医务人员存在违反告知义务的过错,患者受到损害,该二者之间存在因果关系。

王某某、董某某以复兴医院未尽到告知义务,侵犯其知情权及选择权,导致其在误以为母子平安的情况下生下有缺陷的孩子,并遭受经济和精神损害为由要求复兴医院承担侵权责任。法院认为,该责任能否成立取决于复兴医院是否存在违反告知义务的过错以及该过错与王某某、董某某所受损害之间有无因果关系。根据双方一致认可的鉴定意见,复兴医院对B超检查存在局限性,常规超声检查不能发现所有胎儿畸形等,在检查前应明确告知孕妇。尤其是在孕20周B超检查时,超声提示孕妇腹壁厚,图像欠清晰的情况下,对检查结果的可靠性未进一步向孕妇或家属告知,并及时安排孕妇复查或转外院复查,复兴医院存在告知不够的瑕疵。复兴医院对王某某产前检查中存在未尽到详尽告知的医疗过失,使王某某失去了通过进一步检查发现胎儿缺陷以及据此对是否终止妊娠做出选择的机会,即使当事人对诊疗的知情权和选择权受到影响,其过错与董某某患有先天性疾病出生有轻微程度的因果关系。因此,复兴医院违反告知义务的侵权责任构成要件具备,复兴医院应承担相应的赔偿责任。

---

① 北京市第二中级人民法院(2015)二中民终字第11917号民事判决书。

第一千二百二十条　因抢救生命垂危的患者等紧急情况，不能取得患者或者其近亲属意见的，经医疗机构负责人或者授权的负责人批准，可以立即实施相应的医疗措施。

【条文主旨】

本条是关于紧急情况下知情同意的特殊规定。

【条文理解】

本条规定沿用了《侵权责任法》第56条的规定，未作修改。

《民法典》第1219条规定了患者的知情同意权，为一般性规则，本条是针对抢救危急患者等紧急情况所作的特殊、例外的规定。对于抢救生命垂危的患者，医疗机构在无法取得患者或者其近亲属意见时，立即进行紧急救治是出于对患者生命健康权的维护、尊重和人文关怀，此时，法律上认为患者获得救治的权利价值应该优于知情同意权的行使价值。《医疗机构管理条例》第33条中规定："无法取得患者意见又无家属或者关系人在场，或者遇到其他特殊情况时，经治医师应当提出医疗处置方案，在取得医疗机构负责人或者被授权负责人员的批准后实施。"

本条规定的"紧急情况"，一般是指患者的病情存在重大风险，不立即采取相应抢救措施将会危及生命的情况。本条规定的"不能取得患者或者其近亲属意见的"，主要是指患者不能表达意志，也无近亲属陪伴，又联系不到近亲属的情况，不包括患者或者其近亲属明确表示拒绝采取医疗措施的情况。患者或者其近亲属明确不同意治疗的情况在实践中确有发生，对于如何处理，情况较为复杂，分歧较大，且该问题涉及代理权、监护权等基本民事法律制度，有待实践进一步研究，本条未作明确规定。

医疗机构的紧急救治是对患者知情同意权的补充，而非对抗。综合本条及《民法典》第1219条的规定，抢救生命垂危的患者时，若被抢救的患者有表达意志的同意能力，需取得患者的意见；如果不能或不宜取得患者意见，应当取得患者近亲属的意见；不能取得患者或者其近亲属意见的，经过医疗机构负责人或者授权的负责人批准，可以立即实施相应的医疗措施。

【司法适用】

结合《民法典》第1224条关于"医务人员在抢救生命垂危的患者等紧急情况下已经尽到合理诊疗义务"的免责事由，本条也是对紧急情况下医疗机构未履行通知义务的免责事由。衡量人的生命健康权与医疗机构的紧急救治行为所造成的不良后果,应容忍该等可能发生的不良后果。《医疗损害责任解释》第 18 条规定,因抢救生命垂危的患者等紧急情况,不能取得患者或者其近亲属意见的,医务人员经医疗机构负责人或者授权的负责人批准立即实施相应的医疗措施,患者因此请求医疗机构承担赔偿责任的,不予支持。当然,尽管紧急情况下医疗机构的注意义务低于一般情形,但紧急救治本身也需符合相关诊疗规范。

关于不能取得患者近亲属意见的具体情形,《医疗损害责任解释》第 18 条进一步明确:因抢救生命垂危的患者等紧急情况且不能取得患者意见时,下列情形可以认定为“不能取得患者近亲属意见”:(1)近亲属不明的;(2)不能及时联系到近亲属的;(3)近亲属拒绝发表意见的;(4)近亲属达不成一致意见的;(5)法律、法规规定的其他情形。

关于“近亲属”的范围,应当依据《民法典》第 1045 条确定,包括全部近亲属范畴,而且不受亲属顺位的限制。近亲属意见模糊不确定或意见不一致的,均视为难以获得近亲属的明确救治意见。由于紧急救治受救治时间的时效性要求较高,不能及时联系到近亲属、未能在采取医疗措施所容许的等候时间内联系到患者近亲属的,近亲属拒绝发表意见或拖延发表意见以致超出医疗措施所容许的等候时间的,均属于不能取得患者近亲属意见。总之,在紧急情况下,应当把握以下原则,即医疗机构应当按照紧急救助有关的医疗法律、法规及诊疗规范行事,不能对医疗机构有过苛的要求而影响对患者的紧急救助。

另外,患者在生命垂危时有得到紧急救治的权利,对患者采取紧急救治措施对医疗机构来说也是义务。为保障生命垂危等紧急情况下患者得到及时救治,维护患者生命健康权益,应当鼓励和维护医疗机构及医务人员在患者处于紧急情况下积极施救、采取紧急诊疗行为。《执业医师法》第 24 条规定:“对急危患者,医师应当采取紧急措施进行诊治;不得拒绝急救处置。”《医疗机构管理条例》第 31 条规定:“医疗机构对危重病人应当立即抢救。对限于设备或者技术条件不能诊治的病人,应当及时转诊。”因此,当医疗机构、医务人员违反上述法律、法规的规定,拒绝或者怠于履行紧急救治义务时,应当认定为构成《民法典》第 1218 条规定的“过错”,若该等行为与患者损害后果之间具有因果关系、符合医疗损害侵权责任的全部构成要件,则医疗机构应承担相应侵权责任。《医疗损害责任解释》第 18 条第 2 款中规定:“医疗机构及其医务人员怠于实施相应医疗措施造成损害,患者请求医疗机构承担赔偿责任的,应予支持。”关于怠于救治的认定应充分尊重医学专业判断,不能以简单的生活常识替代专业判断。

【司法案例】

陈某甲、陈某乙与云南省第三人民医院医疗损害责任纠纷案[①]

诉讼结论：因抢救生命垂危的患者等紧急情况，不能取得患者或者其近亲属意见的，经医疗机构负责人或者授权的负责人批准，可以立即实施相应的医疗措施。

法院认为，根据云南省第三人民医院提交病程记录以及为李某某进行诊疗过程的文审资料，云南省第三人民医院为李某某做气管插管手术，虽未经患方签字同意，但云南省第三人民医院为李某某做手术时，李某某已出现双眼上翻、心率下降、呼吸浅慢等症状，且呼之不应的昏迷状态，属生命垂危，故紧急情况下，云南省第三人民医院无法联系上患者的亲属，其按照医疗原则对患者实施相应的医疗措施符合法律规定。

第一千二百二十一条　医务人员在诊疗活动中未尽到与当时的医疗水平相应的诊疗义务，造成患者损害的，医疗机构应当承担赔偿责任。

【条文主旨】

本条是关于医务人员过错诊疗的赔偿责任的规定。

【条文理解】

本条规定沿用了《侵权责任法》第57条的规定，未作修改。

患者在诊疗活动中受到损害，医疗机构或者医务人员有过错的，由医疗机构承担赔偿责任。医务人员的过错包括故意和过失，故意较易理解，重点在于如何界定过失。考虑到疾病本身的复杂性、患者个体的特异性，以及医疗技术和医学水平的局限性和差异性，本条确定了判断医务人员是否存在过错的标准是医疗行为是否符合“当时的医疗水平”。该等标准相对客观，既是患者主张医疗机构存在过错的标准，也是医疗机构主张其不存在过错的标准，当事人双方均可以举证证明。考虑到医疗纠纷解决的时间可能较长，医疗水平也在不断提升，判断是否尽到诊疗义务应当以诊疗行为发生时的诊疗水平为参照。

“尽到与当时的医疗水平相应的诊疗义务”体现了侵权责任法上的注意义务。在现代侵权责任法上，注意义务是侵权责任的核心要素，是界定过失的基准，若行

---

① 云南省昆明市中级人民法院(2014)昆民三终字第706号民事判决书。

为人造成损害的行为违反了应对受害人承担的注意义务，具有可责难性，应当承担侵权责任。各国侵权责任法中注意义务的内涵基本相同，例如，注意义务是“一种为了避免造成损害而合理注意的法定责任”，“如果一个人能够合理地预见到其行为可能对其他人造成人身或者财产损害，那么，一般情况下他应对可能受其影响的人负有注意义务”。医疗机构和医务人员在医疗活动中承担比普通注意义务更高的注意义务，是专业人士的高度注意义务，即医务人员作为专业人士实施诊疗行为时应为患者的最大利益尽高度的注意义务。该等注意义务，应以同专业领域的医务人员通常应履行的注意义务为标准。这要求医疗机构和医务人员谨慎、勤勉、合理地实施诊疗，尽力避免损害发生，在同等条件下，以当时通常专业水准的注意程度和技能、按照同等资质医疗机构和同等资历医务人员的医疗常规做法开展诊疗活动。违反该等注意义务，即构成过失。

医务人员的注意义务，既包括上述一般抽象意义上的高度注意义务，也包括每一项具体诊疗行为中的注意义务。比如，在诊断环节，要求进行必要的、常规的症状鉴别、检查、辅助检查、会诊等，及时操作且不得无故拖延，诊断条件不具备的，应及时告知并在进行必要治疗后并协助转诊或转院等。诊疗环节的具体注意义务还涉及问诊是否充分、诊断和治疗是否存在过失等，但应结合当时的医疗水平、疾病的复杂性、治疗本身的危险性进行判断。比如，要求医师充分履行问诊义务，至于何为充分履行也需要结合当时诊疗条件下的必要性；误诊不一定判定存在过失，需要结合当时诊疗条件和具体疾病的复杂性判断是否足以诊断正确；治疗行为是否存在过失，也需要考虑诊疗技术本身的危险性以及当时诊疗条件下是否足以保障，不良后果是否可以有效预见和回避等因素。

【司法适用】

本条是关于医疗机构过错的实体法认定，司法实践中，各方就该项认定进行举证和抗辩。“当时的医疗水平”这个客观标准，通常在医疗相关法律、行政法规、部门规章和诊疗规范中予以明确，因此，该等规定是判断过错的重要依据。

诊疗义务的判断基准在时间上应为“当时”的医疗水平，该标准还需根据诊疗行为的紧迫性、地域性和专门性等因素会作一定的修正。《医疗损害责任解释》第16条规定：“对医疗机构及其医务人员的过错，应当依据法律、行政法规、规章以及其他有关诊疗规范进行认定，可以综合考虑患者病情的紧急程度、患者个体差异、当地的医疗水平、医疗机构与医务人员资质等因素。”根据该等规定，紧急情况下，医生应当机立断，为抢救生命而不得不舍弃一些次要方面的要求，此时对医生注意程度的要求低于一般情形。患者个体病情差异也是重要参考因素，例如，患者体质特异导致病情发展无法预料，患者未如实告知病情、不配合诊疗活动导致延误治疗。考虑到各地医疗水平的差异以及不同级别、领域和医师的全科、专科资质差异,“地区”“资质”等因素也应当结合具体情况予以考虑。法律、行政法规、规章以及诊疗规范规定一般医疗水准的诊疗行为,医疗机构和医务人员一般都应当遵守,不应当因地区、资质的不同而有差别。属于基本性操作、简易常规的诊疗行为,与“地区”“资质”等因素联系不紧密的,也不是一定需要考虑。而对于有的诊疗行为,因不同地区医疗机构的医疗设施条件、医疗技术水平或医务人员能力而有所差异的,可以考虑“地区”“资质”等因素。从专业分工来看,专科医师对其专门领域的注意义务通常高于一般医师,对其他领域的注意义务不能等同于该领域的专门医生,实践中需结合该医生的具体情况加以衡量。

【司法案例】

吴某某与广西妇幼保健院、广西医科大学第一附属医院、中国人民解放军第三零三医院医疗损害赔偿纠纷案①

诉讼结论:当医务人员的诊疗行为符合“当时的医疗水平”且不存在医疗过错时,医疗机构不因其基于“当时的医疗水平”作出的合理的诊断出现错误而承担赔偿责任。医疗结果具有相当的不可预测性,要结合医学上的一些判断标准对医疗行为的后果作出法律评价,才能保证实现法律的公正。此项标准,是指医师在进行医疗行为时,其学识、注意程度,技术以及态度均应符合具有一般医疗专业水准的医师于同一情况下所应遵循的标准,即为具体医疗行为发生时临床医学实践中的“医疗水准”,也称“当时的医疗水平”。

法院认为,在诊疗过程中,医科大一附院确实未诊断患儿患“结核性脑膜炎”,而是做出“病毒性脑膜炎”等诊断结论,而患儿的死因经广西公仆司法鉴定中心鉴定为“结核性脑膜炎、支气管肺炎伴左心衰竭”,故患儿死因与医方诊断结论的不一致是引发本案医患纠纷的焦点。经南宁市医学会组织专家鉴定组进行医疗事故技术鉴定,患儿住院期间,诊断结核性脑膜炎的依据不足,此即为“当时的医疗水平”之认知,故患方主张医科大一附院未能正确诊断“结核性脑膜炎”而存在医疗过错,并不能成立。而且,根据双方当事人提供的医学教材《儿科学》(第7版),结核性脑膜炎“最可靠的诊断依据是脑脊液中查见结核杆菌”,脑脊液结核菌培养“是诊断结脑可靠的依据”,而在医科大一附院对患儿所做的脑脊液检查中均未找到细菌,在此情况下,医科大一附院未作出“结核性脑膜炎”的诊断是符合“当时的医疗水平”,并不存在医疗过错。

---

① 广西壮族自治区高级人民法院(2013)桂民申字第20号民事裁定书。

第一千二百二十二条　患者在诊疗活动中受到损害，有下列情形之一的，推定医疗机构有过错：

（一）违反法律、行政法规、规章以及其他有关诊疗规范的规定；

（二）隐匿或者拒绝提供与纠纷有关的病历资料；

（三）遗失、伪造、篡改或者违法销毁病历资料。

【条文主旨】

本条是关于推定医疗机构有过错的规定。

【条文理解】

医疗损害责任以过错责任为一般归责原则，在本条规定的特殊情况下，应推定医疗机构有过错。本条是对《民法典》第1218条的延伸和补充，有利于缓和患者举证的相对弱势地位，平衡医患双方的利益。

本条第1项规定了“违反法律、行政法规、规章以及其他有关诊疗规范的规定”，应当推定医疗机构有过错。《医疗事故处理条例》规定的医疗事故也强调违法性，即“违反医疗卫生管理法律、行政法规、部门规章和诊疗护理规范、常规”。涉及医疗相关的法律、法规、规章等规范较多，规定内容也涉及许可、管理、操作、记录、披露、保管等方面的内容，违反相关规定不一定导致患者受损，本条推定过错主要是指医疗机构或医务人员违反对患者注意义务的规定而对患者造成损害的情形。违法违规是医疗机构存在过错的有力证据和最直接的标准，因此推定存在过错。

本条第2项、第3项规定了“隐匿或者拒绝提供”以及“遗失、伪造、篡改或者违法销毁”病历资料的行为，本身也属于违反《医疗机构病历管理规定》第14条的违规行为：“医疗机构应当严格病历管理，任何人不得随意涂改病历，严禁伪造、隐匿、销毁、抢夺、窃取病历。”根据《民法典》第1225条的规定，医疗机构及其医务人员有按规定填写并妥善保管病历资料的义务，患者有查阅、复制病历资料的权利。病历资料是对诊疗行为的记载，是证明诊疗过程、明确责任最重要的证据。病历资料主要掌握在医疗机构手中，患者实际难以取得与医疗纠纷有关的证据资料，医疗机构如不配合提供相关病例资料，将导致患者无法举证证明医疗机构有过错，这时再要求患者承担举证责任已不合理，且不提供完整的病历资料也可能导致医疗损害鉴定无法进行，影响受害人的救济。因此，此时应推定医疗机构有过错。

患者在诊疗活动中受到损害，因本条规定情形之一的，推定医疗机构有过错，并非当然认定医疗机构有过错。医疗机构可以提出反证证明自己并无过错，医务人员有过错与违反法律、行政法规、规章以及诊疗规范的规定概念不同，例如，遇有抢救危急患者等特殊情况，医务人员可能采取不太合规范的行为，但如果证明在当时情况下该行为是合理的，就可以认定医疗机构没有过错。

本条较之《侵权责任法》第58条的修改为：将“患者有损害”修改为“患者在诊疗活动中受到损害”，明确了条文的适用情境；增加了“遗失”病历资料的情形，强调了医疗机构的病历资料妥善保管义务，防范医疗机构简单以遗失为由主张免责；将“因下列情形之一的”改为“有下列情形之一的”，规范表述措辞；将“销毁病历资料”明确为“违法销毁病历资料”，考虑到病历毁损的原因可能系不可抗力等原因所致。

【司法适用】

病历资料的真实性和完整性关乎侵权责任的事实认定，对医患双方当事人的诉讼利益影响极大。医疗损害赔偿纠纷中，病历资料通常也是双方争议的焦点问题。医疗机构、医务人员应规范行医，严格按照《病历书写基本规范》《中医病历书写基本规范》《电子病历应用管理规范（试行）》等要求书写病历，详细记载诊疗过程中的重要信息，同时医疗机构应按照《医疗机构病历管理规定》妥善保管病历资料。《民法典》第1225条规定，病历资料包括住院志、医嘱单、检验报告、手术及麻醉记录、病理资料、护理记录等。《医疗损害责任解释》第6条对“病历资料”的范围进行了较为宽泛的规定：医疗机构保管的门诊病历、住院志、体温单、医嘱单、检验报告、医学影像检查资料、特殊检查（治疗）同意书、手术同意书、手术及麻醉记录、病理资料、护理记录、医疗费用、出院记录以及国务院卫生行政主管部门规定的其他病历资料。

关于本条“隐匿或者拒绝提供”病历资料的行为认定，属于消极不作为，根据《医疗损害责任解释》第6条第2款规定：“患者依法向人民法院申请医疗机构提交由其保管的与纠纷有关的病历资料等，医疗机构未在人民法院指定期限内提交的，人民法院可以依照侵权责任法第五十八条第二项规定推定医疗机构有过错，但是因不可抗力等客观原因无法提交的除外。”因此，医疗机构未提供病历资料，需结合其不能提供的原因进行判断是否有过错。如果系不可抗力等客观原因，不能直接推定有过错，但医疗机构对紧急情况等的相关客观原因承担举证责任。

关于本条“遗失、伪造、篡改或者违法销毁”病历资料的行为，主要是指医疗机构故意破坏病历资料的积极作为行为，常见的篡改伪造行为有如涂改病历资料、伪造患者签字等，行为性质较为严重、恶劣。《病历书写基本规范》对病历书写的内容和时间均有明确要求，医务人员日常工作中未严格按照规范记录诊疗过程、记录不清晰全面、记录不及时、存在记录瑕疵的，都会导致瑕疵病历。该等不规范情形与恶意破坏病历有一定区别，具体把握中存在一定难度，具体可参考《第八次全国法院民事商事审判工作会议（民中部分）纪要》的如下规定："因当事人采取伪造、篡改、涂改等方式改变病历资料内容，或者遗失、销毁、抢夺病历，致使医疗行为与损害后果之间的因果关系或医疗机构及其医务人员的过错无法认定的，改变或者遗失、销毁、抢夺病历资料一方当事人应承担相应的不利后果；制作方对病历资料内容存在的明显矛盾或错误不能作出合理解释的，应承担相应的不利后果；病历仅存在错别字、未按病历规范格式书写等形式瑕疵的，不影响对病历资料真实性的认定。"

关于本条的举证责任分配，实践中，对本条推定过错的三种情形的存在，应由患者承担举证责任。本条是对过错的法律推定，不是对过错的认定，主要目的在于减轻患者的举证责任。存在本条规定的三种情形时，应当推定存在过错，但医疗机构可以依据《民法典》第1221条举证证明其已"尽到与当时的医疗水平相应的诊疗义务"等为由反驳过错的推定。另外，过错推定不意味着直接承担法律责任，还需要结合侵权责任的其他要件进行综合判断。

【司法案例】

案例一

曹某等诉湖南省人民医院医疗过错损害赔偿纠纷案①

诉讼结论：客观、全面、规范、完整的病历资料是进行医疗鉴定最基本、最重要的素材，医疗机构应当为鉴定机构、患者亲属提供客观、全面、规范、完整的病历资料。当医疗机构存在伪造、篡改病历资料行为时，推定其存在过错。

法院认为，患者丁某2011年7月11日死亡后，患者亲属与人民医院共同封存病历资料。7月22日，人民医院与患者亲属共同启封病历资料时，在未告知丁某亲属的情况下，人民医院工作人员往封存病历中加插材料。人民医院往已经封存的病历中加插材料的行为破坏了已封存病历的完整性、真实性和客观性，明显系故意篡改病历的行为，推定人民医院有过错。

案例二

徐某甲诉酒泉市人民医院侵害患者知情同意权纠纷案②

诉讼结论：案涉病历缺少相关诊疗行为的记录存在瑕疵，但该诊疗行为已明

---

① 最高人民法院（2016）最高法民再285号民事判决书。

② 甘肃省高级人民法院（2017）甘民申1645号民事裁定书。

确告知患者并取得患者明确同意，该病历瑕疵与患者死亡之间不存在因果关系，不能仅以此瑕疵病历认定医疗机构应承担赔偿责任。

徐某乙家属主张医院行骨髓穿刺之前并未履行告知说明义务，因此，医疗机构应当承担赔偿责任。法院认为，虽然死者徐某乙的病历中缺少骨髓穿刺记录，但是作为针对白血病的常用诊疗手段之一，酒泉市人民医院在行骨髓穿刺之前已明确告知徐某乙本人并由其签字；且本案经两次鉴定，均认为徐某乙死亡系其自身疾病发展所致，不属于医疗事故。因此，虽然案涉病历存在瑕疵，但与徐某乙死亡之间并无因果关系，亦无据证实酒泉市人民医院行骨髓穿刺时存在过错。

第一千二百二十三条　因药品、消毒产品、医疗器械的缺陷，或者输入不合格的血液造成患者损害的，患者可以向药品上市许可持有人、生产者、血液提供机构请求赔偿，也可以向医疗机构请求赔偿。患者向医疗机构请求赔偿的，医疗机构赔偿后，有权向负有责任的药品上市许可持有人、生产者、血液提供机构追偿。

【条文主旨】

本条是关于因药品、消毒产品、医疗器械的缺陷，或者输入不合格的血液损害赔偿的规定。

【条文理解】

因药品、消毒产品、医疗器械的缺陷，或者输入不合格的血液造成患者损害的，涉及药品上市许可持有人、生产者、血液提供机构和医疗机构的责任划分问题。为了避免各方之间互相推诿、明确责任主体、更好地维护患者权益、为患者受到损害后主张权利指明对象，本条规定“患者可以向药品上市许可持有人、生产者、血液提供机构请求赔偿，也可以向医疗机构请求赔偿”。因此，就本条所述情形，相对于患者而言，药品上市许可持有人、生产者、血液提供机构和医疗机构承担严格责任，即无论该等主体是否对产品缺陷、血液不合格是否具有过错，均应当承担责任。患者无须举证证明该等主体存在过错，但需举证证明因果关系，必要时也可申请鉴定。该等规定确定了医疗机构与药品上市许可持有人、生产者、血液提供机构之间“不真正连带责任”的责任样态，不真正连带责任主要表现为多个债务人基于不同的法律关系对同一债权人以同一给付内容为标的，各债务人就其行为对债权人分别独立负有全部履行的义务，其中一个债务的完全履行，其他债务人之债务因债权目的已实现而归于消灭。不真正连带责任中，各责任主体的责任是独立的,债权人可就各债务人主张独立的请求权,有别于连带责任。

同时,本条还规定了医疗机构赔偿患者后向实际责任主体(药品上市许可持有人、生产者、血液提供机构)追偿的权利,即以造成缺陷之责任归属而确定终局责任。就内部责任的承担上,药品上市许可持有人、生产者、血液提供机构承担严格责任,医疗机构依据《民法典》第1218条承担过错责任。

本条较之《侵权责任法》第59条的修改包括以下两个方面:

一是将"消毒药剂"改为"消毒产品"。《消毒管理办法》第45条中规定:"消毒产品:包括消毒剂、消毒器械(含生物指示物、化学指示物和灭菌物品包装物)、卫生用品和一次性使用医疗用品"。因此,修改为"消毒产品"以达到适用名词统一、概念周延的目的。

二是增加责任主体"药品上市许可持有人"。《药品管理法》第30条规定:"药品上市许可持有人是指取得药品注册证书的企业或者药品研制机构等。药品上市许可持有人应当依照本法规定,对药品的非临床研究、临床试验、生产经营、上市后研究、不良反应监测及报告与处理等承担责任。"第144条规定:"药品上市许可持有人、药品生产企业、药品经营企业或者医疗机构违反本法规定,给用药者造成损害的,依法承担赔偿责任。"根据《药品管理法》的规定,药品上市许可持有人可以自行生产药品,也可以自行销售其取得药品注册证书的药品,且当其违反《药品管理法》规定造成用药者损害的,应当承担赔偿责任。因此,为与现行《药品管理法》相统一并符合本条确定的责任主体认定原则,在本条中加入"药品上市许可持有人"为责任主体。

【司法适用】

一、关于患者因药品、消毒产品、医疗器械的缺陷受到损害的赔偿责任

第一,关于责任主体。药品、消毒产品、医疗器械均属于产品,具体范围界定可以参见《药品管理法》第2条、《消毒管理办法》第45条和《医疗器械监督管理条例》第76条的规定。除本条特殊规定外,《民法典》第1202条、第1203条以及《产品质量法》第41条至第43条相关规定明确了产品生产者和销售者的一般性损害赔偿规则,医疗产品侵权应当适用该等产品责任的一般性规定:因产品存在缺陷造成他人损害的,生产者应当承担侵权责任;由于销售者的过错使产品存在缺陷,造成他人损害的,销售者应当承担赔偿责任。销售者不能指明缺陷产品的生产者也不能指明缺陷产品的供货者的,销售者应当承担赔偿责任;因产品存在缺陷造成他人损害的,被侵权人可以向产品的生产者请求赔偿,也可以向产品的销售者请求赔偿;产品缺陷由生产者造成的,销售者赔偿后,有权向生产者追偿。因销售者的过错使产品存在缺陷的,生产者赔偿后,有权向销售者追偿。

上述条款规定了产品生产者和销售者的严格责任。本条规定虽然没有明确规定销售者责任问题,但根据产品责任的一般性规定,医疗产品销售者也需要承担相应的产品责任。关于医疗机构是否属于“销售者”的问题,《药品管理法》第144 条规定:“药品上市许可持有人、药品生产企业、药品经营企业或者医疗机构违反本法规定,给用药者造成损害的,依法承担赔偿责任。”该条文中可以看出,药品经营企业与医疗机构属并列地位。根据医疗机构所承担的社会责任、采购医疗产品的程序和使用医疗产品的过程,不宜将医疗机构视为销售者。根据本条规定,医疗机构可以向负有责任的生产者追偿,根据产品责任规则,医疗机构也可以向负有责任的销售者追偿,《医疗损害责任解释》第 21 条对此予以明确。在最终责任的内部责任承担上,医疗机构承担过错责任,因医疗机构的过错使医疗产品存在缺陷或者血液不合格,医疗产品的生产者、销售者或者血液提供机构承担赔偿责任后,有权向医疗机构追偿。

第二,关于“缺陷”的认定和抗辩。判断产品缺陷应参考《产品质量法》第 46 条规定:“本法所称缺陷,是指产品存在危及人身、他人财产安全的不合理的危险;产品有保障人体健康和人身、财产安全的国家标准、行业标准的,是指不符合该标准。”医疗产品的缺陷,可能产生于生产者的生产环节、销售者的销售环节,也可能产生于医疗机构的使用环节。根据产品责任的严格责任原则,只要受害人能够证明产品有缺陷,就可构成产品侵权责任。《产品质量法》第 41 条第 2 款规定:“生产者能够证明有下列情形之一的,不承担赔偿责任:(1)未将产品投入流通的;(2)产品投入流通时,引起损害的缺陷尚不存在的;(3)将产品投入流通时的科学技术水平尚不能发现缺陷的存在的。”医疗产品损害赔偿纠纷中,药品上市许可持有人、生产者和医疗机构可以抗辩药品不存在缺陷,也可以依据《产品质量法》第 41 条规定进行抗辩。

二、关于患者因输入不合格的血液造成损害的赔偿责任

输血导致患者受到损害医疗纠纷中,若血液提供机构或者医疗机构在血液采集或者临床用血过程中未按照有关法律、法规和规范要求操作,此时血液提供机构、医疗机构的行为存在过错,应承担相应的赔偿责任。实践中较为突出的问题是,血液提供机构、医疗机构在采血、输血过程中无过错,但患者仍因输血引发感染(如感染乙肝、丙肝、艾滋病等),应如何处理纠纷:

第一,关于血液提供机构的责任。对于血液提供机构是否应当承担赔偿责任的争议主要存在于采血、供血过程中无过错的情形,例如,造成不合格血液的原因是供血者处于病毒感染的“窗口期”(已感染病毒但未能在医学检测中体现),血液提供机构是否应承担无过错责任。根据《产品质量法》第 41 条的规定,缺陷产品的生产者应当承担无过错责任。因此,在血液提供机构是否承担无过错责任的问题上,首先在于血液是否属于《产品质量法》规定的“产品”,即“经过加工、制作,用于销售的产品”。有观点认为,血液不是“产品”,血液的抽取、保管以及输入过程不涉及加工和制作等生产行为,血液并非生产劳动成果;输血也不同于普通的商品买卖,具有救助病患的人道性,输血行为类似于人体组织的移植,因此,血液不是“产品”。也有观点认为,血液是产品,输血用血液与人体中的血液不同,它经过了加工、制作,人体流出的血液不能自动成为输血用血液,患者亦支付输血费用作为对价。特别是血液制品,《药品管理法》明确血液制品属于药品的范围。尽管存在上述争议,考虑到输血行为涉及不特定公众利益,患者与血液提供机构相比处于被动地位,信息不对称,对于无过错输血感染这一风险,血液提供机构更有控制、承担和分散风险的能力,本条规定将血液“视为”产品,使血液提供机构作承担与血液制品生产者相同的责任,即严格责任,更有利于保护受害患者的利益。

第二,关于医疗机构的责任。输血导致患者受到损害的医疗纠纷中,关于医疗机构责任亦有两种观点:第一种观点认为,医疗机构不应承担责任。医疗机构只是血液提供机构提供血液的使用者。在输血过程中,医疗机构仅负责检测患者是否符合输血条件、对其与血液提供机构提供的血液进行交叉配血检测,没有义务进行乙肝、丙肝、艾滋病等病毒检测。在输血过程中,医疗机构向患者收取血液提供机构供应价格及输血相关费用,其中血液供应价格全款支付给血液提供机构。第二种观点认为,医疗机构应当承担责任。医疗机构具有专业性,对血液及血液制品都应负最终把关责任,作为专业机构,医疗机构有能力对血液及血液制品进行鉴别,而患者处于明显劣势地位,医疗机构的责任不应比一般产品销售者的责任更低。本条采纳后一种观点,确定了医疗机构的损害赔偿责任。

三、关于惩罚性赔偿

《民法典》第 1207 条规定:“明知产品存在缺陷仍然生产、销售,或者没有依据前条规定采取有效补救措施,造成他人死亡或者健康严重损害的,被侵权人有权请求相应的惩罚性赔偿。”《医疗损害责任解释》第 23 条进一步明确了医疗产品的惩罚性赔偿规则:“医疗产品的生产者、销售者明知医疗产品存在缺陷仍然生产、销售,造成患者死亡或者健康严重损害,被侵权人请求生产者、销售者赔偿损失及二倍以下惩罚性赔偿的,人民法院应予支持。”

医疗产品事关广大人民群众健康福祉,与民生大计息息相关,从某种意义上讲,缺陷医疗产品的危害较普通产品的危害更为严重。在医疗产品责任纠纷中适用惩罚性赔偿,不仅不存在法理上的障碍,而且对于震慑和阻遏医疗领域存在的医疗产品市场不规范、制售假冒伪劣医疗产品屡禁不止等问题具有重要意义。惩罚性赔偿的责任构成要件包括:第一,侵权人具有主观故意,即明知是缺陷产品仍然生产或者销售;第二,要有损害事实,这种损害事实不是一般的损害事实,而应当是造成严重损害的事实,即造成他人死亡或者健康受到严重损害;第三,要有因果关系,即被侵权人的死亡或者健康严重受损害是因为侵权人生产或者销售的缺陷产品造成的。

【司法案例】

何某某诉武威市人民医院医疗损害责任纠纷案①

诉讼结论:植入人体内的医疗器械显然没有达到一般同类产品的使用年限,医疗器械损坏亦非患者原因造成的,故可推定植入人体内的医疗器械断裂存在危及人身安全不合理的危险,属缺陷产品。

法院认为,何某某因伤前往武威市人民医院治疗,在武威市人民医院对何某某实施了右腿股骨骨折内固定术后,植入何某某体内的钢板断裂。对此,武威市人民医院虽提供了植入钢板的质量合格证书,但其仍无法否认植入何某某体内钢板断裂的事实。内固定术后钢板断裂原因有很多,如安装不当、过早负重、钢板疲劳断裂、钢板质量问题等等,可通过查明以下事实来确认医疗器械是否存在质量缺陷:一是患者植入的医疗器械是否达到一般同类产品的使用年限;二是生产者、销售者或医疗机构能不能举证证明该医疗器械未达到一般同类产品的使用年限,是患者原因造成的。本案中,武威市人民医院 2010 年 4 月 5 日对何某某进行了右腿股骨骨折内固定术,2011 年 8 月 4 日何某某经复查拍片,发现植入体内的内固定钢板已经断裂,右腿股骨没有愈合。可见,植入何某某体内的钢板显然没有达到一般同类产品的使用年限,武威市人民医院又不能提交证据证明该钢板未达到一般同类产品的使用年限是患者何某某的原因造成的,故可推定植入何某某体内的钢板断裂存在危及人身安全不合理的危险,属缺陷产品。法院认定武威市人民医院应赔偿何某某相应损失。

---

① 甘肃省高级人民法院(2017)甘民申 1151 号民事裁定书。

第一千二百二十四条　患者在诊疗活动中受到损害，有下列情形之一的，医疗机构不承担赔偿责任：

（一）患者或者其近亲属不配合医疗机构进行符合诊疗规范的诊疗；

（二）医务人员在抢救生命垂危的患者等紧急情况下已经尽到合理诊疗义务；

（三）限于当时的医疗水平难以诊疗。

前款第一项情形中，医疗机构或者其医务人员也有过错的，应当承担相应的赔偿责任。

【条文主旨】

本条是关于医疗机构免责情形的规定。

【条文理解】

免责事由具有法定性，《民法典》本编第一章中的第1173条、第1174条、第1175条等规定了一般情况下减免侵权行为人责任的情形，如“损害是因受害人故意造成的，行为人不承担责任”，该等一般性规定亦适用于医疗损害责任。《民法典》第1178条规定：“本法和其他法律对不承担责任或者减轻责任的情形另有规定的，依照其规定。”鉴于医疗损害责任的特殊性，医疗机构及其医务人员进行诊疗活动时，尽管其需要尽到高度的注意义务，但考虑到医疗技术和科学水平的局限性、医务人员个体诊疗能力和认知能力的差异性、患者病情特异性或处于紧急情况、患者是否配合诊治遵从医嘱等因素，也将影响诊疗后果，所以有必要适当为医疗机构及其医务人员提供减免责任的安全港保护，这也符合医学发展和社会公众利益的需要。

除上述《民法典》规定外，本条规定，患者在诊疗活动中受到损害，有下列情形之一的，医疗机构亦可免责：（1）患者或者其近亲属不配合医疗机构进行符合诊疗规范的诊疗。该情形下，医疗机构完全免责的前提是医疗机构及其医务人员没有过错。若患者或者其近亲属不配合诊疗，但医疗机构及其医务人员也有过错的，医疗机构仍应对患者的损害承担与其过错相应的赔偿责任。（2）医务人员在抢救生命垂危的患者等紧急情况下已经尽到合理诊疗义务。（3）限于当时的医疗水平难以诊疗。该等免责事由主要是对抗侵权责任构成要件中的过错要件或因果关系要件等。

本条较之《侵权责任法》第60条的修改包括以下两个方面：一是将“患者有损害”改为“患者在诊疗活动中受到损害”，明确适用情境。二是将第二款中的“医疗机构及其医务人员也有过错的”改为“医疗机构或者其医务人员也有过错的”，避免歧义，该过错主体既包括医疗机构也包括医务人员。应注意的是，医务人员并非责任主体，即使是医务人员存在过错行为，但基于医务人员系职业行为，根据《民法典》第1218条的规定，最终责任主体应为医疗机构。

【司法适用】

一、患者或者其近亲属不配合医疗机构进行符合诊疗规范的诊疗

本项规定系受害人过错的抗辩事由在医疗损害责任领域的体现。本条第2款规定：“前款第一项情形中，医疗机构或者其医务人员也有过错的，应当承担相应的赔偿责任。”曾有意见认为，只要患者或者其近亲属不配合医疗机构进行符合诊疗规范的诊疗，医疗机构就可以完全免责，该观点过于绝对。患者或者其近亲属不配合医疗机构进行符合诊疗规范的诊疗的情形及其原因较复杂，例如，在医务人员尽到合理的提示说明告知义务和诊疗义务时，患者或者其近亲属仍拒不配合诊疗的，此时系仅患者一方存在过错；若医务人员未尽到合理的提示说明告知义务和诊疗义务，同时患者方也不配合诊疗的，此时存在混合过错，即医务人员和患者方均有过错。因此，笼统规定只要患者或者其近亲属不配合诊疗的就认定医疗机构一概不承担责任，过于绝对。只有在医务人员无过错的情况下，患者过错对损害后果具有全部原因力，才可完全不承担赔偿责任。实践中，患者或者其近亲属不配合诊疗的情形及原因主要包括以下两种情况：

一是患者因其医疗知识水平的局限而对医务人员拟采取或已采取的诊疗措施难以正确理解，导致其不遵医嘱、错误用药、采取与诊疗措施不相配合的行为。此时发生损害后果的，不能必然视为患者一方对其“不配合”存在主观过错，从而免除医疗机构责任。判断患者一方是否存在过错的前提，是医疗机构及其医务人员是否尽到合理的提示说明告知义务，是否让患者一方对诊疗措施及不遵医嘱的风险、后果产生合理的认知。关于提示说明告知义务，在《民法典》第1219条中已明确规定。在判断医务人员是否履行提示说明告知义务及履行是否合理得当时，还要结合个案案情具体分析。

二是患者或其近亲属因其主观故意或过失而做出“不配合”诊疗的行为。首先是故意，这种情况相对少见，患者就医就是为了治疗疾病而非追求身体损害，但不排除极端情况，比如，医务人员再三嘱咐高血压患者应当长期坚持服用降压药，否则将容易引发血压升高，导致脑溢血、心脏病等严重并发症，甚至危及生命，在明知该行为后果的情况下，患者出于获得高额保险或其他目的，拒不遵医嘱，不服用降压药，最终导致脑溢血。其次是过失，过失的情况比较常见。如医务人员再三明确叮嘱非手术治疗的慢性开角型青光眼必须坚持按时滴用降眼压药，将眼压维持在一定范围内保持视功能及视力，但患者疏忽大意不遵医嘱，在医务人员复查并告知其遵医嘱后，仍不遵行，导致眼压升高、视力下降。无论是患者一方主观故意还是过失，若医务人员均已尽到合理的提示说明告知义务，且采取的诊疗措施符合诊疗规范并无不当，患者一方的行为则属于"不配合医疗机构进行符合诊疗规范的诊疗"，此时，医疗机构或其医务人员不存在过错，医疗机构免责。

由上可知，医疗损害责任的一般归责原则是过错责任，医务人员是否履行提示说明告知义务、诊疗义务是否合理且符合诊疗规范，是医疗机构最终是否须承担责任的判断基础。即使患者或其近亲属不配合医疗机构进行符合诊疗规范的诊疗，若医疗机构或医务人员有过错的，未履行相关告知义务和诊疗义务，医疗机构仍应就其过错对患者造成的损害承担相应赔偿责任，也即双方均有过错，可以进行过错相抵，减轻责任；若医疗机构或医务人员已合理履行提示说明告知义务和诊疗义务，患者的损害完全系其本人或其近亲属的不配合导致的，则医疗机构不承担赔偿责任。

《医疗损害责任解释》第 4 条规定："医疗机构主张不承担责任的，应当就侵权责任法第六十条第一款规定情形等抗辩事由承担举证证明责任。"对于《民法典》第 1224 条第 1 款第 1 项规定的"患者或者其近亲属不配合医疗机构进行符合诊疗规范的诊疗"是医疗机构的免责事由，应当由医疗机构承担举证责任。对于第 2 款中的"医疗机构或者其医务人员也有过错的，应当承担相应的赔偿责任"，应由患者一方举证证明医疗机构或者其医务人员存在过错。

二、医务人员在抢救生命垂危的患者等紧急情况下已经尽到合理诊疗义务

本项规定系紧急避险的抗辩事由在医疗损害责任领域的具体体现。《医疗事故处理条例》第 33 条规定，在紧急情况下为抢救垂危患者生命而采取紧急医学措施造成不良后果的，不属于医疗事故。医疗机构据此免责应当符合以下两个要件：

首先，存在抢救生命垂危的患者等紧急情况。第一，《执业医师法》第 24 条规定："对急危患者，医师应当采取紧急措施进行诊治；不得拒绝急救处置。"根据该规定，对患者的紧急诊治是医疗机构及其医务人员的职责之一。第二，"紧急情况"的界定为"患者因疾病发作、突然外伤受害及异物侵入体内，身体处于危险状态或非常痛苦的状态，在临床上表现为急性外伤、脑挫伤、意识消失、大出血、心绞痛、急性严重中毒、呼吸困难、各种原因所致的休克等"①。上述情况的"紧急性"体现在两个方面：一是时间上的紧急，给予医生做出诊疗判断的时间非常短，在技

① 王胜明主编：《中华人民共和国侵权责任法释义》，法律出版社 2010 年版，第 301 页。

术上不可能做出全面的考虑安排；二是决断上的紧急，医生短时间内做出的诊疗措施直接关系到患者的生死。判断是否构成紧急情况，除依据法律法规的规定外，医疗机构为规范并快速有效应对紧急情况而制定的医疗安全制度，亦可对紧急情况进行相关认定，医务人员应当遵守医疗机构的相关制度。同时，对于这种紧急救治情况还需要考虑以下两个方面：一是患者的生命因伤病而受急剧恶化的威胁；二是患者的生命受到此威胁是实际存在且正在发生的，其伤病正在急剧恶化，若不立即采取紧急救治，可能会导致死亡等严重后果。

在紧急情况下，因时间和事项的紧急性，若客观上无法取得患者本人的同意（如患者重度昏迷）而其近亲属又不在现场时，根据《民法典》第1220条的规定“因抢救生命垂危的患者等紧急情况，不能取得患者或者其近亲属意见的，经医疗机构负责人或者授权的负责人批准，可以立即实施相应的医疗措施”。但该条仅规定了紧急情况下，医疗机构可实施医疗措施，对于实施医疗措施过程中或实施后产生损害的，如医师对突发脑血管意外脑溢血患者进行开颅手术止血，损伤神经导致其瘫痪；医师对喉梗阻窒息患者进行紧急气管切开术后导致伤口感染、拔管困难等。对于上述实施医疗措施过程中或实施后产生损害的，医疗机构是否承担赔偿责任，应审查医务人员是否尽到合理诊疗义务。

其次，已经尽到合理诊疗义务。如何界定“合理诊疗义务”，要考虑到情况紧迫，随时可能危及患者生命，医务人员对患者的病情无法做详细地检查、诊断等因素。因此，不应要求医务人员具有与平时一样的判断能力，对其注意义务上的要求应低于平时医疗时的要求。同时，正因为是生命垂危等紧急情况下，诊疗措施将直接影响患者的生命安全，故仍要求医务人员尽到合理的诊疗注意义务。紧急情况下，合理的诊疗注意义务包括以下四个方面：一是对患者伤病的准确判断，这是对伤病进行救治的前提。如情况紧急，应采取控制患者伤病恶化的紧急措施后，再进一步进行准确诊断。二是治疗措施符合专业水准，用药合理适当，符合紧急情况的需要，也需符合诊疗规范。三是履行提示说明告知义务。《民法典》第1220条规定，因抢救生命垂危的患者等紧急情况，不能取得患者或者其近亲属意见的，经医疗机构负责人或者授权的负责人批准，可以立即实施相应的医疗措施。在紧急情况下，无法提前向患者或其近亲属进行说明告知的，在采取紧急救治措施后仍应履行说明告知义务。四是通过合理的诊疗，将紧急救治措施对患者造成的损害控制在合理限度之内。总的来说，在紧急情况下，若医务人员尽到了合理的诊疗注意义务，则医疗机构免责；若医务人员未能尽到紧急情况下应尽到的合理的诊疗注意义务，则医疗机构难以免除赔偿责任。

三、限于当时的医疗水平难以诊疗

"当时的医疗水平"是《民法典》第1221条规定的判断医疗机构和医务人员是否存在过错诊疗行为的法律判断标准。现代医学技术在不断发展，但目前仍有局限性，人体的特异性和复杂性难以完全预测，疾病治愈率不可能达到100%，"当时的医疗水平"这一标准符合医学技术性、探索性和风险性的特征。因此，根据《民法典》第1221条的规定，在审查医务人员采取的诊疗措施是否存在过错时，只能根据当时的医疗发展水平来看。医务人员如果尽到与当时医疗水平相应的诊疗义务，医疗机构或其医务人员均无过错，则医疗机构免责。这一项规定亦在于鼓励和促进医学科学发展的需要。

【司法案例】

兴隆台区振兴街道科研社区卫生服务站、张某某、辽河油田总医院医疗损害责任纠纷案①

诉讼结论：在医疗损害责任纠纷中，医疗机构的诊疗行为是否存在过错，是认定医疗机构是否应当承担侵权责任及责任程度的关键事实。医疗机构未能举证证明其因"限于当时的医疗水平难以诊疗"，即其不能证明其不存在过错而免责时，则应承担举证不能的法律后果。

卫生服务站申请再审称，其对张某某的临床呕吐症状使用藿香正气合剂，完全符合中医学对用药指征的要求，虽然患者最终遭受损害，但卫生服务站限于当时的医疗水平难以诊疗，因而不承担赔偿责任。法院认为，根据鉴定中心作出的鉴定意见，根据医方在诊治患儿的过程中存在过错的情况，认定卫生服务站的过错参与度拟评为B级(理论系数值1%～20%)，一审、二审判决将该鉴定意见作为定案依据，并无不当。卫生服务站主张本案适用法律错误，但其并未提供证据证明本案存在"限于当时的医疗水平难以诊疗""在现有医学科学技术条件下，发生无法预料或者不能防范的不良后果的"情形，故其主张的法律适用缺乏事实基础。

第一千二百二十五条　医疗机构及其医务人员应当按照规定填写并妥善保管住院志、医嘱单、检验报告、手术及麻醉记录、病理资料、护理记录等病历资料。

患者要求查阅、复制前款规定的病历资料的，医疗机构应当及时提供。

---

① 最高人民法院(2015)民申字第2550－1号民事裁定书。

【条文主旨】

本条是关于医疗机构对病历资料的制作、保管义务，以及患者查阅、复制病历权利的规定。

【条文理解】

病历资料是患者的伤病发生、发展、诊断、治疗情况的系统记录，是医务人员根据问诊、查体、辅助检查、护理以及对病情的详细观察所得资料，经过归纳、分析、整理、书写而成的伤病档案资料。病历能真实反映患者病情，记录患者的既往病史或诊疗情况，可作为此后患者诊疗的基础性、参考性资料；病历也直接反映医疗机构的医疗水平，是医疗、教学、科研的基础资料，为医疗机构管理提供医疗信息；在医疗保险中，病历是相关医疗付费的凭证；更重要的是，在法律关系中，病历是认定责任的重要依据。医疗服务具有不公开的特点，即使是患者本人，在采取手术治疗、麻醉措施、昏迷等状况下，患者本人亦无法直接见证和记录整个诊疗过程。因此，由医务人员填写并保管的病历资料，在发生纠纷时，就成了关键证据。而该证据由医务人员填写、由医疗机构掌握和控制，为了平衡医疗机构和患者在举证能力上的悬殊，应在合理限度内赋予患者查阅和复制资料的权利。查阅、复制病历资料是患者行使对自身健康状况知情权的一种常见方式。

本条较之《侵权责任法》第 61 条的修改在于：将医疗机构“应当提供”改为“应当及时提供”。本条增加了“及时”的限定，目的在于防止医疗机构无故拖延。《医疗损害责任解释》第 6 条规定，“患者依法向人民法院申请医疗机构提交由其保管的与纠纷有关的病历资料等，医疗机构未在人民法院指定期限内提交的”，推定医疗机构由过错，因此医疗机构既有提供义务，又应当在一定期限（如法院指定期限）内及时提供。当然，除了保证患者权利，关于提供时间也要符合医疗机构的诊疗规范和管理制度，因此，“及时”提供应当基于诚实信用原则，在“合理”期限内提供，具体如何认定应当在个案中具体分析。

【司法适用】

一、“病历资料”的含义和范围

《医疗机构病历管理规定》第 2 条规定：“病历是指医务人员在医疗活动过程中形成的文字、符号、图表、影像、切片等资料的总和，包括门（急）诊病历和住院病历。病历归档以后形成病案。”第 4 条规定：“按照病历记录形式不同，可区分为纸质病历和电子病历。电子病历与纸质病历具有同等效力。”《医疗损害责任解释》第 6 条第 1 款规定，病历资料包括医疗机构保管的门诊病历、住院志、体温单、医嘱单、检验报告、医学影像检查资料、特殊检查（治疗）同意书、手术同意书、手术及麻醉记录、病理资料、护理记录、医疗费用、出院记录以及国务院卫生行政主管部门规定的其他病历资料。在审理中,可根据上述规定对于相关资料是否为“病历资料”进行判断。

病历资料“按规定填写”和“妥善保管”,是患者行使查阅、复制权利的前提,这要求医疗机构和医务人员尽到专业、合理且符合标准的填写责任和保管责任,严格按照《病历书写基本规范》《中医病历书写基本规范》《电子病历应用管理规范(试行)》等要求书写病历,详细记载诊疗过程中的重要信息,按照《医疗机构病历管理规定》等规定妥善保管病历资料。

二、患者查阅、复制权利的保障和行使

(一)查阅、复制权的保障

病历资料是认定医疗机构及其医务人员在诊疗中是否存在过错的重要依据。如上所述,因病历资料产生并保存于医疗机构,且诊疗活动具有高度的专业性和封闭性,因此,患者的举证能力处于劣势。《民法典》第 1222 条规定在“隐匿或者拒绝提供与纠纷有关的病历资料”“遗失、伪造、篡改或者违法销毁病历资料”的情况下推定医疗机构存在过错。为公平合理地分配举证责任,提升患者掌握相关证据的能力,在《医疗事故处理条例》对患者查阅、复印病历的权利进行规定的基础上,《民法典》亦规定了本条款。

(二)查阅、复制权的行使

除患者本人外,其他人也可以成为查阅、复印病历资料的主体。《医疗机构病历管理规定》第 17 条规定:“医疗机构应当受理下列人员和机构复制或者查阅病历资料的申请,并依规定提供病历复制或者查阅服务:(一)患者本人或者其委托代理人;(二)死亡患者法定继承人或者其代理人。”

医疗机构应审查查阅、复制病历资料的申请人身份,《医疗机构病历管理规定》第 18 条规定:“医疗机构应当指定部门或者专(兼)职人员负责受理复制病历资料的申请。受理申请时,应当要求申请人提供有关证明材料,并对申请材料的形式进行审核。(一)申请人为患者本人的,应当提供其有效身份证明;(二)申请人为患者代理人的,应当提供患者及其代理人的有效身份证明,以及代理人与患者代理关系的法定证明材料和授权委托书;(三)申请人为死亡患者法定继承人的,应当提供患者死亡证明、死亡患者法定继承人的有效身份证明,死亡患者与法定继承人关系的法定证明材料;(四)申请人为死亡患者法定继承人代理人的,应当提供患者死亡证明、死亡患者法定继承人及其代理人的有效身份证明,死亡患者与法定继承人关系的法定证明材料,代理人与法定继承人代理关系的法定证明材料及授权委托书。”

由此可见，患者本人或其委托代理人、死亡患者的法定继承人或其代理人有权查阅、复印病历资料。在患者未死亡的情况下，即使是患者的近亲属，在无患者授权的情况下，亦无权查阅、复印涉及患者隐私的病历资料。

（三）医疗机构向患者提供查阅、复制病历资料的范围

《医疗机构病历管理规定》第19条规定："医疗机构可以为申请人复制门（急）诊病历和住院病历中的体温单、医嘱单、住院志（入院记录）、手术同意书、麻醉同意书、麻醉记录、手术记录、病重（病危）患者护理记录、出院记录、输血治疗知情同意书、特殊检查（特殊治疗）同意书、病理报告、检验报告等辅助检查报告单、医学影像检查资料等病历资料。"《医疗损害责任解释》第6条将相关病历资料范围明确为；医疗机构保管的门诊病历、住院志、体温单、医嘱单、检验报告、医学影像检查资料、特殊检查（治疗）同意书、手术同意书、手术及麻醉记录、病理资料、护理记录、医疗费用、出院记录以及国务院卫生行政主管部门规定的其他病历资料。

整个诊疗活动所产生的诊疗资料包括：客观性病历资料、主观性病历资料。客观性病历资料，是指记录患者症状、生命体征、病史的病历资料，即《医疗机构病历管理规定》第19条规定的病历资料。主观性病历资料，是指医务人员对患者病情观察、病史了解后，进行的综合分析做出的记录，包括疑难病例讨论记录、上级医师查房记录、会诊意见、病程记录等。对于主观性病历资料是否对患者公开，存在不同意见。《医疗事故处理条例》第16条规定："发生医疗事故争议时，死亡病例讨论记录、疑难病例讨论记录、上级医师查房记录、会诊意见、病程记录应当在医患双方在场的情况下封存和启封。封存的病历资料可以是复印件，由医疗机构保管。"《医疗机构病历管理规定》第24条规定："依法需要封存病历时，应当在医疗机构或者其委托代理人、患者或者其代理人在场的情况下，对病历共同进行确认，签封病历复制件。医疗机构申请封存病历时，医疗机构应当告知患者或者其代理人共同实施病历封存；但患者或者其代理人拒绝或者放弃实施病历封存的，医疗机构可以在公证机构公证的情况下，对病历进行确认，由公证机构签封病历复制件。"可见，上述规定仅规范在争议时对主观性病历资料的封存问题，并未直接规定患者是否有权或无权查阅、复制。实践中，有观点认为，不应区分客观性病历资料及主观性病历资料，认为患者在诊疗活动中应当享有完整的知情权，病历资料均可查阅复印更有利于改善医患关系、化解医疗纠纷。《民法典》仍沿用《侵权责任法》中对病历资料查阅、复印的相关规定，并未对主观性病历资料复制和查阅作出明确规定，这部分内容是否能向患者提供，在诉讼中是否应当提供，有待进一步明确。

（四）医疗机构拒绝提供或未及时提供病历资料的法律后果

根据《民法典》第1222条的规定，医疗机构隐匿或者拒绝提供与纠纷有关的病历资料的，推定医疗机构对患者的损害有过错。但是，对于医疗机构“未及时”提供病历资料的法律后果，并未在《民法典》第1222条中明确为推定医疗机构有过错的情形，因此需由患者举证证明医疗机构提供病历资料“不及时”的行为以及因此对患者的损害结果。

【司法案例】

李某甲等诉高要市人民医院医疗损害责任纠纷案[①]

诉讼结论：根据《医疗机构病历管理规定》的规定，用于医学鉴定的病历经医患双方共同封存和拆封，医疗机构可供患者复印的病历资料与发生医疗事故争议时封存的病历可能存在差异。患者主张医疗机构未及时提供病历或提供的病历有误，应当由患者承担举证责任。

李某甲、谭某某、朱某某、李某乙主张高要市人民医院伪造、编造病历，事实依据是其从高要市人民医院复印的病历只有70页，与本案鉴定使用的病历相差逾百页，但据病历复印申请书载明的内容，李某甲、谭某某、朱某某、李某乙申请复印的病历并非李某丙的全部病历。本案一审时仍有效的《医疗机构病历管理规定》第15条规定“医疗机构可以为申请人复印或者复制的病历资料包括：门（急）诊病历和住院病历中的住院志（入院记录）、体温单、医嘱单、化验单（检验报告）、医学影像检查资料、特殊检查（治疗）同意书、手术同意书、手术及麻醉记录单、病理报告、护理记录、出院记录”；第19条规定“发生医疗事故争议时，医疗机构负责医疗服务质量监控的部门或者专（兼）职人员应当在患者或者其代理人在场的情况下封存死亡病例讨论记录、疑难病例讨论记录、上级医师查房记录、会诊意见、病程记录等。封存的病历由医疗机构负责医疗服务质量监控的部门或者专（兼）职人员保管。封存的病历可以是复印件”。司法实践中，用于鉴定的病历经医患双方共同封存和拆封，而根据前述法律和部门规章规定，医方可供患方复印的病历资料与发生医疗事故争议时封存的病历可能存在差异。在李某甲、谭某某、朱某某、李某乙未举证证明高要市人民医院提供给其复印的病历违反前述规定的情形下，其仅以自身复印病历页码少于鉴定用病历页码的事实，主张本案鉴定依据的部分病历资料是伪造、编造的，理据不足。

---

① 广东省高级人民法院（2015）粤高法民一申字第225号。

第一千二百二十六条　医疗机构及其医务人员应当对患者的隐私和个人信息保密。泄露患者的隐私和个人信息，或者未经患者同意公开其病历资料的，应当承担侵权责任。

【条文主旨】

本条是关于患者隐私和个人信息保护的规定。

【条文理解】

隐私和个人信息的保护，是民法上自然人作为民事权利主体所应享有的基本权利，具有普遍性。《侵权责任法》将隐私权第一次以法律的形式予以明确，隐私权是人格权的一种。《民法典》在第四编第六章对“隐私权和个人信息保护”进行了规定。《民法典》第1032条第1款规定：“自然人享有隐私权。任何组织或者个人不得以刺探、侵扰、泄露、公开等方式侵害他人的隐私权。”第1038条第1款规定：“信息处理者不得泄露或者篡改其收集、存储的个人信息；未经自然人同意，不得向他人非法提供其个人信息，但是经过加工无法识别特定个人且不能复原的除外。”患者的病历资料和其他个人信息是个人隐私权的重要内容，体现患者的人格利益。鉴于诊疗活动本身的特点，医务人员在其执业活动中极易掌握患者的隐私，基于医患关系的特殊性和实践中的突出矛盾，本条对患者的隐私、个人信息的保护作出专门规定。

本条较之《侵权责任法》第62条的修改包括以下两个方面：一是增加对“个人信息”的保护，《民法典》明确了对“个人信息”的保护，在第1034条等条文中进行了具体规定，因此，在本条中亦增加了对“个人信息”的明确保护。二是删除作为承担责任前提的“造成患者损害的”的表述。泄露患者隐私、个人信息，或未经患者同意公开其病理资料的，行为本身即已侵权隐私权，就应当承担侵权责任。泄露隐私和个人信息是较为严重的侵权行为，除了对隐私权作为人格权的侵害外，往往还涉及精神损害，造成患者精神痛苦。本条修订更有利于患者隐私权的保护。

【司法适用】

属于隐私的内容非常广泛，从家庭成员、社会关系、财产状况，到个人的身高、体重、病史、身体缺陷、健康状况等，与每个人的日常生活密不可分。个人信息包括姓名、身份证件号码、电话等。关于隐私权和个人信息的具体内容，以及其权能等均规定在《民法典》第四编第六章中，本条不再赘述。医疗活动中，相关隐私权和个人信息的保护问题尤为突出。

患者到医疗机构就医，需要登记身份证件号码、住址、电话号码等个人信息，诊疗时医务人员首先要知晓患者的伤病情况与既往病史、是否有遗传病等，必要时，还需要对患者进行体格检查以及仪器检查，并根据患者的陈述、查体等情况制作门诊或者住院病历资料。基于诊疗活动的特殊性，医疗机构及其医务人员很容易掌握患者的隐私和个人信息，医疗机构及其医务人员负有保密义务。医疗机构及其医务人员侵害患者隐私、个人信息的情况主要包括以下两种：

一、泄露患者隐私、个人信息

泄露患者隐私、个人信息的行为包括：医疗机构及其医务人员将其在诊疗活动中掌握的患者的个人信息、隐私向外公布、披露的行为，如对外告知患者患有艾滋病、将患者的手机号及住址等出售给第三方等；也包括未经患者同意将患者的身体暴露给与诊疗活动无关的人，如未取得患者同意而将患者身体暴露给学院进行见习教学。

应注意的是，在医患关系中，医疗机构及其医务人员并不享有向无关人员公开患者隐私、个人信息的权利。患者到医疗机构就医，对于医务人员而言，患者放弃了自己的隐私、个人信息的保密。生命健康权高于隐私权，在隐私权与生命健康权直接冲突时，隐私权应当主动让位于生命健康权。但这种放弃，应当以必要的诊疗活动所接触的合理范围为限。虽然某些医疗机构负有教学实习的义务，医学院学生需要学习观摩，但对患者而言，其并不负有放弃自己隐私权满足医疗机构教学任务的义务，因此，医疗机构在将患者隐私暴露用于教学时，也需要征得患者的同意。医疗机构即使是出于教学目的而侵犯患者隐私、个人信息的，仍应承担相应的法律责任。

二、未经患者同意公开其病历资料

如上所述，病历资料中可能包括患者的伤病情况、病史、遗传史、症状等隐私信息。实践中，医疗机构及其医务人员未经患者同意公开其病历资料的情况一般包括以下两种：一是出于医学会诊、医疗教学或传染病防治目的；二是医疗机构本身对病历资料管理不善，向未获患者授权的人公开。对于上述两种情况应当区别对待：

其一，出于医学会诊、医疗教学或传染病防治目的等情况下，应当隐去带有识别患者个人信息的内容，如隐去患者的姓名或用化名，或对容易引起歧义的内容适当掩饰，此种情况下，一般不应认定医疗机构承担侵权责任。《医疗机构病历管理规定》第6条规定："医疗机构及其医务人员应当严格保护患者隐私，禁止以非医疗、教学、研究目的泄露患者的病历资料。"第16条规定："其他医疗机构及医务人员因科研、教学需要查阅、借阅病历的，应当向患者就诊医疗机构提出申请，经同意并办理相应手续后方可查阅、借阅。查阅后应当立即归还,借阅病历应当在3个工作日内归还。查阅的病历资料不得带离患者就诊医疗机构。"《传染病防治法》第12条规定,"在中华人民共和国领域内的一切单位和个人,必须接受疾病预防控制机构、医疗机构有关传染病的调查、检验、采集样本、隔离治疗等预防、控制措施,如实提供有关情况。疾病预防控制机构、医疗机构不得泄露涉及个人隐私的有关信息、资料。"根据上述规定,对出于教学、科研或传染病防治目的而查阅病历资料是法律允许的,但需经过相关手续,并且不得泄露患者的隐私。

其二,医疗机构本身对病历资料管理不善,向未获患者授权的人公开的情况下,本身即为医疗机构过错,医疗机构应当承担相应的侵权责任。

【司法案例】

曾某与广州韩妃医学美容门诊部有限公司、广州市禾丽医学美容门诊部有限公司人格权纠纷案[①]

诉讼结论:医疗机构及其医务人员若存在泄露患者隐私、未经患者同意公开其医学文书及有关资料等侵犯患者隐私权的行为且侵权行为造成患者损害时,医疗机构就应承担侵权责任。对于患者主张医疗机构存在侵犯隐私权等过错的,应当由患者承担举证责任。

法院认为,曾某主张韩妃美容公司侵害其隐私权,擅自将其在韩妃美容公司的就诊情况、费用情况及其个人信誉情况告知禾丽美容公司,并且未经同意将其照片等病历资料发送给他人。曾某应当就韩妃美容公司存在前述侵犯隐私权的行为及损害后果承担举证证明责任。由于曾某未能就韩妃美容公司存在侵害其隐私权的行为提供相应的、充分的、合法的证据,而韩妃美容公司也坚称其没有将曾某在其处美容就诊期间的诊疗情况、费用情况及图片等信息向禾丽美容公司透漏或发布,不存在所谓泄露曾某隐私的侵权行为;同时,禾丽美容公司亦否认其曾从韩妃美容公司处得知关于曾某的诊疗信息,并主张有关曾某的身体状况及病史情况是其通过询问曾某而得知。曾某提供的证据并不能证实其主张,其应承担举证不能的不利后果。

第一千二百二十七条　医疗机构及其医务人员不得违反诊疗规范实施不必要的检查。

---

① 广东省广州市中级人民法院(2019)粤01民终16956号民事判决书。

【条文主旨】

本条是关于医疗机构及其医务人员不得违反诊疗规范过度检查的规定。

【条文理解】

医务人员的合理诊疗义务，从另一个角度看，还包括不得对患者进行过度医疗的义务。由于医疗机制、医生职业道德以及医疗机构出于规避风险的考虑，过度医疗时有发生。本条所针对的不必要检查行为，也就是常被关注的“过度检查”问题，是指医疗机构或医务人员，违反诊疗规范，采取与患者疾病无关的、不必要的检查。有意见认为，“不必要的检查”的现象确实存在，不仅给患者造成不必要的经济负担，甚至对患者的健康带来不良影响。因此，为了维护患者的合法权益，应对此作出禁止性规范。有意见认为不仅应对“不必要的检查”作出禁止性规范，还应规定其法律后果，当出现“不必要的检查”行为时，医疗机构承担何种责任。也有意见认为，建议进一步明确“不必要的检查”的判断标准。还有意见认为，本条仅规定禁止“不必要的检查”而未规定法律后果，意义不大，建议删除。

综合考虑，本条仍保留《侵权责任法》第 63 条的规定，医疗机构及其医务人员不得违反诊疗规范实施不必要的检查，否则构成医疗过错侵权行为。

【司法适用】

本条作为宣示性条款，未明确具体责任。应当认为，不必要检查的行为符合医疗损害侵权责任构成要件的，需承担相应责任。在司法适用上，主要问题是不必要检查的标准和特征如何界定。

不必要检查，一般指医疗机构及其医务人员提供的超出患者个体和社会保健实践需求的医疗检查服务，对疾病的诊断、治愈和康复没有积极效果，重复多余、不必要、不合理。过度检查相对的概念是适度检查，而何为适度检查难以有确定统一的标准，一般需以当时的医疗水平结合诊疗规范的明确规定、疾病诊断治疗的实际需要来进行判断，通常需要委托鉴定机构出具鉴定意见。

过度检查的主要特征包括以下三个方面：一是为诊疗疾病所采取的检查手段超出疾病诊疗的基本需求，不符合该疾病的规律与特点。二是采取非“金标准”的诊疗手段，“金标准”是指当前临床医学界公认的诊断疾病的最可靠方法。临床上常用的“金标准”有组织病理学检查、手术发现、影像诊断、病原体的分离培养及长期随访等。三是诊疗费用超出疾病对基本诊疗的需求，产生无关、过度支出。

【司法案例】

刘某某与中国医学科学院肿瘤医院医疗损害责任纠纷①

诉讼结论：过度医疗，是指医疗机构及其医务人员在医疗活动中，违反法定及约定义务，提供了超过患者实际需要的医疗服务，造成患者人身伤害及财产损失的行为，也是医疗过错侵权行为的一种。若符合医疗损害责任的构成要件，医疗机构应当承担相应责任。

法院认为，过度医疗是医疗侵权行为的一种类型，其构成要件包括以下几个方面：第一，过度医疗的行为主体必须是医疗机构。第二，医疗机构提供了超过患者实际需要的医疗服务。如本案中刘某某认为的，肿瘤医院对其实施了不必要的检查等。此种医疗服务行为超出了治疗疾病的实际需要，对疾病的诊断没有积极效果，是多余且不合理的。第三，过度医疗行为造成患者损害，虽然有过度医疗行为，但没有损害后果的，不属于法律意义上的过度医疗。第四，过度医疗行为和损害后果之间有因果关系。虽存在过度医疗行为，但患者的不良后果是由于患者体质特殊、病情异常或者意外事件、不可抗力等原因导致，亦不属于过度医疗。第五，医疗机构存在过错，即医疗机构违反了法律法规规定的合理诊疗义务。本案中，从鉴定机构的意见可知，肿瘤医院为刘某某开具的检查均属"必要常规检查"，而非不必要的检查；且刘某某未在肿瘤医院处继续诊疗，也未发生任何实际损害后果，故法院对于刘某某主张的各项赔偿均不予支持。

第一千二百二十八条　医疗机构及其医务人员的合法权益受法律保护。

干扰医疗秩序，妨碍医务人员工作、生活，侵害医务人员合法权益的，应当依法承担法律责任。

【条文主旨】

本条是关于维护医疗机构及其医务人员合法权益的规定。

【条文理解】

医患纠纷一直是社会关注的焦点问题之一，近年来医患纠纷仍然突出。当前医患双方的极度不信任导致了医患关系的紧张，这种紧张状态又促使医疗纠纷不断升级。法律介入医疗活动的目的在于实现医患双方权利的平衡和利益的协调，

---

① 北京市第三中级人民法院(2018)京03民终15210号民事判决书。

而非解释或解决本属于医疗科学方面的问题。因此，既要考虑患者作为诊疗活动的弱势一方主体，也要兼顾医疗科学本身的特点，如其局限性、高风险性。在保护患者免于遭受医疗过错损害的同时，也要保障医疗机构及其医务人员的合法权益，从而促使整个医疗行业的健康有序发展。

本条较之《侵权责任法》第64条的修改为：将“妨害医务人员工作、生活的”变更为“妨碍医务人员工作、生活，侵害医务人员合法权益的”，其实质意义在于强化医疗秩序的维护，更好保护医务人员的合法权益不受损害。

【司法适用】

实践中解决医患纠纷的难点主要体现在以下几个方面：一是医患双方信息不对称，导致取信患者较难。诊疗活动专业性强，普通患者及其家属对出现医疗事故的原因难以分辨，其举证和维权处于相对被动的地位。而且因为信息的不对称，患者认为医疗机构隐瞒部分医疗信息，对医疗机构产生不信任，导致矛盾激化。二是医疗纠纷取证难，导致责任认定难。诊疗行为具有高度的专业性、复杂性，未知数多且具有一定的不可控因素，因此，大多需要医学鉴定来认定责任。医学鉴定本身的公正性总是受到患者质疑，导致患者宁可选择“医闹”也不信任医学鉴定。三是患者对公平解决纠纷缺乏信心，患者和家属不愿按法律程序解决问题。一旦发生纠纷，一些患者和家属采取“闹医”“闹访”的办法，甚至存在威胁医疗机构和侮辱、殴打医护人员等过激行为，已经严重干扰医疗秩序，对医务人员的工作和生活造成很大影响。在此情况下，本条目的在于保障患者合法权益的同时，保障医疗秩序和医疗机构、医务人员的合法权益不受损害。

本条为宣示性条款，对于干扰医疗秩序、侵害医疗机构及其医务人员合法权益的行为，应当承担相应的法律责任。除民事责任外，侵害医疗机构及其医务人员合法权益还涉及行政责任和刑事责任。《执业医师法》第40条规定：“阻碍医师依法执业，侮辱、诽谤、威胁、殴打医师或者侵犯医师人身自由、干扰医师正常工作、生活的，依照治安管理处罚法的规定处罚；构成犯罪的，依法追究刑事责任。”

【司法案例】

兴隆县人民医院与陈某排除妨害纠纷案①

诉讼结论：干扰医疗秩序，妨碍医务人员工作、生活，侵害医务人员合法权益的，应当依法承担法律责任。

陈某三次入住原告兴隆县人民医院，行内固定术手术、内固定物取出术，术后

① 河北省承德市中级人民法院(2015)承民终字第1083号民事判决书。

陈某发现“髌骨上移，右腿无法正常移动”。陈某于2013年5月1日自动出院后，经北医三院诊断为“右膝术后粘连，髌腱断裂”。陈某认为兴隆县人民医院治疗存在不当，于2013年5月2日自行住进兴隆县人民医院××××号病房，双方因此发生医患纠纷。因兴隆县人民医院无法安排其他病人入住该病房，经多次与陈某协商未果，故起诉至法院。法院认为，陈某因右髌骨骨折曾在兴隆县人民医院治疗，自动出院后又擅自入住该院××××号病房，不仅不能及时治疗自己的病情，还妨碍了兴隆县人民医院正常的医疗卫生秩序，兴隆县人民医院要求陈某搬出病房的诉讼请求，予以支持。

第七章 环境污染和生态破坏责任

本章共7条,规定了“环境污染和生态破坏责任”,与《侵权责任法》第八章“环境污染责任”相比,新增了三个条文。《民法典》“侵权责任编”贯彻了习近平生态文明思想,增加了对生态环境损害惩罚性赔偿制度、生态环境修复责任及生态环境公益侵权的规定,条文的变化主要体现为三个方面:第一,在立法思路方面,将环境侵权原因行为由污染环境侵权扩展到破坏生态侵权,从《侵权责任法》仅规制因环境污染、破坏生态导致的他人的人身、财产、环境权益的私益损害转向既规制环境侵权私益损害,又对生态环境损害公益侵权进行原则性的规制,即设置了相应的衔接条款。第二,首次将惩罚性赔偿制度引入环境侵权责任体系中,并规定其适用的条件、范围和一般规则。第三,对生态环境损害公益侵权及生态环境损害赔偿责任制度进行了原则性的规定。即对生态环境修复责任的具体实施方式以及生态环境损害赔偿范围进行概括性的规定,也为生态损害公益侵权条文的适用提供了解释的空间。

环境侵权责任条文的修改意味着对原有的侵权责任私法体系的突破与革新,体现了民法的生态化和绿色发展理念,为法院在处理日益复杂多元的环境资源民事案件中所面临的法律依据不足、生态环境保护立法与执法、司法间的不协调的问题提供了解决路径,有利于促进生态环境保护立法、司法、执法的衔接与协作,加大对生态系统的保护力度,维护生态平衡和生物安全,对推动我国生态文明建设、打好污染防治攻坚战及推进我国生态环境治理能力现代化具有重要意义。

第一千二百二十九条　因污染环境、破坏生态造成他人损害的,侵权人应当承担侵权责任。

【条文主旨】

本条是关于因污染环境、破坏生态承担侵权责任的规定。

【条文理解】

《侵权责任法》第65条规定:“因污染环境造成损害的,污染者应当承担侵权责任。”与之相较，本条增加了“破坏生态”的表述，吸收了《环境保护法》及其司法解释的规定，明确了环境侵权不仅包括污染环境，还包括破坏生态。2014 年修订的《环境保护法》第 64 条规定：“因污染环境和破坏生态造成损害的，应当依照《中华人民共和国侵权责任法》有关规定承担侵权责任。”2015 年颁布的《最高人民法院关于审理环境侵权责任纠纷案件适用法律若干问题的解释》第 18 条第 1 款规定：“本解释适用于审理因污染环境、破坏生态造成损害的民事案件，但法律和司法解释对环境民事公益诉讼案件另有规定的除外。”随着环境司法实践探索的不断深入，对环境侵权类型化研究日趋精细，依据不同的分类标准，环境侵权可分为不同的类型。以致害机理的不同，分为物质污染侵权（排放废液、废气、废渣等污染环境行为）和能量污染侵权（发射噪声、光、电磁辐射等污染环境行为）。按照环境要素的不同，分为水污染侵权纠纷、土壤污染侵权纠纷、大气污染侵权纠纷、环境噪声污染侵权纠纷、固体废弃物污染侵权纠纷、光污染侵权纠纷、电磁污染侵权纠纷、其他有毒有害物质污染侵权纠纷等。按照造成环境污染的性质来源，环境污染可以划分为化学污染、生物污染、物理污染（噪声污染、放射性污染、电磁波污染等）等。以原因行为的不同可将环境侵权分为环境污染侵权及生态破坏侵权。从致害机理上来看，与环境污染行为的核心特征“过度排放”不同，生态破坏是由于人们在开发利用自然资源过程中“过度索取”，从而导致资源枯竭和自然环境遭受破坏。例如，由于滥砍滥伐造成的森林资源锐减、生态功能削弱、荒漠化等，过度放牧引起的草原退化，采煤导致地下水位下降等。[①] 生态破坏侵权可进一步类型化为资源破坏型侵权和生态破坏型侵权，每一种类型还包括多个具体形式，前者包括矿产资源破坏、土地资源破坏、生物资源破坏、特定环境区域生态破坏侵权等，后者则包括单纯生态破坏侵权和混合生态破坏侵权。

环境侵权责任在构成要件、归责原则、举证责任等方面具有特殊性。环境侵权责任的构成要件一般包括四个方面：一是污染者或破坏者有污染或破坏环境的行为；二是被侵权人有损害事实；三是污染者或破坏者污染环境、破坏生态的行为与被侵权人的损害之间有因果关系；四是不存在法定的不承担责任的情形。其中，归责原则是侵权行为法的核心，是侵权责任构成要件和处理侵权纠纷的基本依据。一般而言，侵权法的归责原则主要包括过错责任、无过错责任和公平责任。不同类型的环境侵权的归责原则并非完全采取“一刀切”的方式，即全部采取无过错责任或者过错责任，而是根据环境侵权类型的不同加以区别。例如，司法实践中区分物质污染与能量污染的意义在于对这两种类型的环境侵权适用不同的归

---

① 吕忠梅等：《中国环境司法发展报告》（2017－2018），人民法院出版社 2019 年版，第 63～65 页。

责原则,物质污染适用无过错责任。在适用无过错责任的前提下,根据不同的污染源进一步区分责任。而能量污染,如光污染、噪声污染、电磁辐射等适用过错推定责任原则,具体而言,适用的是过错责任原则中的过错推定原则。

【司法适用】

司法实践中关于环境侵权责任的认定及法律适用应注意以下几点:第一,实践中,即使企业排污符合标准,给他人造成损害的,也应当承担赔偿责任。我国《民法通则》《侵权责任法》《环境保护法》对环境污染侵权都规定了无过错的归责原则。企业导致的污染侵权适用无过错责任,主要由《环境保护法》《大气污染防治法》《水污染防治法》等相关法律解决。[①] 国家或者地方规定的污染物排放标准是环境保护主管部门决定排污单位是否需要缴纳排污费和进行管理的依据,并不是确定排污者是否承担赔偿责任的界限。污染者以排污符合国家或者地方污染物排放标准为由主张不承担责任的,人民法院不予支持。第二,由于环境侵权案件的特殊性,法律规定环境侵权案件举证责任倒置,被侵权人应当首先承担污染环境或破坏生态的行为与损害结果之间具有关联性的初步举证责任。由侵权人就其行为与受害人的损害之间是否存在因果关系承担举证责任,以此平衡双方的举证能力。第三,环境侵权因果关系的认定应以公平正义的价值理念为指导,对于不同类型的环境侵权案件采用与之相适应的因果关系推定方法。一般因果关系的推定方法包括高度盖然性说、疫学因果关系说和间接反证说三种,我国环境保护相关立法对因果关系推定没有明确规定,因此在实践中会存在不同的做法。实务中,侵权人对不存在因果关系的证明可通过鉴定机构的鉴定意见、评估报告等举证证明现有条件下该物质不可能存在或没有造成损害的可能、污染物质不可能到达被侵权人、损害于排放污染物之前已发生以及其他可以认定污染行为与损害之间不存在因果关系的情形来排除因果关系的存在。

【司法案例】

梁某某诉华润水泥(上思)有限公司水污染责任纠纷案[②]

诉讼结论:华润公司污染水库造成鱼类死亡,赔偿梁某某经济损失 11 万余元。

法院认为,企业环境污染侵权纠纷案件中适用无过错责任原则,举证责任倒

---

① 参见全国人大常委会法制工作委员会民法室编著:《中华人民共和国侵权责任法解读》,中国法制出版社 2010 年版,第 320 页。

② 广西壮族自治区防城港市中级人民法院(2014)防市民终第 377 号民事判决书。

置，原告须举证证明被告具有污染行为及存在损害后果，提供污染行为与损害后果具有关联性的初步证据，被告应就法律规定的不承担责任或减轻责任的情形及其行为与损害结果之间不存在因果关系承担举证责任。华润公司有污染源进入梁某某的养殖水库，其水库中鱼类基本死亡。上思县水产畜牧兽医局出具的调查报告，是在联合调查组三次现场勘察、对周边群众进行询问后形成的，并无违法情形，调查报告得出下游水库鱼类死亡与华润公司排污有因果关系的结论，应予采信。华润公司存在污染侵权行为，其所举证据不足以证明其行为与损害之间没有因果关系，故其应承担环境污染的侵权责任，赔偿下游水库鱼类死亡的损失。法院认定华润公司有污染行为，梁某某承包的水库确有鱼类死亡的损害事实存在，水库鱼类死亡与华润公司排污有因果关系，认定华润公司赔偿梁某某经济损失 11 万余元。

第一千二百三十条　因污染环境、破坏生态发生纠纷，行为人应当就法律规定的不承担责任或者减轻责任的情形及其行为与损害之间不存在因果关系承担举证责任。

【条文宗旨】

本条是关于环境污染、生态破坏侵权举证责任的规定。

【条文理解】

《侵权责任法》第 66 条规定："因污染环境发生纠纷，污染者应当就法律规定的不承担责任或者减轻责任的情形及其行为与损害之间不存在因果关系承担举证责任。"本条与之相比，增加了对破坏生态侵权纠纷的举证责任的规定，统一规定了环境污染、生态破坏侵权纠纷案件中的证明责任。环境侵权往往因果关系复杂，有时多因一果，被侵权人在举证能力上一般处于弱势，为平衡双方的举证能力，法律规定了由排污企业及破坏生态者承担排污行为或破坏生态的行为和损害事实之间有无因果关系的证明责任，以及有无法定免责事由的证明责任。环境污染、生态破坏侵权中的因果关系主要是指事实上的因果关系，即侵权行为和被侵权人的损害之间具有事实上的非此即彼的联系。环境污染及生态破坏纠纷中，对侵权行为与损害结果之间因果关系的判定，实行举证责任倒置。即本应由提出事实主张原告所负担的举证责任被分配给被告，由被告对否定该事实的存在承担举证责任。如果被告不能就此举证证明，将承担对其不利的法律后果。

实践中对于不同类型的环境污染，不承担责任或者减轻责任的法律规定也不尽相同。如因核材料或核设施泄漏引起的核污染责任，与工业废水排放引起的污染责任,其免责事由有所不同。对污染者不承担责任或者减轻责任的情形,适用《海洋环境保护法》《水污染防治法》《大气污染防治法》等环境保护单行法的规定;相关环境保护单行法没有规定的,适用侵权责任法的规定。

【司法适用】

环境侵权具有复杂性、技术性强、信息不对称等特点,为充分保护被侵权人的合法权益,环境侵权适用举证责任倒置原则,即由污染者就法律规定的不承担责任或者减轻责任的情形及其行为与损害之间不存在因果关系承担举证责任。不同于"谁主张,谁举证"的一般证明原则,环境侵权诉讼由被告就其"行为与损害之间不存在因果关系承担举证责任"。举证责任倒置意味着被侵权人需证明损害事实、侵权行为存在,以及提供排污行为或破坏生态行为与损害结果之间存在因果关系的初步证明,侵权行为人须对因果关系不成立承担全部的证明责任。人民法院对被侵权人就污染行为或生态破坏行为与损害结果之间存在因果关系的举证责任要求非常低,只需要证明两者之间存在关联性即可。法院根据已有的证据进行因果关系推定时可参考高度盖然性说、疫学因果关系说和间接反证法等进行因果关系推定。若被告能够举证证明其环境侵权行为与原告所受损害之间不存在因果关系,则推翻因果关系推定;若被告不能证明或不足以证明其环境侵权行为与原告所受损害之间不存在因果关系,则推定因果关系成立。污染者以排污符合国家或者地方污染物排放标准为由主张不承担责任的,人民法院不予支持。

环境侵权的免责事由必须由法律的明确规定,而不能由当事人约定或者由法院自由裁量。我国环境保护方面的法律中对不承担责任或者减轻责任的情形有所规定,主要涉及不可抗力、受害人故意和第三人责任。侵权责任的免责事由包括不可抗力、受害人故意、正当防卫及紧急避险,主要是受害人故意和不可抗力,第三人的过错不再是环境污染责任的免责事由。污染者不承担责任或者减轻责任的情形,适用《海洋环境保护法》《水污染防治法》《大气污染防治法》等环境保护单行法的规定;相关环境保护单行法没有规定的,适用《民法典》"侵权责任编"的规定。

【司法案例】

韩某某与中国石油天然气股份有限公司
吉林油田分公司水污染责任纠纷案[①]

诉讼结论:中石油吉林分公司赔偿韩某某经济损失1,678,391.25元。

法院认为,环境污染侵权诉讼适用无过错责任,实行举证责任倒置,但被侵权

---

① 最高人民法院(2018)最高法民再第415号民事判决书。

人应当首先承担污染行为与损害之间具有关联性的初步举证责任。被侵权人初步举证责任完成后,则由污染者举证证明污染行为与损害之间不存在因果关系,如果污染者不能举证证明,应当认定污染行为与损害之间具有因果关系,从而认定侵权人承担环境侵权责任。排放污染物行为,不限于积极地投放或导入污染物质的行为,还包括伴随企业生产活动的消极污染行为。

韩某某与宝石村委会于1997年签订《承包草沟子合同书》后,取得鱼塘的承包经营权,从事渔业养殖。2010年9月9日,中国石油天然气股份有限公司吉林油田分公司(以下简称中石油吉林分公司)位于韩某某春鱼塘约一公里的大－119号油井发生泄漏,泄漏的部分原油随洪水下泄流进韩某某的鱼塘。韩某某请求法院判令中石油吉林分公司赔偿3,015,040.36元经济损失,包括2010年养鱼损失、2011年未养鱼损失、鱼塘围坝修复及注水排污费用。吉林省白城市中级人民法院一审认为,本案应适用一般侵权归责原则,韩某某未能证明损害事实及因果关系的存在,故判决驳回其诉讼请求。吉林省高级人民法院二审认为,韩某某未能证明三次注水排污事实的发生,未能证明鱼塘围坝修复费用、2011年未养鱼损失与中石油吉林分公司污染行为之间的因果关系,故仅改判支持其2010年养鱼损失1,058,796.25元。最高人民法院再审认为,本案系因原油泄漏使鱼塘遭受污染引发的环境污染侵权责任纠纷。韩某某举证证明了中石油吉林分公司存在污染行为,鱼塘因污染而遭受损害的事实及原油污染与损害之间具有关联性,完成了举证责任;中石油吉林分公司未能证明其排污行为与韩某某所受损害之间不存在因果关系,应承担相应的损害赔偿责任。排放污染物行为,不限于积极地投放或导入污染物质的行为,还包括伴随企业生产活动的消极污染行为。中石油吉林分公司是案涉废弃油井的所有者,无论是否因其过错导致废弃油井原油泄漏流入韩某某的鱼塘,其均应对污染行为造成的损失承担侵权损害赔偿责任。洪水系本案污染事件发生的重要媒介以及造成韩某某2010年养鱼损失的重要原因,可以作为中石油吉林分公司减轻责任的考虑因素。

第一千二百三十一条　两个以上侵权人污染环境、破坏生态的,承担责任的大小,根据污染物的种类、浓度、排放量,破坏生态的方式、范围、程度,以及行为对损害后果所起的作用等因素确定。

【条文主旨】

本条是关于环境污染、生态破坏数人侵权造成损害责任的规定。

【条文理解】

关于数人环境侵权的责任,《侵权责任法》第67条规定,“两个以上污染者污染环境,污染者承担责任的大小,根据污染物的种类、排放量等因素确定”。本条与之相比,修改了两处:一是增加了浓度这个影响因素;二是增加了“两个以上侵权人破坏生态的,承担责任的大小,根据破坏生态的方式、范围、程度,以及行为对损害后果所起的作用等因素确定”的规定。一般来说,数个污染者实施污染环境、破坏生态的行为,一般包括两种情形:一是数个污染者共同实施污染环境行为,造成被侵权人损害的,应当依照本编第1168条规定承担连带责任;二是数个污染者分别实施污染环境行为造成同一损害的,要区分三种情况:(1)两个以上污染者分别实施污染环境行为造成同一损害,每一个污染者的污染行为都足以造成全部损害的,被侵权人依据本编第1171条规定请求侵权人承担连带责任的,人民法院应予以支持。(2)两个以上污染者分别实施污染环境行为造成同一损害,每一个污染者的污染行为都不足以造成全部损害的,被侵权人依据本编第1172条规定请求侵权人承担责任的,人民法院应予以支持。(3)两个以上污染者分别实施污染环境行为造成同一损害,部分污染者的污染行为足以造成全部损害,部分污染者的污染行为只造成部分损害的,被侵权人依据本编第1171条规定请求造成全部损害的污染者与其他污染者就共同造成的损害部分承担连带责任,其余损害由造成全部损害的污染者承担责任的,人民法院应予以支持。数个破坏生态的侵权人承担责任的大小依照上述规定进行认定。

关于判断污染者责任大小的依据,两个以上污染者共同或者分别实施污染环境行为造成损害,需要确定污染者之间责任大小的,人民法院应当根据污染物的种类、排放量、危害性以及有无排污许可证、是否超过污染物排放标准、是否超过重点污染物排放总量控制指标等因素确定。两个以上侵权人破坏生态的,承担责任的大小,根据破坏生态的方式、范围、程度,以及行为对损害后果所起的作用等因素确定。

【司法适用】

根据数个加害人之间是否存在意思联络,来区分共同侵权行为和分别侵权行为;分别侵权行为依据侵权行为与损害结果之间的盖然性大小的不同来区分累积因果关系和竞合因果关系。多因一果侵权需要结合具体案情以及相关证据等,对盖然性大小进行判断。对于同一行为无意思联络数人侵权的基本类型规定了按份责任。在审判实务中,确定损害赔偿的份额,除了本条列明的影响因素,还可能根据侵权行为人的主观过错程度等作为判断责任大小的考量因素。

【司法案例】

佛山市南海区丹灶镇人民政府诉广东天乙集团有限公司、苏某某、郭某某、江某某环境污染侵权案①

诉讼结论：被告苏某某、郭某某、江某某赔偿原告佛山市南海区丹灶镇人民政府损失1,025,499元，三被告互负连带责任。被告广东天乙集团有限公司对上述债务承担连带赔偿责任。

法院认为，数人环境侵权中，各个无意思联络侵权人责任的承担取决于是否能够确定责任大小，能够确定责任大小的，各自承担相应的责任；难以确定责任大小的，平均承担赔偿责任。责任大小通常取决于行为人的主观过错和行为对损害结果的原因力等因素。

被告天乙公司没有审查被告苏某某等人运输、排放危险废物的经营资格，也未按国家规定填写危险废物转移联单及未经有审批权的环境保护行政主管部门批准同意转移，将该公司生产出的危险废物交给苏某某等人处理，其违法行为与此后苏某某等人实施的污染环境犯罪行为有直接因果关系，天乙公司负有重大过错，应与被告苏某某、郭某某、江某某承担连带赔偿责任，赔偿损失1,025,499元予原告佛山市南海区丹灶镇人民政府。天乙公司生产过程中产生的固体废物属于《国家危险废物名录》中的HW11类和HW39类危险废物，天乙公司没有依法处理危险废物，直接把危险废物交给苏某某等不具有相应处理资质的个人处理的行为，已经构成违法。该违法行为使国家对天乙公司产生的危险废物失去监管和控制，与此后苏某某等人的污染环境犯罪行为有直接因果关系。天乙公司对污染事故具有重大过错，应承担连带赔偿责任。

第一千二百三十二条　侵权人违反法律规定故意污染环境、破坏生态造成严重后果的，被侵权人有权请求相应的惩罚性赔偿。

【条文主旨】

本条是关于侵权人违反法律规定故意污染环境、破坏生态侵权惩罚性赔偿的规定。

【条文理解】

本条是新增条文，首次将民法中的惩罚性赔偿责任制度运用于环境侵权责任

① 广东省佛山市中级人民法院（2010）佛中法民一终字第587号民事判决书。

中,契合了我国生态文明建设的实际需要,为环境侵权中的被侵权人请求惩罚性赔偿提供请求权基础,体现立法的进步。惩罚性赔偿责任的适用条件限于故意及明知之情形,不包括重大误解,强调惩罚性赔偿针对被害人之主观恶性必须是故意的,体现了惩罚性赔偿所欲惩罚之制度功能。惩罚性赔偿也称惩戒性赔偿,是加害人给付受害人超过其实际损害数额的一种金钱赔偿,是一种集补偿、惩罚、遏制等功能于一身的赔偿制度。[①] 侵权人的侵权行为不同,承担侵权责任的情况不同,对那些严重的环境违法行为应当通过惩罚性赔偿以制止其侵权行为,以体现侵权责任法的制裁、遏制功能。我国对惩罚性赔偿制度早有立法,如《侵权责任法》《消费者权益保护法》《食品安全法》这三部法律规范囊括了我国现行侵权惩罚性赔偿责任的一般规定、适用范围、构成要件、数额计算等内容,在实践中取得了良好的司法效果。

【司法适用】

根据本条的规定,环境侵权惩罚性赔偿的适用可考虑以下几个方面的因素:第一,主观要件为"故意及明知",侵权人具有主观故意,即明知其行为会造成环境污染或生态破坏的后果。惩罚性赔偿制度具有惩罚性、警示性,一般针对主观恶性较大的危害行为。第二,客观要件为"违反法律规定故意污染环境、破坏生态造成严重后果的"。侵权行为具有违法性,产生严重的损害事实。即不是一般的损害事实,是当下业已发生的损害后果,造成他人死亡或者人身、健康受到严重损害、生态环境遭受严重污染或破坏,可体现为发生大规模环境侵权行为,受害人的人数众多且范围广。第三,具有因果关系,即被侵权人的人身、生命、健康或生态环境严重受损是因为侵权人故意污染环境或破坏生态造成的。第四,被侵权人有权请求相应的惩罚性赔偿。为防止惩罚性赔偿的滥用,避免被侵权人要求的赔偿数额畸高,本条规定的相应的惩罚性赔偿主要是指被侵权人要求的惩罚性赔偿金的数额应当与侵权人的主观恶意、损害后果相当,与对侵权人造成的威慑相当。具体惩罚性赔偿数额由法院根据个案具体判定。第五,惩罚性赔偿制度的适用范围。既可适用于环境侵权私益诉讼,也可适用于环境侵权公益诉讼。实践中,对环境公益诉讼一般以过错责任为原则,主要考虑企业要进行生产活动,其通过领取排污许可证进行合法排污,其享有合法的排污权。只有在其违法排污时才追究其对生态环境损害的侵权责任,这也比较符合立法目的和初衷。但是对于过错程度及轻重存在不同的侵权人,在最终的责任承担方面应当区别对待,无过错责任

---

① 杨立新、李怡雯:《生态环境侵权惩罚性赔偿责任之构建——〈民法典侵权编(草案二审稿)〉第一千零八条的立法意义及完善》,载《河南财经政法大学学报》2019 年第 3 期。

制裁的一般是针对私益损害的侵权人，并在符合侵权惩罚性赔偿责任时适用，重点制裁恶意侵权的生态环境侵权人。

为更好地发挥惩罚性赔偿制度的功能，更应重视其在涉及环境侵权公益诉讼中的适用条件、裁判标准及重要作用，对于环境侵权私益诉讼，应当更加严格限定其适用条件。因为侵权法的目的在于损害赔偿原则，实现对受侵权损害赔的填平修复和保护。①

【司法案例】

江苏省徐州市人民检察院诉徐州市鸿顺造纸有限公司水污染民事公益诉讼案②

诉讼结果：鸿顺公司赔偿生态环境修复费用及服务功能损失共计105.82万元。

法院认为，企业因其违法排污行为对环境公共利益造成的严重损害，对其承担侵权责任大小的判断应综合考虑其排污行为的主观过错程度、防治污染设备的运行成本、生态环境恢复的难易程度、生态环境的服务功能等因素，可酌情确定该公司应当承担的生态环境修复费用及生态环境受到损害至恢复原状期间的服务功能损失。

鸿顺公司多次被环境保护主管机关查获以私设暗管方式向连通京杭运河的苏北堤河排放生产废水，废水的化学需氧量、氨氮、总磷等污染物指标均超标。徐州市铜山区环境保护局曾两次对鸿顺公司予以行政处罚。江苏省徐州市人民检察院作为公益诉讼人，于2015年12月28日向徐州市中级人民法院提起环境民事公益诉讼，请求判令鸿顺公司将被污染损害的苏北堤河环境恢复原状，并赔偿生态环境受到损害至恢复原状期间的服务功能损失或者如其无法恢复原状，请求判令其以2600吨废水的生态环境修复费用26.91万元为基准，以该基准的3倍至5倍承担赔偿责任。根据已查明的环境污染事实、鸿顺公司的主观过错程度、防治污染设备的运行成本、生态环境恢复的难易程度、生态环境的服务功能等因素，酌情确定该公司应当承担的生态环境修复费用及生态环境受到损害至恢复原状期间的服务功能损失。人民法院认为污染物排放点的环境质量已经达标不能作为鸿顺公司拒绝承担生态环境修复费用的理由，并以2.035倍作为以虚拟治理成本

---

① 殷勇磊、洪波、张心全：《司法视角下的生态环境惩罚性赔偿制度研究》，载《中国环境资源审判》2019年第12期。

② 江苏省徐州市中级人民法院(2015)徐环公民初字第6号民事判决书。

法计算生态环境修复费用的系数,以查明的鸿顺公司排放废水量的4倍计算生态环境修复费用。该案将企业存在主观过错、多次违法排污的行为以及依照排放废水量的4倍计算修复费用,本身就带有一种惩罚性赔偿的意味,开启了环境侵权类案件适用惩罚性赔偿的司法趋势。

第一千二百三十三条　因第三人的过错污染环境、破坏生态的,被侵权人可以向侵权人请求赔偿,也可以向第三人请求赔偿。侵权人赔偿后,有权向第三人追偿。

【条文主旨】

本条是关于因第三人的过错污染环境、破坏生态的规定。

【条文理解】

《侵权责任法》第68条规定:“因第三人的过错污染环境造成损害的,被侵权人可以向污染者请求赔偿,也可以向第三人请求赔偿。污染者赔偿后,有权向第三人追偿。”本条与之相比,增加了关于第三人的过错导致的生态破坏侵权责任问题。第三人的过错是指除污染者及被侵权人之外的第三人,对被侵权人损害的发生具有过错,此种过错包括故意和过失。一般具备以下几个条件:第一,第三人是被侵权人与污染者、破坏者以外的第三人,第三人与受害者、与污染者或破坏者之间不存在法律上的隶属关系。第二,第三人与污染者、破坏者之间不存在意思联络。如果第三人与污染者、破坏者有意思联络,则第三人与污染者、破坏者构成共同侵权,不属于第三人侵权。

在第三人有过错造成损害的情形下,法律为受害人设定了求偿选择权,即受害人可以选择向污染者、破坏者或第三人求偿,受害人向污染者、破坏者求偿的,污染者、破坏者不得以第三人过错造成损害为理由拒绝赔偿,而是应先行向受害人赔偿后,再向第三人行使追偿权。

【条文适用】

实践中,有些污染环境的行为是由于污染者与被侵权人之外的第三人的过错导致的。这种情况下,为了充分保护被侵权人的合法权益,《侵权责任法》第68条规定,被侵权人可以选择请求污染者或者第三人赔偿。《最高人民法院关于审理环境侵权责任纠纷案件适用法律若干问题的解释》第5条规定了三个方面的内容:一是被侵权人依据《侵权责任法》第68条规定分别或者同时起诉污染者、第三人的,人民法院应予受理。二是被侵权人请求第三人承担赔偿责任的,人民法院应当按照第三人的过错程度确定其相应赔偿责任。三是污染者以第三人过错造成损害为由主张不承担责任或者减轻责任的，人民法院不予支持。

【司法案例】

重庆市长寿区龙河镇盐井村1组与蒙城县利超运输有限公司等环境污染责任纠纷案①

诉讼结论：濮阳公司、李某某赔偿盐井村1组损失7500元；利超公司、广诚公司承担补充赔偿责任；杨某甲等继承人在继承杨某乙遗产的范围内对前款债务承担清偿责任等。

法院认为，环境污染者即使因第三人的过错造成他人损失，也不能免责，应当承担环境污染的损害赔偿责任，其在赔偿后有权向有过错的其他责任人进行追偿。2010年7月6日，李某驾驶杨某乙所有的牵引车与濮阳市汽车运输公司（以下简称濮阳公司）所有的重型罐式货车尾随相撞发生交通事故，造成杨某乙死亡、财产毁损，罐式货车所载的一甲胺溶液发生泄漏，产生环境污染。李某承担此次事故的全部责任，濮阳公司的驾驶员不承担责任。上述牵引车系挂靠利超公司、广诚公司经营。此次交通事故泄露一甲胺溶液5.34吨，对当地鱼塘、农田造成污染。后政府职能部门对被污染的鱼塘和农田损失情况进行了实地测查，确认了相关损失。杨某乙方在交通事故中负有全部责任，对于盐井村1组遭受的环境污染损害具有过错，也应承担赔偿责任。现杨某乙已经死亡，该债务发生在杨某乙与李某某姻关系存续期间，故李某某应当对该债务承担连带责任，杨某甲等杨某乙的继承人应在继承杨某乙遗产的范围内承担赔偿责任。杨某乙所有的车辆，挂靠在利超公司、广诚公司名下，该两公司应当承担补充赔偿责任。李某系杨某乙雇佣的驾驶员，其在从事雇佣活动中造成他人损害的，依法应由雇主对外承担侵权责任。濮阳公司、李某某赔偿盐井村1组损失7500元；利超公司、广诚公司承担补充赔偿责任；杨某甲等继承人在继承杨某乙遗产的范围内对前款债务承担清偿责任。

濮阳公司因第三人杨某乙方的过错造成了环境污染，被侵权人依法可以向污染者请求赔偿，也可以向第三人请求赔偿。污染者依法应对其污染行为造成的损害承担无过错责任，故濮阳公司不得以第三人过错造成损害为由拒绝赔偿，且该公司未能举证证明其行为与损害结果之间不存在因果关系，濮阳公司应当承担赔偿责任。濮阳公司赔偿后，有权向第三人追偿。因杨某乙方的过错发生交通事

① 重庆市长寿区（县）人民法院（2011）长法民初字第00690号民事判决书。

故，其过错行为与盐井村1组遭受的环境污染损害具有直接的因果关系，杨某乙一方也应承担赔偿责任。

第一千二百三十四条　违反国家规定造成生态环境损害，生态环境能够修复的，国家规定的机关或者法律规定的组织有权请求侵权人在合理期限内承担修复责任。侵权人在期限内未修复的，国家规定的机关或者法律规定的组织可以自行或者委托他人进行修复，所需费用由侵权人负担。

【条文主旨】

本条是关于造成生态环境损害的侵权人承担生态环境修复责任的规定。

【条文理解】

本条是新增条款，是关于对违反国家规定造成生态环境损害的侵权人依法应承担修复生态环境责任的规定。虽然我国《侵权责任法》《环境保护法》等法律未将生态环境修复责任作为一种民事责任方式进行规定，但司法实践中大量的环境公益诉讼案件，法院一般会判决侵权人承担环境修复责任或者支付生态环境修复费用。在理论和实践中，对于是否将生态环境修复责任作为一种独立的侵权责任方式规定在侵权法中一直存在争议。根据《最高人民法院关于审理环境民事公益诉讼案件适用法律若干问题的解释》《最高人民法院关于审理环境侵权责任纠纷案件适用法律若干问题的解释》的规定，法院可以依法判决被告将环境修复到损害发生之前的状态和恢复损害发生之前的功能，无法完全修复可准许采取替代性修复方式，并且法院可以确定被告不履行修复义务时应当承担的修复费用，也可以直接判决被告承担费用。《最高人民法院关于审理环境侵权责任纠纷案件适用法律若干问题的解释》第13条、第14条规定，人民法院应当根据被侵权人的诉讼请求以及具体案情，合理判定污染者承担停止侵害、排除妨碍、消除危险、恢复原状、赔礼道歉、赔偿损失等民事责任。"恢复原状"主要是要求损害者承担治理污染和修复生态的责任，包括原地恢复与异地恢复。如果损害者不治理、修复或者没有能力治理、修复的，人民法院可以委托有关单位代履行，费用由污染者承担。生态环境修复往往被解释为民事责任承担方式中恢复原状的一种。《民法典》(草案)将环境修复责任作为一种独立的侵权责任方式规定在"侵权责任编"中，是立法的一大突破，契合当前环境资源审判专门化发展的实际需要，将生态环境修复责任与民法上的恢复原状这两种责任方式加以区分具有现实意义，为审理环境公益诉讼案件及生态环境损害赔偿案件提供了明确的法律依据和审理路径。

【条文适用】

实务中通常在生态环境可以修复的情况下判令侵权人承担修复责任,或者在不可修复的前提下赔偿修复费用或替代修复。对于侵权人破坏环境引发的民事公益诉讼案件,如果缺乏环境修复能力,法院可依法判令其支付生态环境修复费用,用于生态环境进行修复及补偿。《最高人民法院关于审理环境民事公益诉讼案件适用法律若干问题的解释》第 20 条、第 23 条、第 24 条具体规定了侵权人承担修复生态环境责任的范围、方式、证据、费用计算标准等。

在判定侵权人承担修复生态环境的责任时应秉持修复优先原则,尽可能将生态环境修复恢复到原有状态,或者承担替代修复责任或支付修复费用,无论生态环境能否自净或恢复,都不能因此减轻或者免除污染环境者或者生态破坏者应当依法承担的法律责任。环境污染导致生态环境损害无法通过恢复工程完全恢复的,恢复成本远远大于其收益的或者缺乏生态环境损害恢复评价指标的,可以参考虚拟治理成本法计算修复费用。对于专业技术问题,可以引入专家辅助人。专家意见经质证,可以作为认定事实的根据。法院在司法实践中通过大量的个案逐步明确生态环境修复的范围、标准、方式以及修复方案的实施等重要内容。

【司法案例】

北京市朝阳区自然之友环境研究所、福建省绿家园环境友好中心诉谢某某等四人破坏林地民事公益诉讼案①

诉讼结论:谢某某等四人恢复被破坏的 28.33 亩林地功能,在该林地上补种林木并抚育管护 3 年,如不能在指定期限内恢复林地植被,则共同赔偿生态环境修复费用 110 万余元;共同赔偿生态环境服务功能损失 127 万元,用于原地或异地生态修复等。

法院认为,为采矿非法占用林地,造成林地的原有植被严重破坏,造成了林地植被受损至恢复原状期间生态服务功能的损失,属于破坏生态环境、损害社会公共利益的侵权行为。侵权人应共同承担恢复林地植被、修复生态环境及赔偿生态功能损失的侵权责任。

2008 年 7 月 29 日,谢某某等四人未经行政主管部门审批,擅自扩大采矿范围,采取从山顶往下剥山皮、将采矿产生的弃石往山下倾倒、在矿山塘口下方兴建工棚的方式,严重毁坏了 28.33 亩林地植被。2014 年 7 月 28 日,谢某某等人因犯

---

① 福建省南平市中级人民法院(2015)南民初字第 38 号民事判决书。

非法占用农用地罪分别被判处刑罚。2015年1月1日，北京市朝阳区自然之友环境研究所（以下简称自然之友）、福建省绿家园环境友好中心（以下简称绿家园）提起诉讼，请求判令四被告承担在一定期限内恢复林地植被的责任，赔偿生态环境服务功能损失134万元；如不能在一定期限内恢复林地植被，则应赔偿生态环境修复费用110万余元；共同偿付原告为诉讼支出的评估费、律师费及其他合理费用。法院认为，谢某某等四人为采矿占用林地，不仅严重破坏了28.33亩林地的原有植被，还造成了林地植被受损至恢复原状期间生态服务功能的损失，依法应共同承担恢复林地植被、赔偿生态功能损失的侵权责任。法院判令被告限期恢复被破坏林地功能，在该林地上补种林木并抚育管护3年，进而实现尽快恢复林地植被，明确支持了生态环境受到损害至恢复原状期间服务功能损失的赔偿请求，提高了破坏生态行为的违法成本，赔偿款专款用于修复生态环境，体现了保护和修复生态环境的价值理念。

第一千二百三十五条　违反国家规定造成生态环境损害的，国家规定的机关或者法律规定的组织有权请求侵权人赔偿下列损失和费用：

（一）生态环境受到损害至修复完成期间服务功能丧失导致的损失；

（二）生态环境功能永久性损害造成的损失；

（三）生态环境损害调查、鉴定评估等费用；

（四）清除污染、修复生态环境费用；

（五）防止损害的发生和扩大所支出的合理费用。

【条文主旨】

本条是关于违反国家规定造成生态环境损害的侵权人承担生态环境损害赔偿责任的范围的规定。

【条文理解】

环境公益诉讼制度及生态环境损害赔偿制度的实施对推进生态文明建设、防治环境污染及维护生态安全具有重要意义。通过追究生态环境损害侵权人的责任，实现对生态环境损害的预防和救济，使受损的生态环境得以修复及恢复，破解“企业污染、群众受害、政府买单”的困局。我国2012年修订的《民事诉讼法》第55条首次在我国法律体系中规定了环境民事公益诉讼，2014年修订的《环境保护法》第58条规定了环境公益诉讼条款。2017年6月，我国对《民事诉讼法》《行政诉讼法》进行了修改，新增了检察机关提起民事公益诉讼和行政公益诉讼的规定，此后，司法实践依据立法思路展开探索，裁判规则体系逐步形成。2019 年 6 月 5 日发布的《最高人民法院关于审理生态环境损害赔偿案件的若干规定（试行）》，第 1 条明确了生态环境损害赔偿诉讼启动的主体及适用范围。可见，生态环境损害赔偿诉讼的适用范围较为明确，一般针对较为严重的生态环境侵害行为，为此，环境公益诉讼程序的启动并未在损害程度上受到限制，对于一般的生态环境侵害可通过提起环境公益诉讼来保护公共利益。在生态环境损害赔偿制度实施之前，对生态环境损害的修复、赔偿一般由法律规定的主体及社会组织提起环境公益诉讼。环境民事公益诉讼也具有补位功能，如果发生生态环境损害事实，赔偿权利人未及时提起生态环境损害赔偿诉讼，此时，检察机关及社会组织可以提起环境民事公益诉讼请求侵权人赔偿损失。该条以立法的形式将生态环境损害赔偿费用的事项予以明确，即赔偿的范围包括修复费用、期间损失费用、永久环境功能损害费用、调查、鉴定评估费用、清除污染费用、防止损害的发生和扩大所支出的合理费用等。

【条文适用】

生态环境修复责任的承担具体形式比较灵活，司法实践中形成了裁判规则体系，修复责任的承担及修复费用的计算依靠科学技术机构和专家对技术问题做出鉴定和判断，法院在专家技术判断的基础上来进行事实认定和适用法律，保障案件审判的科学性、合理性和公正性。如果侵权人不治理环境、进行生态环境修复或者没有能力治理环境、进行生态环境修复的，人民法院可以委托有关单位代履行，费用由污染者承担。“赔偿损失”包括被侵权人因污染行为而造成的财产损失、人身损失以及为防止污染扩大、消除污染而采取的必要合理措施所发生的费用。

关于生态环境修复费用的计算，《最高人民法院关于审理环境民事公益诉讼案件适用法律若干问题的解释》第 23 条规定：“生态环境修复费用难以确定或者确定具体数额所需鉴定费用明显过高的，人民法院可以结合污染环境、破坏生态的范围和程度、生态环境的稀缺性、生态环境恢复的难易程度、防治污染设备的运行成本、被告因侵害行为所获得的利益以及过错程度等因素，并可以参考负有环境保护监督管理职责的部门的意见、专家意见等，予以合理确定。”其客观因素可分为：第一，污染环境、破坏生态的范围和程度、污染物种类、生态环境的稀缺性、生态环境恢复的难易程度。上述因素部分参考了环境保护部制定的《环境污染损害数额计算推荐方法》规定的部分评估参数。可作为认定生态环境修复费用的计算依据。第二，防治污染设备的运行成本。这是借鉴《环境保护法》第 59 条关于违法排放污染物处罚数额计算依据的规定。法院应将企业正常运行防治污染设施的成本作为认定生态环境修复费用的最低限额,以达到有效遏制违法排污行为的目的。第三,被告因侵害行为所获得的利益。为克服此类“确有损害但又难以确定”的困难,减轻原告的证明负担,相关法律采取了一些法律技术或替代方法。可按照侵权人因侵权所获得的利益加以确定的类似规定。对于污染企业获得的收益,可以通过企业排污期间所获得的利润扣除应支出的治污成本予以确定,还可以参照政府部门的相关统计数据和信息,以及同区域同类生产经营者的同期平均收入、平均治污成本,合理酌定。此外,法院在生态环境修复费用难以确定或者确定费用明显过高的情况下,应主动听取负有环境保护监督管理职责的部门的意见,并将之作为考量因素之一。①

【司法案例】

重庆市人民政府、重庆两江志愿服务发展中心
诉重庆藏金阁物业管理公司、重庆首旭环保科技公司
生态环境损害赔偿诉讼案②

诉讼结论:被告重庆藏金阁物业管理有限公司和被告重庆首旭环保科技有限公司连带赔偿生态环境修复费用1441.6776万元,由二原告结合本区域生态环境损害情况用于开展替代修复等。

法院认为,首先,判断侵权人承担生态环境修复责任大小及修复费用的计算采用虚拟治理成本法对损害后果进行量化,主要根据违法排污的污染物种类、排污量、污染源排他性、排污主体的法定责任、行为的违法性、客观上的相互配合等因素综合判断。其次,由于受污染水体处于流动状态,难以直接计算生态环境损害数额,可采用虚拟治理成本法对损害后果进行量化,即以单位实际治理成本作为单位虚拟治理成本,结合违法排污数量,计算出生态环境损害量化数额,如果侵权人不能履行修复义务,可通过支付修复费用或承担替代修复的方式履责。最后,取得排污许可证的企业,负有确保其排污处理设备正常运行且排放物达到国家和地方排放标准的法定义务,委托其他单位处理的,应当对受托单位履行监管义务,如果排污主体未尽法定监督义务,明知受托单位违法排污不予制止甚或提供便利的,应当对环境污染损害承担连带责任。

藏金阁公司的废水处理设施负责处理重庆藏金阁电镀工业园园区入驻企业

---

① 最高人民法院环境资源审判庭编著:《最高人民法院〈关于环境民事公益诉讼司法解释〉理解与适用》,人民法院出版社2015年版,第331～333页。

② 重庆市第一中级人民法院(2017)渝01民初773号民事判决书。

产生的废水。2013 年 12 月,藏金阁公司与首旭公司签订为期 4 年的《委托运行协议》,由首旭公司承接废水处理项目,使用藏金阁公司的废水处理设备处理废水。2014 年 8 月,藏金阁公司将原废酸收集池改造为废水调节池,改造时未封闭池壁 120mm 口径管网,该未封闭管网系埋于地下的暗管。首旭公司自 2014 年 9 月起,在明知池中有管网可以连通外部环境的情况下,利用该管网将未经处理的含重金属废水直接排放至外部环境。2016 年 4 月、5 月,执法人员在两次现场检查藏金阁公司的废水处理站时发现,重金属超标的生产废水未经处理便排入外部环境。经测算 2014 年 9 月 1 日至 2016 年 5 月 5 日,违法排放废水量共计 145,624 吨。受重庆市人民政府委托,重庆市环境科学研究院以虚拟治理成本法对生态环境损害进行量化评估,二被告造成的生态环境污染损害量化数额为 1441.6776 万元。2016 年 6 月 30 日,重庆市环境监察总队以藏金阁公司从 2014 年 9 月 1 日至 2016 年 5 月 5 日将含重金属废水直接排入港城园区市政废水管网进入长江为由,对其作出行政处罚决定。2016 年 12 月 29 日,人民法院作出刑事判决,认定首旭公司及其法定代表人、相关责任人员构成污染环境罪。重庆两江志愿服务发展中心对二被告提起环境民事公益诉讼并被重庆市第一中级人民法院受理后,重庆市人民政府针对同一污染事实提起生态环境损害赔偿诉讼,人民法院将两案分别立案,在经各方当事人同意后,对两案合并审理。二被告违法排污的事实已被生效刑事判决、行政判决所确认,本案在性质上属于环境侵权民事案件,其与刑事犯罪、行政违法案件所要求的证明标准和责任标准存在差异,故最终认定的案件事实在不存在矛盾的前提条件下,可以不同于刑事案件和行政案件认定的事实。鉴于藏金阁公司与首旭公司构成环境污染共同侵权的证据已达到高度盖然性的民事证明标准,认定藏金阁公司和首旭公司对于违法排污存在主观上的共同故意和客观上的共同行为,二被告构成共同侵权,应当承担连带责任。《鉴定评估报告书》根据《环境损害鉴定评估推荐方法(第Ⅱ版)》,Ⅲ类地表水污染修复费用的确定原则为虚拟治理成本的 4.5 ~6 倍,结合污染事实,取最小倍数即 4.5 倍计算得出损害量化数额为 320.3728 万元 ×4.5 =1441.6776 万元。

对于生态环境损害赔偿诉讼与行政诉讼、刑事诉讼应适用不同的证明标准和责任构成要件,不承担刑事责任或者行政责任并不当然免除生态环境损害赔偿责任,对处理三类案件诉讼衔接具有重要指导意义。

第八章　高度危险责任

本章共有 9 个条文，加强生物安全，完善高度危险责任。首先是对高度危险责任的一般规定，然后分别对民用核设施或者核材料发生核事故致人损害侵权责任，民用航空器致人损害的特殊侵权责任，占有或使用高度危险物致人损害侵权责任，从事高空、高压、地下挖掘活动或者使用高速轨道运输工具高度危险作业致人损害侵权责任，遗失、抛弃高度危险物致人损害侵权责任，非法占有高度危险物致人损害侵权责任等作出规定。本章还对高度危险场所安全保障责任进行规定，同时还对高度危险责任赔偿限额进行相应规定。

第一千二百三十六条　从事高度危险作业造成他人损害的，应当承担侵权责任。

【条文主旨】

本条是关于高度危险责任的一般规定。

【条文理解】

随着现代工业革命的推进，人类科学技术的发展日新月异，以火车、汽车、航空器、电气、瓦斯等为代表的新型技术彻底改变了传统生活方式，给人类生活带来了翻天覆地的变化。但在快捷便利的生活背后，高速运转的机器和高度危险的作业也给人们带来了潜在的危险。从 19 世纪末开始，直到 20 世纪，高速危险事故不断出现，冲击了传统的过错侵权责任原则，如何保证高度危险事故的受害人权益，如何平衡工业生产和社会稳定成了迫切需要解决的问题。松动过错主义原则，是指不考虑行为人的过错而苛责高速危险源方对损害承担赔偿责任，是高度危险责任的早期起源。一般认为，高度危险责任概念来自工业革命时期走在欧洲前列的德国法，德国法学家拉伦茨认为，高度危险责任是“特定企业、特定装置、特定物品之所有人或持有人，在一定条件下，不问其有无过失，对于因企业装置、物品本身所具危害而生之损害,应负赔偿责任”①。

我国《民法通则》第123条确立了高度危险责任,该条文规定:“从事高空、高压、易燃、易爆、剧毒、放射性、高速运输工具等对周围环境有高度危险的作业造成他人损害的,应当承担民事责任;如果能够证明损害是由受害人故意造成的,不承担民事责任。”《民法典》“总则编”由于体例编排上并未规定高度危险责任,而是由《民法典》“侵权责任编”进行规定。本条来自《侵权责任法》第69条的规定,再次规定了高度危险责任,为促进我国信息工业发展,促进经济结构转型,保护人民生命财产安全发挥着重要作用。

【司法适用】

人民法院审理此类案件中应当注意几个方面:第一,该条款是高度危险责任的一般条款,从该条文来看,高度危险责任采用无过错归责原则,但在法律规定的具体高度危险作业类型中,受害方过错也是需要考虑的因素。第二,高度危险作业的认定。对于哪些作业属于高度危险作业,不同国家法律规定不同,我国《民法典》从第1037条至第1242条进行了一定范围的列举,但这对于认定高度危险作业的范围判断标准仍然不够明确,除了这些条文规定的民用核设施、民用航空器、易燃、易爆、剧毒、高放射性、强腐蚀性、高压、高空、地下挖掘、高速轨道等,其他具有危险性的作业是否属于高度危险作业。另外,高空、高压、剧毒、高放射性、强腐蚀性等,以什么标准认定?最高人民法院《触电人身损害赔偿解释》中对“高压”进行了解释,包括1千伏及以上电压为高压,但对高空、剧毒、放射性、腐蚀性等缺乏统一认定标准。人民法院在认定高度危险作业时,可从以下几个方面因素综合认定:(1)该危险行为对他人人身、财产是否具有较之普通行为更高的危险?(2)该危险行为是否产生损害的概率更大?(3)造成的潜在危险更加不易避免?(4)作业的时间、地点等。

【司法案例】

杨某甲等诉毕节市郊供电局等触电人身损害责任纠纷案②

诉讼结论:10千伏输电线路所有人被告迎峰煤矿未对高压线路附近设置警示

---

① 参见王泽鉴:《民法学说与判例研究》(5),中国政法大学出版社2003年版,第275页。德国《铁路及电车对物品损害赔偿法》《原子能法》《航空法》等多部法律,规定了火车、核能、航空器致人损害的高度危险责任。至此,以高度危险责任为基础的严格责任成为过错责任之外的独立归责形态,为侵权责任法开辟了下一个世纪的发展道路。同时,法国、意大利、奥地利、俄罗斯、荷兰等欧洲国家在其民法典或判例中纷纷明确了高度危险责任。我国台湾地区“民法债篇修正案”也规定了高度危险责任的一般条款。

② 贵州省毕节市中级人民法院(2017)黔05民终2758号民事判决书。

标志，且不能证明在侵权行为的无过错性，应该承担高度危险责任。

2015年，被告丁某某在未办理相关建房批准手续的情况下，在位于双山新区竹园乡尖山村公路边修建一栋砖混结构的五层房屋，并将该房屋的主体工程、门窗工程、装修工程分别承包。主体工程由袁某某承包，门窗工程由陈某承包。经陈某介绍，由杨某乙承包外墙粉糊工程。修建过程中，被告竹园乡政府曾于2015年11月19日通知停建。房屋主体工程完工后，房屋正面与公路相邻，背面房屋外墙与原属于大方供电局供电，现由毕节市郊供电局供电，产权属于被告迎峰煤矿所有的10千伏输电线路水平距离最近处在六七十公分，未达到国家规定的安全标准。2016年12月6日，杨某乙在施工过程中用于吊挂的钢丝绳触碰高压输电线路导致杨某乙触电当场死亡。法院经审理认为，根据《侵权责任法》第69条"从事高度危险作业造成他人损害的，应当承担侵权责任"的规定，高度危险责任属于无过错责任。《侵权责任法》第76条规定："未经许可进入高度危险活动区域或者高度危险物存放区域受到损害，管理人已经采取安全措施并尽到警示义务的，可以减轻或者不承担责任。"

法院认为，迎峰煤矿作为涉案事故发生地高压输电线路设施的产权人和管理人，对因丁某某修建房屋与涉案高压输电线路设施距离过近而产生的安全隐患，既未采取必要的安全防护措施，亦未履行必要的警示提醒义务。因此，原判决认定申请人应对本次触电事故造成的损害承担相应的赔偿责任，并无不当。至于涉案输电线路的其他使用人，并非涉案输电线路的产权人和管理人，故申请人关于其他使用人亦应承担责任的主张不能成立。

第一千二百三十七条　民用核设施或者运入运出核设施的核材料发生核事故造成他人损害的，民用核设施的营运单位应当承担侵权责任；但是，能够证明损害是因战争、武装冲突、暴乱等情形或者受害人故意造成的，不承担责任。

【条文主旨】

本条是关于民用核设施或者核材料发生核事故致人损害时侵权责任的规定。

【条文理解】

根据我国《放射性污染防治法》第62条的规定，"核设施"是指核动力厂（核电厂、核热电厂、核供汽供热厂等）和其他反应堆（研究堆、实验堆、临界装置等）；核燃料生产、加工、贮存和后处理设施；放射性废物的处理和处置设施等。根据我国《民用核设施安全监督管理条例》第 24 条的规定,“核事故”是指核设施内的核燃料、放射性产物、废料或运入运出核设施的核材料所发生的放射性、毒害性、爆炸性或其他危害性事故,或一系列事故。在西方核发达国家,核设施和核事故的相关规定更为明确和具体。美国对核事故的认定从核泄漏产生辐射剂量超过一定水平,以及导致或可能导致人员财产损害这两个标准进行认定,达到其中一个标准即可认定发生核事故。本条规定关于核事故的含义采取广义的一般解释,无论泄漏产生辐射剂量水平多少,只要民用核设施或者核材料对人身、财产、环境造成损害就可适用本条规定。民用核设施和核材料发生核事故致人损害,是典型的高度危险责任,适用无过错责任原则。核设施和核材料作为一种高科技含量、高辐射性、高危险性的存在,普通人无法掌握和控制危险源,适用无过错责任首先可以督促所有者、经营者或实际控制者强化安全保障手段,积极采取遏制防范危险发生的措施,使民用核设施核材料安全运行、造福人类。其次,所有者、经营者或实际控制者利用民用核设施核材料获利,根据收益与风险共存理论,所有者、经营者或实际控制者理应对民用核设施核材料发生核事故致人损害承担无过错赔偿责任。最后,核设施核材料一般关乎公共利益,在权衡公共利益与受害方权益的,在发生核事故致他人损害承担赔偿责任应符合公平性。值得注意的是,本法条对《侵权责任法》第 70 条进行了一些修改,将“民用核设施”扩展为“民用核设施或者运入运出核设施的核材料”,以保持与我国《民用核设施安全监督管理条例》等法律规范的相一致。同时,将免责事由的“战争”扩展为“战争、武装冲突、暴乱”,使范围更加周延,法律逻辑更为自洽。

【司法适用】

人民法院审理民用核设施和核材料发生核事故致人损害侵权纠纷时,应注意以下几个方面:第一,本条是通过核设施核材料所具有的自身辐射性对他人人身、财产、环境造成损害的适用规定,如果并非因为化学辐射性致人损害,而是因核设施和核材料自身重量等物理性砸伤、挫伤、压伤、撞击他人,或砸毁、撞击财物等,则不属于本法规定的高度危险责任,而适用普通侵权责任,采用过错归类原则。第二,核设施和核材料高度危险责任存在两种免责事由,一是能够证明损害是因战争、武装冲突、暴乱等情形导致发生核事故的,营运单位不承担赔偿责任。二是因为受害人故意造成的,营运单位也不承担责任。此处“故意造成”如果是全部损害由受害人故意造成,则营运单位对该全部损害不承担责任,如果是部分损害由受害人故意造成的,则对该部分损害营运单位不承担责任,对其他部分损害营运单位仍要承担无过错责任。

第一千二百三十八条　民用航空器造成他人损害的，民用航空器的经营者应当承担侵权责任；但是，能够证明损害是因受害人故意造成的，不承担责任。

【条文主旨】

本条是关于民用航空器致人损害侵权责任的规定。

【条文理解】

我国2018年新修订的《民用航空法》第5条对民用航空器进行了界定，民用航空器是指除用于执行军事、海关、警察飞行任务外的航空器，如各类民用飞机、飞船、卫星、热气球等。由于民用航空器的高速性和高空性，对他人人身财产和周围环境造成的潜在危险高于一般侵权，属于典型的高度危险责任。值得一提的是，随着信息科技技术的提高，民用无人机产业获得了快速发展，广泛运用于快递服务、抢险救灾、自然勘探等领域，民用无人机是否属于本条规定的民用航空器，则要根据其飞行速度、飞行高度、体态大小等因素综合认定，如果与民用飞机等危险性相当，或显著高于一般物体，则应当认定为本条中的民用航空器；如果其飞行速度、飞行高度、体态大小远远不如普通飞机的危险性，或危险性并没有显著高于一般物体，则不属于本条中的民用航空器，其造成的损害应属于普通侵权责任形态，适用过错责任。《民用航空法》第172条明确规定"对飞行中的民用航空器或者对该航空器上的人或者物造成的损害"不适用第十二章"对地面第三人损害的赔偿责任"。《民用航空法》仅规定对地面第三人损害的赔偿责任，不包括对航空器体内旅客造成损害的赔偿责任，对航空器体内旅客造成损害的赔偿责任理应适用侵权责任编的相关规定。另外，从立法历程上看，2017年《民用航空法》第157条规定："因飞行中的民用航空器或者从飞行中的民用航空器上落下的人或者物，造成地面（包括水面，下同）上的人身伤亡或者财产损害的，受害人有权获得赔偿；但是，所受损害并非造成损害的事故的直接后果，或者所受损害仅是民用航空器依照国家有关的空中交通规则在空中通过造成的，受害人无权要求赔偿。"第124条规定："因发生在民用航空器上或者旅客上、下民用航空器过程中的事件，造成旅客人身伤亡的，承运人应当承担责任；但是，旅客的人身伤亡完全是由于旅客本人的健康状况造成的，承运人不承担责任。"虽然《民法典》"侵权责任编"没有明确民用航空器致人损害是否包括对航空器舱体内旅客的责任，但基于对相关立法历程的考察，民用航空器致人损害包括致地面第三人损害和致航空器舱体内乘客损害两种情况。

【司法适用】

人民法院审理民用航空器致人损害的特殊侵权责任时，应注意以下几个方面：第一，责任主体。民用航空器作为特殊动产，购买价值较高，资本和实际运作情况较为复杂，怎样确定民用航空器致人损害的特殊侵权责任的责任主体是审理过程中一大难点。2018 年新修订的《民用航空法》采用“所有人”“出租人”“公共航空运输企业”等称谓，2017 年《民用航空法》使用“经营人”称谓，2017 年《民用航空法》第 158 条规定：“本法第一百五十七条规定的赔偿责任，由民用航空器的经营人承担。前款所称经营人，是指损害发生时使用民用航空器的人。民用航空器的使用权已经直接或者间接地授予他人，本人保留对该民用航空器的航行控制权的，本人仍被视为经营人。经营人的受雇人、代理人在受雇、代理过程中使用民用航空器，无论是否在其受雇、代理范围内行事，均视为经营人使用民用航空器。民用航空器登记的所有人应当被视为经营人，并承担经营人的责任；除非在判定其责任的诉讼中，所有人证明经营人是他人，并在法律程序许可的范围内采取适当措施使该人成文诉讼当事人之一。”新《民用航空法》并未对何为“公共航空运输企业”作出明确精细化解释，在审理实践中可结合 2017 年《民用航空法》第 158 条的立法精神进行认定，以“损害发生时实际控制、使用、运营人”为主要认定原则，“所有人”在一定情形下视为“经营人”。第二，本条规定的民用航空器致人损害的特殊侵权责任的免责事由是“受害人故意”，由于我国民法并未对“故意”作出规定，实践审理过程中可参考刑事法律对于“故意”的理解，包括间接故意和直接故意。一般来讲，包括受害人故意无故打开安全门致损，故意违反民用航空安全管理规定致损等。同时，我国《民法典》“总则编”第 180 条、第 181 条、第 182 条规定的不可抗力、正当防卫、紧急避险等免责事由同样适用于“侵权责任编”，这些也是民用航空器致人损害的特殊侵权责任的免责事由。

第一千二百三十九条　占有或者使用易燃、易爆、剧毒、高放射性、强腐蚀性、高致病性等高度危险物造成他人损害的，占有人或者使用人应当承担侵权责任；但是，能够证明损害是因受害人故意或者不可抗力造成的，不承担责任。被侵权人对损害的发生有重大过失的，可以减轻占有人或者使用人的责任。

【条文主旨】

本条是关于占有或使用高度危险物致损的侵权责任的规定。

【条文理解】

占有或使用高度危险物造成他人损害的,由占有人或使用人承担侵权赔偿责任。占有是指人对物的实际掌握和控制。使用是指所有人、管理人或占有人基于生产生活需要,按照物的性能和用途对物进行利用。无论是占有还是使用,都在事实上对高度危险物具有绝对管领力。由他们对高度危险物致损承担侵权责任的理由是:第一,根据“谁控制危险源谁负责任”原则,只有占有人或使用人才能控制高度危险源,无辜第三者遭受高度危险物的损害,占有人或使用人当然应承担相应责任。第二,苛责占有人或使用人等危险源控制人承担侵权责任,可以督促他们尽职尽责,采取有效措施提前防范危险发生。第三,高度危险物的占有人或使用人一般是经营者,他们可以通过产品定价将责任风险转移至市场,分担责任风险,更加符合公平性。占有人或使用人对高度危险物致损承担无过错侵权责任,不管占有人或者使用人是否存在过错在所不问,只要是其占有或使用的高度危险物致人损害,就应当承担。另外,对于高度危险物致损的侵权责任的免责事由,如果高度危险物造成损害是受害人故意或者不可抗力,则占有人或使用人不承担侵权责任。其中不可抗力根据《民法典》“总则编”第 180 条规定,是指“不能预见、不能避免且不能克服的客观情况”,一般包括地震、暴雨、泥石流等自然灾害,以及暴乱、战争等事件导致高度危险物质致人损害。同时,如果受害人自己对损害的发生有重大过失的,可以减轻占有人或者使用人的责任。值得一提的是,本条关于高度危险物的罗列,相较于《侵权责任法》第 72 条来说,“放射性”修改成“高放射性”,增加了“强腐蚀性”“高致病性”种类,使高度危险物的内涵更加丰富和周延。

【司法适用】

人民法院审理占有或使用高度危险物致损的侵权责任时,应注意以下几个方面:第一,审判实践中经常遇到的“运输中的高度危险物”致人损害是否适用本条规定。高度危险物的运输人应当视为本条规定的占有人,但是由于运输涉及所有人、发送人、运输人等不同潜在责任人。对于因运输中的高度危险物致人损害,受害人有权要求所有人、发送人、运输人等主体承担连带责任。在承担连带责任后,相关责任人享有内部追偿权,实际承担赔偿的主体可以向其他责任主体追偿。第二,受害人自己对损害的发生有重大过失的,可以减轻占有人或者使用人的责任,应当如何确定减轻比例。在实践审理中,人民法院可以根据以下因素综合认定减轻比例:(1)受害人过错程度;(2)受害人对高度危险物可能造成损害的预见能力;(3)受害人对高度危险物造成损害的预防能力;(4)受害人对高度危险物实际造成损害的减灾能力;(5)占有人或使用人提前采取防范措施的强度。

第一千二百四十条　从事高空、高压、地下挖掘活动或者使用高速轨道运输工具造成他人损害的，经营者应当承担侵权责任；但是，能够证明损害是因受害人故意或者不可抗力造成的，不承担责任。被侵权人对损害的发生有重大过失的，可以减轻经营者的责任。

【条文主旨】

本条是关于从事高空、高压、地下挖掘活动或者使用高速轨道运输工具高度危险作业致人损害侵权责任的规定。

【条文理解】

高度危险作业具有严重损害的危险性，并可能对不特定的大规模人群造成损害。本条关于高度危险作业罗列为从事高空、高压、地下挖掘活动，或者使用高速轨道运输工具这几类高速危险作业。首先，对于高空作业，根据 GB/T3608《高处作业分级》国家标准，在可能坠落的高处进行施工作业，当坠落高度距离基准面在 2 米或 2 米以上时可称为高处作业。一般包括高空安装、高空维修、高空建造、高空清洁、高空装饰美化等，这些作业具有较强的危险性，造成他人受损的，经营者应当承担无过错高度危险作业致人损害侵权责任。如果是造成作业者自己受损的，则根据工伤的法律关系进行处理。如果是位于高处作业的工具、材料、人员，或者高处墙体附着物、建筑物等脱落掉下砸伤他人，也适用本条关于高度危险作业致人损害侵权责任。其次，对于高压作业，应当包括高电压（国际单位为“帕斯卡”，简称“帕”，Pa）和高压力（国际单位“伏特”，简称“伏”，V）。《中国民法典学者建议稿及立法理由：侵权行为编》将高压致损规定为“以高压制造、储存、运送电力、液体、煤气、蒸汽等气体，因高压作用造成他人损害的，其所有人、占有人或管理人应当承担民事责任。”可见，高压除了高电压，还包括高压力，如高压锻造、高压液体等。最高人民法院《触电人身损害赔偿解释》针对电力“高压”的标准作出了规定，规定 1 千伏及以上的电压为高压电。当前我国日常家庭生活或普通办公环境的电压都是 220 伏，高于 1 千伏的电压对人体伤害是瞬间性和致命性的，几乎没有自救的可能。但我国对于高压力尚未有相关规定，对地下挖掘标准也没有规定，未规定多深的地下挖掘作业是本条规定的地下挖掘活动，对高速轨道的标准也没有相关规定。从立法原意上看，高空、高压、地下、高速等标准并非一个固定数值衡量的概念，而是一个概括的概念，其根本特征是具有高度危险性。在司法实践中并不是机械适用，而是根据作业的具体环境、现实条件、危险程序、行业习惯、防护措施等综合判定考量。

【司法适用】

人民法院审理从事高空、高压、地下挖掘活动或者使用高速轨道运输工具高度危险作业致人损害侵权责任时，应注意以下几个方面：第一，责任承担主体的司法认定。本条规定将责任主体明确为经营者，但经营者的概念并非固定意义上的法律术语，在司法实践中如何认定“经营者”是一个重要问题。《反垄断法》第12条对经营者作出了规定，指从事商品生产、经营或者提供服务的自然人、法人和其他组织。一般认为，本条规定的经营者是指从事高空、高压、地下挖掘活动或者高速轨道运输工具享有运行支配权利和运行利益的个人或组织。在我国，从事航空、油气、铁路、核电等高度危险作业基本都是国有企业，高度危险作业的侵权责任承担人是具体的经营者，而非政府主管部门。如果有承包人、承租人进行经营，则由承办人、承租人承担责任。如果是与承包人、承租人共同经营或者他们之间关系难以厘清难以判断，则所有人、经营人和承包人、承租人一起承担连带责任。第二，本条规定了“被侵权人对损害的发生有重大过失的，可以减轻经营者的责任”的减责事由。从横向对比看，本法第1237条核事故以及第1238条航空器的减责免责事由是“受害人故意”，第1239条易燃、易爆、剧毒、高放射性、强腐蚀性等高度危险物是“被侵权人有重大过失”，本条减责免责事由也是“被侵权人有重大过失”。可见，与核事故、民用航空器等高度危险物相比，高空、高压、地下挖掘活动或高速轨道运输工具的危险性相对要低一点，要求经营者勤勉注意义务更高，前者只有受害人故意为之可减责，后者只有出现重大过失才可减责。从纵向对比看，《侵权责任法》第73条对高空、高压、地下挖掘活动或高速轨道运输工具的减责事由是“被侵权人过失”，本条将其修改成了“被侵权人重大过失”。与易燃、易爆、剧毒、高放射性、强腐蚀性等高度危险物相比，高空、高压、地下挖掘活动或高速轨道运输工具的危险性相当，减责事由统一为“重大过失”具有合理性，在司法实践中应当要注意到这种变化。

【司法案例】

沈阳恒隆地产有限公司诉沈阳方城地一大道公共设施管理有限公司等高度危险活动损害责任纠纷案①

诉讼结论：沈阳方城地一大道公共设施管理有限公司承担高度危险作业的侵权责任。

法院认为，沈阳恒隆地产有限公司受损是因沈阳方城地一大道公共设施管理

---

① 最高人民法院(2018)最高法民申855号民事裁定书。

有限公司对中街路地下工程的开挖过程中支护结构设置不合规造成，属于《侵权责任法》第73条规定的“从事高空、高压、地下挖掘活动或者使用高速轨道运输工具造成他人损害的，经营者应当承担侵权责任”的范围。

位于辽宁省沈阳中街皇城恒隆广场(以下简称恒隆广场)南侧方城(中街)地区人防工程基坑开始挖掘施工;2011年10月，沈阳恒隆地产有限公司(以下简称恒隆公司)所有的恒隆广场外立面石材及外围人行路、台阶及水沟等出现不同程度开裂、偏位和机电管线断裂现象。根据辽宁省建设科学研究院司法鉴定所(以下简称省建科院)出具的鉴定意见，上述损害与中街路地下工程的开挖过程中支护结构设置不符合《建筑基坑支护技术规程》(JSJ120－99)和基坑支护方案的要求有直接因果关系。恒隆公司作为受损方，向法院起诉要求方城公司承担赔偿责任。该案经一审判决被告承担相应赔偿责任，二审维持后，被告方城公司向最高人民法院申请再审称:本案属于一般侵权，原判决将其定性为高度危险活动损害责任纠纷案即特殊侵权，属事实认定和适用法律错误。根据法律规定，案涉工程中的地下主体项目施工造成损害才构成特殊侵权。而本案鉴定意见表明，造成损害的原因是案涉支护桩不符合要求所致，但支护桩属于地面工程项目，而非地下施工项目，因此不应适用《侵权责任法》第73条关于特殊侵权责任的规定。且方城公司与建工公司签订的施工合同中明确约定施工造成的损害由施工单位建工公司承担赔偿责任，本案应直接认定由施工单位承担侵权责任。最高人民法院经审理认为，《侵权责任法》第73条规定:“从事高空、高压、地下挖掘活动或者使用高速轨道运输工具造成他人损害的，经营者应当承担侵权责任，但能够证明损害是因受害人故意或者不可抗力造成的，不承担责任。被侵权人对损害的发生有过失的，可以减轻经营者的责任。”该条所指的“地下挖掘活动”应根据主体工程判断。就本案而言，导致恒隆广场损害的直接原因是中街路地下工程的开挖过程中支护结构不符合标准，而支护结构属于整个中街路地下工程的一部分，因此恒隆广场的损害源于中街路地下挖掘工程建设行为。原判决认定本案属于《侵权责任法》第73条规定的高度危险活动损害责任纠纷，并无不当。方城公司申请再审认为支护桩为地面工程项目，故本案应认定为一般侵权纠纷而非特殊侵权纠纷的理由没有事实依据，不予支持。

第一千二百四十一条　遗失、抛弃高度危险物造成他人损害的，由所有人承担侵权责任。所有人将高度危险物交由他人管理的，由管理人承担侵权责任;所有人有过错的，与管理人承担连带责任。

【条文主旨】

本条是关于遗失、抛弃高度危险物致人损害侵权责任的规定。

【条文理解】

遗失，是指所有人或管理人非基于主观意思丧失对高度危险物的占有，高度危险物处于无人占有管理的无主状态。抛弃是指所有人或管理人基于主观意思抛弃高度危险物，放弃对高度危险物的占有。遗失，属于事实行为，而抛弃是单方法律行为，根据自己意愿处分自己权利。本条高度危险物的范围包含本法第1237条到第1240条中的各种高度危险物，还包括没有罗列出来，但是危险性与其相当的一些危险物。如根据《国家危险废物名录》《医疗废物分类目录》等规定的危险固体废物和液体废物，还有医疗废弃物、动物病原微生物等，都是本条规定中的高度危险物。构成本条侵权责任的构成要件包括：第一，行为人遗失或抛弃高度危险物。第二，因行为人遗失或抛弃高度危险物，高度危险物失去管理和控制，其自身危险给他人造成损害。第三，行为人遗失或抛弃高度危险物，与高度危险物造成他人损害具有因果关系。遗失、抛弃高度危险物致人损害侵权责任主体是高度危险物的所有人或管理人。行为人在遗失高度危险物后，所有人并未丧失高度危险物的所有权，虽然丧失占有，但所有人应当对其丧失占有承担责任，对高度危险物造成他人损失承担侵权责任。行为人在抛弃高度危险物后，其虽然主动放弃所有权，但是高度危险物因其自身危险性造成他人损害，在高度危险物的所有权没有被第三人承接之前，抛弃危险物的所有人仍然应当承担侵权责任。在既有所有人又有管理人的情况下，由于高度危险物直接归管理人占有控制，管理人承担侵权责任。但是，如果所有人存在过错，与管理人一起承担连带责任。所有人过错包括挑选管理人存在过错，移交高度危险物存在过错，监督监管存在过错等方面，如所有人没有履行必要的告知义务，未及时制止管理人侵权行为，未及时采取有效措施防止损害的扩大等。

【司法适用】

人民法院审理遗失、抛弃高度危险物致人损害侵权责任时，应注意以下几个方面：第一，可能与本编第七章规定的"环境污染和生态破坏责任"形成竞合时的处理办法。当高度危险作业造成包括他人损害在内的周围环境受污染，如故意倾倒危险废弃物导致污染环境，此时符合本条抛弃高度危险物侵权责任构成要件，也符合损害生态环境责任的构成要件，属于法规竞合，当事人有权决定依据哪种法律关系主张权利。第二，司法实践中的举证责任。受害人应当就自身遭受的损失承担举证责任，同时也应当对因果关系承担举证责任，而所有人应当对其履行了相应的告知义务、及时制止、采取措施防止损失扩大等承担举证责任。

【司法案例】

王某某诉张某甲、张某乙生命权、健康权、身体权纠纷案[①]

诉讼结论：被告抛弃烟花爆竹导致未成年人身体损害应当承担遗失、抛弃高度危险物致人损害的侵权责任。

2014年8月11日下午3时许，原告王某某在门口街上玩耍时，被告张某甲将堆放在被告张某丙家门口的爆炸物引燃，致使王某某被爆炸物烧伤。经诊断，烧伤面积达85%，在150医院住院支出医疗费用达120,000余元。原告王某某被爆炸物烧伤后，被告张某丁承认爆炸物是其父亲早年制作鞭炮时所剩余，后因自家建房无处存放，便堆放在了被告张某丙家门口。

法院认为，遗失、抛弃高度危险物造成他人损害的，由所有人或者管理人承担侵权责任。杂物虽然堆放在被告张某丙家门口，但张某丙长期在县城居住，堆放的地点不在其家中，被告张某丙不负有管理并消除危险的法定义务，原告要求其承担赔偿责任理由不足，法院不予支持。法院经审理认为，本案中被告张某丁对其家中清理出的杂物在未消除危险的情况下堆放在被告张某丙家门口，致使原告在点火玩耍过程中烧伤，其作为管理人应承担相应的赔偿责任。未成年人的父母是未成年人的监护人。监护人应当履行监护职责，保护被监护人的人身、财产及其他合法权益。原告王某某事发时系无民事行为能力人，其活动本应在其监护人的监护下进行，其监护人未尽到监护责任，亦应对原告损失自行承担相应责任，结合当事人过错程度，由被告张某丁承担原告损失的30%。

第一千二百四十二条　非法占有高度危险物造成他人损害的，由非法占有人承担侵权责任。所有人、管理人不能证明对防止非法占有尽到高度注意义务的，与非法占有人承担连带责任。

【条文主旨】

本条是关于非法占有高度危险物致人损害侵权责任的规定。

【条文理解】

非法占有是指行为人没有法律依据，没有约定，非法占有高度危险物，高度危险物被非法占有期间对他人人身损害和财产损害，非法占有人承担高度危险物致

---

① 河南省洛阳市伊川县人民法院(2017)豫0329民初3327号民事判决书。

人损害的侵权责任。其构成要件包括:第一,行为人实际非法占有高度危险物。第二,行为人非法占有期间高度危险物因自身危险性质造成他人损失。第三,他人遭受损害与行为人非法占有高度危险物之间具有因果关系。高度危险物的所有人或管理人不能证明对防止他人非法占有尽到高度注意义务的,与非法占有人承担连带责任。一般认为,注意义务分为普通人注意义务、与处理自己事务相同的注意义务、善良管理人注意义务三种,强调的是一种注意义务的强度。高度注意义务对应善良管理人注意义务,要求所有人、管理人对高度危险物尽到较高的管理和注意义务。此外,本条规定的高度危险物的范围与前述第1241条所指的高度危险物相同,除了本法第1237条到第1240条中罗列的各种危险物外,还包括危险性与其相当的一些危险物,如《国家危险废物名录》《医疗废物分类目录》等规定的危险固体废物和液体废物,还有医疗废弃物、动物病原微生物等。

【司法适用】

人民法院审理非法占有高度危险物致人损害侵权责任时,应注意以下几个方面:第一,"高度注意义务"的司法认定。在司法实践中一般可从以下几个方面综合认定:(1)所有人、管理人预见他人非法占据高度危险物的可能性;(2)所有人、管理人预见高度危险物的致害风险的可能性;(3)所有人、管理人为防止高度危险物落入他人之手所采取的防范措施情况;(4)所有人、管理人为防止高度危险物因自身危险性造成他人损害所采取的防范措施情况;(5)高度危险物被他人非法占有后,所有人、管理人采取措施防止损害发生或扩大的情况。第二,举证责任。本条直接规定是否对防止他人非法占有尽到高度注意义务的举证责任由所有人、管理人承担,而非由受害人承担。如果所有人、管理人有证据证明其对防止他人非法占有尽到高度注意义务的,由非法占有人单独承担责任,没有证据证明的,则所有人、管理人与非法占有人承担连带责任。

【司法案例】

窦某某诉中国石油天然气股份有限公司大港油田分公司生命权、健康权、身体权纠纷案①

诉讼结论:被告之一的大港油田分公司未尽到相应的"对防止他人非法占有尽到高度注意义务"或者"采取安全措施并尽到警示义务",即所有人或管理人未能证明防止他人非法占有高度危险物,应承担连带责任。

大港油田分公司为石油开采生产企业。"中6-55"油井属大港油田分公司

① 天津市第三中级人民法院(2019)津03民终108号民事判决书。

下设第一采油厂作业四区采注三组管理。地理位置位于天津市。该井于1973年10月投产,1998年5月至2003年7月转为四类合作井管理,2003年8月转为正常生产井管理,2006年10月因井杆断转为长停井管理。案涉盗油事件发生时,该井井口(地面以上)只有250型采油树一具,没有抽油机等设备,亦无围墙或其他防护设施或者相关警示、提示标志。经调查还了解:案涉"中6－55"油井所处原先以荒芜空地为主,附近也有一些油田企业废弃的厂房,曾对外出租。自20世纪八九十年代开始,陆续有外地来津务工人员开始在该油井周围空地上私自搭建平房院落生活居住,当地居民俗称"河南村"。2000年海滨街道办事处成立后,曾就"河南村"违建清理问题进行研究摸底,也曾开展过一次"劝迁"活动,但因该区域情况复杂,始终未有结果。此后,因该区域条件差、无水电配套,外来人口中有人陆续自行搬离,但仍有部分外地来津务工人员以及油田企业退休人员在此居住生活。2002年至2003年,窦某某在案涉"中6－55"油井偏北方向约15米处,使用红砖等材料私自搭设违建平房一处,并在内居住生活。2014年9月25日凌晨2时许,窦某某早起洗漱外出准备上货时,出门刚至数米处,户外由"中6－55"油井中泄漏的天然气忽然发生爆炸起火,窦某某全身大面积被火烧伤。当日凌晨3时许,窦某某被送往医院进行抢救。

法院认为,本案是郑某某等5名第三人共同实施盗窃大港油田分公司所有的长停状态油井过程中,天然气泄漏并发生爆炸起火,导致在油井附近私自搭建平房居住生活的窦某某烧伤产生的侵权赔偿纠纷。关于油井的危险性,大港油田分公司下属单位曾出具公文证实"油井套管放油期间会产出大量天然气,如果措施不当现场会发生爆炸着火伤人事故,井喷失控事故,并发生环境污染事故,同时周围临建房会引发爆炸着火伤人事故"。而天然气和原油都是列入以国家标准公布的《危险货物品名表》(GB12268)的危险物品。特别是天然气,众所周知,具有易燃、易爆的危险性。故本案应当适用《侵权责任法》第九章"高度危险责任"第75条、第76条等相关规定处理。其中第75条规定,非法占有高度危险物造成他人损害的,由非法占有人承担侵权责任。所有人、管理人不能证明对防止他人非法占有尽到高度注意义务的,与非法占有人承担连带责任。郑某某等五人虽均已被法院以破坏易燃易爆设备罪名判决相应刑罚,但从民事侵权责任角度该五人对于窦某某被烧伤产生经济损失仍应承担连带赔偿责任。同时无法认定大港油田分公司已经尽到相应的"对防止他人非法占有尽到高度注意义务"或者"采取安全措施并尽到警示义务",依照前述第75条规定,其在本案中应当承担连带责任。关于窦某某自身过错责任问题,窦某某相对于大港油田分公司,对油井高度危险属性的了解应属于非专业人士,其居住的案涉临建平房虽系其私自搭设的违法建筑，但由于事故发生前，该临建平房已建设并实际居住多年，故无法仅基于该情节推定窦某某对自身损害存在故意或重大过失。

第一千二百四十三条　未经许可进入高度危险活动区域或者高度危险物存放区域受到损害，管理人能够证明已经采取足够安全措施并尽到充分警示义务的，可以减轻或者不承担责任。

【条文主旨】

本条是关于高度危险场所安全保障责任的规定。

【条文理解】

本条规定实际上是对本法第1236条“从事高度危险作业造成他人损害的，应当承担侵权责任”一般条款的补充规定。第1236条并未具体规定抗辩事由，仅为一般性条款，本条是对高度危险场所安全保障责任进行补充规定。本条所规定的高度危险活动区域是指比一般危险区域更具危险性的高空、高压、地下挖掘、高速、高放射性、高腐蚀性等区域，如高空作业区域、铁路运行区域、飞机运行区域、核处理区域等。一般危险性的区域，如普通池塘水库、足球篮球运动场等并非本条规定的高度危险活动区域。高度危险物存放区域也是具有高腐蚀性、高放射性、高传染性、核辐射性等危险物质的存放区域。本条高度危险场所安全保障责任管理人减轻或者不承担责任的要件是：(1)受害人未经管理人允许擅自进入高度危险活动区域或高度危险物存放区域，遭受高度危险物自身危险性致损。如果受害人是经过管理人允许进入遭受高度危险物损害，则由管理人承担无过错高度危险物致人损害责任。(2)非法进入者遭受损害与高度危险物自身危险性具有因果关系，如果受害人遭受的损害的与高度危险物的危险性无关，并非高度危险物造成的，而是因其他原因遭受损害，则不适用本条规定。(3)管理人有证据证明其已经采取足够安全措施并尽到充分警示义务。包括采取足够的防范措施防止他人擅自进入高度危险活动区域或者高度危险物存放区域，采取足够的安全保护措施防止高度危险物造成他人损害，还包括采取充分的警示措施，告知他人本区域的危险性，警示他人不得进入。

【司法适用】

人民法院审理高度危险场所安全保障责任时，应注意减轻和不承担责任的情形。减轻管理人责任、管理人不承担责任与管理人采取防范措施的程度有关。如果管理人尽到善良管理人的高度管理义务，采取周全而严密的防范措施防止他人进入高度危险活动区域或者高度危险物存放区域，且采取周全而严密的防范措施防止非法进入者遭受高度危险物的损害，则管理人对第三人非法进入危险区域遭受损害不承担侵权责任。如果管理人已经采取足够的安全措施并尽到充分警示义务，由于其采取的防范措施并非疏而不漏，导致第三人得以非法进入高度危险活动区域或者高度危险物存放区域，对他人非法进入后可能遭受高度危险物损害的防范措施也非绝对的周全严密，此时管理人需要承担侵权责任，但可以相应减轻其责任。

【司法案例】

刘某某诉湖南省高速公路管理局岳阳管理处机动车交通事故责任纠纷案①

诉讼结论：被害人江某2违法擅自进入高速公路发生交通事故造成自身损害的，属于"自甘冒险"的行为，高速公路管理部门已经采取安全措施并尽到警示义务的，可以减轻或免除责任。

2017年8月14日23时46分，李某驾驶鄂D小型普通客车由南往北行驶至京港澳高速公路湖南段1429km+910m路段时，与前方横穿高速公路的江某2发生碰撞，造成江某2当场死亡的第一次交通事故；后付某某驾驶鄂S号大型普通客车经过事故发生地时又与因发生第一次道路交通事故而停车于快车道的鄂D号车尾部发生碰撞并推动鄂D号车与道路右侧护栏发生碰撞，造成两车及公路设施受损的第二次道路交通事故。此事故经交警部门现场勘查，作出了湘公交高岳认字[2017]第2017081401号道路交通事故认定书，认定第一起事故中，江某2负此次事故的主要责任，李某负此次事故的次要责任。江某2死亡情况经岳阳市民声司法鉴定所鉴定，作出了民声司法鉴定所[2017]病检字第64号司法鉴定意见书，鉴定死者江某2系因交通事故致重型颅脑外伤死亡，左肋骨多发性肋骨骨折加速器死亡。现受害人家属刘某某、江某3、江某1作为原告，起诉被告李某、湖南省高速公路管理局岳阳管理处（以下简称岳阳管理处）要求承担赔偿责任。

法院认为，《侵权责任法》第76条规定："未经许可进入高度危险活动区域或者高度危险物存放区域受到损害，管理人已经采取安全措施并尽到警示义务的，可以减轻或者不承担责任。"从上述规定可以看出，高速公路应视为《侵权责任法》第76条规定的高度危险场所，而高度危险场所所产生的高度危险责任适用无过错原则，与普通机动车交通事故损害赔偿所适用的过错责任原则具有明显差别。

① 湖南省岳阳市中级人民法院（2018）湘06民终1738号民事判决书。

但因受害人违法擅自进入高速公路发生交通事故造成自身损害，属于“自甘冒险”的行为，若高速公路管理部门已经采取安全措施并尽到警示义务的，可以减轻或免除责任。换言之，如果高速公路管理者未能做到采取安全措施并尽到警示义务，则其仍需要承担责任。本案中，受害人江某2未经许可擅自进入高速公路，其横穿高速公路时，被侵权人李某所驾驶的车辆撞倒致死，发生交通事故。故本案应根据各方过错大小或者原因力比例确定各自应承担的相应赔偿责任。

第一千二百四十四条　承担高度危险责任，法律规定赔偿限额的，依照其规定，但是行为人有故意或者重大过失的除外。

【条文主旨】

本条是关于高度危险责任赔偿限额的规定。

【条文理解】

航空运输、高速铁路、核设施等高度危险作业或高度危险物，一般承载公共利益事业，技术含量较高，资金投入较大，如果课以沉重的负担，不利于公共事业的发展。“法律规定赔偿限额的，依照其规定”，正是在公共事业发展和受害人权益保护之间寻求一种平衡。我国相关法律法规、规范性文件对航空运输、铁路运输、核损害等赔偿限额进行了规定。

航空运输方面，2008年《民用航空法》第128条、第129条对相关航空运输赔偿限额进行了限定。该法第128条规定：“国内航空运输承运人的赔偿责任限额由国务院民用航空主管部门制定，报国务院批准后公布执行。旅客或者托运人在交运托运行李或者货物时，特别声明在目的地点交付时的利益，并在必要时支付附加费的，除承运人证明旅客或者托运人声明的金额高于托运行李或者货物在目的地点交付时的实际利益外，承运人应当在声明金额范围内承担责任；本法第一百二十九条的其他规定，除赔偿责任限额外，适用于国内航空运输。”第129条规定：“国际航空运输承运人的赔偿责任限额按照下列规定执行：（一）对每名旅客的赔偿责任限额为16600计算单位；但是，旅客可以同承运人书面约定高于本项规定的赔偿责任限额。（二）对托运行李或者货物的赔偿责任限额，每公斤为17计算单位。旅客或者托运人在交运托运行李或者货物时，特别声明在目的地点交付时的利益，并在必要时支付附加费的，除承运人证明旅客或者托运人声明的金额高于托运行李或者货物在目的地点交付时的实际利益外，承运人应当在声明金额范围内承担责任。托运行李或者货物的一部分或者托运行李、货物中的任何物件毁灭、遗失、损坏或者延误的，用以确定承运人赔偿责任限额的重量，仅为该一包件或者数包件的总重量；但是，因托运行李或者货物的一部分或者托运行李、货物中的任何物件的毁灭、遗失、损坏或者延误，影响同一份行李票或者同一份航空货运单所列其他包件的价值的，确定承运人的赔偿责任限额时，此种包件的总重量也应当考虑在内。（三）对每名旅客随身携带的物品的赔偿责任限额为332计算单位。”同时，《国内航空运输承运人赔偿责任限额规定》也对相关限额进行了规定：“国内航空运输承运人（以下简称承运人）应当在下列规定的赔偿责任限额内按照实际损害承担赔偿责任，但是《民用航空法》另有规定的除外：（一）对每名旅客的赔偿责任限额为人民币40万元；（二）对每名旅客随身携带物品的赔偿责任限额为人民币3000元；（三）对旅客托运的行李和对运输的货物的赔偿责任限额，为每公斤人民币100元。”

铁路运输方面，《铁路法》第17条规定：“铁路运输企业应当对承运的货物、包裹、行李自接受承运时起到交付时止发生的灭失、短少、变质、污染或者损坏，承担赔偿责任：（一）托运人或者旅客根据自愿申请办理保价运输的，按照实际损失赔偿，但最高不超过保价额。（二）未按保价运输承运的，按照实际损失赔偿，但最高不超过国务院铁路主管部门规定的赔偿限额；如果损失是由于铁路运输企业的故意或者重大过失造成的，不适用赔偿限额的规定，按照实际损失赔偿。”《铁路交通事故应急救援和调查处理条例》第33条规定了相应的限额，但在修订时予以删除。

核损害方面，我国国内尚无核事故赔偿的立法，唯一现行有效的指导规范意见是1986年3月29日的《国务院关于处理第三方核责任问题给核工业部、国家核安全局、国务院核电领导小组的批复》，其中第3条规定：“对于一次核事故所造成的核损害，营运人对全体受害人的最高赔偿额合计为人民币一千八百万元。对核损害的应赔总额如果超过前款规定的最高赔偿额，中华人民共和国政府将提供必要的、有限的财政补偿，其最高限额为人民币三亿元。”

【司法适用】

人民法院审理高度危险责任赔偿限额时，应当充分考虑限额规定与当前经济社会发展水平。有些限额规定制定较早且较为粗泛，有些限额规定并未实际考虑受害人具体受损情况。如1986年3月29日《国务院关于处理第三方核责任问题给核工业部、国家核安全局、国务院核电领导小组的批复》规定的限额太低，考虑到批复的时间和当时社会经济发展情况，人民法院在审理相关案件中，应当综合汇率、通货膨胀等因素酌情考虑。同时，应当注意，2013年1月1日起施行的《国务院关于修改和废止部分行政法规的决定》对旧《铁路交通事故应急救援和调查处理条例》进行了修正，删除了第 33 条，即对铁路旅客人身伤亡限额 15 万元和旅客自带行李损失限额 2000 元进行了删除，这符合立法发展规律，契合新的社会发展形势，人民法院在审判实践中应当进行贯彻落实。

第九章　饲养动物损害责任

本章共7条,动物导致的损害责任是侵权责任规范体系中较为特殊的一类,从《侵权责任法》实施以来动物致损侵权责任相关规范运行良好,司法机关处理相关纠纷较为顺畅,适用法律过程中并未出现反应集中的修正意见,故而《民法典》编纂过程中对此章所有条款持全面保留态度,“侵权责任编”第九章完整承接了《侵权责任法》第十章内容。本章主要对饲养的动物致人损害的一般规定,未对动物采取安全措施的责任承担,禁止饲养的危险动物致害的责任,动物园的责任,遗弃、逃逸动物造成损害后的责任主体,第三人过错致使动物造成损害责任等问题进行规定。

第一千二百四十五条　饲养的动物造成他人损害的,动物饲养人或者管理人应当承担侵权责任;但是,能够证明损害是因被侵权人故意或者重大过失造成的,可以不承担或者减轻责任。

【条文主旨】

本条是关于饲养动物损害责任的一般规定。

【条文理解】

本条承接于《侵权责任法》第78条,规范饲养动物造成损害的一般性侵权责任规定,该条分为两个部分:其一,饲养动物造成他人损害由饲养人或管理人承担侵权责任,即只要是人工养殖的任何动物,无论动物是自主伤害他人还是被驱使造成他人伤害,那么饲养人或管理人都应当承担侵权责任。其二,被侵权人不能明显犯错去导致自身受到伤害,言外之意就是不能是被侵权人去逗动物、去惹动物而导致动物对其的伤害,此种情况下被侵权人不能获得赔偿或不能完全获得赔偿。

在各类侵权行为中,饲养动物致人损害是一种特殊的形式,其特殊性在于它是一种间接侵权引发的一种直接责任,其加害行为是人的行为与动物的行为的复合。人的行为是指人对动物的所有、占有、饲养或者管理。动物的行为是直接的加害行为。这两种行为相结合,才能构成侵权行为,所以排除野生动物侵权。

一、归责原则

一般民法理论认为,动物致人损害的构成要件是:须为饲养的动物;须有动物的加害行为;须有造成他人损害的事实;须有动物加害行为与损害之间的因果关系。①

本条规定,饲养的动物造成他人损害的,动物饲养人或者管理人应当承担侵权责任,这一规定的目的就是要促使动物饲养人或者管理人能够认真、负责地担负起全面的注意、防范义务,以保护公众的安全。任何动物,其本性决定了其会在不同程度上存在致人损害的危险。由于动物的饲养人或者管理人对动物负有管束的义务,因而也就必须对动物所具有的危险性负责,保证其动物不至于造成他人损害。而一旦这种危险性造成损害,动物的饲养人或者管理人就应承担民事责任,除具有法定的抗辩事由外,不能免责。对动物饲养人或者管理人责任承担进行特别规定的原因,在于动物具有令人难以估量的行为并可能因此对他人的生命、健康和财产造成危险。故动物饲养人或者管理人必须对所有由于这种动物的难以估量而发生的损害承担责任。

二、“饲养的动物”范围

关于“饲养的动物”范围。有人认为,无论是什么性质的动物,只要是人工饲养的动物都包括在内,例如,家里饲养的鸡、狗、猪,动物园里饲养的猴子、老虎、豹子、毒蛇,等等。有人认为,饲养的动物既应包括以食用、牟利为目的的,也应包括以观赏为目的的。有人认为,只要属于在人的控制下,主要依靠人所供给的食物生存的动物,都应包括在这个范围内。各国对此的规定也不尽一致,大陆法系的德国、法国、意大利、日本等国对“动物”的范围是宽泛的理解,而美国不仅包括“放牧牲畜”,也包括“家养动物”和野兽。

普遍认为,“饲养的动物”应同时具备以下特点:(1)为特定的人所有或者占有;(2)饲养人或者管理人对动物具有适当程度的控制力;(3)依动物自身的特性,有可能对他人或者财产造成损害;(4)该动物为家畜、家禽、宠物或者驯养的野兽、爬行类动物等。因此,饲养的动物必须是能够为人所占有或者控制的动物。那么,对于自然保护区或者野生动物保护区的野兽,虽然可能为人们在一定程度

① 法国民法规定,动物的所有人或者使用人在使用期间,对动物所造成的损害,无论该动物是否在其管束下,或者是动物在走失或者逃脱时所造成的损害,均应负赔偿责任。在具体适用上,法国民法理论对动物致害责任最初倾向于采取过错责任原则,后期才逐渐改为无过错责任原则。在英美法国家,法律将动物致害责任作为无过错责任对待,即无论动物的占有人有无过失,只要其产生了损害后果,动物的占有人或者管理人必须要承担责任。

上所饲养或者管理，如定期投放食物，甚至为其生存和繁殖提供了适宜的条件和环境，但人们对它的控制力较低，因此，野生动物不能列入本法所说“饲养的动物”。

三、动物致害责任的赔偿主体

动物的饲养人或者管理人都是责任主体。动物的饲养人是指动物的所有人，即对动物享有占有、使用、收益、处分权的人；动物的管理人是指实际控制和管束动物的人，管理人对动物不享有所有权，而只是根据某种法律关系直接占有和控制动物。在实际生活中，动物的饲养人与管理人有时为同一人，有时则为不同人。动物的饲养人与管理人为同一人时，也就是由动物的所有人自己占有和管束动物，在这种情况下，赔偿主体是很清楚的。当动物的饲养人与管理人为不同人时，管束动物的义务由饲养人转移给管理人，这时的赔偿主体应为管理人。至于管理人是有偿管理还是无偿管理，是长期管理还是临时管理，在所不问。有专家提出，“动物的饲养人”说明不了物权关系，建议修改为“所有人”、“管理人”、“占有人”或者“保有人”。有专家认为，还是沿用《民法通则》中的“动物的饲养人或者管理人”为好。对于责任主体，德国是占有人或者管理人；法国是所有人或者使用人；意大利是所有人或者管理人；瑞士债务法是动物的管理人。本条沿袭了《民法通则》的规定，仍用“动物饲养人或者管理人”。

四、抗辩事由——被侵权人故意或者重大过失

饲养动物致人损害的民事责任的抗辩事由，是指动物的饲养人或者管理人依法用以减轻或者免除其承担民事责任的事由或者理由。

并非动物的饲养人或者管理人需要对其饲养或者管理的动物造成的一切损害都要承担赔偿责任。本条规定，因被侵权人自己故意或者重大过失造成损害的，动物的饲养人或者管理人可以不承担或者减轻责任。可以说，动物饲养人或者管理人可以免责或者减轻的事由是证明损害是因为被侵权人自己的故意或者重大过失造成的。

在动物致害中，有时被侵权人故意或者重大过失应该是诱发动物致害的直接原因，是引起损害的全部或者主要原因。也就是说，被侵权人致害，是因自己挑逗、刺激等诱发动物的行为直接造成的，如果被侵权人的行为不足以诱发动物，其过失只是引起损害的部分原因或者次要原因，则不能认为被侵权人在该损害中存在故意或者重大过失。例如，甲明知乙有一条性情暴躁的狗且经常咬人，但甲必须从乙的家门路过，当甲路过乙的门口时，乙的狗突然蹿出来把甲咬伤。此案中就不得认定甲明知乙的狗有咬人的恶习和有危险的存在，却仍疏于防范，因此而认为甲是有重大过失的。因为甲的行为本身不能直接诱发动物损害，与动物损害没有必然的因果关系,因此,动物饲养人或者管理人就不能认为被侵权人有重大过失而减轻或者不承担责任。

可以说,被侵权人是否存在故意或者重大过失,具体行为在不同的案件中的认识是不相同的。在动物侵权案件中,对于被侵权人有故意或者重大过失的认定都是非常严格的,否则,任何主动接近动物的行为如果被认定为是故意或者重大过失的行为,那就会造成对动物饲养人或者管理人的偏袒,失去公平。同时,被侵权人有故意或者重大过失的,动物饲养人或者管理人可以不承担或者减轻责任,这对饲养人或者管理人也是公平的。

五、举证责任倒置

本条规定,饲养的动物造成他人损害的,动物饲养人或者管理人应当承担侵权责任,但能够证明损害是因被侵权人故意或者重大过失造成的,动物饲养人或者管理人可以不承担或者减轻责任,表明了本条适用举证责任倒置。

对于动物致人损害的举证责任,2002 年《最高人民法院关于民事诉讼证据的若干规定》(已失效)第 4 条第 5 项曾规定,饲养动物致人损害的侵权诉讼,由动物饲养人或者管理人就受害人有过错或者第三人有过错承担举证责任。上述规定采取的是举证责任倒置原则,动物饲养人或者管理人如果想要减轻或者不承担责任,就必须证明被侵权人的损害是因为他自己行为的故意或者重大过失造成的。如果举证不足或者举证不能,动物饲养人或者管理人就应承担动物致害的赔偿责任。

在诉讼中,举证责任通常是“谁主张,谁举证”。但在有些特殊的侵权案件中,如果还适用这一原则,就会使被侵权人很难或者无法完成举证责任,这种举证上的困难,必然使原告主张的事实得不到法庭的确认,最终导致被侵权人的合法权益得不到应有的法律保护,从而不能保证对案件处理的公正性和平等性;而侵权人方面却可以因此而逃避赔偿责任。这种状况显然不公平,违背了法律公平正义的宗旨。本条适用举证责任的倒置,对保护被侵权人有重要作用。

六、动物饲养人或者管理人的义务

由于动物本身所具有的危险性,因此,动物致人损害的赔偿责任,是一种特殊的民事侵权责任。动物饲养人或者管理人既然占有或者控制着动物,就应该谨慎管束,肩负起对自己、对社会、对公众负责的义务,而不能只图自己的喜好,只享受宠物带来的快乐,而疏于对动物的管理。否则,动物致他人损害的,动物饲养人与管理人就要承担无过错责任予以赔偿。本条这样规定有利于切实保障广大人民群众的人身和财产安全,维护社会的稳定和正常秩序。

【司法适用】

在我国,《民法通则》实施以前,司法实践中对动物数人损害是按照过错责任原则处理的。例如,1981 年 1 月 22 日《最高人民法院关于李桂英诉孙桂清鸡啄眼赔偿一案的函复》中指出:“李桂英带领自己三岁男孩外出,应认识到对小孩负有看护之责。李桂英抛开孩子,自己与他人路旁闲聊,造成孩子被鸡啄伤右眼,这是李桂英做母亲的过失,与养鸡者(孙桂清)无直接关系。因此,判决孙桂清负担医药费是没有法律根据的。”这一司法解释肯定了动物致害责任是一种过错责任。1984 年 8 月 30 日《最高人民法院关于贯彻执行民事政策法律若干问题的意见》第 74 条又明确动物致害责任的过错责任性质:“动物因饲养人或管理人管理不善,而致他人人身或财物损害的,应由饲养人或管理人承担赔偿责任。”而后,1986 年《民法通则》第 127 条规定,“饲养的动物造成他人损害的,动物饲养人或者管理人应当承担民事责任;由于受害人的过错造成损害的,动物饲养人或者管理人不承担民事责任;由于第三人的过错造成损害的,第三人应当承担民事责任”。2002 年《最高人民法院关于民事诉讼证据的若干规定》(已失效)第 4 条第 5 项规定,饲养动物致人损害的侵权诉讼,由动物饲养人或者管理人就受害人有过错或者第三人有过错承担举证责任。

【司法案例】

周某某与费某某饲养动物损害责任纠纷案[①]

诉讼结论:尽管驾驭马匹是一项高度危险的运动,但是受害人费某某在明知自身骑乘状态不好的情况下依然骑乘,对骑马运动的危险性认识不足,其自身存在重大过失(自身过错),应承担全部侵权责任(自身担责)。

饲养的动物造成他人损害的,动物饲养人或者管理人应当承担侵权责任,但能够证明损害是因被侵权人故意或者重大过失造成的,可以不承担或者减轻责任。根据本案已查明的事实,可以认定费某某摔伤时所骑的涉案马匹归周某某所有,虽涉案马匹放置于他处,委托他人无偿喂养,但马匹的驾驭使用权和处置权归属于周某某。骑马运动本身作为一项高度危险的运动,骑乘人应有高度的自身安全注意义务,而费某某作为完全民事行为能力人,在明知自身骑乘状态不好的情况下依然骑乘,对骑马运动的危险性认识不足。

法院认为,正式出发前,费某某曾被劝阻不要野外骑行。周某某没有从借用马匹中谋利,其对于费某某并不负有法定或约定的安全保障义务,其应承担的有限的注意义务亦不存在履行不当之处。对于处于弱势地位的人给予必要的关注是法律的一种美德,但是不能够矫枉过正。对费某某而言,其明知骑马运动的固

① 北京市第二中级人民法院(2016)京 02 民终 4921 号民事判决书。

有风险而自愿参加并因固有风险受伤。对周某某而言,其虽将自己所有之马借与费某某骑乘,但费某某骑马之固有风险对于周某某而言不可控制、无法消除,且周某某亦不负有消除该种固有风险的义务;而周某某因已尽到了合理的注意义务,其对于费某某摔伤一节没有过错,亦不存在法律规定的周某某应承担无过错责任的情形。故费某某的自冒风险行为对其自身造成的损害应由其自行承担。

本案核心为被侵权人明知有骑马行为具有危险性,劝阻下执意而为,属于被侵权人故意或重大过失,故动物饲养人或管理人不承担侵权责任。

第一千二百四十六条　违反管理规定,未对动物采取安全措施造成他人损害的,动物饲养人或者管理人应当承担侵权责任;但是,能够证明损害是因被侵权人故意造成的,可以减轻责任。

【条文主旨】

本条是关于违反管理未对动物采取安全措施致人损害责任的规定。

【条文理解】

本条承接于《侵权责任法》第 79 条,"违反管理规定,未对动物采取安全措施造成他人损害的,动物饲养人或者管理人应当承担侵权责任",那么就形成了未对动物采取安全措施的,比如未牵狗链、未带狗嘴套的动物导致他人损害情况,则动物饲养人或管理人承担绝对的侵权责任。按照《侵权责任法》第 79 条的规定,如被侵权人故意逗未带安全措施的狗导致被狗咬伤,那么动物饲养人或者管理人承担全责。在《民法典》"侵权责任编"编纂过程中,有专家提出如果按此《侵权责任法》第 79 条规定对动物饲养人或管理人不公平,故而立法机关采纳了增加"能够证明损害是因被侵权人故意造成的,可以减轻责任"的规定。如此一来,动物饲养人或管理人与被侵权人之间权利义务更为平衡,立法价值更加中立。

近些年来,随着饲养宠物人群的不断增多,社会上无序养犬、违规养犬的情况日益突出,特别是狗咬伤人的事件逐年呈上升趋势。基于此问题的严重性,为维护百姓的人身和财产安全,《侵权责任法》对动物致人损害的侵权责任作了严格的规定。未对动物采取安全措施造成他人损害的,动物饲养人或者管理人应当承担侵权责任。这一条并未规定免责事由,即使被侵权人对损害的发生有过失,动物饲养人或者管理人也不能减轻或者不承担责任。例如,狗的主人携狗乘电梯,没有给狗戴嘴套,一个小孩子拿出香肠去喂小狗,被狗咬伤。这时就不得以小孩子的监护人没有尽到监护职责而认定监护人有过错,全部责任应由狗的主人承担,因为狗的主人没有采取安全措施给狗戴嘴套。

在国外,饲养管理动物通常有以下几点要求:第一,养狗必须办理证件上“户口”。美国、德国、日本和新加坡等国的大部分地区都要求狗主人为他们的宠物狗办理许可证,许可证(狗牌)必须牢固地缚在狗的颈圈上。许可证主要有两方面的作用:一是表示狗是健康的,已经注射过狂犬病疫苗,不会对周围的人造成健康上的威胁;二是记录了主人的情况,当狗走失的时候,相关人员可以通过它顺利找到狗的主人。

第二,对狗进行培训及管理。在德国养狗是让狗主人提心吊胆的事。为了让狗有良好的行为,绝大多数养狗人都把狗送进狗学校培训,然后才带狗到公共场合。狗在狗校里要学会与人礼貌相处,尤其不能对儿童有攻击行为。狗校还教狗有良好卫生习惯,遵守交通规则。而且各州还对养狗人在公共场合的行为作了规定,狗不得破坏公共卫生,狗主人必须随时能控制狗。柏林市规定,在人多的公共场所,必须用不长于 2 米的绳子牵着狗。在室内、公交场合牵狗绳不得长于 1 米。狗不准进入儿童游戏场所,不能进入供人休闲、躺着的草坪,不能进入游泳场地和其他标明狗不得进入的场所。各州法律都对养危险性狗有特别限制,明确规定危险性狗的范围。18 岁以下的人禁养此类狗,不得将其交给没有这方面资格的人看管。有独立住宅的人才能养危险性狗,房周围要有保护措施,并悬挂警示标志。在多家居住的住宅房、楼房里严禁养这种狗。饲养危险狗必须有资格证明,对狗主人的身体、品行、精神状态、狗知识及具备控制这种狗的能力,都有规定。这种狗出门时必须佩戴审批标志、戴口套,用不超过 2 米的绳子牵着,狗主人要携带相关证明,以备查验。美国的法律规定,不管是什么狗,只要长着嘴巴还有 4 条腿,就必须给它在脖子上套一个链子。美国人常说,买一只狗,就是买了很多责任。新加坡规定,在公共场所,狗主人必须给宠物犬系上皮带,巨型犬除系上皮带外还要戴上口套。

第三,责任保险。德国很多城市和州都规定,养狗人必须为狗上类似于机动车的强制保险,用于赔付因狗造成的损失。一旦狗肇事,小至咬坏衣服,大到引发交通事故,甚至造成他人伤亡,保险公司应先行赔付。鉴于德国养狗人的责任越来越大,德国养狗人协会建议养狗人为狗上更高的保险,不低于 500 万欧元赔偿额。通常养狗人每年为狗缴 75 欧元至 270 欧元保险费。如柏林规定,养狗人要为狗上不低于 100 万欧元赔偿额的保险。具有危险性的狗还要多付 30% 以上的保费。另外,除了警用、导盲犬等服务功能的狗,养狗人要交狗税,在柏林养第一只狗每年交税为 120 欧元,第二只狗则要再交 180 欧元,不许再养更多的狗。

新加坡还对饲养巨型犬作了特别规定。巨型犬的主人除了必须为犬投保 10

万新元（约合 50 万元人民币）的第三方责任险外，还必须提供 5000 新元的保证金。在犬死亡或者离开新加坡后，保证金将会如数退还，但如果犬主人违反了相关规定，保证金就会被收缴。美国每年发生约 500 万起狗咬人的事件，致使 80 万人到医疗机构治疗，其中又有 6000 人需要住院治疗。由此引发的损失每年约 10 亿美元，其中保险公司赔付 3 亿多美元，其余主要是由狗主人们承担。狗主人们每年赔出 7 亿美元。美国很多州的法律规定，在没有过错、没有故意招惹狗的情况下被狗咬伤，狗的主人承担全部的责任。伊利诺伊州的法律还明确规定，受害者可以得到：第一时间紧急治疗的费用；未来消除或减少伤疤产生的医疗费用；还有心理治疗、误工补偿等一系列的费用。

第四，处罚措施。在德国，违反“狗规”者可能被判罚数万欧元。勃兰登堡州规定，如牵狗上街不采取安全措施最高可判罚 5 万欧元；未经允许就饲养、训练、繁殖、出售危险狗的，可判罚 5 万欧元；在公共场所对狗看管不力的，可判罚 1 万欧元；养狗不及时申报的，判罚 1 万欧元。在新加坡，如果违反规定，农粮与兽医局有权扣押犬只，并对狗主人处以最高 500 新元的罚款或者吊销养狗许可证。此外，如果狗过度吠叫造成滋扰，或者导致他人受伤，或者狗主人唆使狗攻击他人，或者狗弄污环境，狗主人都会依法受到罚款、吊销或者无法更新养狗许可证的惩处。此外，如果狗主人有遗弃狗等的行为，狗主人也要依法受到惩处。

信息化时代的今天，饲养动物早已不像是农业社会时代，动物只是充当劳动力，是一个家庭不可或缺的生产工具，它的生产价值已在逐步下降。家庭饲养宠物，是因为宠物可以给动物饲养人带来精神上的满足。如果要饲养，动物饲养人或者管理人就应当采取安全措施，避免对他人造成伤害，否则，应当承担严格的侵权责任，这也是侵权责任法所体现的社会公平和正义。因此说，在损害与危险有关时，让动物饲养人承担严格的责任，这样是公平的。

【司法适用】

动物饲养人或者管理人不仅要对动物本身负责，还要对社会负责，履行相关法律规定的义务。目前，全国已有北京、天津、上海、河北、山东、辽宁等 20 多个省、自治区、直辖市以及石家庄、长春等近 70 个城市颁布了养犬管理的地方性法规和规章。养犬管理规定是一部协调养犬者与非养犬者、养犬者与社会公共利益之间关系的法规。各地的养犬管理规定不仅对人们普遍关注的养犬收费、携犬乘梯、养犬遛犬范围、管理处罚等问题作了规定，最主要的对于饲养人的行为进行了规范，例如：（1）携犬出户时，应当对犬束犬链，由成年人牵领，并应当避让老年人、残疾人、孕妇和儿童；携犬乘坐电梯的，应当避开乘坐电梯的高峰时间，并为犬戴嘴套，或者将犬装入犬袋、犬笼。（2）在重点管理区内，禁止饲养烈性犬及成年体高超过35～48厘米的大型犬种，如獒犬、猎狐犬、澳洲牧羊犬、松狮犬、斑点狗等。（3）主要区域和道路禁止遛犬。饲养人不得携犬进入市场、商店、商业街区、饭店、公园、公共绿地、学校、医院、展览馆、影剧院、体育场馆、社区公共健身场所、游乐场、候车室等公共场所；不得携犬乘坐除小型出租汽车以外的公共交通工具；携犬乘坐小型出租汽车时，应征得驾驶员同意，并为犬戴嘴套，或将犬装入犬袋、犬笼等。

除此之外，养犬规定还对犬伤人后的救济措施作了规定：（1）犬伤害他人的，养犬人应当立即将被伤者送到医疗机构诊治，并先行垫付医疗费用。因养犬人或者第三人过错，致使犬伤害他人的，养犬人或者第三人应当负担被伤害人的全部医疗费用，并依法赔偿被伤害人其他损失。（2）对在禁养区内养犬的或者在重点管理区内饲养烈性犬、大型犬的，由公安机关没收其犬，并可对单位处1万元罚款，对个人处5000元罚款。对在禁遛区遛犬、携犬进入公共场所或者携犬乘坐交通工具的；违反规定携犬出户或者乘坐小型出租汽车、电梯等上述行为之一的，由公安机关予以警告，并可对单位处2000元以下罚款，对个人处500元以下罚款；情节严重的，没收其犬，吊销养犬登记证。

【司法案例】

赵某某与宫某某饲养动物损害责任纠纷案①

诉讼结论：动物饲养人或所有人违反动物管理规定造成他人损害，应该承担侵权责任。

法院认为，公民的健康权受法律保护，被告宫某某违反饲养动物管理规定，在遛狗时未给狗佩戴狗链或采取安全防范措施给他人造成损害，作为动物饲养人和管理人应当承担侵权责任；被告也不能证明原告赵某某存在故意或者重大过失的情形，故被告并不存在不承担或者减轻承担侵权责任的免责事由。被告认为原告有重大过失，应承担较大责任的抗辩理由，因证据不足，法院不予支持。

第一千二百四十七条　禁止饲养的烈性犬等危险动物造成他人损害的，动物饲养人或者管理人应当承担侵权责任。

【条文主旨】

本条是关于禁止饲养危险动物致人损害的责任规定。

① 内蒙古自治区呼和浩特市新城区人民法院（2015）新民五初字第00171号民事判决书。

【条文理解】

一、饲养烈性动物的危害性

生活中,在人多且空间狭小的居民小区常会见到狗的主人带着大型犬、烈性犬悠闲自在地在公共场地遛犬,有的甚至不拴狗链、不戴嘴套,给周围的居民尤其是对老人以及小孩带来恐惧,狗咬人、伤人事件时有发生。动物饲养人总是认为自己的狗最听话、很是温顺,不会咬人。但据了解,即使是平时从未暴露出进攻人的倾向的动物,也可能会在突然之间野性发作。狗是否温顺只是相对而言,比如,獒犬对主人很温顺,但是对生人就很凶狠。如某镇的一居民家中,一条一米多长的藏獒破门而出,冲上街头咬伤 6 人。随后,藏獒被主人用铁链拴住,一小时后,该藏獒挣开铁链,再次冲上街头,又咬伤了 20 多位居民。饲养动物人或者管理人的过失,会对他人造成无法弥补的伤害。

饲养动物对于周围人的人身和财产具有的危险性不仅存在,有时甚至是巨大的。首先,许多动物在野性发作时或者发情时具有难以控制的破坏力,从而具有伤害人和损害财产的危险性。其次,动物的流动性可能形成难以控制的破坏力。动物的危险性不仅在于具有攻击性和难以预见性的行为,即使是温顺的奶牛或者绵羊卧倒在道路、轨道上也会引发交通事故,其动物饲养人也应当承担侵权责任。德国有一个案例:一个动物饲养人所饲养的信鸽在飞行中,被一架喷气式飞机吸入到引擎中,导致该飞机引擎出现了损害,德国法院判该动物饲养人承担该飞机的部分损害赔偿责任。

二、有关法律的规定

美国没有统一的涉及养犬的法律,但每个州都有自己的法律。一些州的法律规定,只要狗咬了人,狗的主人就要承担责任,具体的刑事罪名有:拥有危险狗罪、饲养凶猛动物致人死亡罪等。例如,2001 年 1 月,美国旧金山一对夫妇养的两条大狗将邻居女教练活活咬死,警方对狗实施安乐死,并勒令狗主人 3 年内不许养狗。加州法庭的陪审团对狗主人判决二级谋杀罪、过失杀人罪和拥有危险狗罪,但洛杉矶高等法院在 2002 年 6 月推翻了陪审团二级谋杀罪的判决,维持对该夫妇犯过失杀人罪,处 4 年监禁的判决。又如,2002 年 2 月,美国威斯康星州一个 10 岁女孩与 6 条罗特维尔牧犬玩耍时被咬死,狗主夫妇被控饲养凶猛动物致人死亡的罪名。加拿大的温尼伯、安大略、魁北克等多个省份禁止饲养凶猛狗,狗一旦肇事,狗主人必须受到严厉的惩罚。

另外,需要说明一下属于大型犬的导盲犬的问题。据了解,全球每年发生狗伤人案件五百多万件,但没有一起因导盲犬伤人的案件。目前,全世界有近 2 万多只导盲犬在服役。美国有 1 万只,英国 4000 只,德国 1100 只,日本 969 只,法国

600只……导盲犬作为一种特殊的工作犬，必须要具备非常严格的条件，不仅要性情温和，喜欢与人在一起，不具有任何攻击性，不会对他人安全产生威胁，更为重要的是对狗的品种和血统的要求极为苛刻，只有黄金猎犬和拉布拉多犬等少数犬种才适合作为选材来源，而且培训的成功率只有30%。导盲犬的训练费用非常高，国际上一只好的导盲犬其价值是6万美元。国外驯养导盲犬的经费一般是政府、企业和个人捐助各占1/3。在我国，训练一只导盲犬大概要花费10万～20万元人民币，一般使用期限为8年左右。在许多国家和地区，免费使用导盲犬是盲人享有的一项社会福利。对盲人使用导盲犬的权利，至少有30多个国家通过立法予以保障。盲人可以携带导盲犬出入所有公共场所和乘坐各种公共交通工具。拒绝盲人携带导盲犬出入者，要承担法律责任。

由于导盲犬在我国还是新生事物，管理部门和社会各界对之缺乏了解，过去往往将其作为宠物犬加以管理，限制了盲人使用导盲犬的权利。为了确保2008年残奥会期间残疾人出行方便，2007年8月24日，北京市出台了《关于北京奥运会残奥会期间导盲犬使用和管理的通告》，通告指出"2008年7月20日至2008年9月20日，参加北京奥运会、残奥会的盲人运动员、盲人官员和观摩北京奥运会、残奥会的盲人携导盲犬可以在本市出行"。此外，北京公交集团和地铁运营公司也出台了新规定：盲人可以携带导盲犬乘坐公交车和地铁。由此大家看到了，火炬手、中国首枚残奥会金牌获得者平亚丽手牵导盲犬在"鸟巢"内传递火炬。

我国《残疾人保障法》强调对残疾人各项"自立生活"权利的保护。如第10条第1款规定："国家鼓励残疾人自尊、自信、自强、自立，为社会主义建设贡献力量。"第58条专门规定："盲人携带导盲犬出入公共场所，应当遵守国家有关规定。"《北京市养犬管理规定》规定，"对盲人养导盲犬和肢体重残人养扶助犬的，免收管理服务费"。有的省市也作了规定，如《济南市养犬管理规定》规定，重点管理区内禁止个人饲养大型犬、烈性犬，但盲人饲养导盲犬、肢体重残的残疾人饲养扶助犬的除外。

【司法适用】

我国很多的地方性法规对禁止饲养的烈性犬和大型犬作了明确的规定。各地对禁止饲养的烈性犬或者大型犬的品种规定不等，有18～40种，如阿富汗猎犬、阿根廷杜高犬、阿根廷犬、比利时牧羊犬、藏獒犬、德国牧羊犬、俄罗斯高加索犬、雪达猎犬。除对烈性犬的品种有禁止饲养的规定外，对大型犬的体高也作了限制性规定。例如，《北京市养犬管理规定》规定，禁止饲养成年体高超过35厘米的大型犬种，《苏州市养犬管理条例》规定，大型犬的标准是成年犬肩高61厘米，还有地方规定限高48厘米。

为确保群众人身安全，本条对动物伤人的侵权行为作出了非常严格的规定，只要违反管理规定饲养了烈性犬等危险动物，并造成他人损害的，动物饲养人或者管理人就应当承担侵权责任。在烈性犬潜伏种种危险的情况下，让它的饲养人或者管理人承担更加严格的责任是对社会、对公众负责的态度。本条规定如此严格的责任就是引导爱犬的人认识到自己的法律责任和社会责任，为动物、为自己、为他人着想，不要违反规定饲养烈性犬等危险动物。

需注意的是，司法适用本条存在一个难题，即哪些犬属于烈性犬在法律上没有明文规定，那么要适用本条作为司法机关裁判依据就存在困难。对于烈性犬伤人案件，如果当地没有烈性犬认定标准，那么司法机关就难以自定标准来确定烈性犬的范围，故而造成本条适用障碍。如果当地有地方养犬条例，那么就能很好激活该条款发挥作用，解决在烈性犬伤人案件中的裁判说理过程中的适用依据问题。

【司法案例】

周某某、陆某某与蔡某某生命权、健康权、身体权纠纷案①

诉讼结论：烈性犬致人损害，无论行为人是否有过错，均应当承担侵权责任。

法院认为，公民的人身权利受法律保护。《侵权责任法》第78条规定，饲养动物造成他人损害的，动物饲养人或者管理人应当承担侵权责任，但能够证明损害是因被侵权人故意或者重大过失造成的，可以不承担或者减轻责任。饲养动物致人损害适用无过错责任，从监控可以看出事发地点为门面房门口行人通道，周某某受伤时为年满两周岁儿童，其在家门口玩耍，未超出其日常活动的合理区域，临时监护人即周某某祖父母虽未在孩子身边，但孩子仍在其视线范围内，不能认定其临时监护人存在重大过错，也无证据周某某在受侵害前有故意挑逗行为，因此不能减轻陆某某的侵权赔偿责任。本案中，陆某某将其饲养的大型烈性犬罗威纳拴在公共场所，且未尽到必要的看护义务，造成周某某被咬伤，严重侵犯周某某的人身权利，陆某某应承担全部侵权赔偿责任。

第一千二百四十八条　动物园的动物造成他人损害的，动物园应当承担侵权责任；但是，能够证明尽到管理职责的，不承担侵权责任。

---

① 江苏省宿迁市中级人民法院(2019)苏13民终1638号民事判决书。

【条文主旨】

本条是关于动物园的动物致人损害责任的规定。

【条文理解】

目前,全国动物园伤人事件不少,有些是由于动物园的管理措施不到位造成的,而有些是因游客的过失,如擅自跨越栏杆投喂食物、戏弄动物、与动物拍照等过度骚扰行为造成的。例如,事件一:2007 年 2 月 22 日下午,在昆明动物园内,一个小孩高兴地站在老虎后面等待照相。可是当相机闪光灯一闪,躺在桌子上的老虎突然欠起身一回头死死咬住了小孩子的头部……随后,五个驯兽员拿着木棍、板凳不停向老虎砸去,一分钟以后老虎终于松开嘴巴。小孩子因伤势过重抢救无效死亡。经调解动物园赔偿了 34 万元。事件二:2007 年 2 月,武汉动物园大象馆外的草坪上,两头体态庞大的非洲象引来众多游客围观。因草坪四周有铁栏杆围着,还挖了一人多深的防护沟,一些游客认为十分安全,遂拿着石块、泥土、塑料瓶等扔向大象。开始,两头大象没有在意,仍在用长鼻子卷草吃。后来,有几个石块砸中一头公象,只见它突然暴躁起来,大声朝人群怒吼,可游客不为所动,还在向它扔东西。这时大象因不堪游客频繁"袭击",竟用鼻子从地上卷起一块拳头大小的石头,朝人群扔去,石头正中一名被抱在父亲怀中的小女孩头部,小女孩顿时血流满面,众人吓得四散而逃。事件三:1999 年 11 月 17 日,在上海野生动物园,许某驾车前往救助抛锚的另一辆车。当车进入东北虎区时,因前方有一车辆停留挡住去路,许某下车催促其继续行进,随即遭到老虎袭击而死亡。经法院调解,动物园一次性给付死者 30 万元。事件四:2005 年 7 月 17 日,张某在海洋世界潜水时,被一条 3 米多长的鲨鱼咬伤。张某认为自己拥有 PADI 和 2 年潜水经验,此番被袭自己无任何过错,而是海洋馆未尽到合理的照顾义务:三个潜水游客只有两个教练陪同,并未像其网站上承诺的"一对一",并且在游客潜水时有工作人员正在喂食鲨鱼。而海洋馆则认为张某被袭是由于其擅自脱离潜水队伍及教练,还反复强调张某的受伤是因为与鲨鱼"相撞"而非鲨鱼咬人。事件五:2001 年 9 月 8 日上午,4 岁小男孩被邻居带到杭州市动物园看大猩猩,小孩出于好奇给猩猩喂食,结果猩猩从铁栅栏处伸出手臂抓住小孩的右手臂往馆舍里拖、咬伤其右手臂。法院认为,猩猩馆舍的观赏区域防护措施得当,而且,公园在出售的动物园门票上、各观赏景点及事发的猩猩馆舍处均印刷或悬挂了提醒游客的警示语,即"请勿跨越栏杆、投喂食物和戏弄动物、防止发生意外"。动物园内各分散处还悬挂有"爱护动物请勿投食""管好孩子注意安全"等警示语。尽到了应尽的警示义务。因此法院判决,责任应由游客自负,动物园不承担民事责任。

据动物专家介绍,一般动物在三种情况下的攻击性特别强:一是已成年正值发情期的时候；二是面临环境的改变；三是当它感觉自己的安全受到威胁的时候，比如，人出现在距离动物 50 米开外，动物可能选择转身就跑，但当人距离动物只有 5 米的时候，动物可能感到其受到致命威胁，没有退路，动物就会毫不犹豫地冲上来攻击你，其实这也是动物自我保护的一种方式。

在《民法典》“侵权责任编”的立法过程中，有的认为，作为一个公共场所，动物园应承担比较严格的责任，原因在于：既然动物园收取了门票，就有义务承担更重的责任。无论在建设规模上，还是在人力、物力的投入上，都应该比一般动物饲养人的要求高。有的认为，法律不能对动物园的要求太低。一般动物园年游客接待量五百余万人次，学龄前儿童占 15% ~20%，因此，从保护儿童的角度考虑，应当加重动物园的责任。有人提出，被侵权人的伤害，有些时候是因为自己不遵守动物园的规定，无视警示牌、不听工作人员的劝阻，擅自挑逗动物造成的，如果动物园已尽到管理责任的，应减轻或者不承担责任。有人提出，可以通过保险机制解决赔偿问题。据了解，现在动物园的门票里多没有包含保险费，游客可以在门票之外另买 2 元的保险费，保额为 8 万元，这完全是游客的自愿购买行为。

这里还有一个问题需要说明，关于野生动物致人损害的问题。《侵权责任法》草案曾在 2002 年一审稿中对野生动物致害问题进行过规定，即自然保护区内的野生动物造成他人损害的，由管理单位承担赔偿责任，但管理单位能够证明损害是由于受害人的过错造成的除外。由于第三人的过错造成损害的，第三人应当承担侵权责任。但在草案征求意见中，对此意见分歧较大。

有人提出，随着生态环境极大改善，野生动物保护力度的加强，已绝迹多年的野生动物又频频出现在人们的视野中，但随之而来的是，华南虎经常跳入村民的猪圈、羊圈里，吃掉猪，衔走大山羊；野鹿成群出没，黑熊、野猪、猕猴等破坏庄稼；羚牛、大熊猫、金丝猴、扭角羚等珍稀动物也不断发生伤人毁物事件，农牧民防不胜防。野生动物频频伤人毁物，给地方政府和当地群众留下“剪不断、理还乱”的后事。相关人士呼吁建立野生动物补偿机制，否则，农牧民会“谈保护色变”，从而影响了保护动物的积极性。有人提出，作为国家重点保护的野生动物，从科学研究的角度、从保护物种多样性的角度都是很有必要的。然而，那些具有很强的攻击性的动物，在保护它们的同时，也会造成很多安全隐患。因此，野生动物伤害人身及损毁财产的，国家虽然不是侵权人，但要承担起赔偿或者补偿的责任。有人建议删去该条，由《野生动物保护法》等有关法律法规调整。

【司法适用】

本条规定，动物园的动物造成他人损害的，动物园应当承担侵权责任；但是，能够证明尽到管理职责的，不承担侵权责任。也就是说，如果动物园能够证明兽舍设施、设备没有瑕疵，有明显的警示牌，管理人员对游客挑逗、投打动物或者擅自翻越栏杆靠近动物等行为进行了劝阻，可以说该尽的管理职责已经做得很好了，那么动物园就可以不承担侵权责任。

《野生动物保护法》第19条中规定，因保护国家和地方重点保护野生动物，造成农作物或其他损失的，由当地政府给予补偿。实践中，很多地方性法规对此也都有规定。如陕西省重点保护陆生野生动物造成人身财产损害补偿办法规定，在本省行政区域内，国家和省重点保护陆生野生动物造成人身伤害或者财产损失的，受害人有依照本办法取得政府补偿的权利；造成人身伤害的，有得到政府医疗救治的权利。办法还规定，重点保护野生动物造成人身伤害且符合有关规定的，当地乡镇人民政府应当立即组织抢救。经抢救后需继续治疗或住院治疗的，应到县级人民政府指定的医疗机构治疗。抢救治疗费用由县级人民政府林业行政主管部门核实报销。同时规定，人身伤害医疗救治费和人身财产损害补偿费列入各级财政预算，由各级财政按照财政管理体制分级负担。重点保护野生动物造成人身伤害的，医疗救治费和损害补偿费省级财政负担80%，设区市、县级财政各负担10%；造成农作物、经济林木、家畜损害的，损害补偿费省级财政负担20%，设区市、县级财政各负担40%。

从上述规定可以看出，实践中对受到损害的单位和个人已经有了相关的救济措施。因此，《民法典》“侵权责任编”对野生动物致害问题就没有再作专条规定。

【司法案例】

谢某某诉上海动物园饲养动物致人损害纠纷上诉案①

诉讼结论：动物园动物致人损害，动物园管理存在疏漏，设施有瑕疵，导致儿童发生被动物伤害事实，应当承担部分侵权责任；儿童法定代理人未尽到监护职责导致儿童受伤，应当承担主要侵权责任。

法院认为：一、关于被告上海动物园是否尽到管理职责以免除其责任的问题。被告的管理职责应根据具体动物的种类和性质来定，并且鉴于动物园所承担的独特社会功能，其不应该只是承担善良管理人的注意义务，而应该承担更高的符合其专业管理动物的注意义务。但金属防护栏之间间距在15厘米左右仅仅能避免成年人钻入，并不能防止幼童的钻入，设施上有瑕疵，对于其儿童可能发生的危险应当预见而未能预见，管理上存在过错。二、原告谢某某及其法定代理人存在过

① 《最高人民法院公报》2013年第8期（总第202期）。

失,原告4岁儿童属于无民事行为能力人,其法定代理人的照管义务较强,未尽到监护责任。原告法定代理人带原告到动物园游玩并无不当,然而,在被告已书面告知警示情况下,原告法定代理人仍放松对原告危险警示教育和看护,导致原告穿过防护栏产生损害后果,故原告法定代理人有监管过失,应减轻被告的民事责任。三、关于赔偿责任比例的确定问题。原告谢某某法定代理人未看护好无民事行为能力的原告导致原告擅自穿越防护栏,喂食猴子,是原告受伤的近原因及主要原因,应当承担主要责任即承担本案确定赔偿总额的百分之六十之责。被告上海动物园的防护栏存在安全瑕疵未有效阻止原告穿越,应承担次要责任即承担本案确定赔偿总额的百分之四十之责。

第一千二百四十九条　遗弃、逃逸的动物在遗弃、逃逸期间造成他人损害的,由动物原饲养人或者管理人承担侵权责任。

【条文主旨】

本条是关于遗弃、逃逸的动物的侵权责任规定。

【条文理解】

随着饲养动物的人越来越多,一些饲养的动物或者被抛弃,或者不慎走失,城市里流浪猫、流浪狗等动物不断增多。数量众多的流浪动物不但成为城市管理的难题,而且对城市居民生活、健康也会产生严重危害。

一、流浪动物的现状

据有关部门日前统计,在北京,流浪猫、流浪狗约有100万只;在中等城市如长沙,流浪猫有3万多只、流浪狗有7000多只。流浪的动物繁殖能力惊人,据了解,一只狗一年生育2次,一次生仔1~13只;一只猫一年生育3次,一次生仔4~8只,其繁殖速度每年以几何数字增长。导致饲养的动物流落街头的主要原因是:(1)因动物患病被饲养人抛弃;(2)饲养人不愿承担过高的办证费等费用;(3)不愿意饲养动物所生育的幼仔;(4)饲养人家庭生育了小孩,不再饲养动物;(5)城乡拆迁等原因抛弃所饲养的动物;(6)饲养的动物走失。

流浪动物的危害较大。流浪动物无依无靠,只能自食其力。它们多在垃圾桶周围觅食,在城市的大街小巷里到处乱窜;它们的身上携带各种病毒和寄生虫,成了流动的“生物武器”,遇上适当的时机很可能成为威胁市民健康的祸害;它们的排泄物、呕吐物以及尸体可能带有病毒,很容易形成疾病的传染源,还可能污染水源,对公共卫生安全构成威胁。同时,流浪动物具有一定的野性,容易对人产生仇视情绪,攻击性强,危及人们的安全。

据有关部门统计,流浪动物伤人事件中,流浪狗占 82%,流浪猫约占 12%。在北京,每月到"狂犬病免疫预防门诊"就诊的人数就有近万人,其中大多是被流浪猫、狗抓伤、咬伤。至今,已知的人与猫、狗共患的疾病约有 60 多种,其中危害较大的常见疾病有十多种,如狂犬病、弓形虫病、钩端螺旋体病、结核病、皮霉菌病等。在我国,多年来,狂犬病的发病率和致死率居各类传染病之首,狂犬病的死亡率几乎是 100%。面对流浪动物数量不断增多、伤人事件不断高升的现状,一些地方采取了禁养措施,如陕西省汉中市和黑龙江省黑河市曾全面禁止养狗,强制捕杀辖区内的流浪狗甚至是正在饲养的宠物狗,但因社会争议较大而中止。

二、承担责任的主体

《侵权责任法》草案一审稿、二审稿对流浪动物的问题没有作规定。但在征求意见和调研时,一些部门、地方和专家建议,在《侵权责任法》中对流浪动物的问题作出规定,明确饲养人和管理人的管理责任,有助于从源头遏制遗弃饲养的动物,看管好自己饲养的动物以防丢失的情况发生。鉴于流浪动物问题的严重性,本章增加了遗弃、逃逸的动物在遗弃、逃逸期间造成他人损害的,由原动物饲养人或者管理人承担侵权责任。动物的遗弃是指动物饲养人抛弃了动物。逃逸的动物是指饲养人并不是已放弃自己饲养的权利,而是暂时地丧失对该动物的占有和控制。例如,饲养人张某的狗跑出去多日,张某明确表示他不再要这条狗了,此后该狗把他人咬伤。又如,李某饲养的牛离开牛群四处游荡,后来在公路上与汽车相撞,由此引发了交通事故。再如,甲饲养的一条狗经常咬人,于是甲将狗捆上石头投入河中后离开,希望狗被溺死,后狗被人救起而成为流浪狗并将乙咬伤。以上这几个事件有动物饲养人主动遗弃的动物,也有动物自己逃逸的。

那么,动物在失去饲养人或者管理人控制下造成他人损害的,应当如何确定责任主体?法国、意大利等国民法典明确规定,动物的所有人或者使用人在使用期间,对走失或者逃脱的动物所造成的损害,应负赔偿责任。《智利民法典》规定,动物即使在逃逸或者迷失后造成损害,其所有权人亦负责任。《阿根廷民法典》规定,造成损害的动物非因看管者的过失而逃逸或迷失的,其所有权人的责任停止。动物的主人不得提出抛弃该动物的所有权而规避其损害的赔偿义务。《埃塞俄比亚民法典》规定,动物的所有人对动物所致的任何损害承担责任,即使动物偶然逃脱其控制,或所致损害时不可预见的,亦得如此。《阿尔及利亚民法典》规定,动物管理人,即使他并非为动物的所有人,应对动物(包括走失或者逃离的动物)致害的结果承担民事责任。但管理人能证明损害系不可归咎于管理人的意外原因所致者除外。英国判例中明确了对于丧失占有的动物造成损害的，如果尚能认为丧失占有的动物为被告之物，虽然该动物已恢复其天然状态，被告仍应负责。

因此，无论动物饲养人或者管理人遗弃动物，还是其未尽到管理责任致使动物逃逸，其行为都是加剧了动物对人和社会的危险性，而损害的事实正是由于动物在失去人为的管理和控制下任意流动的危险性所导致。因此，为了社会公众利益，为了充分保护被侵权人利益，遗弃、逃逸动物的原饲养人或者管理人就应当对自己遗弃动物的行为，以及疏于管理没有尽到管理义务的行为承担责任。

【司法适用】

遗弃或逃逸动物致人损害关键难点，是证明该遗弃或逃逸动物的饲养人或者管理人到底是谁，只有证明了饲养人或者管理人才能使其承担责任，否则本条款就没有法律意义。一般来说，动物的所有人肯定要么是饲养人要么是管理人（包括直接管理人和间接管理人）。如果能证明动物的饲养人或管理人，那么法律关系就会变得清晰而简单。如果遗弃或逃逸时间较长，或者即使时间很短，但是无法查明该动物的饲养人或管理人，那么诉讼则无法开始，实际的法律责任就会落空。从已有司法案例来看，大多数司法审理的案件都是动物刚刚被遗弃或逃逸的，被侵权人能够明确查明，或知晓遗弃、逃逸动物的饲养人或者管理人。还需注意，动物所有权交付转移过程就是管理权转移的过程，即动物所有权与管理权具有关联性和契合性，查清交付前后的管理职责归属，就能确定具体的侵权主体。

【司法案例】

蒋某某与莫某、李某某等生命权、健康权、身体权纠纷案[①]

诉讼结论：首先确定了蒋某某作为牛的所有权人，而不是出卖人；因接收牛的蒋某某未能管束和控制好牛，导致牛逃跑后致人死亡的侵权后果，其牛的所有权人蒋赞扬应该承担全部侵权责任。

法院认为，《侵权责任法》第 82 条规定，遗弃、逃逸的动物在遗弃、逃逸期间造成他人损害的，由原动物饲养人或者管理人承担侵权责任。因此，动物的所有人或实际控制管束动物义务的人都负有避免动物致人损害的责任。就责任主体的角度而言，动物的所有人或实际控制管束动物的人是动物致人损害的责任主体。

1. 蒋某某负有管束和控制责任。本案中，牛挣脱控制时处于卸牛的过程中，

---

① 重庆市第一中级人民法院（2019）渝 01 民终 9309 号民事判决书。

因双方对买卖事宜未作书面约定，考虑到徐某某完全不了解当地地形和环境，且卸牛地点、卸牛人员均由买方蒋某某选定并现场指挥，则蒋某某对牛在其选定的卸牛场所内负有相应的管理义务，其应当预见到卸牛存在的风险，并采取相应的安全防范措施。因蒋某某在公共空地卸牛，未尽到足够的安全防范义务，同时击打牛头部，导致牛挣脱控制跑走，最终致使莫某被撞伤后死亡的结果。其负有管束和控制责任，应当承担侵权赔偿责任。

2. 涉案牛已完成交付，蒋某某系涉案牛的所有人，同时也是管理人。蒋某某、被告徐某某之间订立的是一般动产买卖合同，所以动产交付（标的物“占有”移转）系本案判断合同标的物（涉案牛）所有权是否转移的因素，所有权转移后蒋某某就是该动物的管理人。

本案中，根据蒋某某的要求，徐某某将涉案牛运至指定地点，并由蒋某某组织陆续从货车上卸牛。二被告之间的买卖合同约定了明确的交付地点，根据一般社会观念，在约定地点买受人蒋某某开始卸牛时，即具有了占有标的物（牛）的意思表示，并且开始对标的物（牛）进行了管领及控制，故此时涉案牛的占有利益已经发生转移，基于交付合意，徐某某已经向蒋某某完成了现实交付，涉案牛的所有权发生转移，蒋某某获得涉案牛的所有权。

综上，蒋某某既负有管束和控制责任，又系涉案牛的所有人，应当对死者的各项损失承担全部赔偿责任。

第一千二百五十条　因第三人的过错致使动物造成他人损害的，被侵权人可以向动物饲养人或者管理人请求赔偿，也可以向第三人请求赔偿。动物饲养人或者管理人赔偿后，有权向第三人追偿。

【条文主旨】

本条是关于因第三人的过错致使动物造成他人损害责任的规定。

【条文理解】

现实中经常发生的动物伤人事件，并非被侵权人自己有过错，也非动物独立行为致人伤害，很多情形是由于第三人的原因致使动物伤及他人，如某甲故意在马身边按车喇叭，致使拴在木桩上的马受惊挣脱绳子，冲出去撞伤了行人。众所周知，很难要求动物具有识别行为后果能力，像这种在人的强制或者驱使下损害他人权益的行为，表面看似乎是动物致人伤害，其实动物已成为人的工具。本条就是要解决因第三人的原因，造成动物伤害他人的赔偿问题。

一、第三人的过错

第三人的过错,是指被侵权人和动物饲养人或者管理人以外的人对动物造成损害有过错。第三人的过错在大多数场合表现为:有意挑逗、投打、投喂、诱使动物,其后果致使他人受到人身或者财产的损害,其实质是实施了诱发动物致害的行为。对此问题,日本专家认为,某人唆使动物给他人造成损害只能解释为其实施了将动物当作道具使用的加害行为,应适用《日本民法典》第709条"由于故意或者过失,侵害了他人权利或者法律上受保护的利益者,对由此产生的损害负有赔偿责任"的规定。鉴于《日本民法典》第718条规定,"动物占有人负赔偿其动物造成他人损害的责任。但是,按动物种类及性质,以相当注意进行保管者,不在此限。"在第三人唆使动物给他人造成损害的情形下,动物原占有人是否承担责任,还是需要根据其是否尽到了第718条规定的注意义务来判断。

二、对被侵权人救济的选择权

本条赋予了被侵权人的选择权。因第三人的过错致使动物造成被侵权人损害的,被侵权人既可以请求第三人承担赔偿责任,也可以请求动物饲养人或者管理人承担赔偿责任。这样规定,就可以使被侵权人可根据具体情况选择其中一方要求赔偿。例如,甲饲养了一匹马,拴在自家的院内,乙路过此院看马很漂亮,便拿小棍子拍马,马受惊挣脱绳子冲出门,把正在路过的丙撞伤。这时被撞伤的丙既可以要求动物饲养人甲赔偿,也可以要求第三人乙赔偿。如果乙是个流浪汉,那么,作为第三人的乙与动物饲养人甲哪个更有赔偿能力就很明显了,被侵权人当然会选择经济实力强的动物饲养人甲进行赔偿。法律赋予被侵权人的选择权,一方面可使被侵权人获得法律救济、得到实际赔偿的可能性增大;另一方面,也会使动物饲养人对动物的管理更能尽到注意义务,从而减少动物伤人的机会。这样的设计可以让被侵权人受到更多的保护。

三、动物饲养人或者管理人的追偿权

本条还赋予了动物饲养人或者管理人的追偿权。动物饲养人或者管理人对被侵权人赔偿后,有权向第三人追偿。动物饲养人或者管理人之所以享有追偿权,是因为动物饲养人或者管理人实际上是代替第三人履行的赔偿义务,在动物饲养人或者管理人与第三人之间,第三人仍然是责任的最终承担者。法律规定,允许动物饲养人或者管理人在赔偿被侵权人的损害后对第三人进行追偿,一方面有利于被侵权人及时获得救济;另一方面也是维护动物饲养人或者管理人自身权益的一项重要手段。

根据本条规定,第三人过错造成他人损害的,可作为动物饲养人或者管理人减轻或者不承担责任的事由,但这种减轻或者免责往往是从最终意义上讲的,而不是绝对的。审判实践中，经常出现损害是由第三人造成的，但第三人是谁一时难以查明，这时，可以先由饲养人或者管理人承担起责任，然后饲养人或者管理人再向第三人追偿。如果第三人找到了，动物饲养人或者管理人还可以追偿；如果第三人找不到，那就应由饲养人或者管理人承担全部责任。

【司法适用】

《民法通则》第127条规定："饲养的动物造成他人损害的，动物饲养人或者管理人应当承担民事责任；由于受害人的过错造成损害的，动物饲养人或者管理人不承担民事责任；由于第三人的过错造成损害的，第三人应当承担民事责任。"2002年《最高人民法院关于民事诉讼证据的若干规定》（已失效）第4条第1款第5项规定："饲养动物致人损害的侵权诉讼，由动物饲养人或者管理人就受害人有过错或者第三人有过错承担举证责任。"2019年最高人民法院将其进行了修改，并在2020年5月1日开始实施的《最高人民法院关于民事诉讼证据的若干规定》中将此条予以删除，但是并不妨碍对该条进行理解。司法实践中的关键点是举证责任，被侵权人需要证明第三人侵权，或者初步举证使之受侵害的动物的饲养人或者管理人是谁即可；此刻动物饲养人或管理人抗辩证据必须是被侵权人有过错，或者他们来证明是第三人造成的，故而此处可以看出立法上对三方当事人有明确的举证责任分配，从而保证实现个案的正义。

【司法案例】

范某某、徐某某饲养动物损害责任纠纷案①

诉讼结论：因第三人的过错致使动物造成他人损害的，被侵权人可以向动物饲养人或者管理人请求赔偿，也可以向第三人请求赔偿。动物饲养人或者管理人赔偿后，有权向第三人追偿之规定，故动物饲养人范某某可另行向第三人主张权利。

法院认为，范某某主张其饲养的牧羊犬系朋友王某某未尽到看管义务，才会导致徐某某及柴某某饲养的泰迪犬被咬伤，损害赔偿应由王某某承担。根据《侵权责任法》第83条"因第三人的过错致使动物造成他人损害的，被侵权人可以向动物饲养人或者管理人请求赔偿，也可以向第三人请求赔偿。动物饲养人或者管理人赔偿后，有权向第三人追偿"之规定，范某某可另行主张权利。

---

① 黑龙江省伊春市中级人民法院（2019）黑07民终78号民事判决书。

第一千二百五十一条 饲养动物应当遵守法律法规，尊重社会公德，不得妨碍他人生活。

【条文主旨】

本条是关于动物饲养人应遵守法律和尊重公序良俗的规定。

【条文理解】

老百姓养猫、狗等宠物，本无可非议，但饲养的动物伤害别人、滋事扰民，污染环境，那就不是个人私事了。生活中，在居民小区，饲养的猫、狗很多，猫狗群吠，常常扰民。平日走在路上，居民们更是小心翼翼，不仅要防止踩到狗的排泄物，还要提防被冷不丁蹿出的猫狗吓着。有些狗不是虎视眈眈盯着路人，就是趴卧在路边，居民们经过时都提心吊胆，放假期间也不敢让孩子们随意出来玩耍，生怕狗伤到孩子。饲养宠物虽是爱心的体现，但事物都有两个方面，宠物除了能给人们带来快乐与安慰，也会对人带来伤害，而动物的一切行为约束全部靠动物饲养人的管制。

针对目前养犬伤人案件日益增多的现状，本条规定，饲养动物应当遵守法律，尊重社会公德，不得妨害他人生活。既然饲养了动物，饲养人就应该意识到自己担负着遵守社会公德和保护公共环境的双重社会责任，不能放任宠物侵扰他人的正常生活。动物饲养人应当自觉规范自己的行为，应该按照规定饲养动物：如(1)动物饲养人或者管理人在携犬出户时，应当对犬束犬链，由成年人牵领，并应当避让老年人、残疾人、孕妇和儿童。(2)动物饲养人或者管理人不得让动物干扰他人正常生活。犬吠影响他人休息时，养犬人应当采取有效措施予以制止。(3)不得携犬进入市场、商店、商业街区、饭店、公园、公共绿地、学校、医院、展览馆、影剧院、体育场馆、社区公共健身场所、游乐场、候车室等公共场所；不得携犬乘坐除小型出租汽车以外的公共交通工具；携犬乘坐小型出租汽车时，应征得驾驶员同意，并为犬戴嘴套，或者将犬装入犬袋、犬笼或者怀抱。(4)养犬人要定期为犬注射预防狂犬病疫苗；不得虐待、遗弃所养犬只。(5)携犬出户时，对犬在户外排泄的粪便，携犬人应当立即清除……

人与宠物和谐相处，是社会和谐、社会安定的一种体现。一个社区人与宠物、宠物与环境冲突不断，老百姓如何安居乐业。饲养动物的问题可以说涉及千家万户，涉及不同群体的利益。因此，对于动物饲养人或者管理人来讲，应当严格履行饲养动物的一些必要义务，规范自己的行为，不要给他人的生活带来不便，要充分考虑到不饲养动物人的利益，要依法、科学、文明地饲养动物。如果动物饲养人或者管理人都能遵守规范,能设身处地地处理因养犬所造成的邻里纠纷,对社会的和谐、安宁也是一份不小的贡献。希望动物饲养人或者管理人为和谐社会的文明建设做出努力,为创造良好的社会环境尽到应尽的义务。

【司法适用】

本章“饲养动物损害责任”用7个条文来规范涉及动物侵权责任方面的规定,前6条都是关于具体的动物侵权责任规定,然而,社会生活的复杂性和多变性是不能穷尽所有动物侵权责任类型或某种特别情况的,难免挂一漏万,故而立法者用此条(最后一条)进行兜底适用,避免法律真空的出现。同时,《民法典》“侵权责任编”用此条,即第1251条来映照《民法典》“总则编”第8条“民事主体从事民事活动,不得违反法律、不得违背公序良俗”的基本原则,法条之间的相互牵连与遥相呼应,是很值得肯定的。这样的立法技术使社会生活不论如何纷繁复杂或变幻莫测,即发生的绝大多数侵权纠纷都能在立法技术上实现全覆盖,形成逻辑上的完整闭环,规范之间有照应、相互有衔接及互为依托,形成可靠的、可依赖的规范私法体系。司法机关在处理特殊案件时,可以将本条与地方立法结合起来予以综合评判,使新类型纠纷可以找到相对稳健的适用切入口,进而可以公正高效的处理纠纷,化解社会矛盾,营造和谐安定的美好氛围。

比如,根据《天津市养犬管理条例》第19条的规定,养犬人不得妨碍、侵害他人的合法权益,不得干扰、影响相邻局面的正常生活。《重庆市养犬管理暂行办法》第6条规定:“养犬人的合法权益依法受保护。但养犬人必须依法养犬、文明养犬、不得损害他人的合法权益。”

【司法案例】

侯某某与徐某某饲养动物损害赔偿纠纷案①

诉讼结论:动物伤害具有一定的不可预测性,但是动物饲养人应该负有注意义务、谨慎义务,要充分考虑动物生理行为的偶然性与危险性,故公牛饲养人与母牛饲养人都要承担相应的侵权责任。

法院认为,关于原告侯某某的损伤与被告徐某某拴牛的行为之间因果关系问题。《侵权责任法》第84条规定:“饲养动物应当遵守法律,尊重社会公德,不得妨害他人生活。”徐某某家牛圈门口有一条通行道路,但徐某某将家中饲养的公牛拴在牛圈门口外栏杆上,影响了他人及牲畜在该道路上通行,妨害了他人生活,徐某某拴牛的行为对侯某某牵着牛从此处通过时造成的损害有一定的因果关系。原

① 四川省广元市中级人民法院(2014)广民终字第49号民事判决书。

告牵着家中饲养的母牛经过被告家房屋处时，没有考虑到被告家的牛是公牛这一情况，导致母牛不受控制朝公牛奔去的事实发生，并导致自己跌倒摔伤的损害后果，原告应承担主要责任，即 80% 的责任，对其诉讼请求过高部分不予支持。被告将家中饲养的公牛拴在牛圈门口外的电线杆上，影响人、畜在该道路上通行，没有完全尽到对其饲养动物的管理责任，应对原告摔伤承担 20% 的次要责任，对被告辩称原告受伤与被告没有关系的意见不予采信。

第十章　建筑物和物件损害责任

建筑物和物件致人损害是侵权行为的一种重要类型和特殊规定，与一般侵权行为归责原则不同。建筑物和物件损害责任是指建筑物或物件等因疏于管理、维护，而造成他人损害，建筑物或者物件的管理人向他人承担的侵权责任。由此可见，建筑物和物件致人损害侵权责任不是责任人使用建筑物或者物件致人损害，而是责任人未尽到管理、维护义务，在对物件无意志支配情况下，物件本身对受害人的权利的侵害，最终由责任人来承担赔偿责任。如果有行为人故意将建筑物推倒或者故意投掷物品构成一般的侵权行为，则由行为人直接承担侵权责任。

本章共七个条文，没有规定建筑物和物件致人损害的一般条款，而是直接采用列举的形式对建筑物、构筑物或者其他设施倒塌及其搁置物、悬挂物脱落、坠落致人损害、抛掷物致人损害、堆放物致人损害、障碍物致人损害、林木致人损害及道路施工致人损害等进行了规定。为保障人民群众的生命财产安全，本章完善了高空抛物坠物治理规则，公法私法综合治理。与《侵权责任法》第十一章相比，本章对高空抛物致人损害侵权责任等条款作了较大修改。

第一千二百五十二条　建筑物、构筑物或者其他设施倒塌、塌陷造成他人损害的，由建设单位与施工单位承担连带责任，但是建设单位与施工单位能够证明不存在质量缺陷的除外。建设单位、施工单位赔偿后，有其他责任人的，有权向其他责任人追偿。

因所有人、管理人、使用人或者第三人的原因，建筑物、构筑物或者其他设施倒塌、塌陷造成他人损害的，由所有人、管理人、使用人或者第三人承担侵权责任。

【条文主旨】

本条是关于建筑物、构筑物或者其他设施倒塌致人损害如何承担侵权责任的规定。

【条文理解】

建筑物、构筑物或者其他设施倒塌严重危害人民群众的生命财产安全，广大群众反应强烈，本章对此类致人损害情形专门作了规定。理解建筑物、构筑物或者其他设施倒塌造成他人损害如何承担赔偿任，应注意以下几个方面：

第一，关于建筑物、构筑物或者其他设施概念的基本含义。建筑物是指人工建造、固定在土地上的，其空间用于居住、生产或者存放物品的房屋或者场所，如住宅、写字楼等。构筑物是指在土地上建设的不供人们直接进行生产、生活及其他社会活动的人工建造物，例如道路、桥梁、隧道、纪念碑、水塔、堤坝、烟囱等。其他设施是指施工脚手架、起重塔吊、缆车、广告牌、路灯等。这里的建筑物、构筑物等设施当然也包括非法建造物。

第二，责任主体之间的关系。根据本条第 1 款规定，涉及建筑物等设施倒塌致害的责任主体有建设单位、施工单位和其他责任人。建设单位又称业主单位或项目业主，指建设工程项目的投资主体或投资者，是该建设工程的产权人，也是建设项目管理的主体。根据合同法和建设工程质量管理条例的规定，建设单位对建设工程发包的，应当发包给具有相应资质等级的单位，建设单位可以与总承包人订立建设工程合同，也可以分别与勘察人、设计人、施工人订立勘察、设计、施工承包合同。但是，不得将应当由一个承包人完成的建设工程肢解成若干部分发包给几个承包人。建设单位依法对建设工程质量负责。施工单位是由相关专业人员组成的、有相应资质、进行生产活动的企事业单位。比如，建筑公司、安装公司、工程队等组织机构，都可以叫作施工单位。根据《建筑法》的规定，施工单位应当持有依法取得的资质证书，并在其资质等级许可的业务范围内承揽工程。施工单位负责建设工程的具体施工工作，对建设工程质量有比较直接的影响，应当对建设工程的质量负责。其他责任人主要包括勘察单位、设计单位、监理单位以及负责工程质量监督检查或者竣工验收的部门等。

我国《建筑法》第 55 条规定："建筑工程实行总承包的，工程质量由工程总承包单位负责，总承包单位将建筑工程分包给其他单位的，应当对分包工程的质量与分包单位承担连带责任。分包单位应当接受总承包单位的质量管理。"第 58 条规定："建筑施工企业对工程的施工质量负责。建筑施工企业必须按照工程设计图纸和施工技术标准施工，不得偷工减料。工程设计的修改由原设计单位负责，建筑施工企业不得擅自修改工程设计。"第 67 条规定，承包单位将承包的工程转包的，或者违反本法规定进行分包的，对因转包工程或者违法分包的工程不符合规定的质量标准造成的损失，与接受转包或者分包的单位承担连带赔偿责任。根据上述规定，建设单位和施工单位对建筑物、构筑物或者其他设施的质量负责，发生倒塌致人损害的,应当承担连带责任。

第三,关于归责原则。根据本条规定,建设单位和施工单位能够证明不存在质量缺陷的,就无须承担责任。可见,建筑物等设施倒塌责任适用过错推定规则原则。需要注意的是,如果勘察单位、设计单位、监理单位等对建筑物等设施倒塌有过错的,建设单位和施工单位可以向勘察单位、设计单位、监理单位等其他责任人进行追偿。

第四,关于所有人、管理人和使用人的责任承担。所有人,是指对建筑物等设施拥有所有权的人。管理人,是指对建筑物等设施负有管理、维护义务的人。使用人是指因租赁、借用或者其他情形使用建筑物等设施的人。建筑物、构筑物或者其他设施倒塌不仅有建设单位、施工单位和其他责任人的原因,还可能是建筑物等设施的所有人、管理人或者使用人因擅自改变承重结构、超过使用期限使用等原因造成,如果所有人、管理人或者使用人有过错的,应当承担侵权责任。

【司法适用】

司法实践中,应当注意以下几个问题:

第一,受害人可以将建设单位和施工单位列为共同被告要求其承担连带赔偿责任,也可以仅起诉其中的一方并要求其承担全部责任。受害人对诉讼主体具有选择权。建设单位和施工单位对建筑物、构筑物或其他设施倒塌致人损害的责任承担过错推定责任。建设单位、施工单位向受害人进行赔偿后向其他责任人的追偿,适用过错责任,法院仅在建筑物、构筑物或其他设施倒塌可以归责于所有人、管理人或使用人的情况下才能要求其承担侵权赔偿责任。另外,需要注意的是,在受害人对损害发生存在过失的情况下,受害人基于自身过错引起的损害份额应自行承担,在此种情况下可减轻加害人的相应侵权责任。

第二,应当区分物的所有人和管理人之间的责任关系。基本规则是,谁占有该建筑物,谁就是责任人。如果直接占有建筑物的人无力承担赔偿责任,其所有人作为建筑物等设施的受益者应当承担责任。但是如果建筑物的所有人或者管理人能够证明建筑物倒塌另有原因,这个原因又不是所有人或者管理人的过错所致,而是由第三人造成,那么所有人或管理人就可以免除责任。

【司法案例】

案例一

陈某甲等与张某某建筑物倒塌损害责任纠纷案①

诉讼结论:保修期限是施工单位就建设工程质量问题进行无偿修理的期限,

---

① 浙江省嘉兴市中级人民法院(2018)浙04民终3120号民事判决书。

调整的是建设工程施工合同发包方与承包方之间的关系。保修期限的规定不适用于建筑物致人损害后赔偿责任的确定。建筑物的分项工程因工程质量缺陷而出现倒塌的,施工单位应承担赔偿责任。

2018年2月17日,陈某乙(陈某甲儿子)等到许某某家做客。陈某乙在许某某家二楼阳台背部倚靠栏杆时,栏杆发生坍塌,致使陈某乙江从二楼阳台跌落至一楼地面受伤。后经抢救无效死亡。许某某、王某某认为涉事栏杆以包工包料的方式承包给了张某某制作安装,张某某是承包建设方;而张某某认为其只是帮许某某介绍了栏杆石材的供货商,只是介绍人,未承包涉事栏杆的制作安装。法院认为,根据栏杆石材价格计算方法、栏杆价格(包装安装费)的计算方法、栏杆安装工的联系人、款项的支付情况、双方陈述的内容以及陈述内容是否真实等,张某某是涉事栏杆的制作安装人(施工方)的盖然性高,故认定张某某是涉事栏杆的制作安装人(施工方)。受害人陈某乙背部倚靠本案所涉栏杆时,栏杆发生坍塌,致使陈某乙从二楼阳台跌落至一楼地面受伤,陈某乙对本次事故的发生无过错,不应承担责任。涉案栏杆之间的大部分连接点靠黏结,连接节点处的黏结质量不能满足栏杆的牢固度要求,栏杆节点施工存在严重的质量缺陷及安全隐患,张某某以栏杆已超过保修期为由要求免责,没有法律依据,不予支持。张某某作为涉案栏杆的施工方,对事故的发生具有过错,应承担60%的赔偿责任。许某某、王某某作为房屋所有人、栏杆的建设发包方,在施工方资质审查、施工方案的选择、施工的监督、验收中存在不当,对事故的发生也有过错,应承担40%的赔偿责任。许某某、王某某、张某某互相承担连带责任。

案例二

单某某与陈某某、崔某某建筑物倒塌损害赔偿纠纷案[①]

诉讼结论:出租人出租的房屋未经审批且建设质量极差,承租人租赁房屋进行加工作业,因机器的操作震动而导致坍塌事故,损害后果由出租人和承租人的共同过错行为导致,应由二人共同承担连带民事赔偿责任。

2007年4月,被告崔某某向被告陈某某承租位于温州市瓯海区梧田街道林村村下林村路23弄1号的两间二层房屋(属未经批准擅自建造的房屋)开办加工厂,并雇佣工人从事抛光作业。2008年1月20日上午9时许,该两间二层房屋坍塌,继而引起西首隔壁针织加工场宿舍楼一并倒塌。事故造成房内生产作业的工人9人死亡及包括在针织加工场宿舍睡觉的原告在内的多人受伤。2008年4月

---

① 浙江省温州市中级人民法院(2009)浙温民终字第1549号民事判决书。

10日，温州市瓯海区“1·20”房屋坍塌事故调查组作出调查报告，认定事故直接原因为：发生坍塌事故的房屋未经设计和审批，属业主擅自搭建的违法建筑，房屋质量极差，加上房屋内抛光工场的抛光机作业时产生的震动加剧了房屋结构的损坏，导致房屋东首结构首先失稳倒塌，继而引发其余各间房屋倒塌。法院认为，出租人陈某某虽然与承租人崔某某之间没有共同侵权的故意，但因为崔某某承租陈某某未经审批且质量极差的涉案房屋，加上加工场内抛光机的操作震动，结果导致坍塌事故，足以表明陈某某与崔某某均存在过错行为，其共同过错行为导致的损害后果，应由其二人共同承担民事赔偿责任，对外应承担连带责任，在本案中不应适用按比例承担赔偿责任。

第一千二百五十三条　建筑物、构筑物或者其他设施及其搁置物、悬挂物发生脱落、坠落造成他人损害，所有人、管理人或者使用人不能证明自己没有过错的，应当承担侵权责任。所有人、管理人或者使用人赔偿后，有其他责任人的，有权向其他责任人追偿。

【条文主旨】

本条是关于建筑物、构筑物或者其他设施及其搁置物、悬挂物脱落、坠落致人损害如何承担侵权责任的规定。

【条文理解】

建筑物、构筑物或者其他设施及其搁置物、悬挂物脱落、坠落，是指建筑物、构筑物或者其他设施的某一个组成部分以及搁置物、悬挂物从建筑物、构筑物或者其他设施上脱落、坠落，如房屋墙壁上的瓷砖脱落即属于建筑物某一组成部分的脱落。而搁置物、悬挂物是搁置、悬挂在建筑物、构筑物或者其他设施上，非建筑物、构筑物或者其他设施本身组成部分的物品。例如，搁置在阳台上的花盆、悬挂在房屋天花板上的吊扇等。搁置物、悬挂物一般具有以下特征：第一，搁置物、悬挂物不从属于建筑物，两者是各自独立的物体；第二，搁置物、悬挂物与建筑物紧密联系，搁置物、悬挂物一般摆放或者悬吊在建筑物的某一部位，且该位置距离地面有一定的高度；第三，搁置物、悬挂物位置通常在建筑物的边沿或边沿外首，但有时也会摆放在房间内或走廊通道中；第四，搁置物与建筑物是互相分离的两个物体，没有固定连接装置。而悬挂物往往通过一定的固定方式进行连接。所以，生活中常见的搁置物有摆放在阳台栏杆上的花盆、晒衣竹竿或摆放在窗台上的其他物体等，悬挂物有房顶上固定的太阳能热水器、脚手架上悬挂的建筑工具等。

本条规定的侵权责任采取过错推定的归责原则。损害发生后，被侵权人证明自己的损害是因建筑物等设施或者其搁置物、悬挂物脱落、坠落造成的，所有人、管理人或者使用人对自己没有过错承担举证责任，其不能证明自己没有过错的，应当承担侵权责任。这是因为，所有人、管理人或者使用人控制、管理着建筑物等设施及其搁置物、悬挂物，一般情况下，这些设施或者物体的脱落、坠落与所有人、管理人或者使用人在管理、维护时存在过错有很大关系。另外，被侵权人通常并不了解建筑物等设施及其搁置物、悬挂物的管理、维护情况，让被侵权人来证明所有人、管理人或者使用人的过错，很难获得足够的证据，对被侵权人来说也不公平。故采用过错推定归责原则，既符合社会生活的实际情况，也有利于保护被侵权人的合法权益。

根据本条规定，造成他人损害如果有其他责任人的，所有人、管理人或者使用人赔偿后，有权向其他责任人追偿，即责任追偿制度。设立责任追偿制度一方面是为了保护受害人的利益；另一方面也是为了保护所有人、管理人或者使用人的利益。就建筑物等设施的某一组成部分脱落而言，往往与建筑工程质量有很大关系，对受害人来说，要想查明建筑单位可能不容易，如果此时一定强调应由建筑单位承担责任的话，受害人的利益就得不到充分的保障。由于建筑物的固定性、显明性，受害人自然容易查明其所有人、管理人或者使用人，而建筑物等设施的建筑单位或施工单位，由所有人、管理人查明和寻找更为容易，因此法律规定先由建筑物所有人、管理人或者使用人承担赔偿责任，再由其向建筑单位等其他责任人进行追偿的制度。

【司法适用】

司法实践中，建筑物、构筑物或者其他设施及其搁置物、悬挂物脱落、坠落致人损害的诉讼中，当事人应当各自承担相应的举证责任。

第一，受害人的举证责任。受害人应当就其受损害的事实承担举证责任；受害人还应当就受损害的事实与建筑物等设施及其搁置物、悬挂物脱落、坠落之间的因果关系承担举证责任。

第二，建筑物、构筑物或者其他设施的所有人、管理人或者使用人对其无过错承担举证责任。建筑物等设施的所有人、管理人对损害结果的发生均以是否有过失来判断，如管理不当、使用方法不当等，表现为一种主观心理上的疏忽或懈怠。由于在立法上对建筑物等设施及其搁置物、悬挂物脱落、坠落致人损害的侵权责任采取过错推定的原则，因此，只要发生建筑物等设施及其搁置物、悬挂物脱落、坠落致人损害的事实，首先推定建筑物等设施的所有人、管理人存在过失，认定其未尽到注意义务，且不需受害人举证证明。建筑物等设施的所有人、管理人只有证明自己没有过错，才能推翻推定，免除自己的赔偿责任。不能证明自己没有过失的，或者待证事实真伪不明的，则不能免除所有人或管理人的赔偿责任。

【司法案例】

谭某某等与高某某等物件致人损害赔偿纠纷案①

诉讼结论：建筑物、构筑物或者其他设施及其搁置物、悬挂物发生脱落、坠落造成他人损害，当所有人与管理人、使用人分离，所有人与管理人、使用人存在共同过错造成损失时，使用人应当承担主要赔偿责任，所有人承担一定的责任。

本案中，孙某某、杨某某两人系合法夫妻关系，两人系房屋的所有权人。2010年7月19日20时许，谭某某途经该房屋时，该房屋五楼一房间的铝合金玻璃窗突然坠下，将其砸伤，在发生事故时第三人高某某为该房间的承租人。经诊断，谭某某因本次事故致左跟腱断裂，谭某某受伤时怀孕5个月，住院治疗期间谭某某行左跟腱断裂清创、跟腱修复术及胎儿引产。

法院认为，孙某某、杨某某将自己享有所有权的房屋的五楼一房间租赁给高某某管理使用，在使用过程中，该房屋铝合金窗突然坠下，导致楼下正常行走的上诉人谭某某身体受到损害，对此，根据《侵权责任法》第85条之规定，作为房屋的所有权的孙某某、杨某某及管理使用人的高某某在未能提交证据证实自己没有过错的情况下，均应对谭某某的身体损害后果承担民事赔偿责任。而对于责任的承担方式及大小问题。高某某在租赁孙某某、杨某某案涉房屋后，客观上已经实际取得了该房屋设施的直接支配权和管理权，应当对该房屋内设施进行合理的使用、维护及管理，对房屋设施是否存在安全隐患进行积极的检查和管理，以防范安全事故发生。且高某某事发时本人在房屋内，且事发之前开关过窗子，即其管理使用行为与铝合金窗的坠落具有直接的因果关系，故在其未能提交充分的证据证实其管理使用行为无过错的情况下，其应当对谭某某的本案损失承担主要赔偿责任。同时，孙某某、杨某某作为房屋的所有权人对其所出租的房屋疏于管理，故应当对上诉人谭某某本案损失承担一定的责任。根据本案实情，由被上诉人高某某对上诉人谭某某本案损失承担60%的赔偿责任，由孙某某、杨某某对谭某某承担40%的赔偿责任趋于公平。而一审法院作出由孙某某、杨某某、高某某承担共同赔偿责任的处理不当，二审法院予以纠正。

---

① 云南省昆明市中级人民法院(2011)昆民三终字第657号民事判决书。

第一千二百五十四条　禁止从建筑物中抛掷物品。从建筑物中抛掷物品或者从建筑物上坠落的物品造成他人损害的，由侵权人依法承担侵权责任；经调查难以确定具体侵权人的，除能够证明自己不是侵权人的外，由可能加害的建筑物使用人给予补偿。可能加害的建筑物使用人补偿后，有权向侵权人追偿。

物业服务企业等建筑物管理人应当采取必要的安全保障措施防止前款规定情形的发生；未采取必要的安全保障措施的，应当依法承担未履行安全保障义务的侵权责任。

发生本条第一款规定的情形的，公安等机关应当依法及时调查，查清责任人。

【条文主旨】

本条是关于从建筑物中抛掷物品或者从建筑物上坠落的物品造成他人损害如何承担侵权责任的规定。

【条文理解】

近年来，高空抛物、坠物事件不断发生，严重危害公共安全，侵害人民群众合法权益，影响社会和谐稳定。本条对从建筑物中抛掷物品或者从建筑物上坠落的物品造成他人损害的责任承担在《侵权责任法》第 87 条的基础上作了较大修改和完善。本条首先以禁止性规定表明了立法者的鲜明态度，即禁止从建筑物中抛掷物品。无论是故意还是过失，法律坚决不允许从建筑物中抛掷物品，否则应承担法律责任。理解本条，需要把握如下几点：

第一，由具体侵权人直接承担侵权责任。一是从建筑物中抛掷物品造成他人损害，形式上是抛掷的物品给受害人造成损害，实质上是抛掷物品的行为人对受害人造成损害，故应由行为人直接承担侵权责任。二是从建筑物上坠落的物品造成他人损害，如果按照本法第 1252 条、第 1253 条能够确定责任的，应当由建设单位、施工单位或者所有人、管理人、使用人来直接承担责任。

第二，抛掷物或者坠落物致人损害后，当事人无法查明行为人情况下，应由公安等机关及时查明行为人。《侵权责任法》第 87 条对此仅规定为“难以确定具体侵权人的”，实践中，往往认为由受害人来确定具体的侵权人，而建筑物的共有使用人一般人数众多，很难查明具体侵权人，这样受害人的利益就难以得到保护。本条第 3 款明确规定“公安等机关应当依法及时调查，查清责任人”，之所以规定由有关机关查明责任人，一方面，建筑物中抛掷物或者坠落物致人损害情形下，可能涉及刑事犯罪，查明具体侵权人是公安机关的职责和义务，公安机关应该及时查明行为人。另一方面，建筑物上抛掷物或者坠落物威胁的并不是特定的人，而是不特定的任何人，是对公共利益的威胁，法律对此明确严格的保护措施，由有关机关依法查明责任人符合公共利益保护目的。如果不能确定具体的侵权人而放弃对不法行为的追究，将会放纵乃至纵容侵权行为，其后果将会更加严重。

第三，无法确定具体侵权人情况下，由可能加害的建筑物使用人按公平责任承担补偿责任。该规定是争论较多的地方，有的人坚决反对这样规定，认为该规定对承担责任的人不公平，且任何人都有可能成为责任人。但本条立法本意更多是从保护受害人利益以及预防损害发生的角度，来确定由可能加害的建筑物使用人承担补偿责任。这里需要注意的是，无法确定具体侵权人情况下，确定抛掷物或者坠落物的致害责任，是基于公平责任原则，而不是基于过错责任原则，且可能加害的建筑物使用人承担的责任是适当的补偿责任，目的是及时对受害人救济，更好地预防损害，制止人们高空抛物。同时本条第 1 款中规定，可能加害的建筑物使用人补偿后，有权向侵权人追偿。因此，一旦确定真正的侵权人，已经承担补偿责任的建筑物使用人有权向其追偿，最终由侵权人承担赔偿责任。

第四，物业服务企业等建筑物管理人应承担未履行安全保障义务的侵权责任。安全保障义务是指在一定社会关系中当事人一方对另一方的人身、财产安全在合理限度范围内负有保护其免受损害的义务。《物业管理条例》第 46 条第 1 款对物业服务企业的法定安全保障义务作出如下规定："物业服务企业应当协助做好物业管理区域内的安全防范工作。发生安全事故时，物业服务企业在采取应急措施的同时，应当及时向有关行政管理部门报告，协助做好救助工作。"根据该规定，物业服务企业应从以下三方面履行法定安全保障义务：一是对小区各类物业进行妥善管理，避免公共设备设施因管理失职造成业主人身、财产安全受损；二是采取监控、巡查等必要手段降低安全事故发生风险，协助做好管理区域内的安全防范工作；三是发生事故时，应当在采取应急措施的同时及时报告政府职能部门，做好救助协助工作。物业服务企业未履行上述安全保障措施的，应向受害人承担责任。另外，需要注意的是，物业服务企业不履行安全保障义务的责任与其对建筑物的管理人责任是完全不同的，管理人责任是一种过错推定责任，承担完全赔偿责任，而不履行安全保障义务责任属于过错责任，承担的是相应的赔偿责任。

【司法适用】

最高人民法院于 2019 年 10 月 21 日出台《关于依法妥善审理高空抛物、坠物案件的意见》（法发〔2019〕25 号），为有效预防和依法惩治高空抛物、坠物行为，切实维护人民群众"头顶上的安全"，提出了 16 条具体措施，其主要内容有：近年来，高空抛物、坠物事件不断发生，严重危害公共安全，侵害人民群众合法权益，影响社会和谐稳定。为充分发挥司法审判的惩罚、规范和预防功能，依法妥善审理高空抛物、坠物案件，切实维护人民群众“头顶上的安全”，保障人民安居乐业，维护社会公平正义，依据《中华人民共和国刑法》《中华人民共和国侵权责任法》等相关法律，提出如下意见：

（一）加强源头治理，监督支持依法行政，有效预防和惩治高空抛物、坠物行为

1. 树立预防和惩治高空抛物、坠物行为的基本理念。人民法院要切实贯彻以人民为中心的发展理念，将预防和惩治高空抛物、坠物行为作为当前和今后一段时期的重要任务，充分发挥司法职能作用，保护人民群众生命财产安全。要积极推动预防和惩治高空抛物、坠物行为的综合治理、协同治理工作，及时排查整治安全隐患，确保人民群众“头顶上的安全”，不断增强人民群众的幸福感、安全感。要努力实现依法制裁、救济损害与维护公共安全、保障人民群众安居乐业的有机统一，促进社会和谐稳定。

2. 积极推动将高空抛物、坠物行为的预防与惩治纳入诉源治理机制建设。切实发挥人民法院在诉源治理中的参与、推动、规范和保障作用，加强与公安、基层组织等的联动，积极推动和助力有关部门完善防范高空抛物、坠物的工作举措，形成有效合力。注重发挥司法建议作用，对在审理高空抛物、坠物案件中发现行政机关、基层组织、物业服务企业等有关单位存在的工作疏漏、隐患风险等问题，及时提出司法建议，督促整改。

3. 充分发挥行政审判促进依法行政的职能作用。注重发挥行政审判对预防和惩治高空抛物、坠物行为的积极作用，切实保护受害人依法申请行政机关履行保护其人身权、财产权等合法权益法定职责的权利，监督行政机关依法行使行政职权、履行相应职责。受害人等行政相对方对行政机关在履职过程中违法行使职权或者不作为提起行政诉讼的，人民法院应当依法及时受理。

（二）依法惩处构成犯罪的高空抛物、坠物行为，切实维护人民群众生命财产安全

4. 充分认识高空抛物、坠物行为的社会危害性。高空抛物、坠物行为损害人民群众人身、财产安全，极易造成人身伤亡和财产损失，引发社会矛盾纠纷。人民法院要高度重视高空抛物、坠物行为的现实危害，深刻认识运用刑罚手段惩治情节和后果严重的高空抛物、坠物行为的必要性和重要性，依法惩治此类犯罪行为，有效防范、坚决遏制此类行为发生。

5. 准确认定高空抛物犯罪。对于高空抛物行为，应当根据行为人的动机、抛物场所、抛掷物的情况以及造成的后果等因素，全面考量行为的社会危害程度，准

确判断行为性质，正确适用罪名，准确裁量刑罚。

故意从高空抛弃物品，尚未造成严重后果，但足以危害公共安全的，依照刑法第一百一十四条规定的以危险方法危害公共安全罪定罪处罚；致人重伤、死亡或者使公私财产遭受重大损失的，依照刑法第一百一十五条第一款的规定处罚。为伤害、杀害特定人员实施上述行为的，依照故意伤害罪、故意杀人罪定罪处罚。

6. 依法从重惩治高空抛物犯罪。具有下列情形之一的，应当从重处罚，一般不得适用缓刑：(1)多次实施的；(2)经劝阻仍继续实施的；(3)受过刑事处罚或者行政处罚后又实施的；(4)在人员密集场所实施的；(5)其他情节严重的情形。

7. 准确认定高空坠物犯罪。过失导致物品从高空坠落，致人死亡、重伤，符合刑法第二百三十三条、第二百三十五条规定的，依照过失致人死亡罪、过失致人重伤罪定罪处罚。在生产、作业中违反有关安全管理规定，从高空坠落物品，发生重大伤亡事故或者造成其他严重后果的，依照刑法第一百三十四条第一款的规定，以重大责任事故罪定罪处罚。

（三）坚持司法为民、公正司法，依法妥善审理高空抛物、坠物民事案件

8. 加强高空抛物、坠物民事案件的审判工作。人民法院在处理高空抛物、坠物民事案件时，要充分认识此类案件中侵权行为给人民群众生命、健康、财产造成的严重损害，把维护人民群众合法权益放在首位。针对此类案件直接侵权人查找难、影响面广、处理难度大等特点，要创新审判方式，坚持多措并举，依法严惩高空抛物行为人，充分保护受害人。

9. 做好诉讼服务与立案释明工作。人民法院对高空抛物、坠物案件，要坚持有案必立、有诉必理，为受害人线上线下立案提供方便。在受理从建筑物中抛掷物品、坠落物品造成他人损害的纠纷案件时，要向当事人释明尽量提供具体明确的侵权人，尽量限缩“可能加害的建筑物使用人”范围，减轻当事人诉累。对侵权人不明又不能依法追加其他责任人的，引导当事人通过多元化纠纷解决机制化解矛盾、补偿损失。

10. 综合运用民事诉讼证据规则。人民法院在适用侵权责任法第八十七条裁判案件时，对能够证明自己不是侵权人的“可能加害的建筑物使用人”，依法予以免责。要加大依职权调查取证力度，积极主动向物业服务企业、周边群众、技术专家等询问查证，加强与公安部门、基层组织等沟通协调，充分运用日常生活经验法则，最大限度查找确定直接侵权人并依法判决其承担侵权责任。

11. 区分坠落物、抛掷物的不同法律适用规则。建筑物及其搁置物、悬挂物发生脱落、坠落造成他人损害的，所有人、管理人或者使用人不能证明自己没有过错的，人民法院应当适用《侵权责任法》第 85 条的规定，依法判决其承担侵权责任；

有其他责任人的，所有人、管理人或者使用人赔偿后向其他责任人主张追偿权的，人民法院应予支持。从建筑物中抛掷物品造成他人损害的，应当尽量查明直接侵权人，并依法判决其承担侵权责任。

12. 依法确定物业服务企业的责任。物业服务企业不履行或者不完全履行物业服务合同约定或者法律法规规定、相关行业规范确定的维修、养护、管理和维护义务，造成建筑物及其搁置物、悬挂物发生脱落、坠落致使他人损害的，人民法院依法判决其承担侵权责任。有其他责任人的，物业服务企业承担责任后，向其他责任人行使追偿权的，人民法院应予支持。物业服务企业隐匿、销毁、篡改或者拒不向人民法院提供相应证据，导致案件事实难以认定的，应当承担相应的不利后果。

13. 完善相关的审判程序机制。人民法院在审理疑难复杂或社会影响较大的高空抛物、坠物民事案件时，要充分运用人民陪审员、合议庭、主审法官会议等机制，充分发挥院、庭长的监督职责。涉及《侵权责任法》第 87 条适用的，可以提交院审判委员会讨论决定。

（四）注重多元化解，坚持多措并举，不断完善预防和调处高空抛物、坠物纠纷的工作机制

14. 充分发挥多元解纷机制的作用。人民法院应当将高空抛物、坠物民事案件的处理纳入到建设一站式多元解纷机制的整体工作中，加强诉前、诉中调解工作，有效化解矛盾纠纷，努力实现法律效果与社会效果相统一。要根据每一个高空抛物、坠物案件的具体特点，带着对受害人的真挚感情，为当事人解难题、办实事，尽力做好调解工作，力促案结事了人和。

15. 推动完善社会救助工作。要充分运用诉讼费缓减免和司法救助制度，依法及时对经济上确有困难的高空抛物、坠物案件受害人给予救济。通过案件裁判、规则指引积极引导当事人参加社会保险转移风险、分担损失。支持各级政府有关部门探索建立高空抛物事故社会救助基金或者进行试点工作，对受害人损害进行合理分担。

16. 积极完善工作举措。要通过多种形式特别是人民群众喜闻乐见的方式加强法治宣传，持续强化以案释法工作，充分发挥司法裁判规范、指导、评价、引领社会价值的重要作用，大力弘扬社会主义核心价值观，形成良好社会风尚。要深入调研高空抛物、坠物案件的司法适用疑难问题，认真总结审判经验。对审理高空抛物、坠物案件中发现的新情况、新问题，及时层报最高人民法院。

该意见要求人民法院在处理高空抛物、坠物民事案件时，要充分认识此类案件中侵权行为给人民群众生命、健康、财产造成的严重损害，把维护人民群众合法

权益放在首位。结合该意见,司法实践中应注意以下几个问题:

1. 对能够证明自己不是侵权人的"可能加害的建筑物使用人",依法予以免责。"可能加害的建筑物使用人"免除责任的情形主要有以下几种:第一,证明发生致人损害时,自己不在建筑物中。第二,证明自己所处的位置在客观上不可能造成抛掷物致人损害。第三,证明致人损害的物并非自己所有。审判实践中,人民法院应加大依职权调查取证力度,积极主动向物业服务企业、周边群众、技术专家等询问查证,加强与公安部门、基层组织等沟通协调,充分运用日常生活经验法则,最大限度查找确定直接侵权人并依法判决其承担侵权责任。

2. 区分坠落物、抛掷物的不同法律适用规则。建筑物及其搁置物、悬挂物发生脱落、坠落造成他人损害的,所有人、管理人或者使用人不能证明自己没有过错的,人民法院应当适用本法第 1253 条的规定,依法判决其承担侵权责任;有其他责任人的,所有人、管理人或者使用人赔偿后向其他责任人主张追偿权的,人民法院应予支持。从建筑物中抛掷物品造成他人损害的,应当尽量查明直接侵权人,并依法判决其承担侵权责任。

3. 依法确定物业服务企业的责任。物业服务企业不履行或者不完全履行物业服务合同约定或者法律法规规定、相关行业规范确定的维修、养护、管理和维护义务,造成建筑物及其搁置物、悬挂物发生脱落、坠落致使他人损害的,人民法院依法判决其承担侵权责任。一般认为,就建筑物的抛掷物或坠落物而言,判定物业服务企业是否履行安全保障义务应从以下几方面考虑:第一,事前物业服务企业是否采取宣传、张贴警示标识、设置安全围挡等措施进行风险防控。第二,物业服务企业是否设置监控设备或者已实际处于监控设备覆盖范围内,物业服务企业是否及时发现并视情况立即对施害者采取警告、制止措施,防范安全事故发生。第三,发生致害事件后,物业服务企业是否及时派员赶赴现场搜寻伤者、封锁现场,通知医院、公安、消防等单位到场施救并开展调查。另外,需要注意的是,在认定物业服务企业履行安全保障义务是否到位时,应当考虑物业服务企业是否在合理限度范围内防范制止了侵权行为的发生,对"在合理限度范围内"进行客观认定时,要考虑到物业服务企业的防范损害能力,以及结合相关对象人员所需接受安全保障的不同需求等作出等同判定。

4. 明确可能加害的建筑物使用人如何向侵权人追偿。本条第 1 款中规定,可能加害的建筑物使用人补偿后,有权向侵权人追偿。本条款赋予了可能加害的建筑物使用人向侵权人追偿的权利,但可能加害的建筑物使用人能否以不当得利向受害人请求返还财产呢?一般认为,基于本条规定,法律赋予了可能加害的建筑物使用人向侵权人的追偿权,而未赋予向受害人追偿的权利。为此,可能加害的建筑物使用人只能向侵权人进行追偿，而受害人在侵权人确定后，只能请求侵权人赔偿其未填补的损害。

【司法案例】

案例一

陈某与王某等不明抛掷物、坠落物损害责任纠纷案①

诉讼结论：由于无法确定具体的侵权行为人，如果对受害人不进行赔偿，那么对受害人是极不公平的，对社会秩序的稳定也是不利的。故判令王某等124位被告各补偿原告陈某1230元。

2011年8月15日下午，陈某骑电动自行车行至提督街与太升路交叉的丁字路口、锦阳商厦楼下靠右侧处，被高空落下的茶杯砸伤头部。四川求实司法鉴定所对陈某进行伤残等级鉴定，意见为陈某的伤残等级为十级。成都市公安局青羊区分局太升路派出所警察对其进行了询问，并提取了抛掷物茶杯碎片。目前，仍不能确定抛掷茶杯的具体侵权人。锦阳商厦有地面27层，事发时在锦阳商厦的商家有124户（个体工商户以业主为诉讼当事人），即王某等。陈某提起诉讼，要求王某等锦阳商厦的商家对其所受损害给予补偿。

法院认为，从事发地点周围建筑物的情况看，从锦阳商厦以及紧邻锦阳商厦右侧的银行大厦楼顶平台可抛掷物品到陈某受伤地点，两幢建筑物的实际使用人都存在实施加害行为的可能性，属于承担补偿责任的主体范围。根据建筑物中抛掷物品的可能性，在该建筑物的使用人中具有同等的概率，故对陈某损失的补偿责任应由王某等124位被告在合理范围内平均分担。

案例二

郴州祥安物业公司与刘某某违反安全保障义务责任纠纷案②

诉讼结论：祥安物业公司作为市场的管理人因未尽到安全保障义务，没有以积极行为的方式尽力保障他人的人身安全，故法院判定祥安物业公司承担侵权赔偿责任。

2013年12月7日中午11时许，刘某某经过湖南省郴州市北湖市场（以下简称北湖市场）后门口时，被从楼上窗户掉下的长约30公分的“方木”砸伤头部，当即刘某某被送往郴州市第三人民医院诊治，诊断为头皮裂伤，住院治疗2天，用去门

---

① 四川省成都市锦江区人民法院（2013）锦江民初字第190号民事判决书。

② 湖南省郴州市中级人民法院（2014）郴民一终字第730号民事判决书。

诊治疗费1019.70元，住院治疗费687.20元，出院后复查费392元，合计2098.90元。刘某某将祥安物业公司诉至法院请求祥安物业公司赔偿损失。祥安物业公司系北湖市场的管理人，北湖市场后门窗户未安装安全保护装置，亦无安全警示标志。

法院认为，刘某某被从高空掉下的"方木"砸伤，祥安物业公司作为该市场的物业管理单位，具有维护市场秩序和安全事项防范的义务，祥安物业公司未能完全履行维护市场应有的安全防范义务，祥安物业公司应当承担侵权责任。在不能确定"方木"是谁抛掷的情况下，刘某某选择祥安物业公司作为被告，以祥安物业公司违反安全保障义务为由诉请其承担责任，不违反法律规定。

第一千二百五十五条　堆放物倒塌、滚落或者滑落造成他人损害，堆放人不能证明自己没有过错的，应当承担侵权责任。

【条文主旨】

本条是关于堆放物倒塌、滚落或者滑落致人损害如何承担侵权责任的规定。

【条文理解】

本条是对《侵权责任法》第88条的补充和完善。《侵权责任法》第88条规定了"堆放物倒塌造成他人损害"的责任，最高人民法院《人身损害赔偿解释》第16条第1款第2项又规定了"堆放物品滚落、滑落或者堆放物倒塌致人损害的"责任，本条在综合以上规定的基础上规定了"堆放物倒塌、滚落或者滑落造成他人损害"的责任。

"堆放物"是指某一种或者几种相同或不同物品成堆的放置一处，在物理形态上形成一个新的共同体，仍然属于动产。"倒塌"是指堆放物全部或者部分倾倒、坍塌。"滚落"是指堆放在地上或者其他物品上的物品因接触面不断改变滚动而落下。"滑落"是指堆放在地上或者其他物品上的物品因接触面不断改变滑动而落下①。堆放物倒塌、滚落或者滑落造成他人损害，如果堆放人不能证明其没有过错，则推定堆放人存在过错，堆放人应当对受害人因堆放物倒塌、滚落或者滑落造成的人身损害、财产损失承担赔偿责任。堆放物倒塌、滚落或者滑落损害责任的成立须具备以下构成要件：

1. 有堆放物倒塌、滚落或者滑落的损害行为。堆放物全部或者部分出现倒

① 最高人民法院民事审判第一庭编著：《最高人民法院人身损害赔偿司法解释的理解与适用》，人民法院出版社2004年版，第237页。

塌、滚落或者滑落,其原因可能是大风、雨雪等自然原因,也可能是堆放方式不当或者第三人破坏等人为原因造成,具体原因不影响责任承担。

2. 有受害人遭受损失的事实。堆放物倒塌、滚落或者滑落造成受害人的人身损害或者财产损失。人身损害是指受害人的生命、身体、健康等受到侵害,因此而遭受的利益损失;财产损失是指受害人的财产受到损失。

3. 受害人的损害事实与堆放物倒塌、滚落或者滑落具有因果关系。二者之间的因果关系是指堆放物倒塌、滚落或者滑落与受害人的损害之间存在引起与被引起的关系。既包括堆放物倒塌、滚落或者滑落直接作用于受害人并造成受害人人身伤害和财产损失,也包括堆放物倒塌、滚落或者滑落引发其他事故,从而间接地造成受害人的人身损害和财产损失。

4. 堆放人存在过错。堆放物倒塌、滚落或者滑落损害责任适用过错推定原则。堆放物倒塌、滚落或者滑落致人损害的,首先推定堆放人存在过错,亦即认定堆放人没有尽到管理或注意义务。受害人无须举证证明堆放人存在过错。堆放人如果主张免除责任,应由其举证证明自己已经尽到相当的注意义务,对堆放物倒塌、滚落或者滑落不存在过失。如果堆放人不能证明没有过失,堆放人应向受害人承担堆放物倒塌、滚落或者滑落的损害赔偿责任。

【司法适用】

司法实践中适用本条规定,需要注意以下两点:

1. 关于堆放物损害赔偿责任义务主体的认定。堆放物倒塌、滚落或者滑落致害责任的义务主体是有过错的堆放人。堆放人是在当时当地对堆放物实施堆放行为的人,堆放物可能是所有人堆放,也可能是对堆放物实际占有、控制的管理人堆放。关于赔偿义务主体,《民通意见》第 155 条规定,因堆放物品倒塌造成他人损害的,如果当事人均无过错,应当根据公平原则酌情处理。该条对于堆放物损害赔偿责任义务主体的规定较为模糊;《人身损害赔偿解释》第 16 条规定堆放物损害赔偿责任"由所有人或者管理人承担",当堆放物被其所有人直接占有、管理时,堆放物损害赔偿责任由堆放物的所有人承担,但当堆放物由非所有人的第三人管理、使用时,由管理人承担堆放物损害赔偿责任。如果堆放物的所有人与堆放物实际占有、控制的管理人等对堆放人有争议的,应由被告承担举证责任。

2. 关于堆放人免责条件的认定。堆放物倒塌、滚落或者滑落致人损害的,堆放人如果能够证明其没有过错的,可以免除赔偿责任。一般认为,堆放人的免责事由主要有以下几种:(1)不可抗力。《民法典》第 180 条规定,因不可抗力不能履行民事义务的,不承担民事责任。《最高人民法院关于处理涉及汶川地震相关案件适用法律若干问题的意见(二)》第 9 条规定,因地震灾害致使堆放物品倒塌、滚落、滑落的,所有人或者管理人不承担赔偿责任。即如果堆放物倒塌、滚落或者滑落系由于不可抗力造成的,则堆放人可免除责任。(2)堆放人已经尽到了相当的注意义务。例如,堆放人按照堆放物性质在堆放时已经尽到了足够的注意义务,堆放后对堆放现场进行了足够的看护及警示义务等。(3)堆放物倒塌、滚落或者滑落系由于受害人故意或重大过失造成的。《民法典》第1173条、第1174条规定,被侵权人对同一损害的发生或者扩大有过错的,可以减轻侵权人的责任。损害是因受害人故意造成的,行为人不承担责任。(4)堆放物倒塌、滚落或者滑落由第三人造成。《民法典》第1175条规定,损害是因第三人造成的,第三人应当承担侵权责任。当然,如果损害的发生是因第三人和堆放人混合过错造成的,依各自的过错程度及原因力大小承担责任。需要说明的是,即使存在上述免责事由,堆放人仍需对其没有过错承担举证责任。

【司法案例】

薛某某与天津港盛储运有限公司堆放物倒塌致害责任纠纷案①

诉讼结论:堆放人是实施堆放行为的人,亦即当时当地对堆放物进行管理的人,管理人在无法证明堆放物的堆放人和所有人的情形下,由管理人天津港盛储运有限公司承担赔偿责任。

2013年4月30日,原告薛某某在被告天津港盛储运有限公司的仓库干活,被堆放在旁的管垛砸伤,共花费医疗费41,578元。该管垛的管理人是被告,但是实际所有人不是被告,但被告并未提交能够证明管垛实际所有人的证据。法院认为,堆放物倒塌造成他人损害,堆放人不能证明自己没有过错的,应当承担侵权责任。造成原告受伤的管垛堆放在被告的仓库内,被告认可其是管垛的管理人,被告提交的证据"出库单"不能证明具体的管垛的实际所有人,被告称该管垛的堆放人是天津鑫皓诚货运代理有限公司,并提交天津鑫皓诚货运代理有限公司与被告签订的《劳务及安全协议书》,但被告不确定是否将仓库的所有范围内的装卸工作均交予天津鑫皓诚货运代理有限公司办理,故根据被告提交的证据无法确认管垛的实际堆放人是天津鑫皓诚货运代理有限公司。在被告无法证明管垛的堆放人和所有人的情形下,被告作为管理人应当承担责任。被告若有证据可以证明管垛的实际堆放人,可以另行诉讼向堆放人追偿。

① 天津市第二中级人民法院(2014)二中保民终字第0049号民事判决书。

第一千二百五十六条 在公共道路上堆放、倾倒、遗撒妨碍通行的物品造成他人损害的,由行为人承担侵权责任。公共道路管理人不能证明已经尽到清理、防护、警示等义务的,应当承担相应的责任。

【条文主旨】

本条是关于在公共道路上堆放、倾倒、遗撒妨碍通行的物品致人损害如何承担侵权责任的规定。

【条文理解】

公共道路,是指对社会一般人开放,可以同时供不特定的多数无轨车辆和行人通行的基础设施①。《道路交通安全法》中规定的道路以及《公路法》《公路管理条例》中规定的公路均属于公共道路。对于建筑区划内属于业主共有但允许不特定的公众通行的道路以及广场、停车场等可供公众通行的场地也属于公共道路,但对于尚未对公众开放以及机关、企事业单位、厂矿、学校、封闭的住宅小区等内部道路,因其不具有公众性及公用性,不应当认定为公共道路。

公共道路管理人,是指对于公共道路负有管理、维护义务的单位或者个人。由于我国对道路管理采取多层级、多元化的管理模式,不同的道路由不同的管理人进行管理,公共道路管理人的认定,应结合我国道路管理的实际情况,按照权责一致的原则,以法律、行政法规、规章、地方性法规等为依据综合进行判定。主要存在以下情形:(1)政府还贷的公共道路,公路管理机构或者其依法成立的公路企业法人为公共道路管理人。(2)经营性公共道路的管理者,为受让公路收费权和投资建设公路并对公路经营的企业法人。《公路法》第 66 条、《收费公路管理条例》第 11 条以及《公路安全保护条例》第 44 条、第 47 条均明确规定了经营性收费公路的管理人为公路经营企业。(3)非收费公共道路的管理者,为公路管理机构。《公路法》第 35 条、《公路安全保护条例》第 44 条、第 47 条规定了非收费公路管理者的义务。(4)在某些情况下,城市环卫部门独立从事公共道路环卫工作,也可以被认定为道路管理者。

妨碍通行物损害责任的归责原则,根据承担责任主体的不同,适用不同的归责原则:

(1)在公共道路上堆放、倾倒、遗撒妨碍通行物品的行为人承担无过错的侵权

---

① 最高人民法院侵权责任法研究小组编著:《〈中华人民共和国侵权责任法〉条文理解与适用》,人民法院出版社 2010 年版,第 589 页。

责任。《公路法》第46条规定："任何单位和个人不得在公路上及公路用地范围内摆摊设点、堆放物品、倾倒垃圾、设置障碍、挖沟引水、利用公路边沟排放污物或者进行其他损坏、污染公路和影响公路畅通的活动。"根据该规定，禁止任何单位和个人在公共道路上堆放、倾倒、遗撒妨碍通行物品。因此，堆放、倾倒、遗撒妨碍通行物品行为人在公共道路上堆放、倾倒、遗撒妨碍通行物品造成他人损害的，无论主观上是否存在过错，均应当承担赔偿责任，即适用无过错责任原则。

（2）公共道路管理人采用过错推定归责原则，即不能证明已经尽到清理、防护、警示等义务的，应当承担相应的责任。堆放、倾倒、遗撒妨碍通行物品行为人承担无过错责任是因为其堆放、倾倒、遗撒妨碍通行物品是造成损害的真正原因，其作为控制和管理妨碍通行物品的行为人，其堆放、倾倒、遗撒妨碍通行物品的行为违反了法律、行政法规及规章的规定，其完全有能力预防损害的发生，故其应承担侵权责任；而公共道路管理者对其管理的公共道路依法负有清理、防护、警示等义务，若因其消极的不作为，没有尽到合理的注意义务，则其对损害结果发生起到了辅助作用，故其应承担相应的责任。公共道路管理者承担相应责任，指的是其承担与其过错程度及造成受害人损害原因力相适应的责任，而非与堆放、倾倒、遗撒妨碍通行物品行为人承担连带责任。

【司法适用】

司法实践中，认定妨碍通行物致人损害责任应当把握以下几点：

第一，公共道路管理人与堆放、倾倒、遗撒妨碍通行物品行为人，既可能是同一主体，也可能不是同一主体。如果公共道路管理者自己堆放、倾倒、遗撒妨碍通行物品造成他人损害，则道路管理者就是堆放、倾倒、遗撒妨碍通行物品的行为人，其应当作为侵权人承担无过错责任。

第二，公共道路管理人对自身无过错负有举证责任。对于公共道路上堆放、倾倒、遗撒物品妨碍通行的，公共道路管理人对道路应及时予以扫清和排除，如果违反上述义务，则应承担相应侵权责任。对公共道路管理人是否存在过错，一般可以通过对公共道路管理人进行如下审查来判断：（1）是否负有事发道路的管理责任；（2）是否尽到与自身巡查能力等相匹配的日常管理责任；（3）是否在堆放、倾倒、遗撒行为发生之前采取了防范措施；（4）是否在堆放、倾倒、遗撒行为发生之后采取了制止措施。

第三，应当区分堆放妨碍通行物损害责任与堆放物倒塌、滚落或者滑落损害责任。两者可能都涉及堆放物产生责任问题，但二者也存在明显不同，主要有：（1）责任主体不同。前者责任主体是堆放、倾倒、遗撒妨碍通行物品的行为人或者公共道路管理者；后者责任主体是堆放人。（2）适用归责原则不同。前者堆放、倾倒、遗撒妨碍通行物品的行为人适用无过错责任,公共道路管理者适用过错推定责任;后者适用过错推定责任。(3)损害发生的地点不同。前者发生的场所是特定的公共道路;后者发生的场所大多在公共道路之外。(4)适用法律不同。前者适用《民法典》第1256条的规定;后者适用《民法典》第1255条的规定。

【司法案例】

关岭公路养护管理所与郭某、龙某道路交通事故责任纠纷案①

诉讼结论:公路养护管理所对事发路段具有管理、养护,完善公路服务设施,保障公路的完好、安全和畅通的法定职责,公路养护管理所在不能证明其尽到了清理、防护、警示等义务的情况下,应承担相应赔偿责任。

2014年1月3日,被告龙某驾驶无号牌摩托车搭载原告郭富从永宁方向沿永岗公路往岗乌方向行驶,至永岗公路16km+700m处时,撞到路边堆放的沙堆后侧翻,造成原被告受伤及车辆受损的道路交通事故。无号牌摩托车的所有人系被告龙某所有。该道路的管理单位为被告关岭县关岭公路养护管理所。法院认为,郭某受伤系因龙某无证驾驶无号牌钱江摩托车,操作不当,撞到路边堆放的沙堆后侧翻所致,龙某的过失是导致郭某受伤的直接原因。沙堆的堆放、倾倒或者遗撒人是导致郭某受伤的间接原因。公路养护管理所在未提交证据证明其尽到了清理、防护、警示等义务的情况下,其过失也是导致郭某受伤的间接原因。根据《交通事故赔偿解释》第10条"因在道路上堆放、倾倒、遗撒物品等妨碍通行的行为,导致交通事故造成损害,当事人请求行为人承担赔偿责任的,人民法院应予支持。道路管理者不能证明已按照法律、法规、规章、国家标准、行业标准或者地方标准尽到清理、防护、警示等义务的,应当承担相应的赔偿责任"及《侵权责任法》第12条"二人以上分别实施侵权行为造成同一损害,能够确定责任大小的,各自承担相应的责任;难以确定责任大小的,平均承担赔偿责任"之规定,龙某,沙堆的堆放、倾倒或者遗撒人及公路养护管理所应当对郭某受伤导致的损失各自承担相应的责任。郭某在明知龙某系无合法有效机动车驾驶证且机动车无号牌的情况下仍然乘坐摩托车,对交通事故的发生自身也存在一定的过错,可以相应减轻侵权人的责任。诉讼中,各方当事人均未提交证据证明沙堆的堆放、倾倒或者遗撒人,故结合案件实际确定郭某自行承担30%的责任,龙某承担50%的责任,公路养护管理所承担20%的责任。

---

① 贵州省安顺市中级人民法院(2015)安市民终字第89号民事判决书。

第一千二百五十七条　因林木折断、倾倒或者果实坠落等造成他人损害，林木的所有人或者管理人不能证明自己没有过错的，应当承担侵权责任。

【条文主旨】

本条是关于林木折断、倾倒或者果实坠落等致人损害如何承担侵权责任的规定。

【条文理解】

本条所指的林木，包括自然生长和人工种植的林木。本条并没有对林木生长的地域范围进行限制，林地中的林木、公共道路旁的林木以及院落周围零星生长的树木等均包括在内。林木折断、倾倒或者果实坠落等致人损害责任的成立须具备以下构成要件：

第一，须有林木折断、倾倒或者果实坠落等损害事实的发生。林木折断、倾倒或者果实坠落等造成损害的情况时有发生，根据本条规定，由于林木枝蔓干枯、虫害、刮风、积雪压迫等原因折断掉落造成他人损害或者由于地面土质疏松等原因林木倾倒造成他人损害或者林木果实坠落（如椰果坠落等）造成他人损害等情形均属于本条规定情形。

第二，须有受害人受到损害的事实。受害人受到损害的事实包括人身损害和财产损害。林木折断、倾倒或者果实坠落等可能砸伤停留或路过的自然人，也可能砸坏车辆或其他财产。

第三，受害人的损害事实与林木折断、倾倒或者果实坠落导致的损害行为之间存在因果关系。林木折断、倾倒或者果实坠落等直接接触受害人的人身或者财产并导致损害当然存在因果关系，另外，受害人为躲避即将或正在折断、倾倒或者果实坠落的林木而导致的损害也应认定存在因果关系。

第四，林木的所有人或者管理人采用过错推定归责原则。对于林木折断、倾倒或者果实坠落致人损害，本法延续了《侵权责任法》第90条过错推定归责原则，规定因林木折断、倾倒或者果实坠落等造成他人损害，林木的所有人或者管理人没有证据或者其证据不能证明自己没有过错的，应当承担侵权责任。也就是说，受害人无须举证证明林木所有人或者管理人存在过错，证明林木所有人或者管理人是否存在过错的举证责任由林木所有人或者管理人承担。之所以采用过错推定归责原则，主要是考虑：（1）林木的所有人或者管理人因林木受益或者因法定及约定原因对林木负有监管职责及注意义务，损害的发生与林木及加害人的行为有一定的因果关系，林木的所有人或者管理人也更有条件去取得证据并进行举证，适用过错推定归责原则相对公平合理。(2)受害人因客观条件的限制,举证林木的所有人或者管理人存在过错实践中异常困难,如让受害人举证,则其合法权益难以得到保护。(3)侵权的责任人与致害因素相分离,责任人很容易以没有过错来推脱责任,致使过错难以认定。为补救受害人存在的损失而推定林木的所有人或者管理人存在过错,能够督促林木的所有人或者管理人最大限度地尽到注意义务,平衡二者之间的利益失衡,最大限度地实现公平与正义。

【司法适用】

适用本条规定,在司法实践中存在两个难点,分述如下:

(一)关于林木的所有人或者管理人主体身份的确定问题

在林木致害责任纠纷中,由于部分林木存在权属不清或者争议,损害事实发生后,林木的所有人或者管理人之间相互推诿。《森林法》第20条规定,国有企业事业单位、机关、团体、部队营造的林木,由营造单位管护并按照国家规定支配林木收益。农村居民在房前屋后、自留地、自留山种植的林木,归个人所有。城镇居民在自有房屋的庭院内种植的林木,归个人所有。集体或者个人承包国家所有和集体所有的宜林荒山荒地荒滩营造的林木,归承包的集体或者个人所有;合同另有约定的从其约定。其他组织或者个人营造的林木依法由营造者所有并享有林木收益;合同另有约定的从其约定。在侵权人主体身份存在争议时,应结合林木所在区域位置,同时依据《森林法》及相关法律、行政法规规定,结合相关证据进行综合认定。

(二)林木的所有人或者管理人免责的抗辩事由

在受害人能够证明林木折断、倾倒或者果实坠落等与其受到的损害之间存在因果关系情况下,林木的所有人或者管理人不能举证证明其没有过错时应承担侵权赔偿责任。如果林木所有人或管理人证明自己没有过错的,不应承担侵权责任。一般来说,林木所有人或者管理人的免责抗辩事由主要有以下几种:

(1)受害人损害的发生系由于不可抗力。不可抗力是不能预见、不能避免且不能克服的客观情况。林木折断、倾倒或者果实坠落等致人损害系由于不可抗力造成的,林木的所有人或者管理人不应当承担责任。例如,林木折断、倾倒或者果实坠落等系由于林木所有人或者管理人不能预见、不能避免的强烈地震或飓风、海啸等自然原因造成的,林木的所有人或者管理人不应承担责任。是否构成不可抗力以及林木的所有人或者管理人能否免责的关键在于一个普通的正常人在其日常生活环境中能否避免,实践中可以根据当地气象等部门公布的信息以及其他证据进行判定。

(2)受害人损害系受害人故意或重大过失引起。林木折断、倾倒或者果实坠落等如果系由于受害人的明显过错行为所致，如受害人未经允许进入果园采摘果实、在人行道上拉扯树枝采摘果实等造成林木折断或者果实坠落而致损的；古木周围已经设置明显的危险标志甚至已经用围栏隔离，但受害人强行进入造成伤害的；受害人进入林地偷盗林木致使林木倾倒造成损害的等。因受害人具有故意或重大过失，林木所有人或者管理人没有过错，不应当承担赔偿责任。如果损害的发生系受害人的一般过错引起，可根据过失相抵原则，减轻林木所有人或管理人的责任。如行人拉拽树枝，因树木干枯倾倒致行人损害，林木所有人或管理人疏于管理，未及时采伐干枯树木，应承担责任，但行人拉拽树枝，存在一定过错，可减轻树木所有人和管理人的责任。

(3)受害人损害系由第三人过错造成。《民法典》第1175条规定，损害是因第三人造成的，第三人应当承担侵权责任。第三人的过错造成林木折断、倾倒或者果实坠落等致人损害的，应当由第三人承担侵权责任。应当注意的是，第三人的过错必须是造成损害发生的直接原因和充分原因，林木所有人或者管理人才能免责。如果林木致人损害既有第三人的过错，也有林木所有人或管理人疏于管理、维护的过错，应由第三人和林木所有人或管理人根据过错大小承担责任。例如，第三人驾驶机动车撞到树木上，造成树木倾斜但没有倾倒，后来树木倾倒造成他人损害，所有人或者管理人不能证明在该树木被撞倾斜后及时采取合理措施的，仍应承担相应赔偿责任。

【司法案例】

吴某某与钟某某、湛江市城市综合管理局林木折断损害责任纠纷案[①]

诉讼结论：钟某某作为树木的所有人发现树木倾斜，在长达一年多的时间里未采取任何措施排除安全隐患，直至向湛江市城管局申请砍伐，主观上显然存在过错，应承担主要责任；市城管局在得知涉案林木存在重大安全隐患后，未能及时提供技术指导，是导致事故发生的次要原因，应当承担次要责任。

2012年6月，钟某某购买湛江市永宁路3号房屋，院内有一棵南洋杉和一棵芒果树。钟某某购买房屋时已发现树木倾斜，但一直未采取措施排除安全隐患，直至2014年5月8日才向湛江市城管局申请砍伐。2014年5月12日，市城管局到现场查看，发现树木树干倾斜并压在围墙上，存在极大安全隐患，但未采取任何措施。5月13日上午，吴某某步行途经永宁路3号房屋围墙外时，被院内突然折断坠落的树枝砸伤。

---

① 广东省湛江市中级人民法院(2016)粤08民终506号民事判决书。

法院认为，钟某某是涉案树木的所有人，其购买房屋时已发现涉案树木倾斜，但一直未尽到完全管理义务，未能及时排除安全隐患，直至2014年5月8日才向市城管局申请砍伐涉案树木，在市城管局尚未作出答复时本案事故已发生，依照《侵权责任法》第90条“因林木折断造成他人损害，林木的所有人或者管理人不能证明自己没有过错的，应当承担侵权责任”的规定，钟某某应对事故的发生负主要责任。市城管局作为市区居住区绿地绿化的管理部门，在收到钟某某砍伐涉案树木的申请后，于2014年5月12日派员到现场查看，发现涉案树木存在极大安全隐患，但市城管局作为具备相关专业知识的管理部门，并未采取或建议树木所有人采取紧急防范措施，排除或降低安全隐患，导致涉案树木于次日折断坠落造成事故，市城管局应对事故的发生负次要责任。

第一千二百五十八条　在公共场所或者道路上挖掘、修缮安装地下设施等造成他人损害，施工人不能证明已经设置明显标志和采取安全措施的，应当承担侵权责任。

窨井等地下设施造成他人损害，管理人不能证明尽到管理职责的，应当承担侵权责任。

【条文主旨】

本条是关于公共场所或者道路上施工致人损害和窨井等地下设施致人损害如何承担侵权责任的规定。

【条文理解】

本条规定了地面施工损害责任和地下设施损害责任，与《侵权责任法》第91条相比，对部分文字表述进行了调整，将原来的“挖坑”改为“挖掘”，明确了“施工人不能证明已经设置明显标志和采取安全措施的，应当承担侵权责任。”

（一）公共场所或者道路上施工损害责任

在公共场所或者道路上施工，是指在公共场所或者道路上挖掘、修路、修缮安装地下设施等，如架设电线、铺设管道、维修公路、修缮下水道。理解地面施工损害责任，需要把握以下几点：

第一，在公共场所或者道路上施工致人损害采用过错推定归责原则。由于地面施工多发生在人群密集的地方，为防范风险的发生，平衡施工人和受害人之间的利益关系，有必要将是否存在过错的举证责任分配给施工人。如果加害人认为自己无过错的，应举证证明，加害人没有证据或者所举证据不足以证明自己没有过错的，应承担民事责任。在公共场所或道路上施工，施工人必须设置明显标志和采取安全措施。《道路交通安全法》第105条规定，道路施工作业或者道路出现损毁，未及时设置警示标志、未采取防护措施，或者应当设置交通信号灯、交通标志、交通标线而没有设置或者应当及时变更交通信号灯、交通标志、交通标线而没有及时变更，致使通行的人员、车辆及其他财产遭受损失的，负有相关职责的单位应当依法承担赔偿责任。《公路法》第32条规定，改建公路时，施工单位应当在施工路段两端设置明显的施工标志、安全标志。需要车辆绕行的，应当在绕行路口设置标志；不能绕行的，必须修建临时通道，保证车辆和行人通行。《城市道路管理条例》第24条、第35条规定，城市道路的养护、维修工程应当按照规定的期限修复竣工，并在养护、维修工程施工现场设置明显标志和安全防围设施，保障行人和交通车辆安全。经批准挖掘城市道路的，应当在施工现场设置明显标志和安全防围设施；竣工后，应当及时清理现场，通知市政工程行政主管部门检查验收。因此，只要在公共场所或者道路上施工的施工人不能证明设置明显标志和采取安全措施的，在造成他人损害时，就推定其存在过错，应当承担赔偿责任。

第二，施工人设置的标志和采取的安全措施应当明显和具体。施工人在公共场所或道路施工时，应当设置明显标志和采取安全措施，而且该标志及安全措施应当明显和具体，比如在施工现场设置警示标志，并同时设置照明设施等。该标志及安全措施应当足以引起他人对施工现场的注意，使他人能够采取相应的安全应对措施，如减速或者绕行等，避免因施工形成的危险因素造成损害。如果施工人设立了明显标志和采取了措施，但未达到足以保障他人安全的程度，施工人仍应承担赔偿责任，如在公路上挖沟埋设管道，虽然设立标志但是并未在危险源处设置照明灯，导致夜间行人或者车辆掉入沟内的，施工人没有尽到安全注意义务，仍应承担赔偿责任。如何判定施工人已尽到了注意义务，实践中通常运用必要条件规则进行检验，即根据案件事实，确定施工人若设置了明显标志和采取了必要的安全措施，受害人所受到的损害是否会发生。如果不会发生，则施工人负有责任，反之则无责任①。

第三，施工人减轻与免除责任的情形。施工人除了证明自己并无过错外，还可以通过证明以下事实来免除或减轻责任。(1)不可抗力。如果损害的发生完全是由不可抗力造成的，则施工人可免除责任。(2)第三人过错。如果损害的发生

---

① 最高人民法院侵权责任法研究小组编著：《〈中华人民共和国侵权责任法〉条文理解与适用》，人民法院出版社2010年版，第605页。

是因为第三人的过错造成的，如甲某坠落维修管道是因为乙某的推搡行为导致的，则施工人不承担责任。(3)受害人故意或具有过失。受害人如果是故意造成损害发生的，则应自行承担损失。如果受害人对损害的发生具有一定的过错，则适用过失相抵，进行责任分担。

(二)窨井等地下设施损害责任

窨井，是指上下水道或者其他地下管线工程中，为便于检查或疏通而设置的井状构筑物。其他地下设施如地窖、水井、下水道以及其他地下坑道等。窨井等地下设施的管理人，是指负责对窨井等地下设施进行管理、维护的单位或者个人。《城市道路管理条例》第23条规定："设在城市道路上的各类管线的检查井、箱盖或者城市道路附属设施，应当符合城市道路养护规范。因缺损影响交通和安全时，有关产权单位应当及时补缺或者修复。"

窨井等地下设施致人损害适用过错推定原则。即窨井等地下设施致人损害的，管理人应当对受害人的人身和财产损害承担赔偿责任，除非能够证明其尽到管理职责。受害人只需要证明自己由于地下设施致使自己受到损害，无须举证管理人是否存在过错。适用过错推定的归责原则，有利于督促窨井等地下设施的管理人加强对地下设施的维护及管理，及时排除安全隐患，保护受害人及不特定社会公众的利益。

【司法适用】

适用本条规定，在司法实践中应当注意：

(1)施工人已经设置明显标志和采取安全措施，但由于自然原因或者第三人的行为造成标志或设施破坏，在标志缺失或安全措施不足情况下，施工人未及时采取补救措施，致使受害人遭受损害的，施工人仍应承担责任。这是因为，地面施工损害责任的立法目的在于保护受害人的合法权益，施工人不仅负有设置明显标志和安全措施的义务，还要确保明显标志的持续存在和安全措施的维持，避免受害人因此受到损害。

(2)窨井等地下设施管理人的责任是一种积极的维修、养护责任，并非仅负有在接到报修通知后方进行修复养护的职责，这对判定管理人是否尽到管理职责具有重要意义。实践中，有人认为管理人的义务是一种消极的注意义务，未收到报修通知便无须对被侵权人的损失承担赔偿责任。一般认为，"管理人"是对窨井等地下设施有管理职责、维护职责、保养职责的人。管理人负有对窨井等地下设施的安全保障义务，这种义务要求管理人主动巡查窨井等地下设施是否完整及正常运转，保证设施安全，并非仅负有在接到报修通知后方进行修复养护的职责。

【司法案例】

案例一

舒某某与江苏润扬交通工程集团有限公司
地面施工损害责任纠纷案①

诉讼结论：施工涵洞在道路中间，危险性极大，被告江苏润扬交通工程集团有限公司却仅仅进行泥土堆挡，设置的发光标志在夜间根本没法起到警示作用，故施工人应对原告舒某某全部损害承担赔偿责任。

本案中，被告江苏润扬交通工程集团有限公司系S333省道道路改造的施工人，事发时，该施工道路西面半边封闭，东面半边通行。当晚22时原告舒某某在通行的东半幅道路往西半幅道路行走回家时，掉入路面上没有封闭的涵洞内摔伤。

法院认为，江苏润扬交通工程集团有限公司作为施工人，未在具有安全隐患的涵洞口设置明显安全警示标志，设置的发光锥体在无路灯或汽车灯照射的情形下警示作用较小，难以引起行人注意并起到足够警示作用，不能避免风险。同时，事故发生时该施工路段东面半幅路处于南北通行状态，西面半幅路处于南北封闭状态，东西向未封闭。舒某某家住施工路段西侧，其由东向西回家并无不当，事故发生在夜晚且无路灯照明，无能力判断事发路段存在危险，对事故发生不存在过错，故其不应自担损失。

案例二

唐某与都江堰市开源物业管理有限责任公司、都江堰市自来水公司
地面施工、地下设施损害赔偿纠纷案②

诉讼结论：作为自来水管道的所有人，自来水公司应定期对管道进行排查，但自来水公司在近一年的巡查中均未发现管道爆管，属于未尽到管理职责，应承担民事赔偿责任。

2000年原告唐某购买都江堰市碧城苑房屋一套，开源物管公司对碧城苑进行物业管理。2010年8月，原告发现其使用的地下室渗水，遂要求开源物管公司进行处理，但因未查找到渗水原因而未果。2011年5月30日晚，被告自来水公司调度室值班人员接到电话称，碧城苑自来水管道爆管，请求维修。该公司立即派人

---

① 江苏省扬州市中级人民法院(2014)扬民终字第1494号民事判决书。

② 四川省都江堰市人民法院(2012)都江民初字第167号民事判决书。

员赶往现场，经查，确认是管道爆管。次日8时，自来水公司派工作人员对该管道进行了维修。

法院认为，自来水表前管道属被告自来水公司所有，其对该表前管道负有定期检查、维修，确保安全运行，在供水管道及其附属设施发生事故后，应当及时组织抢修。但其在近一年的巡查中均未发现水管漏水，致使原告地下室渗水，故其未尽到相应管理职责，应对原告的损失承担一定的赔偿责任。被告开源物管公司系碧城苑小区的物业管理单位，负有对公用设施设备进行日常管理和维修、养护的责任。本案中，唐某就其地下室渗水多次向开源物管公司反映并要求处理，开源物管公司作为专业提供物管服务的企业，应当协助唐某查找渗水原因，在未找到原因时应当协助唐某积极向相关职能部门反映。由于其怠于履行其义务，致原告地下室渗水近一年之久，故开源物管公司亦应承担相应的赔偿责任。原告唐某作为案涉标的物的使用人，对于其居住、使用的地下室负有高度的注意义务，在其地下室渗水后近一年之久，未采取合理措施避免损失的扩大，其主观上亦存在过失，其亦应承担相应责任。

《侵权责任法》等相关法律与《民法典》“侵权责任编”对照表*

《侵权责任法》等相关法律	《民法典》“侵权责任编”
	第一章　一 般 规 定
《侵权责任法》第二条第一款　*侵害民事权益，应当依照本法承担侵权责任。*	**第一千一百六十四条**　*本编调整因侵害民事权益产生的民事关系。*
《侵权责任法》第六条　行为人因过错侵害他人民事权益，应当承担侵权责任。 根据法律规定推定行为人有过错，行为人不能证明自己没有过错的，应当承担侵权责任。	**第一千一百六十五条**　行为人因过错侵害他人民事权益**造成损害的**，应当承担侵权责任。 依照法律规定推定行为人有过错，其不能证明自己没有过错的，应当承担侵权责任。
《侵权责任法》第七条　行为人*损害他人民事权益*，不论行为人有无过错，法律规定应当承担侵权责任的，依照其规定。	**第一千一百六十六条**　行为人*造成他人民事权益损害*，不论行为人有无过错，法律规定应当承担侵权责任的，依照其规定。
《侵权责任法》第二十一条　侵权行为危及他人人身、财产安全的，被侵权人可以请求侵权人承担停止侵害、排除妨碍、消除危险等侵权责任。 **《著作权法》第五十条第一款**　著作权人或者与著作权有关的权利人有证据证明他人正在实施或者即将实施侵犯其权利的行为，如不及时制止将会使其合法权益受到难以弥补的损害的，可以在起诉前向人民法院申请采取责令停止有关行为和财产保全的措施。 **《专利法》第六十六条第一款**　专利权人或者利害关系人有证据证明他人正在实施或者即将实施侵犯专利权的行为，如不及时制止将会使其合法权益受到难以弥补的损害的，可以在起诉前向人民法院申请采取责令停止有关行为的措施。	**第一千一百六十七条**　侵权行为危及他人人身、财产安全的，被侵权人*有权*请求侵权人承担停止侵害、排除妨碍、消除危险等侵权责任。

* 本表参考杜月秋、孙政编：《民法典条文对照与重点解读》，法律出版社 2020 年版。——笔者注

续表

《侵权责任法》等相关法律	《民法典》"侵权责任编"
《商标法》第六十五条 商标注册人或者利害关系人有证据证明他人正在实施或者即将实施侵犯其注册商标专用权的行为，如不及时制止将会使其合法权益受到难以弥补的损害的，可以依法在起诉前向人民法院申请采取责令停止有关行为和财产保全的措施。	
《侵权责任法》第八条 二人以上共同实施侵权行为，造成他人损害的，应当承担连带责任。	**第一千一百六十八条** 二人以上共同实施侵权行为，造成他人损害的，应当承担连带责任。
《侵权责任法》第九条 教唆、帮助他人实施侵权行为的，应当与行为人承担连带责任。 教唆、帮助无民事行为能力人、限制民事行为能力人实施侵权行为的，应当承担侵权责任；该无民事行为能力人、限制民事行为能力人的监护人未尽到监护责任的，应当承担相应的责任。	**第一千一百六十九条** 教唆、帮助他人实施侵权行为的，应当与行为人承担连带责任。 教唆、帮助无民事行为能力人、限制民事行为能力人实施侵权行为的，应当承担侵权责任；该无民事行为能力人、限制民事行为能力人的监护人未尽到监护职责的，应当承担相应的责任。
《侵权责任法》第十条 二人以上实施危及他人人身、财产安全的行为，其中一人或者数人的行为造成他人损害，能够确定具体侵权人的，由侵权人承担责任；不能确定具体侵权人的，行为人承担连带责任。	**第一千一百七十条** 二人以上实施危及他人人身、财产安全的行为，其中一人或者数人的行为造成他人损害，能够确定具体侵权人的，由侵权人承担责任；不能确定具体侵权人的，行为人承担连带责任。
《侵权责任法》第十一条 二人以上分别实施侵权行为造成同一损害，每个人的侵权行为都足以造成全部损害的，行为人承担连带责任。	**第一千一百七十一条** 二人以上分别实施侵权行为造成同一损害，每个人的侵权行为都足以造成全部损害的，行为人承担连带责任。
《侵权责任法》第十二条 二人以上分别实施侵权行为造成同一损害，能够确定责任大小的，各自承担相应的责任；难以确定责任大小的，平均承担赔偿责任。	**第一千一百七十二条** 二人以上分别实施侵权行为造成同一损害，能够确定责任大小的，各自承担相应的责任；难以确定责任大小的，平均承担责任。
《侵权责任法》第二十六条 被侵权人对损害的发生也有过错的，可以减轻侵权人的责任。	**第一千一百七十三条** 被侵权人对同一损害的发生**或者扩大**有过错的，可以减轻侵权人的责任。

续表

《侵权责任法》等相关法律	《民法典》"侵权责任编"
《道路交通安全法》第七十六条第一款 机动车发生交通事故造成人身伤亡、财产损失的,由保险公司在机动车第三者责任强制保险责任限额范围内予以赔偿;不足的部分,按照下列规定承担赔偿责任: (一)机动车之间发生交通事故的,由有过错的一方承担赔偿责任;双方都有过错的,按照各自过错的比例分担责任。 (二)机动车与非机动车驾驶人、行人之间发生交通事故,非机动车驾驶人、行人没有过错的,由机动车一方承担赔偿责任;有证据证明非机动车驾驶人、行人有过错的,根据过错程度适当减轻机动车一方的赔偿责任;机动车一方没有过错的,承担不超过百分之十的赔偿责任。	
《侵权责任法》第二十七条 损害是因受害人故意造成的,行为人不承担责任。 **《道路交通安全法》第七十六条第二款** 交通事故的损失是由非机动车驾驶人、行人故意碰撞机动车造成的,机动车一方不承担赔偿责任。	**第一千一百七十四条** 损害是因受害人故意造成的,行为人不承担责任。
《侵权责任法》第二十八条 损害是因第三人造成的,第三人应当承担侵权责任。	**第一千一百七十五条** 损害是因第三人造成的,第三人应当承担侵权责任。
	第一千一百七十六条 自愿参加具有一定风险的文体活动,因其他参加者的行为受到损害的,受害人不得请求其他参加者承担侵权责任;但是,其他参加者对损害的发生有故意或者重大过失的除外。 活动组织者的责任适用本法第一千一百九十八条至第一千二百零一条的规定。
	第一千一百七十七条 合法权益受到侵害,情况紧迫且不能及时获得国家机关保护,不立即采取措施将使其合法权益受到难以弥补的损害的,受害人可以在保护自己合法权

续表

《侵权责任法》等相关法律	《民法典》“侵权责任编”
	益的必要范围内采取扣留侵权人的财物等合理措施；但是，应当立即请求有关国家机关处理。 受害人采取的措施不当造成他人损害的，应当承担侵权责任。
	第一千一百七十八条　本法和其他法律对不承担责任或者减轻责任的情形另有规定的，依照其规定。
	第二章　损 害 赔 偿
《侵权责任法》第十六条　侵害他人造成人身损害的，应当赔偿医疗费、护理费、交通费等为治疗和康复支出的合理费用，以及因误工减少的收入。造成残疾的，还应当赔偿残疾生活辅助具费和残疾赔偿金。造成死亡的，还应当赔偿丧葬费和死亡赔偿金。	第一千一百七十九条　侵害他人造成人身损害的，应当赔偿医疗费、护理费、交通费、**营养费、住院伙食补助费**等为治疗和康复支出的合理费用，以及因误工减少的收入。造成残疾的，还应当赔偿辅助器具费和残疾赔偿金；造成死亡的，还应当赔偿丧葬费和死亡赔偿金。
《侵权责任法》第十七条　因同一侵权行为造成多人死亡的，可以以相同数额确定死亡赔偿金。	第一千一百八十条　因同一侵权行为造成多人死亡的，可以以相同数额确定死亡赔偿金。
《侵权责任法》第十八条　被侵权人死亡的，其近亲属有权请求侵权人承担侵权责任。被侵权人为单位，该单位分立、合并的，承继权利的单位有权请求侵权人承担侵权责任。 被侵权人死亡的，支付被侵权人医疗费、丧葬费等合理费用的人有权请求侵权人赔偿费用，但侵权人已支付该费用的除外。	第一千一百八十一条　被侵权人死亡的，其近亲属有权请求侵权人承担侵权责任。被侵权人为组织，该组织分立、合并的，承继权利的组织有权请求侵权人承担侵权责任。 被侵权人死亡的，支付被侵权人医疗费、丧葬费等合理费用的人有权请求侵权人赔偿费用，但是侵权人已经支付该费用的除外。
《侵权责任法》第二十条　侵害他人人身权益造成财产损失的，*按照被侵权人因此受到的损失赔偿；被侵权人的损失难以确定，侵权人因此获得利益的，按照其获得的利益赔偿；侵权人因此获得的利益难以确定*，被侵权人和侵权人就赔偿数额协商不一致，向人民法院提起诉讼的，由人民法院根据实际情况确定赔偿数额。	第一千一百八十二条　侵害他人人身权益造成财产损失的，*按照被侵权人因此受到的损失或者侵权人因此获得的利益赔偿；被侵权人因此受到的损失以及侵权人因此获得的利益难以确定，被侵权人和侵权人就赔偿数额协商不一致*，向人民法院提起诉讼的，由人民法院根据实际情况确定赔偿数额。

续表

《侵权责任法》等相关法律	《民法典》“侵权责任编”
《侵权责任法》第二十二条 侵害他人人身权益，造成*他人*严重精神损害的，被侵权人*可以*请求精神损害赔偿。 **《消费者权益保护法》第五十一条** 经营者有侮辱诽谤、搜查身体、侵犯人身自由等侵害消费者或者其他受害人人身权益的行为，造成严重精神损害的，受害人可以要求精神损害赔偿。	**第一千一百八十三条** 侵害*自然人*人身权益造成严重精神损害的，被侵权人有权请求精神损害赔偿。 因**故意**或者**重大过失**侵害自然人具有人身意义的特定物造成严重精神损害的，被侵权人有权请求精神损害赔偿。
《侵权责任法》第十九条 侵害他人财产的，财产损失按照损失发生时的市场价格或者其他方式计算。	**第一千一百八十四条** 侵害他人财产的，财产损失按照损失发生时的市场价格或者其他**合理**方式计算。
	第一千一百八十五条 故意侵害他人知识产权，情节严重的，被侵权人有权请求相应的惩罚性赔偿。
《侵权责任法》第二十四条 受害人和行为人对损害的发生都没有过错的，*可以根据实际情况*，由双方分担损失。	**第一千一百八十六条** 受害人和行为人对损害的发生都没有过错的，*依照法律的规定*由双方分担损失。
《侵权责任法》第二十五条 损害发生后，当事人可以协商赔偿费用的支付方式。协商不一致的，赔偿费用应当一次性支付；一次性支付确有困难的，可以分期支付，但应当提供相应的担保。	**第一千一百八十七条** 损害发生后，当事人可以协商赔偿费用的支付方式。协商不一致的，赔偿费用应当一次性支付；一次性支付确有困难的，可以分期支付，但是*被侵权人有权请求*提供相应的担保。
	第三章 责任主体的特殊规定
《侵权责任法》第三十二条 无民事行为能力人、限制民事行为能力人造成他人损害的，由监护人承担侵权责任。监护人尽到监护责任的，可以减轻其侵权责任。 有财产的无民事行为能力人、限制民事行为能力人造成他人损害的，从本人财产中支付赔偿费用。不足部分，由监护人赔偿。	**第一千一百八十八条** 无民事行为能力人、限制民事行为能力人造成他人损害的，由监护人承担侵权责任。监护人尽到监护职责的，可以减轻其侵权责任。 有财产的无民事行为能力人、限制民事行为能力人造成他人损害的，从本人财产中支付赔偿费用；不足部分，由监护人赔偿。
	第一千一百八十九条 无民事行为能力人、限制民事行为能力人造成他人损害，监护人将监护职责委托给他人的，监护人应当承担侵权责任；受托人有过错的，承担相应的责任。

续表

《侵权责任法》等相关法律	《民法典》"侵权责任编"
《侵权责任法》第三十三条 完全民事行为能力人对自己的行为暂时没有意识或者失去控制造成他人损害有过错的,应当承担侵权责任;没有过错的,根据行为人的经济状况对受害人适当补偿。 完全民事行为能力人因醉酒、滥用麻醉药品或者精神药品对自己的行为暂时没有意识或者失去控制造成他人损害的,应当承担侵权责任。	**第一千一百九十条** 完全民事行为能力人对自己的行为暂时没有意识或者失去控制造成他人损害有过错的,应当承担侵权责任;没有过错的,根据行为人的经济状况对受害人适当补偿。 完全民事行为能力人因醉酒、滥用麻醉药品或者精神药品对自己的行为暂时没有意识或者失去控制造成他人损害的,应当承担侵权责任。
《侵权责任法》第三十四条 用人单位的工作人员因执行工作任务造成他人损害的,由用人单位承担侵权责任。 劳务派遣期间,被派遣的工作人员因执行工作任务造成他人损害的,由接受劳务派遣的用工单位承担侵权责任;劳务派遣单位有过错的,承担相应的补充责任。	**第一千一百九十一条** 用人单位的工作人员因执行工作任务造成他人损害的,由用人单位承担侵权责任。**用人单位承担侵权责任后,可以向有故意或者重大过失的工作人员追偿。** 劳务派遣期间,被派遣的工作人员因执行工作任务造成他人损害的,由接受劳务派遣的用工单位承担侵权责任;劳务派遣单位有过错的,承担相应的责任。
《侵权责任法》第三十五条 个人之间形成劳务关系,提供劳务一方因劳务造成他人损害的,由接受劳务一方承担侵权责任。提供劳务一方因劳务自己受到损害的,根据双方各自的过错承担相应的责任。	**第一千一百九十二条** 个人之间形成劳务关系,提供劳务一方因劳务造成他人损害的,由接受劳务一方承担侵权责任。**接受劳务一方承担侵权责任后,可以向有故意或者重大过失的提供劳务一方追偿。**提供劳务一方因劳务受到损害的,根据双方各自的过错承担相应的责任。 **提供劳务期间,因第三人的行为造成提供劳务一方损害的,提供劳务一方有权请求第三人承担侵权责任,也有权请求接受劳务一方给予补偿。接受劳务一方补偿后,可以向第三人追偿。**
	第一千一百九十三条 承揽人在完成工作过程中造成第三人损害或者自己损害的,定作人不承担侵权责任。但是,定作人对定作、指示或者选任有过错的,应当承担相应的责任。

续表

《侵权责任法》等相关法律	《民法典》"侵权责任编"
《侵权责任法》第三十六条第一款 网络用户、网络服务提供者利用网络侵害他人民事权益的,应当承担侵权责任。	**第一千一百九十四条** 网络用户、网络服务提供者利用网络侵害他人民事权益的,应当承担侵权责任。**法律另有规定的,依照其规定。**
《侵权责任法》第三十六条第二款 网络用户利用网络服务实施侵权行为的,*被侵权人*有权通知网络服务提供者采取删除、屏蔽、断开链接等必要措施。网络服务提供者接到通知后未及时采取必要措施的,对损害的扩大部分与该网络用户承担连带责任。	**第一千一百九十五条** 网络用户利用网络服务实施侵权行为的,*权利人*有权通知网络服务提供者采取删除、屏蔽、断开链接等必要措施。**通知应当包括构成侵权的初步证据及权利人的真实身份信息。** 网络服务提供者接到通知后,**应当及时将该通知转送相关网络用户,并根据构成侵权的初步证据和服务类型采取必要措施**;未及时采取必要措施的,对损害的扩大部分与该网络用户承担连带责任。 **权利人因错误通知造成网络用户或者网络服务提供者损害的,应当承担侵权责任。法律另有规定的,依照其规定。**
	第一千一百九十六条 网络用户接到转送的通知后,可以向网络服务提供者提交不存在侵权行为的声明。声明应当包括不存在侵权行为的初步证据及网络用户的真实身份信息。 **网络服务提供者接到声明后,应当将该声明转送发出通知的权利人,并告知其可以向有关部门投诉或者向人民法院提起诉讼。网络服务提供者在转送声明到达权利人后的合理期限内,未收到权利人已经投诉或者提起诉讼通知的,应当及时终止所采取的措施。**
《侵权责任法》第三十六条第三款 网络服务提供者知道网络用户利用其网络服务侵害他人民事权益,未采取必要措施的,与该网络用户承担连带责任。	**第一千一百九十七条** 网络服务提供者知道或者**应当知道**网络用户利用其网络服务侵害他人民事权益,未采取必要措施的,与该网络用户承担连带责任。
《侵权责任法》第三十七条 宾馆、商场、银行、车站、娱乐场所等公共场所的管理人或者群众性活动的组织者,未尽到安全保	**第一千一百九十八条** 宾馆、商场、银行、车站、**机场、体育场馆**、娱乐场所等**经营场所**、公共场所的**经营者**、管理者或者群众性活

续表

《侵权责任法》等相关法律	《民法典》“侵权责任编”
障义务，造成他人损害的，应当承担侵权责任。 因第三人的行为造成他人损害的，由第三人承担侵权责任；管理人或者组织者未尽到安全保障义务的，承担相应的补充责任。	动的组织者，未尽到安全保障义务，造成他人损害的，应当承担侵权责任。 因第三人的行为造成他人损害的，由第三人承担侵权责任；**经营者**、管理者或者组织者未尽到安全保障义务的，承担相应的补充责任。**经营者、管理者或者组织者承担补充责任后，可以向第三人追偿。**
《侵权责任法》第三十八条 无民事行为能力人在幼儿园、学校或者其他教育机构学习、生活期间受到人身损害的，幼儿园、学校或者其他教育机构应当承担责任，但能够证明尽到教育、管理职责的，不承担责任。	**第一千一百九十九条** 无民事行为能力人在幼儿园、学校或者其他教育机构学习、生活期间受到人身损害的，幼儿园、学校或者其他教育机构应当承担**侵权**责任；但是，能够证明尽到教育、管理职责的，不承担**侵权**责任。
《侵权责任法》第三十九条 限制民事行为能力人在学校或者其他教育机构学习、生活期间受到人身损害，学校或者其他教育机构未尽到教育、管理职责的，应当承担责任。	**第一千二百条** 限制民事行为能力人在学校或者其他教育机构学习、生活期间受到人身损害，学校或者其他教育机构未尽到教育、管理职责的，应当承担**侵权**责任。
《侵权责任法》第四十条 无民事行为能力人或者限制民事行为能力人在幼儿园、学校或者其他教育机构学习、生活期间，受到幼儿园、学校或者其他教育机构以外的人员人身损害的，由侵权人承担侵权责任；幼儿园、学校或者其他教育机构未尽到管理职责的，承担相应的补充责任。	**第一千二百零一条** 无民事行为能力人或者限制民事行为能力人在幼儿园、学校或者其他教育机构学习、生活期间，受到幼儿园、学校或者其他教育机构以外的第三人人身损害的，由第三人承担侵权责任；幼儿园、学校或者其他教育机构未尽到管理职责的，承担相应的补充责任。**幼儿园、学校或者其他教育机构承担补充责任后，可以向第三人追偿。**
	第四章 产 品 责 任
《侵权责任法》第四十一条 因产品存在缺陷造成他人损害的，生产者应当承担侵权责任。 **《产品质量法》第二十六条** 生产者应当对其生产的产品质量负责。 产品质量应当符合下列要求： （一）不存在危及人身、财产安全的不合理的危险，有保障人体健康和人身、财产安全的国家标准、行业标准的，应当符合该标准；	**第一千二百零二条** 因产品存在缺陷造成他人损害的，生产者应当承担侵权责任。

续表

《侵权责任法》等相关法律	《民法典》“侵权责任编”
（二）具备产品应当具备的使用性能，但是，对产品存在使用性能的瑕疵作出说明的除外； （三）符合在产品或者其包装上注明采用的产品标准，符合以产品说明、实物样品等方式表明的质量状况。 **第四十一条**　因产品存在缺陷造成人身、缺陷产品以外的其他财产（以下简称他人财产）损害的，生产者应当承担赔偿责任。 生产者能够证明有下列情形之一的，不承担赔偿责任： （一）未将产品投入流通的； （二）产品投入流通时，引起损害的缺陷尚不存在的； （三）将产品投入流通时的科学技术水平尚不能发现缺陷的存在的。 **第四十四条**　因产品存在缺陷造成受害人人身伤害的，侵害人应当赔偿医疗费、治疗期间的护理费、因误工减少的收入等费用；造成残疾的，还应当支付残疾者生活自助具费、生活补助费、残疾赔偿金以及由其扶养的人所必需的生活费等费用；造成受害人死亡的，并应当支付丧葬费、死亡赔偿金以及由死者生前扶养的人所必需的生活费等费用。 因产品存在缺陷造成受害人财产损失的，侵害人应当恢复原状或者折价赔偿。受害人因此遭受其他重大损失的，侵害人应当赔偿损失。 **第四十六条**　本法所称缺陷，是指产品存在危及人身、他人财产安全的不合理的危险；产品有保障人体健康和人身、财产安全的国家标准、行业标准的，是指不符合该标准。	
《侵权责任法》第四十三条　因产品存在缺陷造成损害的，被侵权人可以向产品的生产者请求赔偿，也可以向产品的销售者请求赔偿。	**第一千二百零三条**　因产品存在缺陷造成他人损害的，被侵权人可以向产品的生产者请求赔偿，也可以向产品的销售者请求赔偿。

续表

《侵权责任法》等相关法律	《民法典》“侵权责任编”
产品缺陷由生产者造成的，销售者赔偿后，有权向生产者追偿。 因销售者的过错使产品存在缺陷的，生产者赔偿后，有权向销售者追偿。 **《消费者权益保护法》第四十条** 消费者在购买、使用商品时，其合法权益受到损害的，可以向销售者要求赔偿。销售者赔偿后，属于生产者的责任或者属于向销售者提供商品的其他销售者的责任的，销售者有权向生产者或者其他销售者追偿。 消费者或者其他受害人因商品缺陷造成人身、财产损害的，可以向销售者要求赔偿，也可以向生产者要求赔偿。属于生产者责任的，销售者赔偿后，有权向生产者追偿。属于销售者责任的，生产者赔偿后，有权向销售者追偿。 消费者在接受服务时，其合法权益受到损害的，可以向服务者要求赔偿。 **《食品安全法》第一百四十八条第一款** 消费者因不符合食品安全标准的食品受到损害的，可以向经营者要求赔偿损失，也可以向生产者要求赔偿损失。接到消费者赔偿要求的生产经营者，应当实行首负责任制，先行赔付，不得推诿；属于生产者责任的，经营者赔偿后有权向生产者追偿；属于经营者责任的，生产者赔偿后有权向经营者追偿。	产品缺陷由生产者造成的，销售者赔偿后，有权向生产者追偿。因销售者的过错使产品存在缺陷的，生产者赔偿后，有权向销售者追偿。
《侵权责任法》第四十四条 因运输者、仓储者等第三人的过错使产品存在缺陷，造成他人损害的，产品的生产者、销售者赔偿后，有权向第三人追偿。	**第一千二百零四条** 因运输者、仓储者等第三人的过错使产品存在缺陷，造成他人损害的，产品的生产者、销售者赔偿后，有权向第三人追偿。
《侵权责任法》第四十五条 因产品缺陷危及他人人身、财产安全的，被侵权人有权请求生产者、销售者承担排除妨碍、消除危险等侵权责任。	**第一千二百零五条** 因产品缺陷危及他人人身、财产安全的，被侵权人有权请求生产者、销售者承担**停止侵害**、排除妨碍、消除危险等侵权责任。

续表

《侵权责任法》等相关法律	《民法典》"侵权责任编"
《侵权责任法》第四十六条 产品投入流通后发现存在缺陷的,生产者、销售者应当及时采取警示、召回等补救措施。未及时采取补救措施或者补救措施不力造成损害的,应当承担侵权责任。 **《消费者权益保护法》第十九条** 经营者发现其提供的商品或者服务存在缺陷,有危及人身、财产安全危险的,应当立即向有关行政部门报告和告知消费者,并采取停止销售、警示、召回、无害化处理、销毁、停止生产或者服务等措施。采取召回措施的,经营者应当承担消费者因商品被召回支出的必要费用。 **《食品安全法》第六十三条** 国家建立食品召回制度。食品生产者发现其生产的食品不符合食品安全标准或者有证据证明可能危害人体健康的,应当立即停止生产,召回已经上市销售的食品,通知相关生产经营者和消费者,并记录召回和通知情况。 食品经营者发现其经营的食品有前款规定情形的,应当立即停止经营,通知相关生产经营者和消费者,并记录停止经营和通知情况。食品生产者认为应当召回的,应当立即召回。由于食品经营者的原因造成其经营的食品有前款规定情形的,食品经营者应当召回。 食品生产经营者应当对召回的食品采取无害化处理、销毁等措施,防止其再次流入市场。但是,对因标签、标志或者说明书不符合食品安全标准而被召回的食品,食品生产者在采取补救措施且能保证食品安全的情况下可以继续销售;销售时应当向消费者明示补救措施。 食品生产经营者应当将食品召回和处理情况向所在地县级人民政府食品安全监督管理部门报告;需要对召回的食品进行无害化处理、销毁的,应当提前报告时间、地点。	**第一千二百零六条** 产品投入流通后发现存在缺陷的,生产者、销售者应当及时采取**停止销售**、警示、召回等补救措施;未及时采取补救措施或者补救措施不力造成损害扩大的,对扩大的损害也应当承担侵权责任。 依据前款规定采取召回措施的,生产者、销售者应当负担被侵权人因此支出的必要费用。

续表

《侵权责任法》等相关法律	《民法典》“侵权责任编”
食品安全监督管理部门认为必要的，可以实施现场监督。 食品生产经营者未依照本条规定召回或者停止经营的，县级以上人民政府食品安全监督管理部门可以责令其召回或者停止经营。	
《侵权责任法》第四十七条 明知产品存在缺陷仍然生产、销售，造成他人死亡或者健康严重损害的，被侵权人有权请求相应的惩罚性赔偿。 **《消费者权益保护法》第五十五条** 经营者提供商品或者服务有欺诈行为的，应当按照消费者的要求增加赔偿其受到的损失，增加赔偿的金额为消费者购买商品的价款或者接受服务的费用的三倍；增加赔偿的金额不足五百元的，为五百元。法律另有规定的，依照其规定。 经营者明知商品或者服务存在缺陷，仍然向消费者提供，造成消费者或者其他受害人死亡或者健康严重损害的，受害人有权要求经营者依照本法第四十九条、第五十一条等法律规定赔偿损失，并有权要求所受损失二倍以下的惩罚性赔偿。 **《食品安全法》第一百四十八条第二款** 生产不符合食品安全标准的食品或者经营明知是不符合食品安全标准的食品，消费者除要求赔偿损失外，还可以向生产者或者经营者要求支付价款十倍或者损失三倍的赔偿金；增加赔偿的金额不足一千元的，为一千元。但是，食品的标签、说明书存在不影响食品安全且不会对消费者造成误导的瑕疵的除外。	**第一千二百零七条** 明知产品存在缺陷仍然生产、销售，**或者没有依据前条规定采取有效补救措施，**造成他人死亡或者健康严重损害的，被侵权人有权请求相应的惩罚性赔偿。
	第五章 机动车交通事故责任
《侵权责任法》第四十八条 机动车发生交通事故造成损害的，依照*道路交通安全法*的有关规定承担赔偿责任。	**第一千二百零八条** 机动车发生交通事故造成损害的，依照*道路交通安全法律和本法*的有关规定承担赔偿责任。

续表

《侵权责任法》等相关法律	《民法典》“侵权责任编”
《侵权责任法》第四十九条 因租赁、借用等情形机动车所有人与使用人不是同一人时，发生交通事故后属于该机动车一方责任的，*由保险公司在机动车强制保险责任限额范围内予以赔偿。不足部分，由机动车使用人承担赔偿责任*；机动车所有人对损害的发生有过错的，承担相应的赔偿责任。	**第一千二百零九条** 因租赁、借用等情形机动车所有人、**管理人**与使用人不是同一人时，发生交通事故造成损害，属于该机动车一方责任的，*由机动车使用人承担赔偿责任*；机动车所有人、**管理人**对损害的发生有过错的，承担相应的赔偿责任。
《侵权责任法》第五十条 当事人之间已经以买卖等方式转让并交付机动车但未办理所有权转移登记，发生交通事故后属于该机动车一方责任的，*由保险公司在机动车强制保险责任限额范围内予以赔偿。不足部分，由受让人承担赔偿责任*。	**第一千二百一十条** 当事人之间已经以买卖*或者其他*方式转让并交付机动车但是未办理登记，发生交通事故**造成损害**，属于该机动车一方责任的，*由受让人承担赔偿责任*。
	第一千二百一十一条 以挂靠形式从事道路运输经营活动的机动车，发生交通事故造成损害，属于该机动车一方责任的，*由挂靠人和被挂靠人承担连带责任*。
	第一千二百一十二条 未经允许驾驶他人机动车，发生交通事故造成损害，*属于该机动车一方责任的，由机动车使用人承担赔偿责任*；机动车所有人、管理人对损害的发生有过错的，承担相应的赔偿责任，但是本章另有规定的除外。
	第一千二百一十三条 机动车发生交通事故造成损害，属于该机动车一方责任的，先由承保机动车强制保险的保险人在强制保险责任限额范围内予以赔偿；不足部分，由承保机动车商业保险的保险人按照保险合同的约定予以赔偿；仍然不足或者没有投保机动车商业保险的，由侵权人赔偿。
《侵权责任法》第五十一条 以买卖等方式转让拼装或者已达到报废标准的机动车，发生交通事故造成损害的，由转让人和受让人承担连带责任。	**第一千二百一十四条** 以买卖*或者其他*方式转让拼装或者已经达到报废标准的机动车，发生交通事故造成损害的，由转让人和受让人承担连带责任。

续表

《侵权责任法》等相关法律	《民法典》“侵权责任编”
《侵权责任法》第五十二条 盗窃、抢劫或者抢夺的机动车发生交通事故造成损害的，由盗窃人、抢劫人或者抢夺人承担赔偿责任。保险公司在机动车强制保险责任限额范围内垫付抢救费用的，有权向交通事故责任人追偿。	**第一千二百一十五条** 盗窃、抢劫或者抢夺的机动车发生交通事故造成损害的，由盗窃人、抢劫人或者抢夺人承担赔偿责任。**盗窃人、抢劫人或者抢夺人与机动车使用人不是同一人，发生交通事故造成损害，属于该机动车一方责任的，由盗窃人、抢劫人或者抢夺人与机动车使用人承担连带责任。** 保险人在机动车强制保险责任限额范围内垫付抢救费用的，有权向交通事故责任人追偿。
《侵权责任法》第五十三条 机动车驾驶人发生交通事故后逃逸，该机动车参加强制保险的，由保险公司在机动车强制保险责任限额范围内予以赔偿；机动车不明或者该机动车未参加强制保险，需要支付被侵权人人身伤亡的抢救、丧葬等费用的，由道路交通事故社会救助基金垫付。道路交通事故社会救助基金垫付后，其管理机构有权向交通事故责任人追偿。	**第一千二百一十六条** 机动车驾驶人发生交通事故后逃逸，该机动车参加强制保险的，由保险人在机动车强制保险责任限额范围内予以赔偿；机动车不明、该机动车未参加强制保险或者**抢救费用超过机动车强制保险责任限额**，需要支付被侵权人人身伤亡的抢救、丧葬等费用的，由道路交通事故社会救助基金垫付。道路交通事故社会救助基金垫付后，其管理机构有权向交通事故责任人追偿。
	第一千二百一十七条 非营运机动车发生交通事故造成无偿搭乘人损害，属于该机动车一方责任的，应当减轻其赔偿责任，但是机动车使用人有故意或者重大过失的除外。
	第六章 医疗损害责任
《侵权责任法》第五十四条 患者在诊疗活动中受到损害，医疗机构及其医务人员有过错的，由医疗机构承担赔偿责任。	**第一千二百一十八条** 患者在诊疗活动中受到损害，医疗机构或者其医务人员有过错的，由医疗机构承担赔偿责任。
《侵权责任法》第五十五条 医务人员在诊疗活动中应当向患者说明病情和医疗措施。需要实施手术、特殊检查、特殊治疗的，医务人员应当及时向患者说明医疗风险、替代医疗方案等情况，并取得其*书面*同意；不宜向患者说明的，应当向患者的近亲属说明，并取得其*书面*同意。 医务人员未尽到前款义务，造成患者损害的，医疗机构应当承担赔偿责任。	**第一千二百一十九条** 医务人员在诊疗活动中应当向患者说明病情和医疗措施。需要实施手术、特殊检查、特殊治疗的，医务人员应当及时向患者具体说明医疗风险、替代医疗方案等情况，并取得其*明确*同意；**不能或者**不宜向患者说明的，应当向患者的近亲属说明，并取得其*明确*同意。 医务人员未尽到前款义务，造成患者损害的，医疗机构应当承担赔偿责任。

续表

《侵权责任法》等相关法律	《民法典》"侵权责任编"
《侵权责任法》第五十六条 因抢救生命垂危的患者等紧急情况，不能取得患者或者其近亲属意见的，经医疗机构负责人或者授权的负责人批准，可以立即实施相应的医疗措施。	**第一千二百二十条** 因抢救生命垂危的患者等紧急情况，不能取得患者或者其近亲属意见的，经医疗机构负责人或者授权的负责人批准，可以立即实施相应的医疗措施。
《侵权责任法》第五十七条 医务人员在诊疗活动中未尽到与当时的医疗水平相应的诊疗义务，造成患者损害的，医疗机构应当承担赔偿责任。	**第一千二百二十一条** 医务人员在诊疗活动中未尽到与当时的医疗水平相应的诊疗义务，造成患者损害的，医疗机构应当承担赔偿责任。
《侵权责任法》第五十八条 *患者有损害，因*下列情形之一的，推定医疗机构有过错： （一）违反法律、行政法规、规章以及其他有关诊疗规范的规定； （二）隐匿或者拒绝提供与纠纷有关的病历资料； （三）伪造、篡改或者销毁病历资料。	**第一千二百二十二条** *患者在诊疗活动中受到损害，有*下列情形之一的，推定医疗机构有过错： （一）违反法律、行政法规、规章以及其他有关诊疗规范的规定； （二）隐匿或者拒绝提供与纠纷有关的病历资料； （三）遗失、**伪造**、篡改或者**违法**销毁病历资料。
《侵权责任法》第五十九条 因药品、消毒*药剂*、医疗器械的缺陷，或者输入不合格的血液造成患者损害的，患者可以向生产者或者血液提供机构请求赔偿，也可以向医疗机构请求赔偿。患者向医疗机构请求赔偿的，医疗机构赔偿后，有权向负有责任的生产者或者血液提供机构追偿。	**第一千二百二十三条** 因药品、消毒产品、医疗器械的缺陷，或者输入不合格的血液造成患者损害的，患者可以向**药品上市许可持有人**、生产者、血液提供机构请求赔偿，也可以向医疗机构请求赔偿。患者向医疗机构请求赔偿的，医疗机构赔偿后，有权向负有责任的**药品上市许可持有人**、生产者、血液提供机构追偿。
《侵权责任法》第六十条 *患者有损害，因*下列情形之一的，医疗机构不承担赔偿责任： （一）患者或者其近亲属不配合医疗机构进行符合诊疗规范的诊疗； （二）医务人员在抢救生命垂危的患者等紧急情况下已经尽到合理诊疗义务； （三）限于当时的医疗水平难以诊疗。 前款第一项情形中，医疗机构及其医务人员也有过错的，应当承担相应的赔偿责任。	**第一千二百二十四条** *患者在诊疗活动中受到损害，有*下列情形之一的，医疗机构不承担赔偿责任： （一）患者或者其近亲属不配合医疗机构进行符合诊疗规范的诊疗； （二）医务人员在抢救生命垂危的患者等紧急情况下已经尽到合理诊疗义务； （三）限于当时的医疗水平难以诊疗。 前款第一项情形中，医疗机构或者其医务人员也有过错的，应当承担相应的赔偿责任。

续表

《侵权责任法》等相关法律	《民法典》"侵权责任编"
《侵权责任法》第六十一条　医疗机构及其医务人员应当按照规定填写并妥善保管住院志、医嘱单、检验报告、手术及麻醉记录、病理资料、护理记录、~~医疗费用~~等病历资料。 患者要求查阅、复制前款规定的病历资料的，医疗机构应当提供。	**第一千二百二十五条**　医疗机构及其医务人员应当按照规定填写并妥善保管住院志、医嘱单、检验报告、手术及麻醉记录、病理资料、护理记录等病历资料。 患者要求查阅、复制前款规定的病历资料的，医疗机构应当**及时**提供。
《侵权责任法》第六十二条　医疗机构及其医务人员应当对患者的隐私保密。泄露患者隐私或者未经患者同意公开其病历资料，~~造成患者损害的~~，应当承担侵权责任。	**第一千二百二十六条**　医疗机构及其医务人员应当对患者的隐私**和个人信息**保密。泄露患者的隐私**和个人信息**，或者未经患者同意公开其病历资料的，应当承担侵权责任。
《侵权责任法》第六十三条　医疗机构及其医务人员不得违反诊疗规范实施不必要的检查。	**第一千二百二十七条**　医疗机构及其医务人员不得违反诊疗规范实施不必要的检查。
《侵权责任法》第六十四条　医疗机构及其医务人员的合法权益受法律保护。干扰医疗秩序，妨害医务人员工作、生活的，应当依法承担法律责任。	**第一千二百二十八条**　医疗机构及其医务人员的合法权益受法律保护。 干扰医疗秩序，妨碍医务人员工作、生活，**侵害医务人员合法权益的**，应当依法承担法律责任。
	第七章　环境污染和生态破坏责任
《侵权责任法》第六十五条　因污染环境造成损害的，*污染者*应当承担侵权责任。	**第一千二百二十九条**　因污染环境、**破坏生态**造成**他人**损害的，*侵权人*应当承担侵权责任。
《侵权责任法》第六十六条　因污染环境发生纠纷，**污染者**应当就法律规定的不承担责任或者减轻责任的情形及其行为与损害之间不存在因果关系承担举证责任。	**第一千二百三十条**　因污染环境、**破坏生态**发生纠纷，**行为人**应当就法律规定的不承担责任或者减轻责任的情形及其行为与损害之间不存在因果关系承担举证责任。
《侵权责任法》第六十七条　两个以上*污染者*污染环境，~~污染者~~承担责任的大小，根据污染物的种类、排放量等因素确定。	**第一千二百三十一条**　两个以上侵权人污染环境、**破坏生态的**，承担责任的大小，根据污染物的种类、**浓度**、排放量，**破坏生态的方式、范围、程度，以及行为对损害后果所起的作用**等因素确定。
	第一千二百三十二条　侵权人违反法律规定故意污染环境、破坏生态造成严重后果的，被侵权人有权请求相应的惩罚性赔偿。

续表

《侵权责任法》等相关法律	《民法典》“侵权责任编”
《侵权责任法》第六十八条　因第三人的过错污染环境造成损害的，被侵权人可以向污染者请求赔偿，也可以向第三人请求赔偿。污染者赔偿后，有权向第三人追偿。	**第一千二百三十三条**　因第三人的过错污染环境、**破坏生态**的，被侵权人可以向侵权人请求赔偿，也可以向第三人请求赔偿。侵权人赔偿后，有权向第三人追偿。
	第一千二百三十四条　违反国家规定造成生态环境损害，生态环境能够修复的，国家规定的机关或者法律规定的组织有权请求侵权人在合理期限内承担修复责任。侵权人在期限内未修复的，国家规定的机关或者法律规定的组织可以自行或者委托他人进行修复，所需费用由侵权人负担。
	第一千二百三十五条　违反国家规定造成生态环境损害的，国家规定的机关或者法律规定的组织有权请求侵权人赔偿下列损失和费用： （一）生态环境受到损害至修复完成期间服务功能丧失导致的损失； （二）生态环境功能永久性损害造成的损失； （三）生态环境损害调查、鉴定评估等费用； （四）清除污染、修复生态环境费用； （五）防止损害的发生和扩大所支出的合理费用。
	第八章　高度危险责任
《侵权责任法》第六十九条　从事高度危险作业造成他人损害的，应当承担侵权责任。	**第一千二百三十六条**　从事高度危险作业造成他人损害的，应当承担侵权责任。
《侵权责任法》第七十条　民用核设施发生核事故造成他人损害的，民用核设施的经营者应当承担侵权责任，但能够证明损害是因战争等情形或者受害人故意造成的，不承担责任。	**第一千二百三十七条**　民用核设施**或者运入运出核设施的核材料**发生核事故造成他人损害的，民用核设施的营运单位应当承担侵权责任；但是，能够证明损害是因战争、**武装冲突、暴乱**等情形或者受害人故意造成的，不承担责任。

续表

《侵权责任法》等相关法律	《民法典》“侵权责任编”
《侵权责任法》第七十一条 民用航空器造成他人损害的，民用航空器的经营者应当承担侵权责任，但能够证明损害是因受害人故意造成的，不承担责任。	**第一千二百三十八条** 民用航空器造成他人损害的，民用航空器的经营者应当承担侵权责任；但是，能够证明损害是因受害人故意造成的，不承担责任。
《侵权责任法》第七十二条 占有或者使用易燃、易爆、剧毒、放射性等高度危险物造成他人损害的，占有人或者使用人应当承担侵权责任，但能够证明损害是因受害人故意或者不可抗力造成的，不承担责任。被侵权人对损害的发生有重大过失的，可以减轻占有人或者使用人的责任。	**第一千二百三十九条** 占有或者使用易燃、易爆、剧毒、**高**放射性、**强腐蚀性、高致病性**等高度危险物造成他人损害的，占有人或者使用人应当承担侵权责任；但是，能够证明损害是因受害人故意或者不可抗力造成的，不承担责任。被侵权人对损害的发生有重大过失的，可以减轻占有人或者使用人的责任。
《侵权责任法》第七十三条 从事高空、高压、地下挖掘活动或者使用高速轨道运输工具造成他人损害的，经营者应当承担侵权责任，但能够证明损害是因受害人故意或者不可抗力造成的，不承担责任。被侵权人对损害的发生有过失的，可以减轻经营者的责任。	**第一千二百四十条** 从事高空、高压、地下挖掘活动或者使用高速轨道运输工具造成他人损害的，经营者应当承担侵权责任；但是，能够证明损害是因受害人故意或者不可抗力造成的，不承担责任。被侵权人对损害的发生有**重大**过失的，可以减轻经营者的责任。
《侵权责任法》第七十四条 遗失、抛弃高度危险物造成他人损害的，由所有人承担侵权责任。所有人将高度危险物交由他人管理的，由管理人承担侵权责任；所有人有过错的，与管理人承担连带责任。	**第一千二百四十一条** 遗失、抛弃高度危险物造成他人损害的，由所有人承担侵权责任。所有人将高度危险物交由他人管理的，由管理人承担侵权责任；所有人有过错的，与管理人承担连带责任。
《侵权责任法》第七十五条 非法占有高度危险物造成他人损害的，由非法占有人承担侵权责任。所有人、管理人不能证明对防止他人非法占有尽到高度注意义务的，与非法占有人承担连带责任。	**第一千二百四十二条** 非法占有高度危险物造成他人损害的，由非法占有人承担侵权责任。所有人、管理人不能证明对防止非法占有尽到高度注意义务的，与非法占有人承担连带责任。
《侵权责任法》第七十六条 未经许可进入高度危险活动区域或者高度危险物存放区域受到损害，管理人已经采取安全措施并尽到警示义务的，可以减轻或者不承担责任。	**第一千二百四十三条** 未经许可进入高度危险活动区域或者高度危险物存放区域受到损害，管理人能够证明已经采取**足够**安全措施并尽到**充分**警示义务的，可以减轻或者不承担责任。
《侵权责任法》第七十七条 承担高度危险责任，法律规定赔偿限额的，依照其规定。	**第一千二百四十四条** 承担高度危险责任，法律规定赔偿限额的，依照其规定，**但是行为人有故意或者重大过失的除外**。

续表

《侵权责任法》等相关法律	《民法典》“侵权责任编”
	第九章　饲养动物损害责任
《侵权责任法》第七十八条　饲养的动物造成他人损害的，动物饲养人或者管理人应当承担侵权责任，但能够证明损害是因被侵权人故意或者重大过失造成的，可以不承担或者减轻责任。	**第一千二百四十五条**　饲养的动物造成他人损害的，动物饲养人或者管理人应当承担侵权责任；但是，能够证明损害是因被侵权人故意或者重大过失造成的，可以不承担或者减轻责任。
《侵权责任法》第七十九条　违反管理规定，未对动物采取安全措施造成他人损害的，动物饲养人或者管理人应当承担侵权责任。	**第一千二百四十六条**　违反管理规定，未对动物采取安全措施造成他人损害的，动物饲养人或者管理人应当承担侵权责任；**但是，能够证明损害是因被侵权人故意造成的，可以减轻责任。**
《侵权责任法》第八十条　禁止饲养的烈性犬等危险动物造成他人损害的，动物饲养人或者管理人应当承担侵权责任。	**第一千二百四十七条**　禁止饲养的烈性犬等危险动物造成他人损害的，动物饲养人或者管理人应当承担侵权责任。
《侵权责任法》第八十一条　动物园的动物造成他人损害的，动物园应当承担侵权责任，但能够证明尽到管理职责的，不承担责任。	**第一千二百四十八条**　动物园的动物造成他人损害的，动物园应当承担侵权责任；但是，能够证明尽到管理职责的，不承担侵权责任。
《侵权责任法》第八十二条　遗弃、逃逸的动物在遗弃、逃逸期间造成他人损害的，由原动物饲养人或者管理人承担侵权责任。	**第一千二百四十九条**　遗弃、逃逸的动物在遗弃、逃逸期间造成他人损害的，由动物原饲养人或者管理人承担侵权责任。
《侵权责任法》第八十三条　因第三人的过错致使动物造成他人损害的，被侵权人可以向动物饲养人或者管理人请求赔偿，也可以向第三人请求赔偿。动物饲养人或者管理人赔偿后，有权向第三人追偿。	**第一千二百五十条**　因第三人的过错致使动物造成他人损害的，被侵权人可以向动物饲养人或者管理人请求赔偿，也可以向第三人请求赔偿。动物饲养人或者管理人赔偿后，有权向第三人追偿。
《侵权责任法》第八十四条　饲养动物应当遵守法律，尊重社会公德，不得妨害他人生活。	**第一千二百五十一条**　饲养动物应当遵守法律法规，尊重社会公德，不得妨碍他人生活。
	第十章　建筑物和物件损害责任
《侵权责任法》第八十六条　建筑物、构筑物或者其他设施倒塌造成他人损害的，由建设单位与施工单位承担连带责任。建设单位、施工单位赔偿后，有其他责任人的，有权	**第一千二百五十二条**　建筑物、构筑物或者其他设施倒塌、**塌陷**造成他人损害的，由建设单位与施工单位承担连带责任，**但是建设单位与施工单位能够证明不存在质量缺陷**

续表

《侵权责任法》等相关法律	《民法典》"侵权责任编"
向其他责任人追偿。 因*其他责任人*的原因，建筑物、构筑物或者其他设施倒塌造成他人损害的，由*其他责任人*承担侵权责任。	**的除外**。建设单位、施工单位赔偿后，有其他责任人的，有权向其他责任人追偿。 因*所有人、管理人、使用人或者第三人*的原因，建筑物、构筑物或者其他设施倒塌、**塌陷**造成他人损害的，由*所有人、管理人、使用人或者第三人*承担侵权责任。
《侵权责任法》第八十五条 建筑物、构筑物或者其他设施及其搁置物、悬挂物发生脱落、坠落造成他人损害，所有人、管理人或者使用人不能证明自己没有过错的，应当承担侵权责任。所有人、管理人或者使用人赔偿后，有其他责任人的，有权向其他责任人追偿。	**第一千二百五十三条** 建筑物、构筑物或者其他设施及其搁置物、悬挂物发生脱落、坠落造成他人损害，所有人、管理人或者使用人不能证明自己没有过错的，应当承担侵权责任。所有人、管理人或者使用人赔偿后，有其他责任人的，有权向其他责任人追偿。
《侵权责任法》第八十七条 从建筑物中抛掷物品或者从建筑物上坠落的物品造成他人损害，难以确定具体侵权人的，除能够证明自己不是侵权人的外，由可能加害的建筑物使用人给予补偿。	**第一千二百五十四条 禁止从建筑物中抛掷物品**。从建筑物中抛掷物品或者从建筑物上坠落的物品造成他人损害的，**由侵权人依法承担侵权责任；经调查**难以确定具体侵权人的，除能够证明自己不是侵权人的外，由可能加害的建筑物使用人给予补偿。**可能加害的建筑物使用人补偿后，有权向侵权人追偿。** **物业服务企业等建筑物管理人应当采取必要的安全保障措施防止前款规定情形的发生；未采取必要的安全保障措施的，应当依法承担未履行安全保障义务的侵权责任。** **发生本条第一款规定的情形的，公安等机关应当依法及时调查，查清责任人。**
《侵权责任法》第八十八条 堆放物倒塌造成他人损害，堆放人不能证明自己没有过错的，应当承担侵权责任。	**第一千二百五十五条** 堆放物倒塌、**滚落或者滑落**造成他人损害，堆放人不能证明自己没有过错的，应当承担侵权责任。
《侵权责任法》第八十九条 在公共道路上堆放、倾倒、遗撒妨碍通行的物品造成他人损害的，有关单位或者个人应当承担侵权责任。	**第一千二百五十六条** 在公共道路上堆放、倾倒、遗撒妨碍通行的物品造成他人损害的，*由行为人承担侵权责任*。*公共道路管理人不能证明已经尽到清理、防护、警示等义务的，应当承担相应的责任。*

续表

《侵权责任法》等相关法律	《民法典》"侵权责任编"
《侵权责任法》第九十条 因林木折断造成他人损害,林木的所有人或者管理人不能证明自己没有过错的,应当承担侵权责任。	**第一千二百五十七条** 因林木折断、**倾倒或者果实坠落等**造成他人损害,林木的所有人或者管理人不能证明自己没有过错的,应当承担侵权责任。
《侵权责任法》第九十一条 在公共场所或者道路上挖坑、修缮安装地下设施等,*没有设置明显标志和采取安全措施造成他人损害的,施工人*应当承担侵权责任。 窨井等地下设施造成他人损害,管理人不能证明尽到管理职责的,应当承担侵权责任。 **《道路交通安全法》第一百零五条** 道路施工作业或者道路出现损毁,未及时设置警示标志、未采取防护措施,或者应当设置交通信号灯、交通标志、交通标线而没有设置或者应当及时变更交通信号灯、交通标志、交通标线而没有及时变更,致使通行的人员、车辆及其他财产遭受损失的,负有相关职责的单位应当依法承担赔偿责任。	**第一千二百五十八条** 在公共场所或者道路上挖掘、修缮安装地下设施等*造成他人损害,施工人不能证明已经设置明显标志和采取安全措施的*,应当承担侵权责任。 窨井等地下设施造成他人损害,管理人不能证明尽到管理职责的,应当承担侵权责任。

出版后记

侵权责任法的立法精神必然是:违法侵害后果产生正当性、合法性的恢复、修补责任,它的道德基础是权利的平等性,权利主体相互之间不得伤害。同时,现代侵权责任法越来越考虑了经济因素,将绝大多数的侵权损害后果以货币计量,正如理查德·波斯纳所表达的那样,“财富最大化是‘侵权法最好的规范指导’”。如果侵权人承担责任不以完全、足额的经济赔偿(补偿)为标准,那么就是对被侵权人最大的精神伤害,也是对社会法治信念的伤害。

《民法典》“侵权责任编”是对民法私法体系予以保护的终章,是对权利保护的结构性终点,是对各类民事纠纷化解的重要依据。侵权责任法是我们生活的法律、社会关系的准则,从小到邻里纠纷,大到跨境污染,都离不开侵权法的规范与调整。“侵权责任编”承接于《侵权责任法》,总结了《侵权责任法》实施以来的可贵司法经验,汇聚了世界先进的侵权立法潮流,创新了多项侵权法律规则,比如互联网侵权规范体系、环境污染侵权惩罚性赔偿制度等,可以说全面和准确的理解法条内容具有重大的实践价值。为此,我们约请曾经参与《侵权责任法》立法及其相关司法解释起草、参与民法典编纂工作的最高人民法院民法典编纂研究中心负责人,中国审判理论研究会常务理事、民事审判专业委员会副主任,中国政法大学、西南政法大学兼职教授,武汉大学特聘教授曹守晔担任主编,组织了八位理论功底扎实、实践经验丰富的资深学者、法官、检察官、青年法律专家参编,紧扣司法适用,精选司法案例,以案释法、以理明法、以情润法,让良法善治的阳光在社会主义法治光明大道上普照。

本书各章的具体分工如下:

绪　论　曹守晔(最高人民法院前资深高级法官,中国应用法学研究所前副所长,博士、博士生导师)

第一章　周　杲(中国审判理论研究会商事审判专业委员会委员、中国应用法学研究所博士后)

第二章 高晓丹（武汉大学博士研究生）
第三章、第九章 周　杲（江西省景德镇市中级人民法院高级法官，法学博士、博士后）
第四章 黄文旭（湖南师范大学法学院讲师，法学博士、博士后）
第五章、第十章 曹文召（河南省新乡市人民检察院高级检察官，博士研究生）
第六章 刘茜倩（北京市第三中级人民法院、法学硕士）
第七章 王　琪（中国应用法学研究所博士后）
第八章 李遵礼（重庆市第一中级人民法院法官，西南政法大学博士研究生）
曹守晔教授负责全书统稿审定。周杲法官任执行主编。

时代孕育了民法典，从新中国成立后颁行的第一部《婚姻法》和物权方面的《土地改革法》，我国民事立法进程至今已历经七十多个春秋，中华民族之法典化历程在坚定中前行，在不挠中屹立，在制度文明中绽放。晚春初夏，《民法典》终于到了人间。我们坚信其必将在实现中华民族伟大复兴的征程中奏响华美的乐章！

法律出版社
2020 年 6 月